上海高校高原学科建设项目资助

社区刑罚执行评论

（第九卷）

主编　刘　强　武玉红

中国人民公安大学出版社
·北　京·

图书在版编目（CIP）数据

社区刑罚执行评论．第九卷/刘强，武玉红主编．—北京：中国人民公安大学出版社，2019.7

ISBN 978-7-5653-3680-5

Ⅰ.①社…　Ⅱ.①刘…②武…　Ⅲ.①社区—刑罚—执行（法律）—研究—中国

Ⅳ.①D924.134

中国版本图书馆 CIP 数据核字（2019）第 152207 号

社区刑罚执行评论（第九卷）

主编　刘　强　武玉红

出版发行：中国人民公安大学出版社
地　　址：北京市西城区木樨地南里
邮政编码：100038
经　　销：新华书店
印　　刷：三河市荣展印务有限公司

版　　次：2019 年 7 月第 1 版
印　　次：2019 年 7 月第 1 次
印　　张：19.5
开　　本：787 毫米×1092 毫米　1/16
字　　数：393 千字

书　　号：ISBN 978-7-5653-3680-5
定　　价：68.00 元

网　　址：www.cppsup.com.cn　www.porclub.com.cn
电子邮箱：zbs@cppsup.com　zbs@cppsu.edu.cn

营销中心电话：010-83903254
读者服务部电话（门市）：010-83903257
警官读者俱乐部电话（网购、邮购）：010-83903253
公安业务分社电话：010-83906108

《社区刑罚执行评论》(第九卷)

编 委 会

蔡一军　上海政法学院警务学院副院长、副教授
谭爱国　重庆市司法局社区矫正管理局局长

主　　编： 刘　强　武玉红

执行编辑： 武玉红　童茹琰　韩建勇　孙燕锋　王天景

前 言

《社区矫正评论》在实务部门和学者的多方支持下已出版八卷了，在出版第九卷之时，我们决定将其更名为《社区刑罚执行评论》，目的是更加有利于明确我们工作的性质和限定我们研究的范围。

主要理由是：

1. 纠正误译。我们所说的社区矫正是对“Corrections”的误译。我国香港、澳门地区均将其翻译为“惩教”。惩罚是刑罚和刑罚执行的本质属性，而矫正和教育是在刑罚执行中派生的任务，不是刑罚和刑罚执行的本质属性。带复数的“Corrections”本身具有多重含义，不能择其一翻译为“矫正”。

2. 避免歧义。我国从2003年开始社区矫正试点至今已有16年，公众尚不知晓社区矫正的准确含义，多数人认为，“社区矫正”就是在“社区”里“矫正”罪犯，易以偏概全。最高人民法院、最高人民检察院、公安部、司法部在关于社区矫正试点、试行的文件中，均将社区矫正定义为刑罚执行活动，党的十八届四中全会决议中提出“完善刑罚执行制度，统一刑罚执行体制”。司法部部长傅政华也多次在讲话中提到社区矫正是刑罚执行。国务院在2019年6月提请全国人大审议的《社区矫正法（草案）》中也有正确执行刑罚的表述。因此，采用“刑罚执行”比“社区矫正”更明白易懂，也易于社区矫正机构把握社区矫正执法的性质。由于刑罚执行还包括监禁刑罚执行和其他刑罚执行，因此加上“社区”两字，有利于和其他刑罚执行加以区别。“非监禁刑罚执行”的外延还包括对死刑等的执行，因此用来做社区矫正的界定不够准确。

3. 限定范围。“社区矫正”在理解上易导致范围过宽，目前相当多的省市把刑满释放人员也纳入社区矫正的范围，有建议把轻微违法犯罪包括戒毒人员也纳入社区矫正的范围。由于有些需要矫正的对象不属于刑事制裁的范围，对他们的管理方法与对社区罪犯的管理方法有所不同。将不需要刑事执法人员管理的人员纳入同一范围由刑事执法人员管理，不利于提高效率。

4. 明确方向。刑罚和刑罚执行的本质属性是惩罚性。社区刑罚执行的首要任务是将法院的刑事判决和裁定加以实现，换言之，首先需要将惩罚罪犯的任务加以实现。这是我国社区矫正试点试行以来相对忽视的一个问题。当然，惩罚并不排斥对罪犯的教育矫正，相反，根据教育刑的理念，在满足对罪犯惩罚的前提下，应该最大限度地对罪犯进行教育帮扶。但教育帮扶需要更多运用社会的力量和资源来进行。采用“社区刑罚执行”的提法，有利于在工作中明确惩罚罪犯是第一位的任务，由此建立与此相适应的社区刑罚执行机构和正规化、专业化、职业化的执法队伍。

用“社区刑罚执行”替代“社区矫正”的主要目的是让人们不要忽视刑罚和刑罚执行的惩罚性。欧洲许多国家把对缓刑和假释的执行称为社区惩罚(Community punishment)。美国为解决对社区罪犯惩罚力度不够的问题，在20世纪70年代采取“中间制裁”的措施，明显加大了对社区罪犯的惩罚力度。这种措施对世界各国在社区罪犯的管理方面产生了重大影响。英国在刑事法律中将“社区服务令”改为“社区惩罚令”，彰显社区服务是一种由法院作出裁决的惩罚，而我国在社区矫正中把社区服务仅仅作为教育矫正的一种手段，没有法院的裁决。

社区矫正或者说对社区服刑人员管理的效果如何评价？仅仅用社区服刑人员在服刑期间0.2%的重新犯罪率能说明工作的成绩吗？当然不能很好地说明，因为这个重犯率没有进行比较，如司法行政机关管理社区罪犯与公安机关管理社区罪犯重犯率的比较，司法行政机关管理罪犯每年的重犯率比较，社区服刑人员服刑期间与服刑期满后一年或两年重犯率的逐年比较。另外，还涉及重犯率统计数据的准确性，统计的方法是否得当和科学，统计的标准，统计的人员，是司法行政机关自己统计还是第三方统计？编者认为，对社区服刑人员管理效果的评价应该兼顾三个方面：一是对罪犯的惩罚力度。罪犯的社区服刑，需要感受到一定的痛苦与损失，实现刑罚的一般预防和特殊预防的作用。罪犯的痛苦损失度需要由《刑法》作出，根据罪犯的犯罪严重性及相关因素有所不同，但要让罪犯感觉到损失略大于犯罪所得，惩罚的过量和惩罚的不足都不利于犯罪的预防。这种评价需要通过罪犯和公众的反馈来获得。二是重新犯罪率。重新犯罪率需要有一个科学的统计方法和统计标准，如罪犯在服刑期间的重新犯罪率，要有每年的重犯率而不是没有时间区分的重犯率，更重要的是需要有社区服刑人员刑满释放后一年或两年期间的重犯率。另外，还需要评价我们的执法和教育矫正与犯罪预防是否有直接的因果关系。三是社区刑罚执行的成本。开展社区矫正的目的之一是降低刑罚成本。监禁的成本是所有监狱的投入除以监禁的人数，得出每个罪犯每年需要花费多少钱。例如，美国每个罪犯每年需花费2-3万美元。对社区服刑人员管理也有一个成本计算问题，需要将所有的管理人员和管理资金投入的成本除以社区服刑人员总数；也有的国家和地区是计算每个执法人员能够管理多少服刑人员。以此来检验一个国家、一个地区的工作效率。我国目前尚没有这样的评价机制。

总之，用社区刑罚执行替代社区矫正，首先需要明确我们对社区罪犯的管理，第一位的任务是要将法院的刑事判决和裁定加以实现，即完成对罪犯的惩罚任务，与此同时，需要动员社会的力量，最大限度地开展对罪犯的教育帮扶，使他们能更好地适应和融入社会。过分强调对罪犯的矫正而忽视对罪犯必要的惩罚，容易把对社区罪犯的管理引入歧途。其次是通俗易懂，避免歧义。"矫正"是社区刑罚执行工作中的一项内容，不应成为整个社区刑罚执行工作的标签，以偏概全。要把惩罚和教育矫正有机结合，在惩罚的基础上，也非常需要运用社会工作的方法和理念，帮助罪犯成为自食其力的守法公民。

编　者

2019 年 6 月

目　录

专访稿件

立法研究

机构队伍

惩罚监管

教育矫正

社会参与

检察监督

域外借鉴

专访稿件

筚路蓝缕启山林，栉风沐雨砥砺行

——对司法部社区矫正管理局姜爱东局长的访谈录*

采访者：姜局长好，一年又一年，感谢再次接受采访。

过去的一年，我们迎接各种变化与挑战，取得了一项又一项硕果。

请介绍一下过去的一年，社区矫正有哪些新的增长点？全国在册社区服刑人员的基本情况？

姜局长：好。过去的一年，全国新建县级社区矫正中心461个，县（市、区）社区矫正中心数达到2662个，93%的县（市、区）司法局都建立了社区矫正中心，比2017年增加379个。全国办理新接收社区服刑人员54.7万人，办理解除矫正54.9万人，在册社区服刑人员70万人，社区服刑人员在矫期间再犯罪率保持在0.2%左右的较低水平，取得了良好的法律效果和社会效果。

采访者：社区矫正取得了良好的法律效果和社会效果，其基础是扎实地做好社区矫正教育管理工作，不断提高社区矫正工作水平。特别是在重大节假日和举办重大主场外交活动期间，社区矫正工作经受住了考验，为维护社会和谐稳定，推动平安中国、法治中国建设作出了积极贡献。社区矫正局具体有哪些举措呢？

姜局长：我们认真贯彻国家总体安全观，坚守安全底线，积极构建以政治改造为统领的“五大改造”新格局。

一是加强教育管理。2018年5月24日，我们在广东召开全国社区矫正教育管理工作座谈会，傅政华部长作重要批示，刘振宇副部长出席会议并讲话，就进一步加强新时代社区矫正教育管理工作作出部署。加大督查巡查力度，抓好会议精神贯彻落实，下发通知要求各地组织开展社区矫正安全督查活动，局领导带队先后赴新疆、江苏、湖北、安徽、贵州等8省（区、市）督查当地社区矫正教育管理和安全稳定工作情况，通过部信息中心远程视频督察系统对广东、浙江等省社区矫正机构进行视频督查，派员前往各地调研督查30余人次，确保全年社区矫正工作的安全稳定。

二是严格社区矫正执法。各地社区矫正机构全年共完成调查评估案件40.6万件，共对57.6万名社区服刑人员实行了定位管理，对违法违规的社区服刑人员给

---

* 访谈人：上海政法学院教授武玉红。

予警告 52568 人次，提请治安管理处罚 1802 人次，撤销缓刑 4653 人，撤销假释 162 人，对暂予监外执行罪犯收监 1031 人，有力维护了刑罚执行的严肃性，有效有力地促进社区矫正对象顺利回归、融入社会。

三是扎实开展专项活动。深入开展扫黑除恶专项斗争和打击整治枪爆违法犯罪专项行动，配合公安机关深挖涉黑涉恶、涉枪涉爆犯罪线索，切实加强对涉恐类、危安类等重点社区服刑人员的监督管理，发挥教育矫正的“攻心治本”作用，加强民族宗教政策教育。

四是创新矫正方式方法。总结推广江苏等地对社区矫正对象开展政治思想教育专题活动经验。对江苏“分类管控、精准矫治、损害修复、智慧矫正”的社区矫正模式、湖北省加强社区矫正机构建设、安徽省对社区矫正对象加强政治教育的做法进行总结，司法部领导批示予以肯定。

五是注重队伍培训。根据《司法部 2018 年度培训计划》，在安徽举办了全国社区矫正教育管理工作培训班，各地各级社区矫正机构负责人共 200 人参加培训，培训班围绕社区矫正教育管理工作中的重大问题进行研讨和培训，促进了社区矫正任务的全面落实。

采访者：社区矫正任务的全面落实，归根到底需要社区矫正法的引领。2019 年社区矫正法将纳入立法规划，我们社区矫正局将从哪些方面配合立法工作？

姜局长：我们将认真贯彻部领导指示精神，将推进社区矫正立法作为重点工作来抓。积极配合做好立法调研和论证工作，推动社区矫正立法早日出台。

一是围绕社区矫正性质、机构设置、执法人员身份、手段措施等重大问题，进行深入研究论证，编辑《中央领导同志对社区矫正工作重要指示批示》《国外社区矫正机构队伍情况介绍》等立法材料，配合立法一局做好立法草案研究修改工作。

二是先后指导贵州、黑龙江等省司法厅社区矫正局配合做好全国人大、中央政法委等有关领导同志调研社区矫正立法工作。加强与上海政法学院刘强教授、首都师范大学但未丽教授等专家学者交流沟通，认真研究其信访中对完善我国社区矫正制度的建议，及时起草答复意见并报上级部门。

三是认真贯彻落实部领导重要指示，抓紧制定《社区矫正法实施细则》框架，努力实现其与社区矫正法同步出台。

采访者：社区矫正立法的推进，还需要司法行政改革的同步进行？

姜局长：是的。我们认真贯彻《关于加快推进司法行政改革的意见》，采取有力措施全面推进社区矫正相关改革任务落实，每月按时报告推进情况。

一是贯彻刑罚执行一体化要求，统筹推进社区矫正工作。在深入调研、认真筹备基础上，经批准，2018 年 11 月 22 日召开全国社区矫正工作电视电话会议，傅政华部长出席并作重要讲话。刘志强副部长主持会议，刘振宇副部长就《司法部关于推进刑罚执行一体化建设工作的意见》做说明。会后及时印发部领导讲话和典型经验交流材料，积极推进监狱戒毒人民警察参与社区矫正工作。

二是大力推进智慧矫正信息化体系建设。建设完成部级社区矫正信息管理系统，逐步与32个省级信息管理系统和24个省级社区矫正远程视频督察系统实现对接。大力推进“智慧矫正”建设，拟定《全国社区矫正电子定位终端技术规范》《全国社区矫正远程视频督察系统建设技术规范》《全国社区矫正移动执法装备技术规范》等标准，将北京等7省（区、市）确定为试点省份，研究制定《关于加快全国“智慧矫正”信息化体系建设实施意见》，充分运用互联网大数据、人工智能、区块链等技术与社区矫正工作深度融合，实现数据共享化、监管智能化、互联移动化、指挥可视化。

三是认真编写社区矫正案例指导科学矫正。以社区矫正案例库建设为抓手，严把案例质量关，充分发挥案例的指导作用，进一步规范社区矫正执法，提升社区矫正工作规范化标准化水平，全年审核报送社区矫正案例1241个，超额完成全年审核任务，部领导批示肯定。

四是明晰权责，以考评促发展。按照社区矫正工作职责对有关证明事项进行清理，研究明确社区矫正权责清单，认真开展社区矫正综治考评工作，不断提升社区矫正工作标准化规范化水平。

采访者：社区矫正工作标准化规范化水平的提升，越来越为我国民众所接受并得到国际社会的认可和赞赏。

姜局长：是的。加强研究、宣传和国际交流合作，有利于为社区矫正工作营造良好的氛围。我们一是配合国际合作局，组织全国18个省（区、市）参加2019年1月31日至2月1日在福建厦门召开的“中芬社区矫正发展性研讨会”，围绕“社区矫正法律制度”“各政府部门的衔接配合”“社会力量参与社区矫正”三个议题展开热烈讨论。这次会议是根据中芬两国司法部交流合作计划举办的，刘振宇副部长出席会议并陪同芬兰司法部部长安蒂·海凯宁一行参观了厦门市集美区社区矫正中心。芬方对中国综合运用教育、心理、帮扶等工作措施开展社区矫正工作的做法予以认同和赞赏，对中国的社区矫正中心建设和电子监控措施应用给予高度评价。二是加大社区矫正宣传工作力度。我们与国家关工委、联合国儿基会合作开展未成年人社区矫正合作项目，按计划完成项目线上课程脚本编写及摄录工作。三是充分运用报纸、杂志、电视、网络、新媒体等途径，加大社区矫正宣传，与中央电视台合作，及时组织完成“社矫为民”宣传片拍摄工作。制作“社区矫正　砥砺奋进”宣传片，集中展示社区矫正工作开展15年来的主要成就，展现中国刑罚执行制度改革和法治文明进步的成果。在新浪网司法频道开辟社区矫正专栏，以专题、H5、微博、微信等形式集中宣传各地社区矫正亮点工作，邀请社区矫正领域理论和实务专家开展视频宣讲，凝聚社会共识。

采访者：新的一年，部社区矫正局在积极推进社区矫正工作深入发展方面还有哪些新思路？

姜局长：我们以积极推进和学习贯彻社区矫正法为工作主线，抓住刑罚执行一体化建设和社区矫正专业化队伍建设两个关键，通过分类管理、精准施矫、智慧矫正，不断提升社区矫正工作的针对性、专业性、科学性，努力实现高质量发展，为平安中国、法治中国建设作出新的更大贡献。

一要坚持政治引领，把握社区矫正工作正确方向。坚决与以习近平同志为核心的党中央保持高度一致，全面贯彻落实党中央和部党组的决策部署。坚持总体国家安全观，牢固树立底线意识，清醒认识和把握社区矫正工作面临的新形势新任务，把握和遵循教育矫正规律，充分发挥社区矫正工作教育人、改造人的作用，全力维护国家安全和社会稳定。根据社区矫正的性质，社区矫正场所功能特点，社区矫正对象的不同类型，通盘谋划，科学规划，突出抓好政治教育，使社区矫正对象树立正确的历史观、民族观、国家观、文化观和宗教观，进一步提高监督管理水平和教育矫正质量。进一步把握新时代主要矛盾的变化，着力解决社区矫正工作发展中不平衡不充分的问题，不断满足人民群众对法治、公平、正义等的新要求。

二要开拓创新，推进社区矫正工作高质量发展。坚持依法监管，制定统一的社区矫正执法工作标准，建立重大执法事项合议机制及公示制度，完善执法质量考评机制，切实提升执法实效。开展科学矫正，实施分类、分段、分级矫正，建立完善矫正质量评估体系，实现精准矫正。积极组织和引导社会力量参与教育帮扶工作，协调有关部门和单位落实政策，构建社区服刑人员社会适应性帮扶机制。培育行业性、专业性社会组织，完善社会组织承接社区矫正项目机制，健全志愿者聘用管理制度，提升社会力量协助社区矫正工作实效，协力促进社区服刑人员顺利融入社会正常生活。

三要加强保障，夯实社区矫正工作基础。建立健全社区矫正机构、场所，加大对中西部省份社区矫正中心建设的支持力度，积极搭建社区矫正实战工作平台。切实加强社区矫正专群结合工作队伍建设，明确从事社区矫正工作的专门国家工作人员、延伸管教监狱警察、社会工作者的岗位责任，完善考核评价机制，推动社区矫正正规化、专业化、职业化建设。加快智慧矫正信息化体系建设，充分运用新科技加强社区矫正教育管理，探索开展“智慧矫正”建设，充分运用互联网大数据、人工智能、区块链等技术与社区矫正工作深度融合，努力实现数据共享化、监管智能化、互联移动化、指挥可视化。

立法研究

对“社区矫正”法律名称的商榷[①]

上海政法学院教授、社区矫正研究中心主任　刘　强

党的十八届三中全会明确提出健全社区矫正制度，十八届四中全会专门提出制定社区矫正法。从立法的进程来看，2011 年《刑法修正案（八）》首次将该词载入刑事基本法，2012 年该词首次载入《刑事诉讼法》，国务院法制办于 2016 年 12 月发布了《社区矫正法（征求意见稿）》，全国人大常委会和国务院皆将社区矫正法列入 2017、2018 年重点立法项目，全国人大常委会宣布在 2018 年年底初次审议社区矫正法。似乎“社区矫正”这一法律名称木已成舟。但研究表明，“社区矫正”作为法律和制度的名称有诸多问题，将该名称作为法律用语不利于体现十八届四中全会提出的“科学立法”要求。当然，在当前特定的背景下，要纠正“社区矫正”这一名称难度很大，但由于该名称涉及对工作的导向，因此，仍然不揣浅陋提出商榷。

一、“社区矫正”是对“Corrections”的误译

（一）翻译错误

“社区矫正”是由“Community Corrections”一词舶来，将“Corrections”译为“矫正”似乎是可行的，但实际上是错误的。从 2003 年我国首次由最高人民法院、最高人民检察院、公安部、司法部联合发布的《关于开展社区矫正试点工作的通知》到现在的一系列文件，一直延续着这一错误名称。

从词义本身来分析，单数形式“Correction”与复数形式“Corrections”有重要差异。单数形式的“Correction”包括两种含义：（1）订正、修改、校正、矫正；（2）惩治、惩罚、惩戒。[②] 需要指出的是，英文单词往往一词多义，一个单词在不同的语境下有不同的含义，我们在翻译时往往需要根据相关的背景，从多义词中选择一个最符合当下背景的词义。因此，可以将“correction”翻译成“矫正”，也

---

① 本文系国家社科基金重点项目《对社区矫正顶层设计的评价与修正研究》（14AFX012）中的内容。

② 《新英汉词典（第 4 版修订本）》，上海译文出版社 2013 年版，第 323 页；《现代英汉汉英词典》，外语教学与研究出版社 2012 年第 10 版，第 229 页；《现代英汉词典》，外语教学与研究出版社 2009 年版，第 964 页；《牛津高阶英语词典（第八版）》，牛津大学出版社 2010 年版，第 343 页。

可以翻译成“惩罚”。但是，中文词语则具有相对确定性，不具有英文那样广泛的一词多义性。例如，中文“矫正”就没有惩罚的含义，“惩罚”本身也没有矫正的含义。

需要明确的是，在特指对罪犯管理而使用该词时，规范的形式是复数“Corrections”而不是单数“Correction”。该词并不是国际社会广泛使用的词汇，主要使用的国家包括美国、澳大利亚、新西兰、加拿大等。由于该词在英语国家中使用的局限性，我国英汉词典的编纂者尚未将该词编入，因此在英汉词典中不能发现该词，而只有单数形式的“Correction”，在一些场合下，同一单词的单数和复数可以同义翻译，但是也有一些词是不能同义翻译的。该复数词特指对认定有罪的包括被起诉的犯罪人进行管理的活动，包括对监禁犯和社区罪犯或未决犯罪人和嫌疑人的管理，它并不是单一“矫正”的含义。美国专业词典对“Corrections”一词的定义是：所有的政府机构、设施、项目、程序、人员和技术所涉及的对犯罪嫌疑人或判决的成人罪犯、未成年犯或轻微犯罪人的接收、拘留、监禁、监督、矫治和判决前调查等活动。①新西兰政府设立“Corrections”局的主要职责是：确保在监禁机关的罪犯和社区的犯罪者服刑；提供教育、工作训练和支持的处遇项目使他们获得更生，并且降低他们重新犯罪的可能性。②在美国、澳大利亚、新西兰、加拿大部分州（省、地区）政府下设的“Department of Corrections”（机构），担任着对监禁机关的罪犯和社区犯罪者服刑期间管理的职责。全部的管理活动包括惩罚、监管、教育矫正、社会支持等各种项目。目前，美国、加拿大、澳大利亚、新西兰等国家“Community Corrections”适用管理的对象除法院刑事裁决的外，也包括未经法院裁决的犯罪人，如暂缓起诉和审前释放等制度下管理的犯罪人。因此，“Community Corrections”是指在社区中，执法和相关机构对罪犯和犯罪人惩罚、监管、治疗、帮助其回归社会的全部活动的总称，在以上国家语境下并没有“社区矫正”的本意。

可见，“Community Corrections”是指在社区进行的对犯罪者的全部管理活动。近期美国教科书对“Community Corrections”的定义是：对触犯刑事法律者的不同类型的监督、治疗、使之重新与社会结合，控制、恢复和支持的项目。这些项目是刑事司法执法系统针对罪犯和未成年违法者的设计，这些项目包括在审判前转向、分流的项目、审判前的释放项目以及治疗项目，运作机构除官方机构外还有

---

① Rush, George E, The dictionary of criminal justice, The Dushkin Publishing Group, 1991, P. 70.

② Department of Corrections: Their role is to make sure people in prison and offenders in the community serve their sentences; provide treatment programmes, education, job training and support to rehabilitate people and reduce the likelihood of them re-offending. https: //www. govt. nz/organisations/department-of-corrections/，最后浏览日期：2017年6月27日。

民营机构，特别是对于未成年人项目。[①]美国《成人 Community Corrections 示范法》对该词的定义是："罪犯在实施犯罪或居住的社区内服刑的制裁方法总和。这一制裁方法主要有：（1）标准的缓刑；（2）严格监督的缓刑；（3）社区服务；（4）家庭监禁；（5）电子监控；（6）基于社区中途住所条件下的措施：监督、监管、毒品或酒精治疗项目、就业咨询以及其他治疗或咨询的形式；（7）门诊治疗；（8）必需的就业、教育和培训；（9）日间报告中心；（10）赔偿；（11）基于收入的罚金。"[②] 美国亚利桑那州对"Community Corrections"的定义是：通过对社区犯罪者的监督来保护公众，这些犯罪者包括从监禁机关释放的或在州际合同下接收的犯罪者，直到他们的监督期届满。[③]澳大利亚对"Community Corrections"的定义是：管理和监督社区的罪犯。这些罪犯需要在社区服完法院的判决或者是替代监禁的考验期，或者是有条件释放的裁决，如假释。这意味着罪犯必须经常向他们 Community Corrections 的工作人员报告，也可能需要参加没有报酬的社区劳动和更生项目。[④]

以上说明，"Community Corrections"是在社区中，执法机关和相关机构对罪犯和犯罪人惩罚、监管、治疗、帮助其回归社会的全部活动的总称，使用该词的国家在其特定的语境下并没有"社区矫正"的本意。

那么，对"Community Corrections"应如何中译？美国马里兰州政府网站将 Public safety & correctional services 翻译为"公共安全与惩教署"；我国香港特区政府对"Corrections"一词的官方翻译是"惩教"而不是"矫正"，香港地区将管理罪犯的部门称为"惩教署"；我国澳门地区政府下设区惩教局，负责罪犯的刑罚执行。他们将对罪犯和犯罪人管理的主要内容概括为惩罚和教育矫正，简称"惩教"，这些是刑罚执行活动的主要内容。而我们将其翻译为"矫正"，回避和遗漏了惩罚犯罪人的重要内容。

（二）误译原因

笔者认为，对该词翻译错误的重要原因：一是在我国 20 世纪出版的《英汉词典》中，没有复数"Corrections"一词，而只有"Correction"一词。这样，译者在

---

① Edward J. Latessa&Paula Smith：Corrections in the Community（6th Edition），New York，NY：Routledge，2015，p. 3. 原话是：This term refers to numerous and diverse typed of supervision，treatment，reintegration，control，restoration，and supportive programs for criminal law violators. Community corrections programs，as shown later，are designed for offenders at many levels of both juvenile and criminal justice systems。

② Branham，Lynn S. &Michael S. Hamden，The Law and policy of sentencing and corrections，St. Paul，MN：Thomson/West，2005，pp. 266-267.

③ 原话是：The responsibility of the Community Corrections Bureau of the Arizona Department of Corrections（ADC）are to protect the public through community based supervision of offenders upon release from an institution and/or offenders accepted under the Interstate Compact（ISC）until expiration of their term of supervision. https：//corrections. az. gov/community-corrections，最后浏览日期：2017 年 6 月 25 日。

④ http：//www. csc-scc. gc. ca/publications/005007-3008-eng. shtml，最后浏览日期：2017 年 6 月 25 日。

不了解特定背景的情况下，往往容易基于单数的“Correction”选择“矫正”作为对应的词。该词是在20世纪后半期（改革开放后）开始翻译介绍到我国，当时我国对罪犯的管理称为“劳动改造”，许多监禁机构被称为“劳改队”，结合当时中国的背景，似乎选择“矫正”比较合适，使得这一错误翻译得以延续。进入21世纪，我国市面上的《英汉词典》中出现了复数的“Corrections”，由于词典的编纂者对专业的不熟悉，将复数形式的“Corrections”解释为矫正。[①]《英汉词典》和《英英词典》延续对“Corrections”的错误解释，导致曲解原意的翻译占据支配地位。二是译者在翻译时具有一定的主观倾向性。在我国普遍使用的《英汉词典》中没有“Corrections”一词的背景下，在把单数的词当成复数的词翻译时，习惯于将一个英文单词翻译成一个对应的中文单词，译者往往选择“矫正”而不是“惩罚”。就时代的发展进步而言，对教育刑的关注和重视是国际的趋势，我国1979年《刑法》第41条规定了对监狱罪犯实行劳动改造，1997年对《刑法》进行了较大修改，在第46条中规定监禁罪犯应当参加劳动，接受教育和改造。而在这两部刑法中对于社区罪犯的管理则没有对其进行教育改造的规定，这是刑法中的一个漏洞。因此，在对“Corrections”进行翻译时，译者选择“矫正”，在一定程度上反映了译者希望改变在我国2003年开展社区矫正试点之前对社区服刑人员的单纯监管模式，虽然出发点有积极的因素，但毕竟没有把握住该词的原意。笔者作为在我国社区矫正开展之前和之后的“社区矫正”译者之一，对于误译和推动该词的使用具有不可推卸的责任。

二、“社区矫正”不适合作为法律名称

法律名称应避免误解或歧义。实践证明，“社区矫正”这一名称除了让人费解之外，在理论和实践上具有不适当性，且与上位法、相关法律和中央文件精神相悖。其不适合作为法律名称的根据是：

（一）定义上的模糊

“社区矫正”作为一个官方的法律用语，在2003年最高人民法院、最高人民检察院、公安部、司法部（以下简称“两院两部”）发布的《关于开展社区矫正试点工作的通知》中首次展现在国人面前。鉴于对这个概念的陌生，该通知对其下了定义，之后在措辞上略有变化，目前最权威的定义是2009年“两院两部”《关于在全国试行社区矫正工作的意见》中的表述：“社区矫正是非监禁刑罚执行方式，是指将符合法定条件的罪犯置于社区内，由专门的国家机关在相关社会团体、民间组织和社会志愿者的协助下，在判决、裁定或决定确定的期限内，矫正

① 中国对外翻译出版公司编辑室：《柯林斯英语词典》，中国对外翻译出版公司2002年版，第172页。

其犯罪心理和行为恶习，促进其顺利回归社会的非监禁刑罚执行活动。"[①] 笔者认为，以上定义的模糊性带来三个方面的问题。

1. 性质的含混

社区矫正工作的实际内容是对社区罪犯的管理，因此在文件中将其作为"非监禁刑罚执行活动"的表述是可行的，因为它归属于非监禁刑罚执行的类别。但作为社区矫正的定性就不确切了，因为"非监禁刑罚执行活动"并非仅限于对社区罪犯的管理，对死刑的执行也属于非监禁刑罚执行，因此，这一定性不能与其他的非监禁刑罚执行（如死刑）加以区别，笔者倾向于这一工作的性质是"社区刑罚执行"。[②] 但更为重要的问题在于：虽然将其明确为刑罚执行，但是在前面的定语中，即对刑罚执行内容的说明中，仅强调"矫正其犯罪心理和行为恶习，促进其顺利回归社会"，忽略了刑罚执行的第一位任务："惩罚罪犯"，即将人民法院的刑事判决和裁定通过执行来实现。所以，在社区矫正工作开展后，基于这一定义，人们展开了对社区矫正性质的大讨论。由于"社区矫正"是在原有公安机关对社区罪犯管理的基础上贴的新标签，于是出现了对社区矫正性质的众多解释，或者说是对社区矫正"性质"的重新思考。其中，具有代表性的有：社区矫正的性质并不是刑罚执行活动，而是具有限制人身自由的保安处分性质的管束保护或观察保护。[③] 社区矫正除了刑罚执行性质，还应具有社会福利的性质[④]等观点。在我国刑法学界，相当多的学者不赞成缓刑是刑罚执行，认为根据《刑法》条文的规定，缓刑是有条件的不执行原判刑罚，对他们在社区的管理仅仅是缓刑考验期，所以不是刑罚执行。在将"缓刑"贴上"社区矫正"的标签后，更加固化了一些人对"缓刑"不是刑罚执行的观念。虽然现任司法部部长傅政华在 2018 年 3 月和 11 月全国社区矫正工作会议上，再次强调社区矫正的刑罚执行的性质，但是目前，由于"社区矫正"标签作用，使得这一工作的性质在理论界和实务部门仍然模糊不清。

2. 工作任务的费解

作为常识，刑罚执行或说是对罪犯管理的首要任务是惩罚罪犯。我国《监狱法》第 1 条明确规定了监禁刑罚执行的基本任务是"惩罚和改造"，其中"惩罚"任务在"改造"任务之前。尽管社区刑罚执行的"惩罚"力度要轻于监狱，但同属罪犯管理，其任务具有一致性，即第一位是惩罚，第二位是在惩罚基础上的教

---

① 2009 年 9 月，最高人民法院、最高人民检察院、公安部、司法部联合印发的《关于在全国试行社区矫正工作的意见》。

② 刘强：《论社区矫正的社区刑罚执行性质》，载《社会科学战线》2015 年第 8 期。

③ 程应需：《社区矫正的概念及其性质新论》，载《郑州大学学报（哲学社会科学版）》2006 年第 4 期。

④ 史柏年：《刑罚执行与社会福利：社区矫正性质定位思辨》，载《华东理工大学学报（社会科学版）》2009 年第 1 期。

育矫正。

然而，在“社区矫正”标签和“重矫正”的影响下，我国对社区矫正的任务存在严重的模糊不清，“两院两部”在2003年、2005年、2009年关于社区矫正试点、试行等一系列规范性文件及2012年《社区矫正实施办法》中，以及在2016年国务院法制办关于《社区矫正法（征求意见稿）》中，均未出现“惩罚”的字眼。试问，如果没有明确的惩罚罪犯的任务，怎能开展好刑罚执行工作？

在社区矫正定义中，我们看到社区矫正的任务只有两项，矫正罪犯的犯罪心理和行为恶习，促进其顺利回归社会。对于定义本身来说，它提出的任务与刑罚执行的工作性质自相矛盾。在“两院两部”2003年《关于开展社区矫正试点工作的通知》中，实际提出的任务有三项：管理监督、教育矫正和帮困扶助。在2009年《关于在全国试行社区矫正工作的意见》中，为了凸显“教育矫正”，将三项任务的顺序排列为“教育矫正”、“监督管理”和“适应性帮扶”。笔者认为，这种对社区矫正任务排列顺序的调整是对社区矫正定位的偏差和方向性误导。“教育矫正”固然重要，但不应改变惩罚（监督管理）作为社区刑罚执行的首要任务，可见，用“社区矫正”来表述社区刑罚执行活动，难免会产生重教育矫正，轻惩罚监管的倾向。

在对社区罪犯管理的任务中，我们需要认真考虑和处理好惩罚监管与教育矫正之间的关系。笔者认为，惩罚监管是第一位任务，在社区矫正监管期间，需要限制和剥夺罪犯的部分权利，使其承受一定痛苦与损失，感受到犯了罪是要付出代价的；教育矫正是为了矫正其犯罪心理和行为恶习，促进其再社会化和降低再犯率而派生出的任务，之所以说“派生”，是因为这一任务只能在服刑期间展开。

毫无疑问，现代刑罚执行已不是单纯的惩罚，需要在执行期间向罪犯提供教育矫正项目。但依据法律，只要服刑期满没有被收监或重新犯罪的罪犯，不论教育矫正是否达到预期效果，都不能再限制和剥夺其权利，而尚未完成的教育矫正项目也要停止。实践证明，由于各种主客观因素对犯罪的影响，服刑期间罪犯取得的矫正效果与其再犯罪可能性并不完全一致。由此便可看出教育矫正具有一定的不确定性，所以针对在社区矫正服刑期间的罪犯，无论其表现好坏，都不能打破对其惩罚监管的底线。因此，用“矫正”来作为对罪犯管理的标签是片面的。

尽管教育刑与报应刑、威慑刑等传统刑罚展开博弈，但是以教育刑为主线的刑罚难以贯穿始终。[①] 美国在20世纪初根据教育刑理念尝试“不定期刑”——罪犯的实际刑期取决于其服刑期间的表现。但因为这一制度与刑法规定的罪刑相适应原则和公众的接受程度相冲突，所以并不能在当下的刑罚体系中占据主导地位。我国有学者认为，刑罚必须与犯罪行为应受惩罚相适应，刑罚与教育之间没有必然的联系。过分强调教育在刑罚执行中的作用，惩罚与教育之间的潜在冲突则会

---

① 陈伟：《教育刑与刑罚的教育功能》，载《法学研究》2011年第6期。

导致刑罚本质和功能的分裂。[①] 在现代刑罚执行中，教育可以起一定辅助作用，但绝不能替代或等同刑罚。笔者认为，尽管社区对罪犯的惩罚力度不及监狱，但不能因此忽视对社区罪犯服刑过程中的惩罚本质，在刑罚执行的过程中需要对教育矫正给予一定的重视，但不可本末倒置。

3. 管理对象的混淆

如果用“社区矫正”来表述社区刑罚执行，容易产生根据“矫正”的需要来确定管理对象的偏差。2003 年、2005 年“两院两部”关于社区矫正试点文件中指出，社区矫正的对象包括被裁决管制、缓刑、假释、剥夺政治权利和暂予监外执行五类。实践中，对剥夺政治权利和暂予监外执行的人是否应被纳入社区矫正仍存在争议。有观点认为，他们不宜被列为社区矫正的对象。[②] 主要理由是：(1) 从行刑的目的来看，剥夺政治权利是剥夺犯罪人的再犯能力，而社区矫正的目的是通过社区刑罚执行促进罪犯再社会化。暂予监外执行虽然在客观上也具有使犯罪人社会化的效果，但该制度建立的根本目的并非是出于使犯罪人社会化的考量。(2) 从实际运作来看，对于监外执行的犯罪人开展社区矫正工作实际上是难以进行的。而据我国《刑法》规定，对于被判剥夺政治权利的人只取消其行使某些权利的资格，并未附加其他法定义务。[③] (3) 从刑种的性质来看，剥夺政治权利属于一种资格刑，不同于管制、缓刑、假释等限制自由的方法和措施，将两种不同性质的刑罚用同一种执行方式执行未免过于牵强。[④] 剥夺政治权利不具备管制、缓刑、假释所具有的共同内容——对罪犯的“人身自由限制性”。[⑤] 鉴于此，时任全国人大法工委刑法室副主任黄太云认同了上述理由。暂予监外执行属于刑事诉讼法的内容，因此没有将被“剥夺政治权利”和“暂予监外执行”的罪犯列为社区矫正的对象写入刑法中。[⑥] 由于《刑法修正案（八）》仅对缓刑、假释和管制人员依法实行社区矫正作出明确规定，没有将剥夺政治权利和暂予监外执行人员纳入社区矫正，造成《刑法》中规定了三种人，而“两院两部”文件中规定了五种人的矛盾。笔者认为，这一矛盾主要是基于对罪犯是否需要矫正而非基于是否需要刑罚执行的考虑。

（二）实践中的偏差

由于对“社区矫正”性质和任务的模糊认识，即对社区罪犯的管理是具有惩

---

① 王利荣：《行刑法律机能研究》，法律出版社 2001 年版，第 170 页。

② 赵秉志：《我国刑事立法领域的若干重大现实问题探讨》，载《求是学刊》2009 年第 2 期。

③ 赵秉志：《罪刑总论问题》，北京大学出版社 2010 年版，第 503-504 页。

④ 高铭暄、陈冉：《结合<刑法修正案（八）>谈我国社区矫正的本土化发展》，载《中国司法》2011 年第 5 期。

⑤ 史丹如：《社区矫正执行的若干问题研究》，载《中国人民公安大学学报（社会科学版）》2011 年第 4 期。

⑥ 黄太云：《〈刑法修正案（八）〉对我国刑罚执行制度的修改和完善》，载最高人民检察院监所检察厅编：《监所检察工作指导》，中国检察出版社 2011 年版，第 252 页。

罚任务的刑罚执行工作，还是不具有惩罚任务的罪犯矫正工作，这个问题至今没有解决，导致在实践中产生偏差。具体表现为两个方面：

1. 社区矫正执法主体的非执法性质

在社区矫正试点前，我国是由公安派出所承担对社区服刑人员的管理。这种管理模式的优势在于公安机关有一定的强制执法权，执法过程更具严肃性、权威性。但缺陷是由于派出所工作繁忙，再加上社区罪犯的数量有限，因此，对这些人员的管理往往在时间方面得不到保障，难以专业化。社区矫正试点后，把执法主体从公安机关转到司法行政机关，具体由乡镇、街道司法所承担。其结果是：不仅没有加强对社区罪犯的正规化、专业化管理，而且大大削弱了执法的严肃性和权威性。现在看来，这是我国社区矫正顶层设计的重大失误。1983 年，中央决定将监狱工作从公安机关转到司法行政机关，在转移时采取了“整建制”移交的办法，即原有的人财物全部转到司法行政机关，这样保证了工作的平稳过渡和衔接。而社区矫正则不同，公安机关只是把工作任务转给司法行政机关，并没有把相应的人财物全部转入，这样使得司法所承接这项任务面临很大的困难和挑战。因为司法所本身业务繁重，编制不足，没有执法权，缺乏执法经验。据 2017 年年初官方公开的统计数据显示，2016 年全国共有司法所 40371 个，按政法专项编制的分配情况划分，无人所（没有政法专项编制的，以下类推）3027 个，占 7.5%；一人所 14269 个，占 35.3%；二人所 14156 个，占 35.1%；三人及三人以上所 8919 个，占 22.1%。全国司法所专兼职工作人员达 123343 人。其中，专职在编人员 79877 人，占总人数的 64.8%；聘用人员 33982 人，占总人数的 27.6%，（聘用人员中，政府购买公益岗位人员为 27123 人，占 79.8%）；兼职人员 9484 人，占总人数的 7.7%。① 可见，司法所仍然处于人少质弱的困境，并不适合承担刑罚执行的任务。

社区矫正执法主体的错误设置与“社区矫正”的标签有重要关系，与“两院两部”对社区矫正定义中突出“矫正其犯罪心理和行为恶习，促进其顺利回归社会”而忽略惩罚罪犯的内容有重要关系。这样为非刑事执行机关承担执法工作开了绿灯。从社区矫正试点到现在的 15 年实践证明，司法所难以承担对社区服刑人员的执法工作，需要由专门的执法机构替代。

2. 缺乏必要的惩罚机制

社区矫正管理的现状是：实践中普遍忽视对罪犯必要的惩罚和严格监管，一些地方过度使用形式化的、效果不明显的心理矫治和其他教育矫正措施，弱化了刑罚执行中惩罚的威慑功能。我国在总体上属于重刑国家，但是对社区罪犯的惩罚性规定（或者说罪犯的刑罚负担）的力度明显低于轻刑化的发达国家，存在重

---

① 司法部基层工作指导司司法所工作指导处：《2016 年度司法所工作发展报告》，载《人民调解》2017 年第 5 期，第 5-9 页。

监禁刑轻社区刑的倾向，对缓刑、假释的适用率偏低，对社区罪犯在服刑期间权利的限制和剥夺研究不够。在我国2013年废止劳教制度之前，未构成犯罪的劳教人员尚受到1至3年的剥夺自由并强制劳动，但构成犯罪的缓刑假释人员在社区的处遇却宽松有余。笔者于2018年5月对某市237个社区服刑人员开展问卷调查，在“在社矫期间是否感受到一定痛苦和损失”的设问中，有114人回答“是”，有113人回答“否”。说明几乎一半的罪犯虽然在社区服刑，但并没有感到自己犯罪后应付出的代价，更没有感受到刑罚的威慑力，那么，对社会潜在的犯罪威慑功能也势必大打折扣。虽然《刑法修正案（八）》意识到对社区罪犯刑罚负担的欠缺，增加了对管制、缓刑人员“禁止令”的规定（禁止进入特定场所、禁止参加特定活动、禁止接触特定人），但无论是与英美等发达国家对社区罪犯的惩罚力度比较，还是从与我国监禁刑相衔接的角度来考虑，我国社区刑罚执行的惩罚力度仍明显不足。笔者认为，我国可以借鉴国外经验，对社区刑罚的方法和措施进行改革与完善：（1）适当增加社区罪犯的经济负担——赔偿、罚金、交纳部分管理费及社区服务；（2）适当增加禁止性规定——禁止出入特定场所、禁止接触特定人员、禁止从事特定职业、禁止参与特定活动；（3）适当增加社区监管措施——建立中途住所和日报告中心，可针对特定罪犯采用宵禁或半宵禁、电子监控和家中监禁等；（4）赋予执法者相应的执法地位和执行权——明确执法者的人民警察身份，为执法者配备一定的警械具，如警棍、手铐、催泪器等，对管理对象在特定情况下可采取拘押措施。随着我国社区刑罚适用范围的进一步扩大，亟待完善惩罚性措施、加大惩罚力度。从这个意义上来考虑，用“社区矫正”来涵盖这项工作是不妥的。

（三）与上位法相悖

将对社区罪犯管理的法律名称仅用“矫正”二字，不仅会以偏概全，误导实践，而且与上位法和中央文件的精神相违背。《宪法》第28条、《刑法》第1条、《监狱法》第1条规定皆表明刑罚和刑罚执行的首要任务是惩罚犯罪分子。社区矫正作为社区的刑罚执行，应当与以上法律规定和原则保持一致，不应用“矫正”替代“惩罚”。

党的十八届三中全会决议中指出：“废止劳动教养制度，完善对违法犯罪行为的惩治和矫正法律，健全社区矫正制度。”表明党中央在强调健全社区矫正法律制度时，也强调了惩罚是第一位的，矫正是第二位的这样与宪法和刑法相一致的理念。这个精彩的论述表明了党中央牢牢把握了社区矫正的方向。

既然如此，为什么在我国《刑法》、《刑事诉讼法》以及十八届三中全会、四中全会的文件中都采用了“社区矫正”的提法？笔者认为，主要的原因是科研机构没有为党中央和国家立法机关提出科学的研究成果，没有对舶来词的翻译进行斟酌，况且在我国历史上还曾有把监狱工作称为“劳动改造”的经历。

“矫正”与刑罚和刑罚执行的本质属性要求相违背。刑罚和刑罚执行的本质属性是对罪犯的惩罚性而不是矫正性。对社区罪犯的管理是将人民法院关于社区的刑事裁决加以实现的过程，所以首先需要体现刑罚的惩罚罪犯的本质属性，这样有利于实现对犯罪的报应和威慑功能，伸张公平正义，保护被害人的合法权益。矫正和改造是在罪犯服刑期间派生出来的任务，不应作为刑罚执行的主标签。

三、对“社区矫正”的修正

鉴于对“社区矫正”的误译以及对执法工作带来的负面后果以及从国情出发来考虑，有观点提出两种替代选择方案，即用“社区刑罚执行”或“社区惩教”来替代。① 笔者倾向于“社区刑罚执行”，主要理由如下：

（一）通俗易懂

“刑罚执行”对大多数公众来说是明白无误的，党的十八届四中全会强调完善刑罚执行制度、统一刑罚执行体制。而目前许多人并不知道或不清楚什么是“社区矫正”，相当多人认为是对刑满释放人员的管理。目前，我国法律已确定的社区矫正对象是管制、缓刑、假释、暂予监外执行四类，但对被剥夺政治权利的一类是否应纳入社区矫正仍存在争议。当然，采用“刑罚执行”也会有一定的认识障碍，因为有不少学者仍坚持认为缓刑不是刑罚执行。②

为弄清这一问题，首先需要明确刑罚的内涵。笔者认为，刑罚是依照国家刑事法律对犯罪者实施的强制处分措施，该措施涉及对犯罪人公民权利的限制或剥夺。换言之，是国家运用公权力对犯罪人实施的惩罚。那么，刑罚的外延是什么，是刑罚内涵所反映的本质属性的对象，是刑罚内涵的具体表现形式。有观点认为，我国的刑罚就是指刑法中规定的五种主刑和三种附加刑。因此，缓刑、假释被排除在刑罚方法之外，所以对缓刑、假释的执行并非刑罚执行。这种理解属于没有弄清楚概念内涵与外延的逻辑关系。事实上，符合刑罚内涵要求的表现形式，都是刑罚外延的体现，因此，我国刑罚的外延不仅包括五种主刑和三种附加刑，根据现有的规定，还包括驱逐出境、刑事附带民事赔偿、禁止令、缓刑、假释等。

---

① 在《刑法修正案（八）》颁布之前，我国有学者和实际工作者提出用“社区刑罚执行”替代“社区矫正”一词的表述，详见葛炳瑶、徐祖华、孔一：《关于社区矫正立法若干问题的思考》，载刘强、姜爱东、朱久伟主编：《社区矫正理论与实务研究文集》，中国人民公安大学出版社 2009 年版，第 377 页。刘强等：《论惩罚在社区矫正中的地位》，载《犯罪与改造研究》2010 年第 4 期。也有建议将“社区矫正”改为“社区行刑”，详见郭明：《社区矫正的刑事政策问题》，载《中国监狱学刊》2009 年第 6 期。

② 依据是《刑法》第 76 条规定：“对宣告缓刑的犯罪分子，在缓刑考验期限内，依法实行社区矫正，如果没有本法第七十七条规定的情形，缓刑考验期满，原判的刑罚就不再执行，并公开予以宣告。”《刑法》第 77 条规定：“被宣告缓刑的犯罪分子，在缓刑考验期限内犯新罪或者发现判决宣告以前还有其他罪没有判决的，应当撤销缓刑，对新犯的罪或者新发现的罪作出判决，把前罪和后罪所判处的刑罚，依照本法第六十九条的规定，决定执行的刑罚。被宣告缓刑的犯罪分子，在缓刑考验期限内，违反法律、行政法规或者国务院有关部门关于缓刑的监督管理规定，或者违反人民法院判决中的禁止令，情节严重的，应当撤销缓刑，执行原判刑罚。”

假如今后借鉴国外的做法，在刑法中增加社区服务、宵禁、电子监控、中途宿舍、单独判处赔偿、剥夺和限制资格等内容，那么都无疑属于刑罚的外延，属于国家对犯罪者实施的强制处分措施。因此，那种缓刑不属于刑罚、缓刑的执行不是刑罚执行的观点违背了形式逻辑的基本常识。什么是刑罚执行的内涵，刑罚执行是将刑罚加以实现的过程，换言之，是将国家公权力确定的惩罚措施加以实现的过程。笔者认为，刑罚执行需有三个基本特征：一是依据司法部门作出的刑事裁决；二是将对犯罪人的权利的限制和剥夺加以实现；三是这种执行靠国家的强制力保证实施。我国对缓刑的执行，完全符合刑罚执行的内涵及特征，因此，对缓刑的执行无疑是刑罚的执行。照此推理，对假释以及“禁止令”的执行也无疑属于刑罚执行。“两院两部”对社区矫正的定性是“非监禁刑罚执行”，说明国家的主要政法部门认可了缓刑、假释是刑罚执行的表现形式。

“非监禁刑罚”的提法存在瑕疵，虽然“两院两部”关于社区矫正试点试行的法律性文件中确定的五种对象属于非监禁刑罚执行的范畴，但是作为定性来说，它还需要与属概念加以区别。而“非监禁刑罚执行”不能与其他非监禁刑罚执行加以区别（如死刑）。目前，世界上已有 130 多个国家和地区取消死刑或实际取消死刑，对他们而言，将对社区犯罪人管理的工作定性为“非监禁刑罚执行”是可行的，而在我国仍保留死刑罪名和适用的背景下，用此提法会导致概念外延的不周全，而采用“社区刑罚执行”来定性，可以解决外延被混淆的问题。

明确社区刑罚执行有利于统一对缓刑、假释的执行是社区刑罚执行的共识，有利于使缓刑、假释人员明确自己的罪犯身份，明确国家需要依法对他们进行必要的刑事惩罚，同时给予必要的教育矫正。

（二）有益工作

对于社区罪犯的管理工作而言，“社区矫正”的名称会对该项工作产生负面导向作用。一些地区过分强调心理矫治和教育帮扶，使严肃的“执法活动”变成了慈善的“教育感化运动”。使用“社区刑罚执行”这一名称，有利于扭转这种偏差；有利于尽快建立社区执法管理机构和专业化的执法队伍，避免将刑罚执行工作交由不具有执法职能的司法所承担这一顶层设计的失误；有利于在立法中明确社区刑罚执行的基本任务；有利于促进我国社区刑罚及执行体系、机制及机构设施的完善。

根据党的十八届四中全会决议中的要求，需要统一刑罚执行体制。2018 年 11 月 22 日，司法部召开了监狱社区矫正刑罚执行一体化全国视频会议，旨在加大社区矫正刑罚执行的力度。目前，我国的监狱体制已有较好基础，1983 年，根据中央的部署，监狱管理工作从公安机关整建制（全部的人财物）移交司法行政机关，经过 30 多年的努力，目前在机构设置和队伍的正规化、专业化、职业化建设方面已取得了重要的进展。而对于社区罪犯的管理，从 2003 年社区矫正试点开始，执法主体逐渐从公安机关向司法行政机关转移，但距离制度上的完善还有很大差距。

“社区矫正”名称不利于加快社区刑罚执行体制的完善。例如，在国务院的《社区矫正法（征求意见稿）》中，因为强调矫正，对于社区刑罚执行机构仅在第4条中提出，“国务院司法行政部门主管全国的社区矫正工作。县级以上地方人民政府司法行政部门负责本行政区域的社区矫正工作”。显然，这种简单概括的规定，不能解决执法机构和队伍建设中悬而未决的问题。如果更名为“社区刑罚执行”，那就应在立法中用专章对社区刑罚执行机构以及执法人员作出明确规定。

（三）符合情理

公众的支持是指在特定的国情背景下，既能满足公众的法律情感，又能符合客观的规律。强调“矫正”是一种偏重柔性的管理，忽视了刚柔并济的结合，采用“社区刑罚执行”有利于适度增加刑罚的报应、威慑、伸张正义的功能，使公众能够看到社区罪犯也需要为其犯罪而付出一定的代价。如果犯罪人在社区服刑不能得到适当的惩罚，一般人是难以接受的，这也是这一项重大改革能否得到发展的重要因素。从世界范围来看，我国是一个刑罚取向偏向重刑的国家，主要表现为死刑罪名多，监禁刑刑期偏长，包括在2013年以前对尚未构成犯罪的“劳动教养人员”的惩罚也是比较严厉的。而对社区服刑的罪犯管理则过于轻缓，不能在监禁和劳教之间形成适当的坡度。同时，与当前刑罚趋于轻缓的发达国家相比，我们对社区罪犯在服刑期间的惩罚力度明显偏轻。这样的管理模式，难以使我国的社区矫正取得公众的广泛理解和支持，也难以获得长足的发展。

为获得公众对社区刑罚执行的支持，英国内政部在1998年发起了“给缓刑机构重新命名”的活动，① 并将能体现社区刑罚执行本质的名称供公众选择。直到2004年，将原有的国家缓刑局与监狱管理局合并，更名为罪犯管理局。进一步从名称上明确了缓刑管理是对社区中罪犯的管理。另外，在21世纪初，英国的刑事法律中将适用广泛的“社区服务令”更名为“社区惩罚令”，旨在彰显罪犯在社区的劳动具有惩罚的功能。另外，在刑事法律中加强了对社区罪犯的权利限制及经济制裁措施。

在20世纪60年代，美国将更多的罪犯放到社区服刑，但由于惩罚力度过于轻缓而引发公众的不满。为了控制犯罪率的增长及满足公众的需求，美国在70年代后期逐步建立起适当增加惩罚力度的社区行刑管理机制——“中间制裁”（Intermediate Sanctions）措施。经过多年的实践和不断的完善，“中间制裁”措施已成为美国社区刑罚执行中的重要内容。美国的实践表明，他们实际上是把惩罚罪犯放在首要的地位，在惩罚的前提下给予罪犯必要的教育矫正措施，将“Community Corrections”翻译为“社区矫正”并不符合美国的实际。

将“社区刑罚执行”作为法律名称可以明白无误地展示出该项工作的性质，

---

① Worrall, “Laws and orders: public protection and social exclusion in England and Wales”, Current Issues in Criminal Justice. 10 (2), 1998, p. 183-196.

但是一些人会认为这样的表述突出了刑罚的惩罚功能，容易忽视对罪犯的教育矫正。笔者认为，随着社会的发展和进步，刑罚执行的功能具有多元化，惩罚罪犯始终是第一位的，但惩罚的度是有所不同的，只有适度惩罚才能发挥刑罚的威慑功能，而单纯的教育矫正是不能发挥刑罚的威慑功能，在满足惩罚需求的基础上，需要有针对性地对罪犯进行教育矫正，包括将恢复性司法执法的理念融入其中。

选择“社区刑罚执行”作为法律名称比采用“社区惩教”更为明晰。选择用“社区惩教”替代社区矫正观点的人认为，惩罚罪犯和教育矫正是罪犯管理工作的两项基本任务，我国《宪法》和《刑法》相关条文已表明这是对罪犯管理的法定任务，那么对社区罪犯的管理理应包含其中。我国香港、澳门地区罪犯管理机构的名称也称为“惩教”。为什么采用“教”而不采用改造的“改”或矫正的“矫”，因为“改造”和“矫正”都存在一定的局限性。“改造”在学界存在一定的争议，“矫正”是一个舶来词，老百姓在接受上还是有一定的困惑，而“教育”则通俗易懂，也包含了改造和矫正的大部分内容。所以，采取“社区惩教”既可以包含社区刑罚执行的主要内容，又可在字面上避免在刑罚执行中过分强调教育矫正而忽视对罪犯的惩罚。但是，从刑罚执行一体化的角度来考虑，我国《监狱法》明确了监狱是国家的刑罚执行机关，但并没有排除对罪犯的教育改造，将对社区服刑人员的管理称为社区刑罚执行，有利于在机构设置和队伍建设上的衔接和必要的融合，促使其资源共享，优势互补，进一步提高工作效率。

有观点认为，我国使用“社区矫正”这一名称已有 15 年了，在 2011 年被写入《刑法》，2012 年被写入《刑事诉讼法》，已获得不少社会关注度，有一定的影响力，没有修改的必要。笔者认为，对于容易引起误解的法律名称，而且确实存在翻译错误，误导实践，应在发现后及时更正，亡羊补牢。况且，“社区矫正”这一概念在我国尚未普及，许多人尚不知其含义或理解模糊。

在我国历史上曾有类似改动刑罚执行法律名称的先例。1954 年政务院颁布的《中华人民共和国劳动改造工作条例》，用“劳动改造”来概括监禁刑刑罚执行工作，实践证明，这种表述以偏概全，在一定程度上导致监禁刑工作任务的不明确，甚至发展为使监狱工作陷入片面追求利润的歧途。最终在使用了 40 年后，在 1994 年用《中华人民共和国监狱法》的称谓中“监狱”替代了“劳动改造”，旨在避免用单一的改造方法或特色替代监狱的全面工作，同时也避免执法者和公众对监狱行刑的误解。因此，我们确有必要在最近的国家立法时修正将“社区矫正”作为法律名称的错误。

（责任编辑：韩建勇）

关于《社区矫正法》的立法建议

天津市社区矫正中心

一、关于名称及工作性质

建议：以《社区刑罚执行法》替代《社区矫正法》。

理由：作为归纳社区刑罚（非监禁刑）执行活动的名词，“社区矫正”强调“矫正”的意义，对开展社区矫正前（2003年之前）的非监禁刑只是监督考察，忽视教育矫正的修正，具有一定的积极意义；如仍继续沿用“社区矫正”一词，容易导致理解上的偏差、工作中的错位，即将“社区刑罚执行”工作视为“行政工作”。

“社区矫正”的定义在2003年7月“两院两部”联合下发的《关于开展社区矫正试点工作的通知》（以下简称《通知》）和2009年“两院两部”在《关于在全国试行社区矫正工作的意见》（以下简称《意见》）中均明确“社区矫正”是非监禁刑罚执行方式，同时也都未提及监督管理，这也是实际工作的反映——对社区服刑人员的监督管理职责仍由公安机关履行。至此，县级司法行政机关在“社区矫正”中的职责仅仅是“矫正其犯罪心理和行为恶习”。对此项工作在2003年7月至2012年3月有两种表述，分别表示不同机关和不同职责：社会服刑——公安机关对社会服刑人员的监督管理；“社区矫正”——县级司法行政机关社区矫正机构对社会服刑人员进行的“矫正其犯罪心理和行为恶习”——教育矫正和帮扶。2012年3月1日施行的《社区矫正实施办法》第3条明确了“……对社区矫正人员进行监督管理……”依据此条规定，对社区服刑人员的监督管理职责由公安机关移交给县级司法行政机关社区矫正机构。即从2012年3月1日起，县级司法行政机关社区矫正机构实施的“社区矫正”的内涵就包括了监督管理、教育矫正和适应性帮扶三个方面。

监督管理、教育矫正和适应性帮扶是“社区刑罚执行”工作的三大任务和工作内容，用其中一项工作内容的称谓“矫正”来表述社区刑罚执行，势必导致工作错位，从而将教育矫正作为“社区矫正”的基础工作、重点工作，忽视“刑罚执行”的本质要求——预防性、惩罚性；同对一般群体救助机制、内容相比，对社区服刑人员教育矫正，尤其是心理矫正的过度适用，将最终导致公众的错觉，即“社区矫正”是一种“社会福利”，显然与刑罚的目的相悖。

同时，“两院两部”的《通知》和《意见》均规定“社区矫正”是非监禁刑罚执行方式，但需指出的是，“社区矫正”是非监禁刑罚执行方式之一，而非全部（如死刑的执行）。

“社区服刑人员”即罪犯的法律地位，决定了《社区刑罚执行法》的名称和性质，随着刑事司法制度的改革不断深入，势必在适当的时机加大非监禁刑惩罚的力度，引入“社区惩罚刑”和增设具体刑种。届时，“社区矫正”更加难以诠释“社区刑罚执行”的全部内容。

同理，社区刑罚执行的性质是刑罚执行，简单、明确，避免产生“错位”认识。

二、工作对象的称谓

建议：将“社区矫正人员”修改为“社区服刑人员”。

理由：“社区矫正人员”的称谓，一是缺乏罪犯在刑的内涵，导致在监督管理和教育矫正中增加了工作难度；二是与“社区矫正工作人员”相近，容易混淆，甚至导致公众误解；三是难以与监狱服刑人员相对应。“社区服刑人员”的称谓，能较好地避免和消除上述问题，也能促使“社区服刑人员”树立和明确“在刑”意识，强化其遵守监督管理规定的意识和自觉性，坐实社区刑罚执行的基础，从而为实现“管得住、管得好”的工作目标夯实基础。

三、工作机构的设置

建议：将工作机构称谓调整为“社区刑罚执行机构”，并明确上下级工作机构的关系——“司法部社区刑罚执行管理部门领导地方各级社区刑罚执行管理部门的工作，上级社区刑罚执行管理部门领导下级社区刑罚执行管理部门的工作”。

理由：《社区刑罚执行法》应明确社区刑罚执行管理部门（机构）上下级的关系。一是由社区刑罚执行的工作性质决定的。社区刑罚执行是刑事诉讼活动，是非监禁刑主要执行方式，在执行原则方面与监禁刑执行相一致，与监禁刑执行制度共同构成我国刑罚执行制度；刑罚执行（监督管理）具有严肃性、规范性和统一性，同时，具有严格的程序性，相关工作均有期限性，且有不同的工作要求；每一项刑罚执行工作都应有法律依据；形成了工作内容、要求、规范，全国上下“一盘棋”，标准统一、工作统一。在具体社区刑罚执行工作中，对出现的新情况新问题，没有工作依据的，下级社区刑罚执行机构应逐级请示；上级社区刑罚执行机构的批复，是下级社区刑罚执行机构处置新情况新问题的工作依据。这就决定了在社区刑罚执行工作方面，上下级的关系是领导与被领导的关系。二是明确社区刑罚执行管理部门上下级是领导与被领导关系的必要性。依据政府工作条例，各级司法行政机关的上下级关系是指导与被指导的关系，上级的工作指导意见是下级开展工作的参考。这是造成《社区矫正实施办法》施行五年后仍然出现工作性质认识不到位、责任意识不到位、具体工作不到位、工作越位的根本原因。因此，有必要在《社区刑罚执行法》中明确社区刑罚执行管理部门上下级之间的关系是领导与被领导的关系。

四、任务的划分

建议：明确《社区刑罚执行法》各项任务之间的关系："监督管理"是基础，"教育矫正"是重点，"适应性帮扶"是辅助。

理由：不论《社区刑罚执行法》的任务是"二点论"——"监督管理、教育帮扶"，还是"三点论"——"监督管理、教育矫正、适应性帮扶"，从实际工作开展情况看，适应性帮扶仅仅是对符合一定条件的社区服刑人员适用实施，而非全部社区服刑人员；而"监督管理、教育矫正"是对全部社区服刑人员适用实施，所以应明确工作任务之间的关系。"监督管理"是社区刑罚执行，体现了刑罚执行的严肃性、规范性和统一性，是做好一切社区刑罚执行工作的基础，只有"管得住"，才能"管得好"——较好的教育矫正效果；"教育矫正"是社区刑罚执行的目的，是社区刑罚执行的重点。

五、应明确执法人员地位与职权

建议：将《社区矫正法（征求意见稿）》中的"社区矫正机构工作人员"修改为"社区刑罚执行工作人员"，并将社区刑罚执行工作人员纳入司法行政警察队伍，成立社区刑罚执行警察队伍，与监狱警察具有同样的法律地位，按照警察管理体制选拔和管理，以实现社区刑罚执行队伍专业化。

理由如下：

第一，是由社区刑罚执法对象决定的。"社区服刑人员"是正在服刑的罪犯，社区刑罚执行管理的对象是罪犯，需要警察执法权力。虽然社区服刑人员在被决定实行社区刑罚之前已经进行过人身危险性评估，但终究还是被判刑并在改造中的罪犯，一般的治安管理处罚尚且需要警察执行，如果社区刑罚执行工作人员不需要特殊的资格和权限，将导致执法人员管理职权有限、处置社区服刑人员脱离监管的能力不够等问题。

第二，是由社区刑罚执行的内容决定的。刑罚执行是依据人民法院的刑事判决和裁定，对犯罪人的部分权利进行相应的限制和剥夺，靠国家的强制力保证实施。社区刑罚在社区实施，社区服刑人员在社区生活，但并不是完全的自由人，部分权利被限制和剥夺，要求"社区服刑人员认罪悔罪、遵守法律法规、服从监督管理、接受教育"，这些都需要警察的执法权才能完成。

第三，是由社区刑罚执行的责任决定的。社区刑罚执行是刑事诉讼活动，应当由以"办事为主"向以"办案为主"的监督模式转变，实现"办案程序化"。没有明确执法主体，往往把执法业务当作日常事务性工作对待，而不按照办案的程序、方式去处理。“办事模式”的特点是程序不清、责任不明、效率较低，将导致“实施社区刑罚程序”难以实现正当化。

第四，国内已有社区矫正警察的实践探索。2010 年，湖北省荆州市成立市司法局直属单位社区矫正警察支队，这是全国司法行政系统首家类似建制单位。将市司法局原社区矫正科改为市社区矫正警察支队，同时仍挂市“社区矫正工作办公室”牌子，从而使社区矫正机构由市司法局机关内设科室变为局直属行政机构。这一地方性改革表明了社区矫正警察有其社会基础，得到了社区矫正机构和工作人员的认同。

第五，有利于解决社区刑罚执行队伍地位和职业保障问题。我国社区服刑人员日益增多，但是社区刑罚执行工作人员作为司法行政人员，对罪犯服刑实施执法权，没有被纳入警察编制，也没有被法律赋予明确执法权限。早在 2013 年，全国人大代表秦希燕就提出议案，建议将社区矫正执法人员纳入警察编制。他认为：“社区矫正管理人员身份不明确、专业性不强、人员不足的矛盾日显突出，在某种程度上制约了社区矫正工作的实施和发展。”现在，社区矫正工作人员虽然从事执行刑罚的特殊专业化工作，但是任职资格与普通公务员无异，没有任何特殊要求，执法人员的地位、待遇得不到应有的保障。

第六，以“社区矫正机构工作人员”为执行刑罚的主体，不符合刑罚执行的通常标准。社区矫正法本质上是刑事执行法，是刑事执行法的一部分，我国公安机关、人民法院、司法行政机关都有刑事执行职权，且都规定了具体执行主体的身份和地位。在《社区矫正法（征求意见稿）》中，执法主体大部分都是“社区矫正机构”，社区刑罚执行工作人员在整个立法中没有明确规定，而在刑事诉讼其他程序中会出现侦查人员、公诉人、审判人员等具体的称谓。社区矫正法虽然不具有组织法性质，不必在这部法律中规定执法主体的资格条件与法律责任，但也要明确执法的主体，而不宜一律称作“工作人员”。

综上所述，建议在《社区刑罚执行法》中确立社区刑罚执法人员为“社区刑罚执行人民警察”，以后将《人民警察法》第 2 条第 2 款相应修改为：“人民警察包括公安机关、国家安全机关、监狱、社区刑罚执行、戒毒管理机关的人民警察和人民法院、人民检察院的司法警察。”社区刑罚执行警察的任职资格要求、职责和权限等，既要遵循《人民警察法》的一般规定，也要遵循《社区刑罚执行法》的特殊规定。

六、明确管辖的原则和争议的解决

建议：明确将“居住地管辖为原则，户籍地管辖为补充”作为管辖原则和处置管辖争议的依据；处置管辖争议由争议双方或一方的上级社区刑罚执行机构决定。

理由：单一的“居住地管辖”不能解决社区刑罚执行管辖的全部，对特殊情形可采取“户籍地管辖”。对管辖有争议的双方——均是社区刑罚执行机构，可由争议双方的共同上级社区刑罚执行机构指定管辖；对管辖有争议的一方——一方是社区刑罚执行机构（户籍地），一方是社区刑罚执行决定机关，可由争议一方的上级社区刑罚执行机构指定管辖，以解决社区服刑人员暂无居住地的社区刑罚执行管辖。

七、明确监管类别的划分标准和调整的条件

建议：明确监管类别的分类、划分标准和相互间调整的条件和要求。

理由：监管类别的分类和调整的条件、要求是明确“监督管理措施”的前提，是刑罚执行严肃性、规范性、统一性的内在要求，确有必要加以明确，使社区刑罚执行工作有法可依。

八、明确监督管理措施的内容

建议：明确监督管理措施的内容。

理由：监督管理措施是对不同监管类别的社区服刑人员实施社区刑罚执行的重要工作要求和内容，直接体现着刑罚执行严肃性、规范性、统一性的内在要求，确有必要加以明确，使社区刑罚执行工作有法可依。

九、设立未成年人社区刑罚执行专章

建议：对未成年人实施社区刑罚执行，应当遵循教育、感化、挽救的方针，按照“对未成年人的社区刑罚执行应当与成年人分开进行”的原则设立专章。

理由：中央综治委预防青少年违法犯罪工作领导小组、最高人民法院、最高人民检察院、公安部、司法部、共青团中央联合发布的《关于进一步建立和完善办理未成年人刑事案件配套工作体系的若干意见》，分别在“设立专门从事未成年人刑事案件的机构”“保护未成年人合法权益”“未成年罪犯的教育、矫正”等多个方面提出了指导性建议。

《社区矫正实施办法》第33条规定，对未成年人实施社区矫正，应当遵循教育、感化、挽救的方针，按照“对未成年人的社区矫正应当与成年人分开进行”等规定执行。该规定中较多的条款数量、体现出的立法理念与方针，都凸显了对未成年人的重视。

《监狱法》中设置了未成年人专章、2012年修订的《刑事诉讼法》设置了未成年人专章……事实上，专章立法模式已成为我国目前未成年人立法所采用的模式。

国家针对未成年人有许多专门的立法，特别是《刑事诉讼法》专门增设了“未成年人刑事案件诉讼程序”专章，社区刑罚执行是刑罚执行方式的一种。刑罚执行是刑事诉讼的重要环节，在《社区刑罚执行法》中增设“未成年人社区刑罚

执行”专章，是贯彻《刑事诉讼法》专章中的“对犯罪的未成年人实行教育、感化、挽救的方针，坚持教育为主、惩罚为辅的原则”规定。

目前，未成年社区服刑人员人数已超过未成年犯管教所在押未成年犯人数，成为我国未成年人矫正制度的主体。可以说，社区刑罚执行是对涉罪未成年人进行教育矫正的重要方式。

《社区刑罚执行法》应当积极回应社区刑罚执行实践的发展，将成熟经验上升为法律规定。而且，由于未成年人社区刑罚执行制度有着丰富的内容，有关未成年人社区刑罚执行的对象、社会调查、专门机构、特殊矫正措施、社区刑罚执行档案不公开及封存等必要的内容，也只有专章才能合理规范和包容。

设置未成年人社区刑罚执行专章，有利于更好地适应司法工作的急切需要，为未成年人社区刑罚执行提供强有力的法律保障，更好地促进这项工作顺利开展。

十、完善奖惩措施

建议1：在《社区矫正实施办法》奖惩措施的基础上，在“警告”惩处措施的层级前，增加“训诫”措施——批评教育、责令改正、不得再犯，用以处置“情节较轻”的违反监督管理规定的行为。

理由：如《社区矫正实施办法》第23条第3项和第4项规定“不按规定参加教育学习、社区服务等活动，经教育仍不改正的”“……无正当理由不按时提交病情复查情况，或者未经批准进行就医以外的社会活动且经教育仍不改正的”中，“经教育仍不改正的”是构成给予警告的实质要件：一是要经过社区刑罚执行机构的教育；二是社区服刑人员仍不改正——违反监督管理的行为处于连续的状态。而第一个实质要件在工作实际中容易被忽视，且无操作标准。

建议2：对“训诫”“警告”“提请治安管理处罚”惩处措施，社区服刑人员不服的，明确社区服刑人员享有向作出“训诫”“警告”“提请治安管理处罚”惩处措施的县级社区刑罚执行机构的同一级人民检察院申诉的权利。

理由：部分县级社区矫正机构在工作中规定，社区服刑人员对“警告”“提请治安管理处罚”不服的，可向作出“训诫”“警告”“提请治安管理处罚”惩处措施的县级社区矫正机构所属县级司法行政机关申请“复议”。此种规定显然是将“社区刑罚执行”工作认同为司法行政工作——“警告”“提请治安管理处罚”是司法行政处罚。这种认识与做法，与“社区刑罚执行”刑罚执行/刑事诉讼活动的工作性质相悖。为避免此情况发生，确有必要明确社区服刑人员向作出“训诫”“警告”“提请治安管理处罚”惩处措施的县级社区刑罚执行机构的同一级人民检察院进行申诉。

十一、具体问题的建议

建议1：明确“脱管”“漏管”的含义。“脱管”是指社区服刑人员违反社区刑罚执行监管规定的故意行为；“漏管”是指对社区刑罚执行负有职责的机构或工作人员，违反相关规定，导致发生应当被执行社区刑罚的社区服刑人员处于“脱管”的违法行为。

理由：社区服刑人员“脱管”的原因有多种，绝非仅仅是社区服刑人员本人的主观原因，实际也有工作人员失职的原因。明确“脱管”“漏管”的含义，有利于及时发现“脱管”“漏管”，按照违规、违法的具体情形及时处置。

建议2：明确“收监执行”“送押收押执行”的含义。“收监执行”应特指对暂予监外执行的社区服刑人员予以执行变更的程序及诉讼结果；“送押收押执行”是指对社区刑罚执行的处遇，通过法定程序予以变更后，将被撤销缓刑、撤销假释或被决定收监执行的社区服刑人员押送并交付监狱收押执行刑罚的诉讼活动。

理由：“收监执行”是执行变更的程序或诉讼结果；“送押收押执行”是将被执行变更的社区服刑人员押送并交付监狱收押执行刑罚的诉讼活动。而实践中，经常将“收监执行”与“送押收押执行”发生在刑罚执行阶段中不同的诉讼活动混为一谈。

建议3：统一法律文书交付的期限。《刑事诉讼法》第264条第1款规定：“罪犯被交付执行刑罚的时候，应当由交付执行的人民法院在判决生效后十日以内将有关的法律文书送达……”《社区矫正实施办法》第5条规定：“在判决、裁定生效起三个工作日内，送达……”《暂予监外执行规定》第18条第2款规定：“人民法院决定暂予监外执行的……在判决生效后七日以内将暂予监外执行决定书送达看守所或者执行取保候审、监视居住的公安机关和罪犯居住地社区矫正机构……”即对于法律文书交付期限的规定，《社区矫正实施办法》和《刑事诉讼法》《暂予监外执行规定》相矛盾。

理由：从上述期限规定的内容来看，有不一致的规定。由于法律文书滞后仅涉及人民法院，所以从刑事诉讼程序的角度去分析文书滞后的原因，需要考虑的因素有：二审终审制、上诉期限、上诉机制、二审裁判的效力、交付执行人民法院的级别、送达与收到的区别以及对被告人、罪犯的病情诊断、妊娠检查或者生活不能自理的鉴别等。从工作实际情况看，人民法院难以做到“三个工作日内送达”；“决定暂予监外执行的，在判决生效后七日以内”，要看病情诊断、鉴别的时间，也比较困难。

（责任编辑：童茹琰）

关于社区矫正立法的几点建议

山东省司法厅社区矫正管理处副处长　彭加华

一、应当明确社区矫正刑罚执行的性质

目前，拟提交的《社区矫正法（草案）》没有对社区矫正工作的性质进行明确定位。换句话说，没有明确社区矫正是什么这一问题，这必然会影响社区矫正目标、任务和措施的确定及实施。我们认为，社区矫正与监禁矫正一样，本质上属于刑罚执行活动。从社区矫正对象看，对被判处管制、裁定假释、暂予监外执行的罪犯实施社区矫正属于刑罚执行的范畴是毋庸置疑的。目前，存在争议的就是对宣告缓刑的罪犯实施社区矫正是否属于刑罚执行。被宣告缓刑的罪犯，尽管未在监狱内服刑，但归根结底，他们都是触犯了刑法，依照刑事诉讼法有关程序被追究刑事责任的人。因此，在社区矫正立法中明确“社区矫正的根本属性是刑罚执行”是必要的。

二、应当配备一定数量的警察

目前，理论界和实务界对社区矫正是否配置警察争议较大。从理论层面看，社区矫正是社会化的矫正，使用警察实施监管教育，的确与社会化矫正的大方向不符，不宜配置警察；但从实践方面看，部分社区服刑人员服刑意识不强，无法确保部分矫正措施的有效实施，也不利于突发情况的及时处理，甚至使得社区矫正工作人员面临较大的人身风险及执业风险，如社区服刑人员暴力抵制监管等。对此，我们认为，社区矫正机构工作人员不宜全部使用警察，但也应当配备一定数量的警察。在交付接收、考核奖惩、脱管追查等执法环节使用警察，在教育、走访、帮扶等环节使用其他工作人员。建议在立法中明确：社区矫正机构应当配备一定数量的人民警察负责社区矫正执法工作。如配备警察在当前形势下确实难以实施，也应当明确：建立完善监狱和社区矫正相互衔接、统一协调的刑罚执行体制，可以组织监狱（戒毒）人民警察参与社区矫正工作。这既是司法体制改革的重要内容，也是对全国正在开展的监狱（戒毒）人民警察延伸管教职能参与社区矫正工作这一做法的确认。否则，目前在全国开展的刑罚执行一体化建设工作将缺乏法律依据。

三、应当将社区矫正机构经费纳入省级财政统筹

《社区矫正法（草案）》第7条规定，各级人民政府应当将社区矫正经费列入本级政府预算。但就目前实践看，县级司法行政部门社区矫正机构承担着具体的监管执法、教育帮扶等工作职责，可以说社区矫正经费主要用于县级社区矫正机构开展工作需要，但县级人民政府财政状况普遍较差，保障能力不足，仅靠县级财政，很多地方难以有效保障社区矫正工作顺利开展。对此，在实际工作中，很多省市采取了省、市、县三级财政分担的做法，也有的省市建立了专项资金对财政困难县进行财政补贴，有效地解决了县级财政保障能力不足的问题。对此，建议将社区矫正经费纳入省级财政统筹，实行省、市、县按比例分级负担的财政保障制度，社区矫正经费应当按照社区矫正对象数量进行核算，并纳入各级人民政府预算。

四、应当增加社区矫正中止制度

目前，在社区矫正实践中，经常会出现社区服刑人员在矫正期间因涉嫌犯罪被拘留或被采取强制措施的情形。面对这种情况，是否还需要对社区矫正对象实施监管、教育，应如何处理，在《社区矫正实施办法》中没有明确规定，致使社区矫正执行机构面临两难困境。为此建议，针对社区服刑人员被采取强制措施等情形设立社区矫正中止制度，待处罚执行完毕后或者解除强制措施后依法恢复社区矫正。在社区矫正中止期间，社区矫正机构对社区服刑人员不承担矫正监管、教育责任。

五、加快立法进度

目前，由于种种原因，《社区矫正法》迟迟未能出台，在一定程度上导致各地在制度建设方面顾虑较多，很多应当建立的制度都在等待和观望中，影响了社区矫正工作的开展。建议加快立法步伐，推动社区矫正工作持续健康发展。

（责任编辑：韩建勇）

新时代对《社区矫正法》的立法期望

贵州省司法厅社区矫正处处长　刘传德

我国自2003年引进西方国家社区矫正制度以来，历经试点、全面试行、全面推进各个阶段。在各级司法行政机关的共同努力下，由党委领导，政府主导，司法行政机关牵头组织实施，政法各家及相关部门协同配合，社会力量广泛参与的领导体制和工作机制基本建立。十几年来，全国累计接收社区服刑人员300多万人，累计解除矫正人员200多万人，在册70万人，为促进社区服刑人员顺利回归社会，维护社会和谐稳定作出了积极的贡献，取得了较好的政治效果、社会效果和法律效果。党的十八届四中全会提出了"制定社区矫正法"，基层一线实务部门对该部法律翘首以盼，然而出台这部法律的"最后一公里"步伐似乎显得太慢。如何才能制定一部社区矫正良法来规范引领全国社区矫正工作，笔者结合工作实际讨论一些问题。

一、对《社区矫正法（征求意见稿）》的几点认识

2016年12月1日，国务院原法制办向社会发布了《中华人民共和国社区矫正法（征求意见稿）》（以下简称《征求意见稿》）。该意见稿的出台既是长期从事社区矫正工作者的多年期盼，同时也标志着社区矫正立法进入最后冲刺阶段。

（一）积极意义

《征求意见稿》阐明了社区矫正的立法目的，明确了社区矫正的适用范围和基本原则，对司法行政机关、人民法院、人民检察院、公安机关和其他部门的相关工作进行了基本分工，体现了以矫正及回归为重的现代刑罚理念，在保障人权、调动社会力量参与等方面具有一定进步意义。

（二）存在的不足

《征求意见稿》整体缺乏明确的定位、目的和任务，立法中回避了社区矫正工作的基本性质、社区矫正机构的具体设置以及工作人员的身份等关键问题，法律条文少而抽象。同时，未全面客观地反映近年来全国各地开展社区矫正的实践经验和制度需求，在一定程度上否定了多年来基层一线开展社区矫正的宝贵经验和社区矫正理论界形成共识的研究成果。

二、关于立法中社区矫正工作的性质定位问题

《社区矫正法》的立法目的和立法原则应充分体现社区矫正作为刑罚执行的基

本属性。社区矫正作为与监禁矫正相对应的非监禁刑罚执行方式，在内容上包括监管、教育、帮扶三个方面。监督管理是具有法律强制性的刑罚执行工作，教育帮扶是具有社会服务保障性的社会工作，但有效的监督管理是进行教育帮扶的前提。因此，社区矫正本身属于刑罚执行工作，具有强制性、社会化的特征。《征求意见稿》第1条虽有“正确执行刑罚”的表述，但是纵观全稿其他条款，社会管理或者社会帮扶的性质定位大大超过刑罚执行的属性定位。建议立法围绕刑罚执行的根本属性，对社区矫正的本质属性、工作内容、空间范围进行清晰完整的定位，应明确社区矫正法作为刑法、刑事诉讼法执行法的法律定位，体现社区矫正刑罚执行和司法行政机关管理的双重性质。

三、关于立法中社区矫正机构问题

《征求意见稿》第4条规定“县级以上地方人民政府司法行政部门负责本行政区域的社区矫正工作”，而从第5条开始出现“社区矫正机构”一词达40多次，“社区矫正机构”与“县级以上地方人民政府司法行政部门”是何关系，社区矫正机构如何设置，工作职责有哪些，最需要本应由立法明确解决的内容被遗漏，对今后社区矫正工作体系发展极为不利。建议明确社区矫正机构设置方式、工作职责等内容，即各级社区矫正机构由各级人民政府设置，专职负责社区矫正工作，县级社区矫正机构是负责社区矫正工作的执行机关。同时，原则性明确社区矫正机构与社区、社会组织、其他团体、志愿者等分工合作的机制，实现刑罚执行与社会管理的有机结合。

四、关于立法中社区矫正工作人员执法身份问题

《社区矫正法》立法过程中，理论界和实务界争议最激烈、最关注的就是社区矫正是否应当由人民警察执法以及如何配置人民警察的问题。我们认为，从符合国情和各地多年实践经验的实际出发，在社区矫正执法队伍配备一定比例的人民警察编制极为必要。一是社区矫正是依法对在社会上服刑的犯罪公民的日常行为进行监督管理的刑事执法活动，主要工作内容是针对社区服刑人员人身自由和基本权利的执法权，必须由具有人民警察身份的工作人员来行使。二是社区矫正的对象是犯罪分子，其犯罪类型也有属于故意杀人、故意伤害、抢劫、强奸等暴力犯罪，具有一定危险性。同时，社区矫正的内容包括对人民法院禁止令的执行，追查脱管社区服刑人员，对危险性增大的社区服刑人员进行训诫、警告等，需要具有一定权威性和强制性的警察身份进行执法监管。社区矫正工作对警察身份是刚性需求，不能简单地认为是司法行政部门争待遇，而是从工作实际出发。例如，2014年12月24日，西南某省就曾发生一起社区服刑人员持棒袭击事件，造成两名社区矫正工作人员受伤，执法车辆被损坏的严重后果。《征求意见稿》中既未提及在社区矫正机构设置警察问题，也未就社区矫正机构工作人员专业化发展提出

原则性要求，只有第 7 条对社区矫正机构工作人员身份作了原则性表述，未明确社区矫正机构工作人员的职责范围。建议《社区矫正法》对社区矫正工作人员入警执法的身份作出科学、合理的规定，同时探索建立矫正官制度，明确司法行政机关社区矫正机构工作人员的执法身份，负责依法开展社区矫正执法活动并受法律保护，建立社区矫正专业执法队伍；明确司法行政机关社区矫正工作人员的工作职责，从而促进社区矫正工作的顺利进行。

五、关于立法中明确社区矫正机构执法权问题

在明确司法行政机关社区矫正机构职责时，必须赋予相对对等的执法权力，在保留“两院两部”《社区矫正实施办法》中社区矫正机构具有对社区服刑人员给予警告、提请撤销缓刑、假释建议以及暂予监外执行收监执行等处罚措施的基础上，增加训诫和强制带离等处罚措施。这既给个别违反社区矫正相关管理规定，但情节比较轻微且未造成任何影响的社区服刑人员一次纠错机会，否则其受到 3 次警告（暂予监外执行为 2 次）即被提请撤销缓刑、假释建议以及暂予监外执行收监执行，增加刑罚执行成本；也便于司法行政机关对个别违反人民法院禁止令的社区服刑人员在有关部门未能及时到场处置时，能够及时采取处置措施，避免事态扩大带来重大影响。

六、关于立法中社区矫正调查评估适用问题

在实际工作中，决定机关应当委托调查评估而未委托，且自身也未做社会调查评估的问题较为普遍，特别是涉及未成年人犯罪、人民法院暂予监外执行的罪犯，社区矫正决定机关“只判不查”“先判后查”的现象较为突出。为进一步科学判定被告人或罪犯“不致再危害社会”，提高调查评估结论采纳应用率，真正发挥社区矫正入口的筛选过滤作用，我们认为社会调查评估的启动主体对拟进行社区矫正的犯罪人必须委托司法行政机关进行调查评估，建议把社会调查评估作为适用社区矫正的必经程序，而不是可选择的程序。这样，一方面可充分发挥基层司法行政机关社区矫正机构的地域优势，另一方面便于矫正机构对今后的矫正执行做到有的放矢，促进社区服刑人员顺利回归社会。

七、关于立法中明确在各级地方政府设立社区矫正委员会的问题

社区矫正是一个系统工程，需要在各级党委和政府的统一领导下开展工作，需要政法各家的通力协作配合，需要财政、民政、人社等相关部门的积极支持，需要社会力量的广泛参与。因此，立法中应明确在省、市、县、乡各级设立社区矫正委员会，由政法委书记或分管司法行政的政府副职担任主任，由人民法院、人民检察院、公安、民政、人社、财政、综治、卫计、教育以及工青妇等单位任成员（乡镇级还包括村民或居民委员会）。社矫委办公室设在司法行政机关（乡镇

为司法所或执法中队）。其工作职责为：加强对社区矫正工作的领导、督促、检查和指导，研究本地社区矫正工作规划。加强社区矫正工作的组织协调，定期召开联席会议，了解社区矫正工作的进展情况，及时研究解决矫正工作中的实际困难和重大难题，确保社区矫正工作顺利开展。

如果能在立法中明文规定省、市、县、乡各级设立社区矫正工作委员会，并明确相应的工作职责，能够有效解决各地实际存在的社区矫正工作大多依靠司法行政机关单打独斗的问题。对于地方各级司法行政机关积极争取相关部门支持配合而言，不仅能够提供强有力的法律依据，而且能够增强相关部门参与社区矫正工作的积极性和执行力度，对于促进社区矫正工作社会化、规范化具有重要意义。

八、关于立法中社区矫正保障问题

社区矫正经费由地方财政保障难度较大，特别是在西部少数民族欠发达地区，地方财力有限。社区矫正作为一项刑罚执行活动，其面对的是复杂多样的社区服刑人员，社区矫正工作人员不仅承担了巨大工作压力，也承担了一定的职业风险。随着我国司法文明的推进，特别是下一步假释比例的扩大，社区矫正经费由地方各级人民政府加以保障将会因各地经济发展水平不一，影响全国社区矫正工作的整体推进。建议在立法中明确社区矫正经费由中央财政加以保障，地方各级人民政府主要负责社会适应性帮扶，村（居）民委员会协助开展社区矫正工作应给予充分经费保障。同时，在立法中规定社区矫正工作人员必须具备履行职责所需的法律、社会学、教育学以及心理学等相关知识和技能；建立有别于普通公务员的职业保障机制，根据职业情况，设立社区矫正工作人员特殊津贴，以更好地吸引更多专业人才投入社区矫正事业中，增强社区矫正工作职业的荣誉感和安全感，让社区矫正这个舶来品在中华大地上开花结果，枝叶茂盛。

（责任编辑：童茹琰）

对社区矫正立法部分条款的修正建议

上海政法学院教授、社区矫正研究中心主任　刘　强

社区矫正立法在即，参考国务院法制办 2016 年《社区矫正法（征求意见稿）》以及最近的部分修正条款、司法部2013 年《社区矫正法（草案送审稿）》、2012 年“两院两部”《社区矫正实施办法》及 1994 年《监狱法》等，对部分条款提出修正建议，供国家立法机关参考。

法条序号	原有条款	建议条款	修改理由
法律名称	中华人民共和国社区矫正法（征求意见稿）。	中华人民共和国社区刑罚执行法。	“矫正”是对“Corrections”的翻译错误，也容易对执法工作产生误导，与我国《宪法》《刑法》的有关规定及党的十八届三中全会文件的内容相抵触。“两院两部”的文件中多次提到“社区矫正”是非监禁刑罚执行活动。党的十八届四中全会指出，要“统一刑罚执行体制”。
第一条（目的依据）	为了规范社区矫正工作，正确执行刑罚，帮助社区矫正人员顺利回归社会，预防和减少犯罪，制定本法。(征求意见稿)	为了正确执行社区刑罚，惩罚和更生（改造）罪犯，预防和减少犯罪，根据宪法和刑法，制定本法。	增加“惩罚”的表述，与《宪法》《刑法》及党的十八届三中全会的要求保持一致；“更生”的内容更广泛，包括矫正和适应性帮扶。英国、日本及我国香港、台湾地区都使用该词。制定《社区刑罚执行法》需要依据《刑法》。
第二条（适用范围）	对被判处管制、宣告缓刑、假释或者暂予监外执行的罪犯（以下统称社区矫正人员）实行监督管理、教育帮扶的社区矫正活动，适用本法。(征求意见稿)	对缓刑、假释、暂予监外执行、管制、被剥夺政治权利等的社区服刑罪犯（以下统称社区服刑人员）的管理活动，适用本法。	增加被剥夺政治权利等的社区服刑罪犯，对成年社区服刑罪犯的管理尽量减少多执法机构管理，体现刑罚执行一体化的原则。

续表

法条序号	原有条款	建议条款	修改理由
第三条（任务原则）	社区矫正工作坚持监督管理与教育帮扶相结合，专门机关与社会力量相结合，保障公众安全与维护社区矫正人员合法权益相结合的原则。（征求意见稿）	社区刑罚执行坚持惩罚与更生相结合，专门执法机关与社会力量相结合，保障公众安全与维护社区服刑人员合法权益相结合的原则。	“惩罚”作为社区矫正的任务，不容回避，在原则中也必须体现。
第四条（主管部门）	国务院司法行政部门主管全国的社区矫正工作。县级以上地方人民政府司法行政部门负责本行政区域的社区矫正工作。（征求意见稿）	国务院司法行政部门主管全国的社区刑罚执行工作。省级地方人民政府司法行政部门负责本行政区域的社区刑罚执行工作。	省级垂直管理可避免地方政府对执法的制约、干预，有利于执法的正规化、专业化和职业化，多数国家和地区采取省（州）级垂直管理。可学习我国的监狱、环保等体制。对这项工作的垂直管理与现在的平行管理模式相比利大于弊。
第五条（执法人员）	社区矫正机构应当配备具有法律知识和相应执法权的专门国家工作人员，具体办法由国务院司法行政部门会同有关部门制定。（政法司 2018.5.30 修改意见第六条） 监狱的人民警察，依法管理监狱、执行刑罚、对罪犯进行教育改造等活动，受法律保护。（监狱法）	社区刑罚执行机构应当配备人民警察依法承担对社区罪犯的执法管理活动，受法律保护。 社区刑罚执行机构根据需要设置文职人员，协助对罪犯的管理。	在总则部分需要像《监狱法》那样明确执法人员的身份和法律地位。配备人民警察的根据是：《中华人民共和国人民警察法》规定了警察的职责范围包括刑罚执行。 在现有的国情下，配置人民警察管理社区罪犯是有利于工作的开展，体现执法的严肃性和权威性的。目前，俄罗斯全部由警察承担对社区罪犯的执法管理；英国、美国、西班牙等国也有部分警察参与对社区罪犯的管理。
第九条（经费保障）	各级人民政府应当将社区矫正经费列入本级政府预算。（征求意见稿）	省级人民政府应当将社区刑罚执行经费列入本级政府预算。	省级管理可避免地方政府对经费保障的不均衡以及对专业经费的挪用。有利于节约经费。多数国家和地区采用省（州）级经费预算。
		增设第二章社区刑罚执行机构	

续表

法条序号	原有条款	建议条款	修改理由
机构设置	社区矫正机构由县级以上人民政府设置，县级社区矫正机构是社区矫正的执行机关。（政法司 2018.5.30 修改意见第四条）	国家司法行政部门设立罪犯管理总局，下设社区刑罚执行局，在省级保持类似的设置，在地级市可设立省局的派出管理机构。县级设立直接管理罪犯的工作机构，根据需要可下设若干派出机构。由省级司法行政部门根据需要设置撤销。 省级司法行政部门根据需要在辖区内设置中途住所（宿舍），对于在服刑期有一定再犯风险的罪犯（含精神疾病犯）实行居住式管理。	党的十八届四中全会强调刑罚执行一体化，“社区矫正机构”的提法不易区分行政管理机构和直接管理罪犯的机构。大多数国家（地区）将直接管理罪犯的机构称为“办公室”。 县级和地级市司法行政机关不适合管理社区刑罚执行工作。两级司法行政机关管理社区罪犯不利于专业化、职业化建设和执法的公平公正。许多国家和地区均建有中途宿舍，因涉及公民权利的限制，需要由法律作出规定。
执法权限	社区矫正对象违反法律法规或者监督管理规定的，应当视情节给予训诫、警告、提请治安管理处罚、提请撤销缓刑、提请撤销假释、对暂予监外执行的提请收监执行。（政法司 2018.5.30 修改意见第十九条）	对社区服刑人员违反法律法规或者监督管理规定的，应当视情节给予训诫、警告、提请治安管理处罚、依法提请收监执行。 为制止突发的社区服刑人员严重违法犯罪活动，社区刑罚执行人民警察依照国家有关规定可以使用警械。在制止和收监转运押解时可限制罪犯的人身自由。	目前，社区矫正的执法人员包括借调的监狱、戒毒人民警察均没有执法权。他们在面对社区服刑人员突发的违法犯罪行为时束手无策，请求公安人员协助往往远水不解近渴，贻误最佳时机，导致较大的危害后果发生。发达国家的社区执法警察、缓刑官、假释官均有对管理对象采取强制措施的权力，包括使用警械。

（责任编辑：童茹琰）

从立法价值取向角度对社区矫正立法需要解决问题的思索

云南省石屏县司法局　杨云辉

社区矫正法的立法价值，微观上，是要解决社区矫正执法工作中法律规范缺失，让执法工作有法可依的问题。宏观上，通过社区矫正法建立非监禁刑罚统一执行的全新的刑罚执行制度，进而推动“完善刑罚执行制度，统一刑罚执行体制”目标的实现，并因此而带动一系列现行刑事、治安法律规范中与建立全新的统一刑罚执行体制、完善刑罚执行制度不配套的法律条款的修改完善，继而从司法制度修改的立法层面和司法体制改革的实践层面全面推动“优化司法职权配置，健全公安机关、检察机关、审判机关、司法行政机关各司其职，侦查权、检察权、审判权、执行权相互配合、相互制约的体制机制”改革任务的深化落实。

笔者认为，社区矫正立法有两个问题应明晰：一是社区矫正工作是否有立法必要；二是如果社区矫正工作需要立法，那么立法要为社区矫正工作开展解决什么实际问题。这是社区矫正立法绕不开的两个问题，是立法者、社区矫正实务工作者、社区矫正理论学者都应当思索探讨并统一思想用以指导具体社区矫正实务工作开展的基础性工作。理论工作的根本任务是用来指导实践工作，立法工作其实是一种高度抽象化的理论工作，立法的本质意义和生命力在于用法律方式帮助解决实践工作中遇到的问题和困难，不能解决实践工作问题的理论研究和立法都是无益的。

一、从立法权限等角度看社区矫正工作是否有立法必要

社区矫正工作可不可以不立法？可以，按一些专家学者的观点，社区矫正被定性为社会帮扶，救济，是为让罪犯顺利回归社会，因为该事项不涉及公民权利剥夺、人身自由限制、公民义务设定，按《立法法》第 8 条立法权限的规定，不需要制定法律能解决的事项可以不用法律规范来调整。如果社区矫正工作按某些专家学者的观点是一种帮扶救助罪犯顺利回归社会的工作，作为福利性工作，不存在需要立法通过法律权限授权才能解决的法律问题，要解决社区服刑人员的救助、安置帮教等待遇保障问题，相关部门出台个文件就可以办理，特别是个别社区服刑罪犯若确实发生生活困难需要社会救助等，甚至民政部门或基层乡镇政府按政策申报低保或临时救助，或社区村委会开个会就能决定了，没有必要提升到

国家层面，由国家立法机关以立法的方式来解决。笔者不排斥社区矫正或许会有这些功能，但从立法角度考虑，这些功能问题没必要用立法方式解决，因此不在本文探讨。国家立法资源是宝贵的，不应被挥霍和浪费。笔者认为，从社会管理成本考虑，事务处理应秉承精简高效和权责统一原则，这也应是我国立法领域改革工作顺应国家力促“放管服”改革精神的需要。

从精简高效的原则出发，社会事项的管理规则应是，第一层级优先调整习惯；第二层级为内部管理规定（如合同、村规民约、公司章程、单位制度等）；第三层级为部门规章；第四层级为行政法规（此层级还包含自治条例、地方性法规等同等效力的法规）；最后一层级才是法律（此层级专指全国人民代表大会及其常务委员会制定的基本法律和一般法律）。只有前一层级规范失效才考虑适用后一层级规范。法律规范具有稳定性、规范性、权威性，在社会关系调整方式中不宜经常变动，从保护立法资源，不立滥法立精法的角度出发，国家立法应将立法资源用于急需且必须立法解决的法律问题上。如果社区矫正被定性为刑罚执行，要解决刑罚执行本质属性为预防犯罪的目的，特别是一般预防职能的问题，则必须立法解决。实践证明，社区矫正作为非监禁刑罚执行方式与监禁刑罚执行方式共同组成了完整的刑罚执行体系，社区矫正体现的价值同样是制裁犯罪、预防犯罪。社区矫正预防犯罪的根本职能与监狱预防犯罪没有本质区别，区别仅在于监狱行刑侧重于特殊预防，社区矫正行刑侧重于一般预防。本质上，社区矫正工作属性对我国《立法法》第 8 条、第 9 条规定的犯罪和刑罚、对公民权利的剥夺和限制人身自由的强制措施和处罚、司法制度都有涉及，社区矫正工作面临的问题只能通过制定法律来解决。

二、社区矫正立法解决的是何种法律问题

笔者认为，社区矫正立法要解决的法律问题有两个方面：一方面是只能由立法机关通过立法方式解决的社区矫正执法面临的具体法律问题（以下简称社区矫正执法法律问题）。另一方面是社区矫正作为刑罚执行是一项全新的司法制度，与原有司法制度不适应造成的一系列法律冲突问题，只能用修改法律的方式来解决（以下简称社区矫正法律冲突问题）。

（一）应解决的社区矫正执法问题

1.《社区矫正法》应明确社区矫正刑罚属性问题。社区矫正要立法，首先应当明确社区矫正是刑罚执行方式。社区矫正机关的管理对象都是罪犯，与监狱相同，只是服刑场所不同，其主要在社区服刑。

只有法律才能设定刑罚，如果社区矫正不被法律认定为刑罚执行，还是以帮助犯罪分子回归社会为工作目的，主要工作内容应是安置帮教和救助等，那么社区矫正工作应交民政或社会保障等部门，司法行政机关是刑罚执行机关，不应同时承担罪犯的福利保障工作。中共中央《关于全面推进依法治国若干重大问题的

决定》（以下简称《决定》）明确提出，“健全公安机关、检察机关、审判机关、司法行政机关各司其职，侦查权、检察权、审判权、执行权相互配合、相互制约的体制机制”。《决定》中明确确定司法行政机关是行使执行权的刑罚执行机关，则社区矫正工作不应交司法行政机关，更不应以监管不力追究司法行政部门工作人员责任。

此外，2016年12月国务院法制办发布的《社区矫正法（征求意见稿）》以立法草案形式明确社区矫正工作目的是“帮助社区矫正人员顺利回归社会”。仅从法律规范必须严谨的立法技术层面上看，这是缺乏专业性的。在社区矫正工作实践中，被实施社区矫正的对象包括管制、缓刑、假释、暂予监外执行四类罪犯，其中绝大部分为缓刑罪犯，而缓刑罪犯，包括管制罪犯都是未曾被关押脱离社会的，既然未脱离社会就不存在回归社会的法律问题。因此，社区矫正工作与监狱管理工作的对象都是罪犯，如果要以法律形式规范社区矫正工作，就不得违背宪法“国家惩办和改造犯罪分子”的基本精神，应以实现刑罚执行预防犯罪的根本目的为立法目的。

2.《社区矫正法》应明确调整的法律关系是社区矫正法律关系。从法律关系构成三要素分析，笔者认为，社区矫正法律规范要调整的社区矫正法律关系也应包含社区矫正主体、社区矫正客体、社区矫正内容三要素。社区矫正法律关系基于罪犯被实施社区矫正刑罚执行而产生，终止于罪犯被解除社区矫正刑罚执行或社区矫正刑罚结束。社区矫正法律关系主体，即社区矫正关系的参与者，包括主要参与者，即社区矫正行刑机关和社区服刑罪犯。其他参与者，包括人民法院、监狱等社区矫正适用的决定机关；人民检察院，刑罚执行的法律监督机关；社区矫正监督保证人，如对社区服刑罪犯负有协助监督执行的罪犯近亲属等保证人、社区组织等；教育、社会保障、民政救助、心理辅导机构等对社区服刑罪犯提供社会服务的安置帮教机构等。社区矫正法律关系客体，即社区矫正刑罚执行全部活动所指向的目标是预防犯罪，既包括对被矫正对象的特殊预防，也包括对其余社区人员特别是其他社区不稳定人员的一般预防。社区矫正预防犯罪应侧重一般预防，因为如果社区服刑罪犯确实需要特殊预防，则说明其对居住社区具有重大不良影响，是不适合在社区服刑而需要在监狱服刑，司法实践中的社区矫正适用前评估、社区矫正罪犯被提请收监执行等都是基于这一目的而实施的。所以，社区矫正法律关系的客体应是预防犯罪，主要是一般预防，换个角度也可说成是守法教育，是对广大社区民众的守法行为和意识的养成规范。社区矫正法律关系的内容，则主要是指社区矫正法律关系主体的权利义务责任等，这应是社区矫正法的核心内容，以下将就此进一步论述。

3. 社区矫正专门法律对社区矫正法律关系主体及权利义务的规范。

一方面是对社区矫正法律关系主要参与者的规范：

（1）社区矫正刑罚执行主体及其职责和权力及权利义务的规定。法律应当明确规定哪一个国家机关是社区矫正刑罚执行机关。确定社区矫正刑罚执行机关的职责：一是与社区矫正适用决定机关互相配合、互相制约，防止无社区矫正执行条件的罪犯被适用社区矫正，确保社区矫正决定案件准确适用；二是通过对社区服刑罪犯依法实施社区矫正，实现对罪犯和社区民众有效的守法教育，预防并减少犯罪，主要是预防社区犯罪发生，降低社区犯罪率，提高社区民众守法，促进社区社会和谐稳定。确定刑罚执行主体及其刑罚执行人员执法身份，赋予刑罚执行机关惩办和改造犯罪分子必要的执法手段，包括以国家强制力保障刑罚执行机关追究社区服刑罪犯违法责任，对罪犯人身自由采取强制带离、扣留、留置管教、刑罚拘留等强制措施或刑罚处罚，定位并调取社区服刑罪犯出行、住宿等必要的活动轨迹等权力，对罪犯或其社区矫正监督保证人违反管理规定时可视情节轻重科以经济制裁等。同时，对执行机关的其他权利义务作出法律规定，约束刑罚执行权力。

（2）社区矫正刑罚被执行对象即社区服刑罪犯义务和权利的规定。社区服刑罪犯作为刑罚执行对象，其人身自由、政治权利等必定要受到法律限制，并被科以社区矫正刑罚惩处的法定义务，有自行（或其近亲属）提供社区矫正必要生活条件的义务（具有固定的住所、正当稳定的生活来源、适合担任社区矫正监督保证人的近亲属等，并悔罪认罪，愿意接受社区公益劳动和法制教育保证等社区矫正执行的必备要件），有服从刑罚执行机关管理的法定义务，其人身自由及活动有被执行机关依法监控管制的法律义务，有被限制于特定区域活动的义务，有向执行机关报告自己活动情况、思想活动情况的义务，有接受社区大众监督的义务，有违反管理规定被处罚的法定责任。例如，在矫期间，如果社区服刑罪犯严重危害社区矫正监管秩序，构成破坏社区矫正监管罪等情况，应通过法律方式来解决。同时，社区服刑罪犯未被法律剥夺的其他权利应受到其他法律和政策的正当保护，如受教育权、劳动权、获得最低生活保障权。但这些权利的享受只能与同社区居民在同等条件下平等获得，不得因是罪犯而获得特别的安置保障，否则就会让罪犯的安置帮教成为一种特殊福利，让刑罚的教育惩处职能对大众无法实现正确的教育指引。

另一方面是对社区矫正法律关系其他参与者的规范：

（1）规定社区矫正适用决定机关的职责和权利义务。包括人民法院、监狱、看守所等；社区矫正适用决定机关的职责是对具备社区矫正执行条件的罪犯严格准确适用社区矫正刑罚决定，依法移送社区矫正罪犯，与社区矫正执行机关分工负责、相互配合、相互制约，确保社区矫正刑罚决定罚当其罪，有利于社区预防犯罪。

（2）规定社区矫正刑罚执行法律监督机关的职责和权利义务。人民检察院作为国家法律监督机关，参与社区矫正刑罚活动中的主要职责是通过依法行使刑罚执行检察权，监督社区矫正适用决定机关严格正确适用社区矫正，对违法适用社区矫正予以监督纠正；监督社区矫正执行机关严格正确依法执行社区矫正刑罚。对社区矫正适用决定机关和执行机关工作人员渎职、失职等依法检察，构成犯罪的，依法追究刑事责任，或移送监察机关依法追究刑事责任。

（3）规定社区矫正保证监督人的义务和权利。社区服刑罪犯更多的时间是生活在家庭和社区里，人身自由具有很大的活动性，活动性越大对社会稳定的隐患也越大，对其适时监控是防止其再违法犯罪的必然要求，其活动行踪、守法表现、违法犯罪等情况，更多地需要与其共同生活的近亲属作为社区矫正执行保证人进行监督并如实向社区矫正执行机关报告，以便社区矫正执行机关能及时有效掌握社区服刑罪犯的活动动向和思想动态，从而有针对性地对社区服刑罪犯展开惩办、改造和矫正、教育。法律应当将是否具有适格的社区矫正监督保证人履行监督保证责任作为社区服刑罪犯具备社区矫正条件之一。如果社区矫正监督保证人不履行监督报告义务，或履行义务不当，应承担相应的法律责任，并可能导致社区服刑罪犯因无适格社区矫正监督保证人而被取消社区矫正收监服刑。在社区矫正执行实践中，因社区矫正法律制度的缺失，对社区矫正监督保证人不履行协助监管报告义务没有任何法律责任约束，普遍存在社区矫正监督保证人不履行或不认真履行监督报告义务，这是导致社区矫正罪犯脱管、重新犯罪的重要原因之一。社区矫正立法应当弥补社区矫正监督保证人责任缺失的法律漏洞。

笔者认为，在社区矫正法律关系的权利义务设定中，被实施社区矫正的社区服刑罪犯及担任其社区矫正监督保证人的近亲属，是社区矫正法定义务的主要承担者。社区矫正执行机关对社区服刑罪犯适时管控的监控能力是有限的，社区服刑罪犯及担任其社区矫正监督保证人履行法律义务的好坏情况，直接关系到社区矫正预防犯罪的法律效果和社会效果，这是社区矫正立法应考虑的关键问题之一，更应是考量《社区矫正法》能否成为一部善治的良法的重要标准之一。社区服刑罪犯如违反社区矫正规定应被处罚，直至被撤销社区矫正资格收监执行，如果严重破坏社区矫正监管秩序（如脱离监管情节严重、对抗监管情节严重、报复被害人或证人、打击报复司法监管人员等），应以构成破坏社区矫正执行监管秩序罪予以刑法惩处，这可在《刑法》的妨害司法罪项目下增设破坏社区矫正执行监管秩序罪予以规范。笔者认为，监狱服刑罪犯破坏监管秩序情节严重构成犯罪、脱逃构成犯罪需要承担刑事责任，同样，社区服刑罪犯严重破坏社区矫正监管秩序构成犯罪，也应承担刑事责任。而且，民事案件拒不执行判决、裁定都会构成犯罪承担刑事责任，法律没有理由不让严重破坏社区矫正监管秩序的社区服刑罪犯以新的犯罪来承担刑事责任。

同理，对社区服刑罪犯负有协助监督执行的罪犯近亲属等保证人、社区组织等，法律也应明确其法律责任。社区矫正监督保证人如在社区服刑罪犯实施破坏社区矫正执行监管秩序罪中实施了协助参与，应作为共犯处理。此外，社区矫正监督保证人如发现社区服刑罪犯有重大违法犯罪意图或者遇社区服刑罪犯正在实施犯罪，不制止或及时报告执行机关或其他司法机关，法律应为社区矫正保证人设定相应的法律责任，如因保证人知道或应当知道社区服刑罪犯有重大违法犯罪意图或在实施违法犯罪而不及时制止或报告，导致社区服刑罪犯犯罪造成严重法律后果的，刑法可设定保证人拒不制止、报告罪科以刑罚，以有效防止社区服刑罪犯再犯罪。

笔者认为，加强社区服刑罪犯及其保证人的法律责任，是强化社区矫正刑罚执行权威的必要条件，是有效防止社区服刑罪犯再犯罪，防止社区其余不稳定分子违法犯罪，实现刑罚一般预防犯罪的必要条件。

(4) 规定社区矫正刑罚执行活动中提供社会服务的其他参与者的义务和权利。教育、社会保障、民政救助、心理辅导机构等对社区服刑罪犯提供社会服务的安置帮教机构有不得歧视社区服刑人员的义务，应在政策同等条件下保障其合法权益得到实现；在社区矫正刑罚执行中有配合执行机关开展公益劳动和教育学习的义务，有能力配合执行机关开展工作拒不配合的，应承担相应法律责任。

(二) 应解决的社区矫正法律冲突问题

我国现行刑罚执行体制中存在执行主体多元、执行权分散、执行管理标准不统一等问题。要制定《社区矫正法》，应将非监禁刑罚统一于社区矫正刑罚。《社区矫正法》将正式从国家法律层面设立我国非监禁刑罚统一执行体制，《社区矫正法》的制定实施承担着刑罚理论创新的重大历史使命，这必将与现行的法律规范发生法律冲突。按《立法法》第60条规定，与之冲突的相关原有法律规定，应由立法机关按立法权限及时重新修订完善。

《治安管理处罚法》《刑法》《刑事诉讼法》《人民警察法》等法律修订理由主要为：一是《治安管理处罚法》将管制或者在缓刑、保外就医等监外执行中的社区服刑罪犯违反社区矫正管理规定的行为列为治安案件不当，违反社区矫正管理规定的行为属于刑罚违法案件，应承担刑罚违法责任，比行政违法责任更为严重，不能用行政违法责任替代刑罚违法责任。二是《刑法》应当修订。一方面是关于缓刑原判刑罚不再执行的规定应该修改。建议修改为，缓刑罪犯被实施社区矫正，社区矫正刑罚依法执行完毕，原判有期徒刑视为执行完毕，否则会让人理解为对缓刑执行不属于刑罚执行，缓刑执行不是为了预防犯罪，进一步产生社区矫正执行不是刑罚执行的错误观点。另一方面应取消管制刑种，因为违反管制没有进一步的刑罚强制制裁措施保障管制罪犯能服从法律监管，没有刑罚制裁措施保障的刑罚就没有预防犯罪功能，起不到教育普通人守法以及震慑犯罪的教育指引功能。此外，还应对《刑法》规定缓刑、假释罪犯实施社区矫正要符合社区矫正设定条件，即罪犯必须具有符合《社区矫正法》规定的所实施社区矫正的必要条件才能实施社区矫正。另外，建议在《刑法》妨害司法罪项目下增设破坏社区矫正执行监管秩序罪、社区矫正保证人拒不制止、报告罪等罪名，强化社区矫正刑罚执行权威。三是《刑事诉讼法》应当对暂予监外执行罪犯监外服刑的适用社区矫正增设执行条件，罪犯必须具有符合《社区矫正法》规定的所实施社区矫正的必要条件才能移送实施社区矫正。四是《人民警察法》应修订人民警察的范围。该法第2条第2款规定："人民警察包括公安机关、国家安全机关、监狱、劳动教养管理机关的人民警察和人民法院、人民检察院的司法警察。"建议修订为"人民警察包括公安机关、国家安全机关、司法行政机关从事刑罚执行、戒毒管理的人民警察和人民法院、人民检察院的司法警察"。明确刑罚执行机关的执法人员为人民警察。监狱刑罚执行的执法人员为人民警察，同样执行刑罚的社区矫正执行机关的执法人员，也理应为人民警察，行使人民警察职权。

综上所述，《社区矫正法》立法属于国家立法活动，立法权限在国家最高权力机关，即全国人民代表大会及其常务委员会，立法事项涉及国家司法制度改革，应遵循我国《宪法》《立法法》的立法精神和《决定》提出的刑罚体制改革精神，希望《社区矫正法》在科学、严谨、依法规范的立法程序下，经过完善的顶层设计，集思广益，成为推进我国司法制度改革，助推《决定》提出"优化司法职权配置，健全公安机关、检察机关、审判机关、司法行政机关各司其职，侦查权、检察权、审判权、执行权相互配合、相互制约的体制机制"、"完善刑罚执行制度，统一刑罚执行体制"的法治利器，成为我国依法治国推进司法制度改革、完善法治进程中里程碑式的立法标杆。

（责任编辑：孙燕锋）

对《社区矫正法（征求意见稿）》部分条款的修改意见

贵州省司法厅社区矫正管理局

第一条 为了规范社区矫正工作，正确执行刑罚，帮助社区矫正人员顺利回归社会，预防和减少犯罪，制定本法。

建议修改为：为正确执行刑罚，帮助社区服刑人员顺利回归社会，预防和减少犯罪，依据《中华人民共和国刑法》、《中华人民共和国刑事诉讼法》，制定本法。

理由：正确定位社区矫正性质，增加上位法依据。

第二条 对被判处管制、宣告缓刑、假释或者暂予监外执行的罪犯（以下统称社区矫正人员）实行……适用本法。

建议修改为：对被判处管制、宣告缓刑、假释或者暂予监外执行的罪犯（以下统称社区服刑人员）实行监督管理、违规惩处、教育帮扶的社区矫正活动，适用本法。

理由：立法中使用"社区服刑人员"称谓更为恰当。从字面上理解，"社区矫正人员"易与"社区矫正工作人员"混淆，引起误解。从法律层面理解，管制、缓刑、假释、暂予监外执行四类人员属于在社区里服刑的罪犯。从实务界角度理解，"社区服刑人员"更能准确定位社区矫正的对象，利于基层矫正管理。

第三条 社区矫正工作坚持监督管理与教育帮扶相结合，专门机关与社会力量相结合，保障公众安全与维护社区矫正人员合法权益相结合的原则。

建议修改为：社区矫正工作坚持监督管理与教育帮扶相结合，专门机关与社会力量相结合，保障公众安全与帮助社区服刑人员顺利融入社会相结合的原则。

理由："维护社区服刑人员合法权益"不是社区矫正主要目的，"帮助社区服刑人员顺利融入社会"是社区矫正社会工作属性的重要体现。

第四条（第一款） 国务院司法行政部门主管全国的社区矫正工作。县级以上地方人民政府司法行政部门负责本行政区域的社区矫正工作。

建议修改为：国务院司法行政部门设立的社区矫正管理机关主管全国的社区矫正工作。县级以上地方人民政府司法行政机关设立社区矫正管理机关负责本行政区域的社区矫正工作，并根据实际需要，按照一定比例配备人民警察和专职工作人员。

理由：明确社区矫正执行机构与司法行政部门的关系和社区矫正机构的性质、具体职责，明确配备一定数量的人民警察。

第七条 社区矫正机构工作人员依法开展社区矫正活动，受法律保护。

社区矫正机构工作人员应当严格遵守宪法和法律，忠于职守，秉公执法，严守纪律，清正廉洁。

修改意见：第七条过于笼统，对社区矫正机构工作人员是什么身份，包括哪些人没有作明确的界定；“依法开展社区矫正活动”包括哪些内容不清楚。既然规定是执法，就应当明确社区矫正机构工作人员的执法身份、工作职责、执法权限。

第九条（第一款） 各级人民政府应当将社区矫正经费列入本级政府预算。

建议修改为：国家保障社区矫正经费。司法行政机关社区矫正工作指导管理费、社区矫正工作经费、社区矫正设备费及其他专项经费，列入国家预算。

理由：依靠地方财政保障社区矫正经费难度较大，特别是西部少数民族欠发达地区经济落后，财政主要用于精准扶贫、基础建设等民生方面，预算划拨的社区矫正经费难以有效开展社区矫正工作，建议社区矫正经费与监狱经费一样由国家全额保障。

第十条（第二款） 社区矫正在社区矫正人员的居住地执行。社区矫正决定机关根据需要可以委托社区矫正机构或者居民委员会、村民委员会等组织对罪犯的社会危险性和对社区的影响，进行调查评估。

建议修改为：社区矫正在社区服刑人员的居住地执行。社区矫正决定机关根据需要可以委托社区矫正机构对罪犯的社会危险性和对社区的影响，进行调查评估，居民委员会、村民委员会等组织应当依法予以配合。

理由：一是社区矫正机构对社区服刑人员实行监管，应实行“谁评估、谁负责”原则，其调查评估应由社区矫正机构完成。二是村（居）民委员会人员不具备对社区服刑人员进行监管的主体资格，出具评估意见简单随意，缺乏科学评估依据。三是一旦出现社区矫正机构与村（居）民委员会意见不一致，将导致无法对社区服刑人员进行监管，社会不稳定因素增加。建议慎重考虑此款多头委托评估的不利因素。

第十一条（第一款） 社区矫正决定机关应当自判决、裁定或者决定生效之日起3日内通知执行地社区矫正机构，并在10日内送达有关法律文书，同时抄送人民检察院。

建议修改为：社区矫正决定机关应当自判决、裁定或者决定生效之日起3日内通知执行地县级社区矫正机构，并在10日内将人民检察院的起诉书副本，将人民法院的判决书、裁定书、决定书、执行通知书、结案登记表，监狱管理机关和公安机关批准书送达执行地县级社区矫正机构，同时抄送人民检察院。

理由：“执行地社区矫正机构”是哪一级机构，“有关法律文书”是指何类法律文书，均规定得不清楚，在实践中无法执行，应当细化明确。

第十七条 对宣告缓刑、假释、暂予监外执行的社区矫正人员决定收监执行的，公安机关应当立即将其羁押，并移送监狱或看守所。

被决定收监执行的社区矫正人员在逃的，由公安机关追捕，社区矫正机构协助。

修改意见：收监执行作为立法中的重要执法环节，应对收监执行的具体情形细化，增加缓刑、假释、暂予监外执行等符合收监执行情形的具体条款。为减轻基层社矫机构协调收监的负担，避免因职责不明、相互推诿，避免脱管失控，建议本条第二款修改为：被决定收监执行的社区服刑人员在逃的，由社区矫正机构通知公安机关负责追捕。

第二十八条 社区矫正机构可以协调有关部门和单位，对就业困难的社区矫正人员开展技能培训、就业指导。

第三十五条 社区矫正人员可以按照国家有关规定向有关部门申请社会救助、社会保险、法律援助，社区矫正机构应当给予必要的协助。

修改意见：建议立法明确规定相关部门参与社区矫正的职责，单就依靠社区矫正机构协调难度较大。建议将上述两条合并为一条，修改为：民政、人社等有关部门和单位应当对符合条件的社区服刑人员办理社会救助、社会保险，对就业困难的开展技能培训、就业指导。

第三十四条 社区矫正机构可以组织社区矫正人员参加社区公益活动，服务社区群众，修复社会关系，培养其社会责任感。

建议修改为：社区矫正机构应当组织社区服刑人员参加社区公益活动，服务社区群众，修复社会关系，培养其社会责任感。

理由：组织社区服刑人员参加社区服务是实施社区矫正工作以来的规定动作，使用“可以……参加”的选择性内容，则忽略了十多年来基层的实践经验，不利于社区矫正机构通过政府服务开展社区服务的社会参与做法的推广。

（责任编辑：韩建勇）

对社区矫正法的内容建议

四川省司法厅社区矫正管理局　朱晓科

第××条　定义

社区矫正是依法在社区中监管、改造和帮扶罪犯的非监禁刑执行制度。

立法理由

本条规定了社区矫正的定义。该定义强调了以下几个方面内容：

（1）明确社区矫正的法律性质是非监禁刑执行制度；

（2）强调社区矫正依法进行；

（3）明确社区矫正是适用于特定对象的一类刑罚措施；

（4）明确社区矫正是一类具有明确期限的刑罚措施，社区矫正机关根据发生法律效力的判决、裁定和决定中确定的具体期限，开展社区矫正工作；

（5）明确社区矫正在居住社区执行，这是社区矫正与监禁矫正或监狱矫正的最大区别；

（6）说明社区矫正虽然主要是一种执行刑罚的工作，但还包括监督管理、教育矫正、帮困扶助等丰富内容。

第××条　社区矫正机构

国务院司法行政部门设立社区矫正管理局，主管全国的社区矫正工作。

省、市、县级司法行政机关设立社区矫正总队、支队、大队，负责指导管理、组织实施本地区社区矫正工作。

履行下列职责：

（一）监督检查社区矫正法律法规和政策执行工作；

（二）拟定社区矫正工作发展规划、管理制度和相关政策并组织实施；

（三）指导、监督对社区服刑人员的刑罚执行、管理教育和帮扶工作；

（四）指导社会力量和志愿者参与社区矫正工作；

（五）指导社区矫正场所建设、管理和信息化建设工作；

（六）完成其他有关工作。

立法理由

随着社区矫正制度日益成熟，社区矫正工作的常态化，尤其是《刑法修正案

（八）》明确“依法实施社区矫正”，规定“国务院司法行政部门设立社区矫正管理局，主管全国的社区矫正工作”能够真正贯彻依法治国理念，且与当前实际情况保持一致。

《刑事诉讼法》（2012 年修正）第 258 条规定：“对被判处管制、宣告缓刑、假释或者暂予监外执行的罪犯，依法实行社区矫正，由社区矫正机构负责执行。”由此可见，社区矫正机构应具备行政主体资格。它不应是行政机关普通意义上的内部机构、派出机构、办事机构，而是能够以自己名义进行行政行为的独立的行政主体。同时，它也不是整合公、检、法、司各部门社区矫正职责的综合性机构，必须由一个机构独立行使完整的执法权力，才能保证执法的规范性、完整性和统一性。党的十八届四中全会指出：“优化司法职权配置，健全公安机关、检察机关、审判机关、司法行政机关各司其职，侦查权、检察权、审判权、执行权相互配合、相互制约的体制机制。”强调要“完善刑罚执行制度，统一刑罚执行体制”。可以看出，在司法体制改革的大背景下，侦查、起诉、审判与执行由公安、检察、法院、司法行政部门分别负责是大势所趋，刑事执行将逐步统一由司法行政机关负责。无论是监禁刑还是非监禁刑，作为刑事执行的一部分，其性质和定位必然归于一统。因此，社区矫正机构的设立应当参照监狱管理机关的设计，设立“社区矫正管理局”，作为司法行政的二级机构。司法部于 2012 年成立社区矫正管理局，内设综合处、刑罚执行处、矫正管理处三个部门。目前，全国已有 24 个省（区、市）设立社区矫正管理局，其中上海、北京、湖北社区矫正管理局为副厅级单位。

司法部《关于加快推进司法行政改革的意见》中明确要求“探索对监狱、戒毒、社区矫正执法勤务机构实行队建制”。在我们国家整体制度设计中，所有与公民人身权和自由权有关事项的管理权均由公安机关行使。社区矫正的属性是刑罚执行，本质上是一种刑事执法活动，其主要工作内容是依法对犯罪公民的日常行为进行监督，对依法不许可的行为进行限制，及时制止和惩罚其不法行为。这种针对人身自由的执法权力，应由具备执法主体资格的专门机构来行使。而全国各地探索的社区矫正机构队建制模式，突出了社区矫正执法机构专业化、实战化、扁平化目标，解决了影响社区矫正执法的深层次问题。目前，北京、天津、辽宁等省、市、县（区）三级已成立社区矫正执法总队、支队、大队；安徽、山东、江苏、浙江、河北、云南、吉林、广西、江西等省的市、县两级已成立社区矫正执法支（大）队；四川省已有 7 个市、68 个县（市、区）成立社区矫正执法支（大）队。

第××条　社区矫正官

社区矫正官是依法履行社区矫正职责、纳入国家行政编制、由国家财政负担工资福利的工作人员。

社区矫正官的任职应当具备公务员的基本条件，而且能够适应社区矫正工作的需要。

社区矫正官依法履行刑罚执行职责，承担矫正接收、事项审批、调查取证等执法工作，对社区服刑人员进行监督管理，组织开展教育帮助活动。

立法理由

作为专门从事社区矫正工作的执法者，社区矫正官应具备国家公务员的身份，这是保障执法工作权威性与稳定性的需要，也与我国刑事司法职能分配和实际状况相契合。

作为国家公务员的一种，社区矫正官的任职必须符合公务员法的规定。

第三款规定是在总结实践经验与相关法律规定、规章制度的基础上提炼而成。

第××条　社区矫正机构中的警察

根据社区矫正工作的实际需要，在社区矫正机构中配备一定数量的警察，组织执行刑罚，对违反监督管理规定的社区服刑人员实施制止、惩戒、收监等措施。

立法理由

社区矫正的对象是违法犯罪人员，总体而言，他们的人身危险性要高于普通公民，遵纪守法的自觉性要差于普通公民，管理难度较大，管理人员甚至可能面临较大的人身安全风险。因此，为树立社区矫正机构的权威，保障社区矫正工作者的人身安全，有必要根据实际情况，在社区矫正机构中配备一定数量的警察。

第××条　社区矫正期限的中止

被判处管制的社区服刑人员因违法行为而被治安拘留、司法拘留、强制隔离戒毒的，在社区矫正期限中止，待治安拘留、司法拘留、强制隔离戒毒期满后，恢复执行社区矫正。

被判处缓刑和适用假释、暂予监外执行的社区服刑人员因违法行为未被收监执行但被治安拘留、司法拘留的，社区矫正期限中止，待治安拘留、司法拘留期满后，恢复执行社区矫正。

社区矫正中止的日期，从作出拘留或者强制隔离戒毒决定之日起开始计算。

社区服刑人员对社区矫正期限中止的计算有异议的，可以通过投诉机制提出。

立法理由

对社区矫正期限的明确规定，有利于执行机关正确计算矫正的期限，掌握矫正的进度，依法开展矫正工作，避免执法中的混乱。同时，便于社区服刑人员了解法律的规定和自身的权利，监督矫正执法，维护自身合法权益，树立法律的权威。

在矫正期间，社区服刑人员可能因违法行为而被治安拘留、司法拘留、强制隔离戒毒，这是社区服刑人员实施违法行为的后果，这些剥夺人身自由的措施与社区矫正执行手段不存在折抵问题，所以在该时限内社区矫正的期限应当中止，待治安拘留、司法拘留、强制隔离戒毒期满后，恢复执行社区矫正。

第××条　社区矫正经费

国务院和省级人民政府应当充分保障社区矫正所需经费，将社区矫正工作的人员经费、日常行政经费、设施建设经费、设备配置经费、研究培训经费、办案业务经费等列入财政预算，并且确立合理开支标准和动态增长机制。

国家司法行政机关在社区矫正中需要的专项经费，报国务院批准开支；地方社区矫正工作中需要的专项经费，报省级人民政府批准开支。

国家鼓励企事业单位、社会团体、民间组织以及个人为社区矫正事业捐赠资金、实物及提供服务等支持，并且建立税收减免、表彰鼓励等促进机制。

社区矫正机构应当依照规定建立经费开支制度，严格依照规定使用社区矫正经费。

立法理由

社区矫正是国家的刑罚执行活动，因而所需经费应由国家财政负担。由于对社区服刑人员的监管、教育、矫正及帮扶等工作具体由司法所负责，其所需的日常行政运行经费、办案经费、设施装备经费等占社区矫正经费的大部分，但各市县的经济状况通常存在比较大的差别，因此，为了保障欠发达地区正常开展社区矫正工作，有必要由省级人民政府负担全部的社区矫正工作所需经费。

社区矫正工作的有效开展，需要充足的经费保障，但政府财政通常除了提供社区矫正工作所需的基本经费外，不大可能提供更多的经费，因而需要广开渠道筹集经费。而且通过从社会各方面筹集资金可以起到宣传社区矫正工作及其成效，为社区矫正工作营造良好的社会环境的作用。

（责任编辑：童茹琰）

社区矫正立法不应忽视“惩罚”

上海政法学院教授、社区矫正研究中心主任　刘　强

社区矫正是我国刑罚执行领域的重大改革，对于完善我国刑罚和刑罚执行体制、推进国家治理体系和治理能力现代化具有重要意义，2019 年 6 月 25-29 日，十三届全国人大常委会第十一次会议第一次审议《中华人民共和国社区矫正法（草案）》（以下简称草案），表明国家立法机关对制定社区矫正法的重视。

一、社区刑罚执行本质是惩罚

社区矫正是对美国“Community corrections”一词的舶来，是指对缓刑、假释等罪犯在社区惩罚监管、教育帮扶的刑罚执行活动。

研究表明，对于可监禁可不监禁的罪犯尽量放在社区服刑，对降低刑罚成本，减少罪犯在监狱的交叉感染，帮助罪犯适应和融入社会，预防和减少犯罪具有明显作用。但是，在我国如何建立适合国情的社区罪犯管理制度，值得认真探究。

全国对社区矫正的实践从 2003 年至今已有 16 年，但这样的实践经验仍难以为国家立法打下坚实基础。近期递交全国人大常委会讨论的草案存在结构性缺陷，过分强调“矫正”而忽视“惩罚”，不利于犯罪预防和社区稳定。

“社区矫正”的性质是社区刑罚执行，刑罚本质属性是它的惩罚性。“社区矫正”是将法院对犯罪人的刑事判决和裁定在社区加以实现的过程，需要在社区对犯罪人的权利依法给予一定的限制和剥夺。

社区刑罚执行需要满足三方面要求：

一是惩罚性。作为犯罪预防工具，需要通过报应和威慑使犯罪人感到得不偿失；需要精心设计社区刑罚的严厉程度和适用范围。

二是修复性。在社区刑罚执行期间，通过改造、教育、矫正、更生、搭建犯罪人与被害人平台等手段修复被犯罪破坏的社会关系，让社区和社会保持和谐。

三是经济性。社区刑罚执行旨在降低刑罚直接成本（减少监禁刑，扩大社区刑）和间接成本（降低犯罪率）。

《宪法》第 28 条规定，国家维护社会秩序……惩办和改造犯罪分子；《刑法》第 1 条规定，为了惩罚犯罪，保护人民……制定本法；党的十八届三中全会决议中指出，完善对违法犯罪行为的惩治和矫正法律，健全社区矫正制度。这都表明上位法和党中央文件在应对犯罪分子时，把惩罚放在第一位，把改造和矫正放在第

二位。而草案和我国社区矫正实践过分强调了矫正而忽视对罪犯的惩罚。

草案全文没有出现一个“惩罚”的表述。监狱定性为国家的刑罚执行机关，而对社区罪犯管理的机构则称为“社区矫正机构”，监狱法将犯罪人称为“罪犯”，而草案将犯罪人称为“社区矫正对象”。

社区矫正试点前，对社区罪犯的管理机构是公安派出所，试点后，逐步把执法主体从派出所转到没有执法权的属于法律服务性质的司法所。草案规定，“受社区矫正机构的委托，承担社区矫正相关工作”，这种转变大大降低了刑罚执行的严肃性和权威性。社区矫正不能较好地完成刑罚执行的惩罚犯罪的任务。

我们所说的惩罚，并不是惩罚主义，也不是过度的惩罚，而是根据罪责刑相适应的原则，让犯罪人认真感受犯罪的代价和支付的成本。社区罪犯与监狱罪犯相比，其自由度已经是非常宽松，但毕竟是犯罪行为，仍需对其在人身自由、资格限制及经济制裁方面给予必要的惩罚。惩罚与改造、教育、矫正并不是相互对立和排斥的，在满足对罪犯适度惩罚的前提下，我们应最大限度地利用社区资源，开展对罪犯的教育帮扶，促使其更好地适应和融入社会。

二、“社区矫正”是误译

草案结构性缺陷的重要原因且被人们忽视的问题，是误译“社区矫正”法律名称并对工作产生误导。“Corrections”作为专有名词是从美国舶来，美国法学界对该词的定义是：对监禁和社区服刑罪犯制裁方法的总和。制裁内容既包括对罪犯的惩罚和监管，也包括带有强制性的教育矫正措施。

需要指出的是，在该词引入我国时，我国英汉词典并未将该词列入，而不带复数的“Correction”一词既有矫正又有惩罚的含义，按照国人翻译习惯，往往会择其一翻译，因此选择了矫正而忽视了惩罚。事实上带复数的“Corrections”翻译为矫正是完全错误的。欧洲许多国家把对缓刑和假释的执行称为社区惩罚，我国香港和澳门地区将“Corrections”翻译为“惩教”是准确的，仅仅翻译成矫正，易以偏概全。因为惩罚是刑罚和刑罚执行的本质属性，而矫正和教育是在刑罚执行中派生的任务，但并不是刑罚和刑罚执行的本质属性。因此，建议将《社区矫正法》名更改为《社区刑罚执行法》。

1954 年，我国监狱罪犯管理的法规名称是《劳动改造工作条例》，用“劳动改造”来概括监禁刑罚执行工作，在一定程度上导致监狱管理工作任务不明。1994 年用《监狱法》替代《劳动改造工作条例》的称谓，旨在避免将单一的改造方法或特色替代监狱工作的全部，同时也避免执法者和公众对监狱行刑的误解。

三、立法应侧重惩罚

国家制定对社区罪犯管理的法律应重在惩罚还是重在矫正？

《立法法》第 8 条规定：对公民政治权利的剥夺，限制人身自由的强制措施和处罚的事项，只能由国家制定法律。对社区罪犯管理的法律属于刑事法律的范畴，是刑事执行法，涉及在社区对罪犯人身自由的强制措施和处罚，地方无权制定地方性法规。而对罪犯进行非强制性的教育矫正和帮扶，则地方有权制定相关法规。

从这个意义上来说，社区矫正法应着重解决国家事权方面的问题，对社区刑罚执行在实体、程序、组织方面作出比较明确的规定，如《监狱法》第二章专门规定了监狱机构和监狱执法人员。

而草案就没有设专章规定社区刑罚执行机构和执法人员，建议增加专章，明确社区刑罚执行机构的职责和权力，包括法律赋予执法机关采用必要的强制措施的权力，例如短期拘留等，同时从国情出发，需要明确执法人员应由专门的刑罚执行人民警察承担。

因为《人民警察法》规定警察的职责范围包括刑罚执行，人民警察作为执法人员有利于体现严肃性和权威性。而对于非强制性的教育矫正和帮扶活动，其实并非需要国家立法作详细的规定，地方立法机关有权根据各地的特色和需要作出相应规定。

另外，在社区监管中，需要增加适当的惩罚监管措施，如中途住所、家中监禁、社区服务、电子监控等，执法人员应配备必要的警械；对可能实施新的犯罪的，具有危害国家公共安全和社会秩序的现实危险的，可能对被害人、举报人、控告人或者社区矫正机构工作人员实施打击报复的，企图自杀或者逃跑的，及时采取强制措施，避免造成不良后果。由于矫正工作具有复杂性，矫正效果具有不明显性，犯罪原因具有综合性，因此不必在法律中对矫正作出过多抽象原则的规定。

从与时俱进的国际视角，学者已对传统的“改造”（reform）“矫正”（correction）表述提出了质疑，取而代之的是许多国家和地区采用“更生”（rehabilitation）的提法。改造和矫正更关注的是通过外力影响来改变或转变犯罪人，帮助他们重新适应和融入社会；而“更生”不仅要考虑对罪犯的改变或转变，而且要考虑对犯罪受害人、社区和社会的影响。另外，改造和矫正往往是单向，而更生强调双向，不仅需要有外力作用于犯罪人，而且要调动犯罪人自身的转化动力。目前，在欧洲多数国家、日本及我国香港、台湾地区都更多采用“更生”的提法，说明“矫正”的提法在转化犯罪人方面也存在一定的局限性。

四、完善社区刑罚执行机制

《社区矫正法》的名称给人的直接感觉是矫正罪犯的法律。从国家层面来考虑，没有必要制定矫正罪犯的法律。因为人们犯罪是主客观因素相互作用的必然产物。换言之，是在特定社会物质条件的背景和环境下，人的生理、心理、精神及社会因素交互作用的必然产物。对于犯罪人而言，有的不需要矫正，如过失犯罪；有的难以矫正，如惯犯；对于多数罪犯而言，罪犯管理机构教育矫正的效果是有限的，矫正的质量是难以评估的。

另外，即使罪犯在服刑期间通过教育矫正思想有了转变，在刑满之后是否重新犯罪还会随客观条件的变化而变化。总之，犯罪预防需要社会的综合治理，而非某一部门的一己之力。因此，过分强调执法部门的教育矫正而忽视严格的监管，会助长追求形式、夸大效果的风气。

总之，建议根据实事求是的原则，修改法律名称，加强和完善草案中对惩罚方面的规定。对社区刑罚执行中实体、组织、程序方面的内容给予更多的关注，使得该法在设计上能具体体现对犯罪人的惩罚和对其合法权利的保障。如果对社区罪犯不能给予适度的惩罚，他们会对自己的犯罪心存侥幸，不利于刑罚的特殊预防和一般预防。对罪犯的教育帮扶需要充分运用社区的资源，应该给地方立法留下更多的空间。不可否认，惩罚本身产生威慑作用的同时，也能够发挥一定的对罪犯教育矫正的功能。

另外，从长远发展考虑，我国需要增加社区罪犯的比例，目前我国约有27%的罪犯在社区服刑，70%多的罪犯在监禁机关服刑。而美国有70%、英国有76%、德国有90%多的罪犯在社区服刑。以社区刑居多的服刑模式是国际发展的趋势，因此我们还需要尽可能扩大缓刑和假释的适用，社区罪犯的风险度会有一定的增长，我们还需要学习和借鉴发达国家的监禁刑与社区刑的易科制度。这些都需要我们完善社区刑罚及刑罚执行的惩罚机制，搭建好社区刑罚执行的平台，通过严格和适度的惩罚监管，确保社区的安全。

（感谢上海法治报徐慧编辑对本文提出的宝贵意见）

关于修改“社区矫正”名称的思考
——基于惩罚性的探讨

上海政法学院　韩建勇

一、“community corrections”词义辨析

我国自社区矫正试点开始至今，一直使用“社区矫正”一词。但该词从一开始就是由英文翻译来的，其英文是“community corrections”。针对“corrections”的翻译，笔者主要从以下两个方面来说明翻译中存在的问题。

第一个方面，我国学者在对其进行翻译时，可能认为本单词的单复数意思完全一致，只要将单数形式的“correction”翻译出来，复数的含义自然就明确了。笔者沿着这种思路查阅了相关词典，在《牛津高阶英汉双解词典（第7版）》中发现，单数形式的“correction”有三个含义：（1）改正，纠正，修正；（2）改正的行动或过程；（3）惩罚，处罚，惩治，其英文解释是“punishment”。①

笔者认为，在将英文词汇翻译成汉语时，如果该词有多个含义的话，就要综合考虑多方面的因素来对词汇的多个汉语含义进行取舍，选出最恰当的翻译结果，这样才是较为合理的翻译。“社区矫正”作为一项社区刑罚执行的制度，其严肃性不言而喻，因此在引入英文词汇作为其名称时，必须慎重，应当考虑我国“社区矫正”的目的、性质、内容等多方面的因素。很明显，在我国，这项制度的对象是在社区服刑的罪犯，虽然在现代社会，学者们大多强调对罪犯实行人性化改造，但这也完全不能抹杀刑法对犯罪人的惩罚态度。因此，在单数形式的翻译上，将其翻译为“矫正”难逃没有完全考虑我国“社区矫正”实际发展情况的嫌疑。因此，在单数形式的翻译上，笔者认为，将“correction”引入我国，应当取上述的第三个含义：“惩罚、惩治”。

第二个方面，就其复数“corrections”而言，笔者在查阅相关英文词典后发现，在美国等西方国家，“community corrections”已经发展为一个特定的词条，并且有其特定的含义。例如，在《The Dictionary Of Criminal Justice（Third Edition）》中，“corrections”的含义是：“通过刑事拘留、假释、缓刑等措施对罪犯的处遇和更

① ［英］霍恩比：《牛津高阶英汉双解词典（第7版）》，王玉章译，商务印书馆、牛津大学出版社2009年版，第446页。

生。”[①] 在《Merriam-Webster’ s Collegiate Dictionary》中，“community corrections”作为一个整体词条出现，其含义是：“罪犯在社区服完或部分判决的非监禁制裁措施。”[②] 此含义明确指出该制度是有非监禁的制裁性质的，并且对象是罪犯。我国目前使用的“社区矫正”一词，恰恰是对“community corrections”的翻译，在这一层面上，就不存在多个含义的取舍问题，因为该词条是特指社区制裁或刑罚。因此，“corrections”应当是有惩罚含义的。综合上述两个方面，笔者认为，我国将该词翻译为“矫正”，无论是单数形式上还是复数形式上，都存在偏差甚至是错误的，应当予以修改。因为中文“矫正”一词从根本上说，是不包含“惩罚”这一含义的。

二、“社区矫正”的用法不符合该制度性质

(一)“社区矫正”性质是非监禁的刑罚执行，具有惩罚性

在我国，“社区矫正”的适用对象是被判处管制、宣告缓刑、裁定假释、决定暂予监外执行的犯罪分子。其中，管制的适用对象是罪行较轻、人身危险性较小，不需要关押执行刑罚的犯罪分子；假释适用的对象是被判处有期徒刑、无期徒刑的犯罪分子；暂予监外执行适用于被判处拘役、有期徒刑、无期徒刑的犯罪分子；缓刑适用于被判处拘役、3年以下有期徒刑的犯罪分子。[③] 由此可见，当前我国社区矫正中的服刑人员都是触犯刑法的犯罪分子，那么该制度就自然包含惩罚罪犯的内容，具有惩罚性。

2003年，最高人民法院、最高人民检察院、公安部、司法部联合发布的《关于开展社区矫正试点工作的通知》中将社区矫正定义为非监禁刑罚执行活动，确定了该制度的刑罚性质。尤其是在当前“社区——监狱”刑罚执行一体化的发展背景下，社区刑罚已然成为与监狱刑罚相对应的一种刑罚制度，更加证明了该制度刑罚执行的性质。

(二)“社区矫正”一词的使用无法体现该制度的惩罚性

我国当前使用的“社区矫正”一词并不能体现该制度的惩罚性质，“矫正”有“修正、改正”之意，虽然将其用作该制度的名称也有改正罪犯恶习与犯罪心理的含义，但其囊括的改正方法却有很多种，在多种矫正方法中，该词语给人传达的含义有较多的柔和教导使人改正错误之意，而我国“社区矫正”作为一项社区刑罚执行制度，其首要任务是惩罚犯罪。因此，笔者认为，“社区矫正”一词不适应我国社区刑罚执行的性质，应当予以修改。

---

① George E. Rush: The Dictionary of Criminal Justice. The Dushkin Publishing Group, Inc. p260.

② Merriam-Webster: Merriam-Webster’ s Collegiate Dictionary. 2001. p353.

③ 陈明国、刘朝宽:《社区矫正工作教程》，法律出版社2017年版，第25-27页。

三、“社区矫正”的名称对实践的错误导向

目前，我国使用的“社区矫正”一词对我国社区刑罚的实践存在错误的导向作用，虽然笔者也承认实践中发生的错误是多方面原因导致的，但对“社区矫正”这一名称的误用，会在一定程度上对该制度的正确运行产生不利影响。“社区矫正”的不合理翻译及使用会影响实际执行者对该制度运作方式的理解，最后导致在实际工作中偏离该制度应当具有的惩罚性。当前“社区矫正”中惩罚性的缺失体现在以下三个方面：一是措施方面，二是工作人员的职能发挥方面，三是服刑人员对该制度的认识方面。

（一）制度中的措施设计上存在偏差

在措施方面，《社区矫正实施办法》中规定的“矫正”虽然包括监督管理、教育矫正、帮困扶助等内容，但在实际的措施执行上却较少地发挥惩罚的作用，反而教育矫正和帮困扶助占据了社区刑罚的主要部分。部分地区将绝大部分精力投入到对社区服刑人员的心理咨询与治疗、帮助介绍工作等工作内容上，很少强调惩罚性措施。现今，我国社区矫正对社区服刑人员的惩罚性措施大都是电子监管，禁止服刑人员离开或进入规定场所、规定每天报到等，缺乏较为实际的或者说真正意义上的惩罚措施。虽然《社区矫正实施办法》规定了社区服刑人员要进行社区服务，但这些社区服务往往是柔和的，并不能体现对社区服刑人员的惩罚。

（二）工作人员的职能发挥存在偏差

在工作人员的功能发挥上，主要涉及公安警力的参与程度较低和社会力量参与较多导致惩罚性缺失两个方面。在公安警力的参与方面，公安派出所拥有执法权，且拥有使用强制性措施的权力。司法所在服刑人员出现某些紧急状况时，需要借助公安部门的力量，如服刑人员有暴力行为或不服从司法所管理时，就需要公安警力的协助。服刑人员在日常服刑过程中与民警交流互动较少，警察并没有全程参与到“社区矫正”中，这种现象在实际工作中是普遍存在的。这使得“社区矫正”的惩罚性大打折扣。在社会力量的参与上，某些司法所会出现社工全程参与“社区矫正”的现象。由于社工没有执法权，在对服刑人员进行教育时缺乏必要的强制性措施，因此教育矫正很大程度上是柔和的，服刑人员无法感受到犯罪后刑法的惩罚性，不利于服刑人员犯罪行为与心理的彻底改造。

（三）服刑人员对该制度的认识存在偏差

社区服刑人员在接受“社区矫正”过程中，由于工作人员没有很好地理解该制度性质，导致惩罚措施的缺失。虽然服刑人员会遵守监管的各项规定，积极接受“矫正”，但是缺少惩罚措施，服刑人员就无法体会到犯罪的代价。在一定程度上，刑罚是具有报应性的，犯罪人由于出现了严重危害社会的行为而受到刑罚惩罚，刑罚本身是要犯罪人感受到犯罪带来的痛苦和损失，但在目前的“社区矫正”下，部分社区服刑人员只是知道自己犯罪并被判处刑罚，只是按照监管规定在报

到、戴电子脚环等定位监管装置、接受各种教育矫正，没有真正体现刑罚的措施，服刑人员实际上只受到了监管和教育，并没有较好地体会到惩罚带来的痛苦，这会使服刑人员产生该制度不具有惩罚性的错误看法。

四、建议修改为“社区惩教”的合理之处

综上所述，笔者认为，我国将“corrections”翻译为“矫正”是不符合我国当前社区刑罚的实际情况的，应当予以修改，使该制度的名称与其自身运行状况相适应。在此，笔者认为，将“社区矫正”改为“社区惩教”更为恰当。理由主要有以下三点：

首先，“惩教”更加符合英文的含义。如前所述，从西方国家中“corrections”的含义和我国实际的社区刑罚的性质中可以看出，在选择合适词汇作为该制度名称时，应当具有惩罚的性质。“惩教”一词中的“惩”字就直接明了地体现了惩罚的含义，在这一层面上，使用“社区惩教”比“社区矫正”更加符合英文的含义。

其次，更加符合我国当前该制度的性质，兼有惩罚与教育的含义。笔者认为，可以将“惩教”理解为惩罚与教育。在惩罚这一层面上，该词符合我国对该制度刑罚执行性质的确定；在教育层面上，该词符合我国当前教育矫正的实践。它可包括教育矫正中的所有相关环节，如心理咨询与治疗、向服刑人员普及法律知识等。

最后，可以改变部分工作人员对该制度性质的错误认识。“矫正”的使用会让工作人员误以为该制度不具有惩罚性，从而导致其在实际的工作中倾向于使用柔和的矫正方法，而不注重对服刑人员的惩罚。而使用“惩教”一词，可以让工作人员意识到该制度的惩罚性，不至于在工作中出现偏差，更有利于该制度任务的顺利完成和目的的最终实现。

（责任编辑：童茹琰）

增设社区刑替代管制和缓刑的新思考

上海政法学院教授　武玉红

刑法学界接受管制是刑罚方法，对管制人员的管理是刑罚执行这一观点，但是在司法领域，法官对管制的适用率极低，一般在1%至2%，有些地区的法院常年对管制的适用为零。在1997年刑法修订过程中还出现了管制刑存废之争。① 主废的理由是管制刑难以执行，与过去相比较，基层组织在群众生产生活中所起的作用被极大地削弱了。在这种情况下，如果不谋求管制行刑方式的变革，最终不可避免地会导致“不管不制”的现象。对此，笔者作一探讨。

一、取消管制和缓刑是基于社区矫正现实的考量

我国刑法学的主流观点认为，我国刑法中作为主刑的非监禁刑只有管制，附加刑包括罚金、剥夺政治权利、没收财产和驱逐出境。而缓刑与假释则是自由刑的执行变更措施或执行方式，缓刑是附条件的不执行原判刑罚，假释是附条件的提前释放。由于刑法中没有规定缓刑与假释是刑罚方法，对缓刑与假释的规定是在刑罚的具体运用中作出的，因此，前者属于刑罚执行，而后者则属于非监禁的处遇考察。② 至今，许多刑法学者并不认为在社区矫正中对缓刑的管理是刑罚执行。这里反映出一个重要的信息，即在人们的潜意识中，监禁刑是刑，而不在监狱中执行的缓刑则不是刑。虽然我国从2003年开始进行社区矫正试点，并且在“两院两部”2003年、2005年、2009年、2014年的四个文件中均表明社区矫正是非监禁刑罚执行活动，2011年《刑法修正案（八）》将社区矫正入刑，但是这种表述并没有得到普遍的接受。

鉴于我国刑法中唯一的社区刑罚方法被边缘化倾向，基于传统观念以及立法技术的原因，特别是缓刑、假释长期不被视为社区刑罚的范畴。笔者建议，为适应社区矫正形势发展的需要，在我国刑法的主刑中新增“社区刑”，以替代管制和缓刑。

二、对取消管制和缓刑以社区刑替代的思辨

《刑事诉讼法》（2012年修正）第258条规定：“对被判处管制、宣告缓刑、假释或者暂予监外执行的罪犯，依法实行社区矫正，由社区矫正机构负责执行。”

---

① 周道鸾等：《刑法的修改与适用》，人民法院出版社1997年版，第136页。

② 陈兴良：《宽严相济刑事政策研究》，中国人民大学出版社2007年版，第33页。

但缓刑、假释或者暂予监外执行的罪犯在服刑期间如果严重违反有关监管规定的，可以收监，而对于管制则没有类似的规定。另外，《刑法》第39条规定，对于被判处管制的犯罪分子，在劳动中应当同工同酬。从法律角度而言，这就意味着管制人员可以不参加目前社区矫正中的社区服务，由此，必将大大降低对罪犯的惩罚力度。

笔者建议，在适度降低犯罪门槛的情况下，以社区刑替代管制。从我国国情出发，不仅在刑罚名称上予以改变，而且在内容上适当加大对这类罪犯在社区中应有的惩罚力度，彰显社区刑在我国刑罚体系中的地位，有利于社区刑更广泛的适用。

(一) 管制刑的特点及局限性

我国《刑法》把管制作为选择性法定刑加以规定的分则条文共有86个，占刑法分则条文总数的24.6%。归纳起来有以下特点：一是适用的形式只有处短期的有期徒刑、拘役或管制（或者剥夺政治权利）；二是管制刑只适用于故意犯罪，过失犯罪不能适用管制；三是除第八章贪污贿赂罪、第九章渎职罪、第十章军人违反职责罪无管制刑的规定外，其余各章都有，适用率较高的是第六章妨害社会管理秩序罪。1997年《刑法》虽然扩大了管制刑的适用范围，但事实上管制刑的适用比例仍然很低。据司法部社区矫正管理局的最新统计数据显示：截至2018年年底，管制占全部的社区服刑人员比例仅为0.9%，为四类社区服刑人员最低比例。

管制适用率低的原因有三：一是随着我国工作重点的转移，即从以阶级斗争为中心转变为以经济建设为中心，人们阶级斗争的观念（包括政治的争斗）逐渐淡化。二是随着我国城市化、工业化和移民进程的扩大，社区的结构从熟人社会逐步向陌生人社会转变，使社区监督的功能受到很大限制。三是管制适用标准模糊。[①] 还有观点认为，管制刑存在的最大问题就是缺少管制犯违反管理规定的罚则。尽管《刑法修正案（八）》为《刑法》第38条管制刑增设了第4款：违反第2款规定的禁止令的，由公安机关依照《中华人民共和国治安管理处罚法》的规定处罚。但仍不能像缓刑、假释那样可以收监。另外，我国刑法规定的管制犯需要遵守的特定义务和缓州犯需要遵守的特定义务几乎完全相同，这就进一步增加了两者的区分难度。加之社区矫正机关对缓刑犯管理起来也比较容易，因此，人民法院对管制刑的适用连年走低。2015年在全国社区服刑人员中，管制人数为11865人，占1.7%；到2018年年底，管制人数为5202，占0.9%，适用比例依然是最低的。[②]

(二) 管制刑与缓刑的异同

有学者根据立法的规定，认为缓刑比管制刑的处罚程度更重。因为《刑法》

---

① 武玉红：《管制刑变革的出路——以缓刑替代的思考》，载《河南司法警官职业学院学报》2016年第2期。

② 上述数字由司法部社区矫正管理局提供。

规定，有期徒刑缓刑的考验期为原判刑罚以上，5 年以下，最高可达 5 年；而管制刑数罪并罚最高才 3 年。这种观点仅仅是从刑期的高限角度来说明缓刑重于管制刑，但是如果从对管制和缓刑的执行角度来看，在执行中还有哪些差异呢，我们可对此进行具体分析。

《刑法》第 39 条规定了管制人员在执行期间应当遵守五项规定，而《刑法》第 75 条规定了缓刑人员应当遵守四项规定，管制比缓刑所额外多出的一条是，未经执行机关批准，不得行使言论、出版、集会、结社、游行、示威自由的权利。实际上，是剥夺了一个人的部分政治权利。从对两者限制条件来看，管制重于缓刑。刑法对于管制和缓刑都规定了禁止令，但在社区执行期间违反监管规定情节严重，对缓刑人员可以收监执行，对管制人员则不能。《刑法》规定管制人员在劳动中应当同工同酬，而对缓刑人员则没有类似的规定，表明对管制人员劳动权利的重视。

与缓刑相比，管制多于缓刑的唯一限制条件是未经执行机关批准，不得行使言论、出版、集会、结社、游行、示威自由的权利。但在现实中，这一规定不仅成为虚设，而且与《刑法》和《宪法》的规定相抵触。目前没有出现过管制人员要求获批言论、出版、集会、结社、游行、示威自由的权利的情况，社区矫正工作人员也并不清楚言论自由的范围，以及如何对管制人员的言论进行监督。另外，管制人员有剥夺政治权利和未剥夺政治权利之分，《刑法》第 54 条规定的政治权利包括：（1）选举权和被选举权；（2）言论、出版、集会、结社、游行、示威自由的权利；（3）担任国家机关职务的权利；（4）担任国有公司、企业、事业单位和人民团体领导职务的权利。那么，对于没有剥夺政治权利的管制人员也不能行使第二项权利，存在着在法律制定上的自相矛盾。①

法律制定上的自相矛盾还可从政治权利的内容来看。在政治权利的四项内容中，相对而言，第一、三、四项是比较重要的权利，而第二项是公民的基本权利。在以阶级斗争为纲的时代，犯罪分子和管制对象一般被视为阶级敌人，他们自然被限制选举权利以及担任国家机关和领导的职务；而现在的管制刑与过去则有较大的差别，因为犯罪人员是轻微的刑事犯罪，被判处管制后，除言论、出版、集会等权利受到限制外，仍可享受其他的如选举权等政治权利。因此，有可能出现这样的后果，一个管制人员不能享受言论、出版等基本权利，但可有选举、被选举及担任国有公司、企事业单位和人民团体领导职务的权利，这显然违背了基本的逻辑。因此，对于未被剥夺政治权利的管制人员不应限制其第二项权利。由此可见，管制是惩罚力度较小且缺乏违规制约的社区刑罚方法。

（三）对管制刑存废的争议

有观点建议以缓刑替代管制。第一，从执行角度看，管制有诸多不合理之处，

---

① 武玉红：《管制刑变革的出路——以缓刑替代的思考》，载《河南司法警官职业学院学报》2016 年第 2 期。

如惩罚力度小，对社会不能起到应有的威慑效应，对违反监管规定的缺乏制约机制，管制与拘役存在逻辑上的不匹配，拘役是1个月到6个月，有期徒刑是6个月到15年，管制刑处于中间难以协调。[①] 管制在司法实践中适用率非常低，在许多地方已名存实亡，并且世界上其他国家基本没有管制刑，管制刑所追求的目的和适用的对象，完全可以用缓刑来加以替代。笔者也曾持这一观点。

反对意见则认为，缓刑不是刑种，而是刑罚具体运用的一种制度，这与外国刑法规定的缓刑是独立刑种有明显区别。不属于独立刑种的缓刑就不宜取代作为独立刑种的管制刑。[②]

西方国家的缓刑是否是一个刑种，我们需要从形式和实质两个方面来考察。目前西方国家的缓刑形式主要有两种：一种与我国相同，即判处有期徒刑若干年、缓刑若干年。事实上，我国《大清新刑律》首次在刑法中确定缓刑，就是源自于对西方发达国家刑罚制度的借鉴。第二种形式是暂缓的判决，这是鉴于刑事被告人的犯罪相对轻微，事实清楚且被告人承认，因此法官不确定有期徒刑的刑期而仅确定缓刑的期限。罪犯在缓刑期满没有严重违反监管规定或重新犯罪的，不再对原判的罪行进行按照正规程序的审理。如果在缓刑期间有严重违反监管规定或重新犯罪的，则需要对原犯罪事实进行重新审理并决定监禁刑期。从形式上来看，英美国家在刑事法律中并没有明确缓刑是主刑或附加刑，但明确作为一种刑事制裁措施，如英国有缓刑令。从实质来看，英美国家在缓刑执行中，对罪犯的惩罚力度明显大于我国的管制。[③]

一些学者认为缓刑是考验期而不是刑罚方法，对缓刑的管理不是刑罚执行。他们认为，罪犯被判处缓刑在考验期间是不服刑的，而被判处管制的罪犯是在承受刑罚，二者有明显的区别，不能等同。[④] 这种观点具有一定的代表性，但笔者认为，这是对缓刑的误读。缓刑人员在考验期内并不是不服刑，他们没有服监禁刑，但服的是社区刑。缓刑考验期满，原判刑罚就不再执行，并公开予以宣告。这里清楚地表明，缓刑只是对原判刑罚的不执行，而“原判的刑罚就不再执行”本身就隐含了在社区的考验期也是刑罚的执行。2009年10月“两院两部”联合下发的《关于在全国试行社区矫正工作的意见》强调要准确把握社区矫正的刑罚执行性质。2012年7月1日施行的《最高人民法院关于办理减刑、假释案件具体应用法律若干问题的规定》第13条明确规定：“判处拘役或者三年以下有期徒刑并宣告缓刑的罪犯，一般不适用减刑。前款规定的罪犯在缓刑考验期限内有重大立功表现的，可以参照刑法第七十八条的规定，予以减刑，同时应依法缩减其缓刑考验

① 邱兴隆：《刑法理性评论》，中国政法大学出版社1999年版，第463页。

② 孟庆华：《管制刑的若干适用问题探讨》，载《江西科技师范学院学报》2009年第4期。

③ 武玉红：《管制刑变革的出路———以缓刑替代的思考》，载《河南司法警官职业学院学报》2016年第2期。

④ 邓孝骏：《论我国刑法中管制刑的立法完善》，载《云南大学学报（法学版）》2009年第2期。

期限……”如果罪犯被判处缓刑，在考验期间不认为是服刑，何来减刑一说？因此，可以毫无疑问地说，缓刑人员在缓刑期内是在社区中服刑，与管制具有相同的性质。用缓刑替代管制，有利于发挥刑罚对这类犯罪的一般预防和特殊预防效果。此外，由于对缓刑人员在缓刑期间违反监管规定情节严重的可予以收监，有利于加强对缓刑人员的管理和制约。同时，随着我国社区刑适用范围的扩大，从执行的角度来说，减少没有明显差别的分类，有利于管理的专业化和提高工作效率。①

有学者主张将管制刑由主刑变为附加刑。因为附加刑可以附加适用，也可单独适用，也可不适用，应用灵活性较高，同时可避免治安行政拘留和拘役刑在期限上的不协调。② 还有学者主张在管制刑变为附加刑时，将其执行期限也作相应调整，如6个月到3年。③ 还有学者建议对管制刑进行改良。他们认为，管制刑之所以存在这些问题，是因为当时的立法不能适应现在社会发展的需要。笔者曾认为，鉴于管制刑在内容方面存在较严重问题，与其对这种目前使用率很低的不适应形势的刑罚方法进行改良，不如考虑通过对我国缓刑制度的完善，来替代这个刑罚内容有所欠缺、表述也已过时的主刑。近年来，由于缓刑不是刑罚执行占有主流地位并影响社区矫正立法的进程，因此，用缓刑来替代管制又受到不是刑罚方法的制约，经过反复的考虑，笔者认为在我国刑罚主刑中有必要创立社区刑，以此来替代管制刑和缓刑制度。

三、社区刑的界定、价值和内容

（一）社区刑的界定

社区刑是与监禁刑相对的罪犯在社区服刑的刑罚方法。被判处社区刑的犯罪分子，在刑期内犯新罪或者发现判决宣告以前还有其他罪没有判决的，应当撤销社区刑，对新犯的罪或者新发现的罪作出判决，把前罪和后罪所判处的刑罚，依照数罪并罚的规定，决定执行的刑罚。被判处社区刑的犯罪分子，在社区刑考验期限内，违反法律、行政法规或者国务院有关部门关于社区刑的监督管理规定，或者违反人民法院判决中的禁止令，情节严重的，撤销社区刑，在监禁机关执行与原判社区刑相等的刑期。

（二）创立社区刑的价值

第一，有利于推动我国从以监禁刑为中心向以社区刑为中心的犯罪刑罚控制模式转化。目前，在英美国家服刑的罪犯中，约30%的罪犯在监禁机构服刑，约70%的罪犯在社区服刑（其中绝大部分是缓刑人员），而我国仅有约30%的罪犯在

---

① 武玉红：《管制刑变革的出路———以缓刑替代的思考》，载《河南司法警官职业学院学报》2016年第2期。

② 陈兴良：《刑法哲学》，中国政法大学出版社2000年版，第502页。

③ 赵秉志：《刑法修改研究综述》，中国人民公安大学出版社1990年版，第285页。

社区服刑。其中一个重要因素是英美国家把缓刑作为一种刑事制裁的措施或刑罚方法。而我国仅仅将此作为缓刑考验期，否认其具有刑罚的性质。在对缓刑的适用标准上，英美刑法中并没有像我国刑法所规定的“没有再犯罪危险”的条件，从而扩大了对缓刑的适用范围。因此，在我国的缓刑制度和管制制度的基础上创立社区刑，适当放宽社区刑的适用条件，有利于在我国刑罚体系中确立社区刑罚的地位，有利于扩大社区刑的适用范围。这是我国社区矫正制度得以进一步发展的前提条件。

第二，有利于从立法技术层面来转变“监禁刑是刑罚而社区刑不是刑罚”的偏见。“缓刑”一词是舶来词，在以监禁刑为中心的时代，缓刑是作为监禁刑的替代方式而存在的，使用“缓”这个字，在一定程度上就是认为监禁刑是刑，而缓刑不是刑。但随着社会的进步以及缓刑的广泛适用，西方国家的观念已发生转变，人们已能普遍接受缓刑是非监禁刑的类别。但是“缓刑”一词并没有改变，一直延续至今。而我国由于较长时期受重刑思想影响，不仅缓刑和假释不能广泛适用，而且并不认为缓刑是刑罚的类别之一。因此，我们从立法层面将缓刑制度改为社区刑，明确其作为刑罚的方法，有利于扭转人们重监禁刑轻社区刑的偏见。事实上，在国际范围内，缓刑的概念也有必要与时俱进地更换为“社区刑”。

第三，有利于社区刑罚执行工作的开展。在刑法中确立社区刑作为主刑之一，有利于解决目前我国社区矫正工作中的一些模糊不清的观念。例如，缓刑犯是否是社区服刑人员？社区矫正的性质是否是社区刑罚执行？随着社区刑的确立，这些问题都会迎刃而解。而且有利于构建适合我国国情的社区刑罚执行机构，有利于建设一支正规化、专业化、职业化的社区刑罚执行队伍。

第四，有利于适当加重社区服刑人员的刑罚负担。在我国第一部《刑法》出台后的很长时间内，由于对缓刑、假释的刑罚执行性质不明确，导致“缓刑是无刑、假释是真释”的现象，严重影响了社区刑罚执行必要的威慑功能、报应功能和伸张正义功能。在刑法中不能适当规定社区服刑人员必要的刑罚负担，导致对缓刑、假释犯的惩罚力度明显低于尚不构成犯罪的劳教人员。在我国社区矫正的试点和试行中，过分强调对罪犯的心理矫治和教育矫正而忽视了必要的惩罚，这并不能很好地起到预防和减少犯罪的作用。从形式上将缓刑转化为“社区刑”，有利于增加罪犯的刑罚负担。在“社区刑”的设计中，与缓刑的重大区别是增加了半天的劳动。增加的根据是在我国的缓刑执行中，对罪犯的惩罚过于轻缓，现在许多国家都增加了社区服务刑（作为法院的刑事判决），要求罪犯在社区从事无偿劳动。而我国社区矫正中，虽然要求罪犯参加社区服务，如 2012 年的《社区矫正实施办法》要求罪犯每月劳动时间不低于 8 小时，但有些地方实际上并没有组织罪犯劳动。2016 年《社区矫正法（征求意见稿）》第 34 条规定：“社区矫正机构可以组织社区矫正人员参加社区公益活动，服务社区群众，修复社会关系，培养其社会责任感。”这种规定把社区服务作为一种可做可不做的选择项目，明显降低了对社区服刑人员的惩罚力度。需要指出的是，在我国监狱中，罪犯凡有劳动能力的，需要从事每周5天，每天8小时的劳动，劳动既是惩罚又是改造的手段。而在英美国家监狱中，大多数罪犯并不参加劳动，主要是因为《工会法》限制了监狱产品在市场上的销售，因而限制了监狱的生产。只有较少的罪犯从事不能进入市场的产品生产（如生产汽车牌照）和服务工作（狱内做饭或打扫卫生），但在社区服刑的罪犯大多需要参加社区服务且带有强制性。因此，从我国的国情出发，我们将不需要在监狱关押的罪犯尽可能放在社区服刑，要求罪犯从事与监狱相比消减的劳动量是完全有必要的。在我国2013年废止劳教制度之前，没有构成犯罪的劳教人员也必须从事每天8小时的劳动，那么，对于社区服刑人员要求从事一定量的劳动是完全必要的。

（三）社区刑的内容

对社区刑内容的初步设计包括以下几点。

1. 适用条件。对于同时符合下列条件的，可以判处社区刑，对其中不满18周岁的人、怀孕的妇女和已满75周岁的人，应当判处社区刑：（1）犯罪情节较轻；（2）有悔罪表现；（3）再犯罪危险性较低；（4）判处社区刑对所居住社区没有重大不良影响。对于累犯和犯罪集团的首要分子，不适用社区刑。

2. 刑期。3年以下3个月以上。数罪并罚的在4年以下。社区刑期限，从判决确定之日起计算。判决执行以前先行羁押的，羁押1日折抵刑期2日。

3. 社区刑罪犯的刑罚负担。被判处社区刑的犯罪分子，应当遵守下列规定：（1）遵守法律、行政法规，服从监督；（2）按照社区刑罚执行机关的规定报告自己的活动情况；（3）人民法院和社区刑罚执行机关，可以根据犯罪情况，限定其活动范围，禁止犯罪分子在社区刑期限内从事特定活动，进入特定区域、场所，接触特定的人。被判处社区刑的犯罪分子，如果被判处附加刑，附加刑仍须执行；（4）凡有劳动能力的服刑人员，每周5天，每天从事4小时社区服务；（5）参加人民法院和社区刑罚执行机关确定的教育矫正项目。

4. 对判处社区刑的罪犯可同时判处其他附加刑。

5. 社区刑确立后，取消我国的管制刑和缓刑制度。

（责任编辑：童茹琰）

机构队伍

社区矫正执法人员人民警察身份辨析[①]

上海政法学院教授、社区矫正研究中心主任　**刘　强**

一、问题的提出

2011年,《刑法修正案（八）》首次将“社区矫正”一词载入刑法，标志着对我国新兴探索中的社区刑罚执行制度的认可。司法部在2013年的《中华人民共和国社区矫正法（草案送审稿）》第二章第9条中规定，“社区矫正机构的人民警察组织执行刑罚”。但国务院法制办2016年12月发布的《中华人民共和国社区矫正法（征求意见稿）》未采纳这一条款。国务院和全国人大在2017年、2018年均将社区矫正法列入重点立法项目，但尚未按期实现，究其原因，是对一些关键问题存在争议，包括社区矫正执法人员是否应具有人民警察身份也成为立法的瓶颈问题之一，因此，探讨这一问题对于完善社区矫正制度、制定适合国情的社区矫正法具有重要意义。

社区矫正是指对社区服刑人员在社区中进行惩罚和管理的刑罚执行工作。我国在2003年六省市开展社区矫正试点之前，对于社区罪犯的管理是由公安机关人民警察承担。试点开始后，根据“两院两部”关于社区矫正试点的文件，公安机关虽然保留了执法主体的身份，但具体工作转由司法行政机关的基层司法所承担。随着社区矫正在全国的扩展，执法工作越来越多地转交司法所。2012年“两院两部”颁布实施的《社区矫正实施办法》第3条规定：“县级司法行政机关社区矫正机构对社区矫正人员进行监督管理和教育帮助。司法所承担社区矫正日常工作。”首次明确了司法行政机关作为执法主体，具体工作由司法助理员承担。但《社区矫正实施办法》不是法律，从法律层面而言，并没有对执法主体作出明确规定。试点试行的实践证明，司法助理员难以较好地承担社区矫正执法任务。因此，在国家制定社区矫正法之前，需要明确社区矫正执法者的身份，明确是否应该设置人民警察来承担社区矫正执法工作。

目前，认为应当设置人民警察的观点可归纳为五种：（1）执法必要说。社区

---

① 基金项目：本文系国家社科基金重点项目《对社区矫正顶层设计的评价与修正研究》（编号：14AFX012）中的研究内容。

矫正是非监禁刑罚执行，需要警察作为国家强制力的重要代表，警察身份有利于开展社区矫正。特别是在接收与宣告、处理违纪、违法和犯罪人员等环节，社区矫正实践中存着公安警察配合不力的问题；[①] 在强制带离、强制到场、脱逃查找、押送、调查取证、处理突发事件、制止违法犯罪行为、控制服刑人员风险和维护社区矫正秩序等环节均需要人民警察作为强制力的保障。[②] 与犯罪分子打交道的工作人员需要具有一定的权威性和强制性。从这个角度来说，人民警察在社区矫正专门工作人员中应当占有一定的比例。[③]（2）专业建设说。社区矫正是一种刑事制裁，其内在属性要求执法人员具备人民警察身份。实现社区矫正执法队伍专业化建设的核心问题是从制度上解决问题，即组建社区矫正司法警察队伍，从而有利于提高执法人员待遇，并保证人员的稳定性。[④]（3）国外借鉴说。《联合国囚犯待遇最低限度标准规则》并不反对配备警察。规则中提到，对于假释犯的“监督不可委之于警察，而应该结合有效的社会援助”。这是指不能让警察垄断性、排他性地从事监督工作，但是并不排斥警察从事这类工作。[⑤] 目前，在俄罗斯、英国、美国等均有由警察承担对社区服刑人员管理的例证。（4）适合国情说。我国长期以来对尚不构成犯罪的劳教人员的管理是由人民警察来承担的。2013 年废止劳教制度后，对尚不构成犯罪的吸毒人员管理仍然是由人民警察来承担。因此，对社区服刑人员管理保留一定数量的警察作为过渡是完全有必要的，也是适合国情的。[⑥]（5）实践证明说。根据司法部社区矫正管理局统计的数据，目前全国有 20 多个省抽调 3000 余名人民警察从事社区矫正工作。实践证明，执法的规范性明显加强，执法的严肃性不断彰显，社区矫正安全感有效提升。[⑦] 另外，还有一些研究也表达了社区矫正工作应设置人民警察的观点。[⑧]

反对设置人民警察的观点可归纳为四种：（1）国际通则说。发达国家对缓刑、假释管理的工作人员大多不是警察，《联合国囚犯待遇最低限度标准规则》第 87

---

① 吴宗宪：《社区矫正机构应设立矫正警察》，载《法制日报——法制网》2017 年 4 月 19 日，http：//www.legaldaily.com.cn。傅莉娟：《新形势下社区矫正队伍建设探讨》，中国政法大学犯罪大数据研究中心、台北大学犯罪学研究所：《第四届海峡两岸暨香港澳门社区矫正论坛论文集》2017 年，第 2-3 页。

② 陈志海：《社区矫正法中应明确规范的几个问题》，载《上海政法学院学报》2017 年第 2 期。

③ 陈光中：《社区矫正发展及其立法的几个问题》，载《法制日报——法制网》2017 年 4 月 19 日，http：//www.legaldaily.com.cn。

④ 董纯朴：《建立中国社区矫正警察制度的构想》，载《公安研究》2013 年第 2 期。

⑤ 吴宗宪：《社区矫正机构应设立矫正警察》，载《法制日报——法制网》2017 年 4 月 19 日，http：//www.legaldaily.com.cn。

⑥ 刘强：《论社区矫正顶层设计需要澄清的基本问题》，载《净月学刊》2016 年第 6 期。

⑦ 郑艳：《社区矫正机构配备人民警察的现实考察与理想愿景》，载《中国司法》2016 年第 10 期。

⑧ 但未丽：《社区矫正官执法身份的实然与应然》，载《首都师范大学学报（社会科学版）》2017 年第 2 期。武玉红：《我国社区矫正队伍专业化建设探究》，载《北京联合大学学报（人文社会科学版）》2016 年第 3 期。梅义征：《社区矫正制度的移植、嵌入与重构》，中国民主法制出版社 2015 年版，第 74-75 页。

条明确规定，假释监督不可委之于警察。我国是联合国常任理事国并签署了这一规则。① （2）减少对立说。设置警察容易增加与社区罪犯的对立情绪，警察身份不利于罪犯矫正，因为警察体制侧重管理控制并不注重矫正工作；② 在司法属性上，社区矫正是一种社会化刑罚执行方式，侧重于通过使社会危害性小的犯罪分子复归社会的方式来达到预防犯罪和保卫社会安宁的目的，执行人员是警察身份与社区矫正的司法属性相悖，有违社区矫正开放性、社会性和复归社会的目标及“轻惩戒、重教育”的初衷。③ （3）增加成本说。警察的待遇比普通公务员高，社区矫正执法人员由警察来承担会增加刑罚成本。④ （4）公安协助说。认为社区矫正对象都是管制、缓刑、假释和暂予监外执行的罪犯，他们都不具备攻击性、暴力性，一旦有违反规定的情况，可由公安机关处理。社会是有分工的，不能什么事都由警察来管，执行中需要动用警力就请公安协助，只要法律赋予社区矫正机构执法权，不是警察也能体现执法的严肃性。⑤

有观点建议建立社区矫正官制度，⑥ 替代警察来管理社区罪犯，社区矫正官设在司法所，是一种专门的公务员系列；也有的建议设置不同于警察的有专门服装标志的社区矫正执法者。⑦

根据党的十八届四中全会所指出的“对争议较大的重要立法事项，由决策机关引入第三方评估，充分听取各方意见，协调决定，不能久拖不决”的精神，2017年，中央政法委组织力量对社区矫正用警问题进行专题调研。调研分为两组，一组由实务部门人员组成，另一组由中国法学会组织的学者组成，笔者作为学者参与其中。通过北京市和辽宁省的实证研究，并结合笔者在湖南、江苏、浙江、上海、安徽、山东、重庆、四川、青海、云南等地的实地访谈，探讨社区矫正执法人员是否应具有人民警察身份，如果需要，又应该如何设置。涉及对国情的分析、对域外的观察、对国际文件及党的十八届四中全会决议相关要求的理解。

二、实证研究报告

2017年5月至6月，笔者参加了在北京市和辽宁省关于社区矫正用警问题的

① 2015年12月17日大会决议［根据第三次委员会的报告（A/70/490）通过］70/175.《联合国囚犯待遇最低限度标准规则（纳尔逊·曼德拉规则）》。

② 司绍寒：《我国社区矫正执法队伍建设研究》，载《河南司法警官职业学院学报》2014年第4期。

③ 邹志强、陈韦君：《社区矫正执行人员主体困境之反思——以〈社区矫正法（征求意见稿）〉为研究视角》，载《净月学刊》2017年第2期。

④ 司绍寒：《我国社区矫正执法队伍建设研究》，载《河南司法警官职业学院学报》2014年第4期。

⑤ 浙江省台州市司法局：《首届浙江台州社区矫正论坛综述》，载《中国司法》2016年第9期。

⑥ 陈和华：《关于建立我国社区矫正官制度的思考》，载《河南司法警官职业学院学报》2011年第1期。2018年11月15日，司法部党组书记、副部长袁曙宏指出：加强社区矫正队伍建设，设立社区矫正官，是做好新形势下社区矫正工作的积极探索和有益创新。http：//www. ahsft. gov. cn/8450780/28030628. html。

⑦ 吴宗宪：《社区矫正执法者身份标志规范化探讨》，载《法治研究》2015年第4期。

专题调研并撰写调研报告，该调研采取以定性为主的实证研究。

研究的假设是：

（1）社区矫正执法人员需要由人民警察承担；

（2）社区矫正执法人员不需要由人民警察承担；

（3）如果不需要警察是否有较好的替代方案？

选择北京和辽宁的原因是：北京市是2003年全国首批试点单位，从试点之初至今延续借调监狱人民警察，在每个司法所配置1至2名人民警察来参与社区矫正工作；辽宁省是全国第三批开展社区矫正地区（2009年），大部分地区没有人民警察参与，少数地区将监狱人民警察全部转为从事社区矫正执法工作，这样有利于进行比较研究。我们的调研分别选择在辽宁的沈阳、本溪、辽阳以及北京市的大兴区、海淀区、怀柔区。调研层面包括省、市、区、县、乡镇街道及村居委，为避免仅对司法行政部门调研会产生局限性，参与调研的部门涉及地方政府、人大、政协、政法委、公安、检察、法院、法制办、司法行政、社区矫正机构以及基层社区组织，它们与社区矫正有着直接或间接的关系。调查对象还包括社区服刑人员。调研以座谈会和个别访谈相结合的形式为主。

大多数调研对象倾向于社区矫正工作应由警察参与管理，少数人认为不需要警察管理。

相关部门的主导观点是：社区矫正是针对社区罪犯的刑罚执行工作，在具体的工作环节中需要体现出一定的严肃性和强制性，国家法律应赋予执法人员明确的执法权，确立执法者的人民警察身份将有利于工作开展。调研分为两部分：

1. 社区矫正工作中哪些环节需要人民警察

（1）调查评估环节。调查评估包括判决前调查和假释前调查。审前调查是社区矫正试点后新增的一项准司法工作。对有可能进入社区的刑事案件，人民法院指定社区矫正机构开展对犯罪嫌疑人是否适合在社区服刑的调查，已成为刑事诉讼程序中一项重要工作。对犯罪及有关情况的调查取证在我国是公安和检察机关的专有权力。审前调查虽然与公安、检察机关的取证有所不同，但也涉及与犯罪相关的情况和个人隐私，包括犯罪原因及与犯罪相关的家庭和社区的环境。在实践中，一般的社区居民并不习惯向没有执法权的司法所工作人员配合说明有关情况。工作人员在开展审前调查时，时常被问及：这事应该由警察来做，怎么你们来了解？也有当事人认为：你们不是警察，做这个材料不过是走走过场。由于对调查的不信任，因此有的当事人爱理不理，有的拒绝配合，更严重的是，有时还遇到粗暴的干涉和威胁。按照规定，审前调查最后要提出对犯罪嫌疑人是否适合在社区服刑的建议，包括对部分人作出不适合社区服刑的建议。如果信息被犯罪嫌疑人及亲友知道后，有人会以此干扰司法所的正常工作，甚至到司法所大吵大闹。事发后，往往需要经检察机关干预，请公安派出所出面来平息。这说明没有警察身份及其执法权是不利于工作开展的。而在辽阳市和北京市通过借调的人民警察承担此项工作则未发生干扰情况，审前调查顺利。假释前的调查相对缓刑比例较小，但也存在类似情况。

(2) 日常监管环节。社区矫正需要组织罪犯参加带有一定强制性的集中教育和社区服务，虽然没有执法人员管理也能进行，但在管理秩序和管理效果方面存在差异。例如，司法所工作人员在组织活动时，存在罪犯不遵守纪律、小声说话、不认真听讲、劳动不积极等问题。多数罪犯都有在派出所、监狱的经历，他们能清楚分辨管理人员是否是警察身份，并采取不同的对策。服刑人员认为，司法所工作者好说话，不如警察那样管理严格。目前，我国司法所有政法编、事业编司法助理员和临时聘用人员，司法所过去承担人民调解、法制宣传等8项法律服务性质的任务，对于执法工作有较大的不适应，主要表现为工作人员在基本执法素质和业务能力方面的差距。

(3) 接收宣告环节。接收宣告是罪犯开始接受社区刑罚执行的第一个重要环节。由于惩罚是刑罚和刑罚执行的本质属性，罪犯开始在社区服刑，一般都需要有一个短期的严管过程。罪犯对管理者的第一印象很重要。目前负责接收的司法助理员不具备执法者的身份和标志，容易使罪犯对社区刑罚执行方式产生不正规、无所谓的第一印象，影响了开始接受刑罚执行时的严肃性。有的罪犯因管理者没有警察的执法身份而产生轻视情绪。在工作者告知其必须遵守的各项规定、违反规定应承担的法律后果以及依法享有和被限制的权利时，有的罪犯认为只有警察才能对其行为自由进行限制，而司法所没有这样的权力。有的罪犯对社区服刑存有抵触情绪，对工作人员态度强硬，甚至发生争执。因工作人员没有采取强制措施的权力，只能报警。而在辽阳市建立的社区矫正支队，执法者全部为监狱人民警察；北京市借调监狱、劳教、戒毒人民警察到司法所，每所1警或2警；上海按照全市司法所的数量抽调了218名戒毒人民警察。警察的出席和到场，能保证接收宣告的良好秩序，凭借警察的执法经验和形象，执法效果明显。在没有借调警察的部分地区，采取请公安民警和检察官在宣告时到场，以体现执法的严肃性，也收到了较好的效果。但是，由于社区矫正机构自身没有设置警察，这样的形式并不能得到保障。就像人民法院、人民检察院需要自己设置法警一样，不可能每次开庭等活动都要请公安机关协助。

(4) 人民法院禁止令执行环节。《刑法修正案（八）》规定了人民法院对社区服刑者可判处“禁止令”，作为新增的对社区罪犯权利限制的形式。但在执行中，社区服刑人员违反“禁止令”进入特定区域和场所时，即便司法所工作人员能够及时发现，也无权采取强制措施予以制止或带离，只能对罪犯作出“警告”处分。在实践中，一些娱乐场所因涉及自身利益拒绝对司法所工作者给予协助配合，严重影响到“禁止令”的执行。例如，某罪犯因在网吧打伤他人被人民法院判处管制，同时宣告了禁入网吧6个月的禁止令。该犯在此期间又到网吧上网，被人举报，司法所立即派人到现场制止，但该犯拒绝离开，网吧老板也阻止工作人员执法，最后只能求助派出所民警到场，但公安机关因为自身工作繁忙，在求助时往往并不能及到到场。

（5）违法违规管控环节。在日常监管和教育等环节，罪犯有不同程度地违反监管规定的行为。因工作人员没有执法身份及授权，在出现类似问题时难以应对，一些罪犯对司法助理员执法合法性提出质疑。例如，有时工作人员在制止违反监管规定行为时，受到罪犯不同程度的抵制、语言威胁甚至是人身攻击。因社区矫正工作者无权采取强制措施，难以及时有效处置突发问题，对管理秩序产生负面影响。

（6）脱管追查环节。《社区矫正实施办法》第13条规定："社区矫正人员未经批准不得离开所居住的市、县（旗）。"第19条规定："社区矫正人员脱离监管的，司法所应当及时报告县级司法行政机关组织追查。"但在司法助理员对脱管罪犯进行查找时，其亲友及有关人员经常不予理睬，不提供线索，甚至拒绝工作者进门。在需要向有关单位调取交通、通信、住宿等关键信息时，因为不是执法人员而经常遭到拒绝。而公安机关对于追查的配合具有不确定性。

（7）收监执行环节。对违反监管规定情节严重或重新违法犯罪的社区服刑人员收监需要对罪犯采取强制措施。但在实践中，由于社区矫正机构没有强制权，因此需要公安机关配合。如果公安机关因种种原因不能及时到场，极易发生罪犯脱逃，造成后续的麻烦，不利于维护监管和社会秩序，削弱了对其他罪犯的警示和威慑作用。例如，某犯因吸毒被人民法院决定撤销缓刑收监。裁定后，司法局立即协调公安机关对该犯抓捕。但该犯得到信息后准备逃跑，而此时公安机关正在赶来途中，已经到场的司法助理员因没有强制拘留权，致使罪犯逃离。借调的监狱、戒毒人民警察虽然身着警服，有执法的形象，但法律并没有赋予他们社区执法的权力，因此也不能行使强制执法权。

2. 相关部门和人员对是否用警的看法

（1）公安机关。公安机关反映，尽管他们主观上愿意配合司法行政机关，但客观上目前除了繁重的警务工作，还承担着大量的非警务工作，人手极其有限，常常心有余而力不足。他们认为，在司法行政机关中配备一定的警力从事社区矫正是必要的，对罪犯的管理需要有一定的严肃性和权威性，应该体现责权利的统一。

长期以来，我国对社区罪犯的管理一直由公安机关承担，社区矫正执法主体转移的一个动因是：派出所工作繁忙，对社区罪犯的监管存在工作不到位，流于形式，缺乏对罪犯的教育矫正等问题。转交的初衷是为了加强对社区罪犯的管理，但由于没有明确赋予司法行政机关执法权，因此确实存在着执法不力的问题。目前，公安机关在对特殊人群管理中也需要关注社区服刑人员，在审前调查和假释前调查中也要协助司法行政机关开展工作，但是常感到自顾不暇。

笔者认为，虽然在社区矫正法律文件中要求公安机关协助，但由于缺乏明确的规定和责任承担，在实际工作中经常会出现扯皮现象。因此，公安机关希望司法行政机关设置人民警察管理社区矫正，有利于工作的开展，也可以减少公安机关的压力。也有公安机关被访谈对象认为，对社区服刑人员的管理由公安机关承担也是一个好的选择，公安机关有较强的刑事执法能力，对犯罪控制的信息资源和快速反应能力都强于司法行政机关，与其在司法行政机关设立警察管理还不如将此项工作归还公安机关，目前公安机关还在管理被剥夺政治权利的社区服刑人员。

（2）检察机关。检察机关倾向于在社区矫正中设置一定数量的专职人民警察，这样有利于体现社区矫正工作的严肃性和强制性。他们希望在社区矫正立法中明确执法主体的地位，目前司法助理员没有明确的执法权。因此，在追究工作人员渎职罪时，存在执法人员身份界限不清的问题。在北京、上海、湖南、辽宁等地程度不同地采用了抽调监狱、戒毒人民警察从事社区矫正管理的做法，但法律并没有赋予其执法权，因此，在检察监督中同样存在对借调警察界限不清的问题。另外，公安机关对罪犯的情况不太了解，在协助配合时并不方便，还是需要对熟悉罪犯的执法者赋予执法权。明确执法人员的警察身份，也有利于检察机关的检察监督。

（3）审判机关。人民法院认为，社区矫正作为非监禁刑罚执行活动，需要确保刑事判决的有效执行，维护法律的权威和司法公正。目前，社区罪犯中占比最大的是缓刑，但是有一部分人认为缓刑不是判刑，缓刑执行不是刑罚执行，因此对他们的管理缺乏必要的强制性手段。现在的交付执行由社区矫正机构完成，而社区矫正机构缺乏执行的强制力，需要配备一定的警力。另外，以审判为中心的诉讼制度改革对社区矫正提出了新的要求；刑事速裁制度和认罪认罚从宽制度改革对社区矫正机构的审前调查和居住地核实提出了新的要求；“禁止令”的执行使社区矫正机构面临着新的挑战；非监禁刑罚的交付执行、执行质量、变更执行对社区矫正机构展示了新的期待。因此，在社区矫正机构中设置人民警察有利于加强工作的规范化建设。

（4）司法行政机关。司法行政机关对社区矫正机构设置人民警察有强烈的愿望。北京市自2003年开展社区矫正试点以来，为解决司法所执法力度欠缺的问题，一直借调监狱、劳教和戒毒人民警察，确保每个司法所有1至2名人民警察管理罪犯。辽阳市在2009年成立社区矫正支队，由百余名监狱人民警察整建制转型负责全市5个区的社区矫正执法。实践证明，人民警察与司法助理员相比，有警察的司法所和没有警察的司法所相比，警察在执法管理中的优势明显。目前，在北京和辽宁等地，司法行政部门正考虑如何将借调的人民警察转为专门的社区矫正执法警察，赋予其执法权。

他们认为用警的理由是：社区矫正作为刑罚执行需要对罪犯进行惩罚与矫正。人民警察参与并赋予其执法权对做好工作具有不可替代的作用。

笔者在调研中问："如果法律赋予执法人员必要的执法权，但不采取设置警察的形式是否可行?"他们认为，在现阶段从国情出发是不可行的。因为目前我国的执法者都有一定的外部标志，如城管、工商、税务包括保安等，都有执法服装。戒毒的对象并不是罪犯，但也需要戒毒人民警察来管理。那么，作为《刑法》中明确规定的"依法实行社区矫正"，管理罪犯的执法者没有警察身份，开展工作有较大的难度。当然，也有少数社区矫正工作者认为，如果不设置人民警察也可以，但是要赋予其执法权。另外，由于工作的责任和风险，其待遇应比普通公务员高，以确保这一岗位工作者的稳定性。

在与司法所所长的座谈中，有的认为其管理的罪犯素质较高，沟通比较方便，不用警察管理也可以；也有的认为其管理的罪犯素质较差，情况复杂，吸毒贩毒的多，对他们有必要先体现刑罚惩戒，然后加强教育矫正和感化。大多数倾向于社区矫正执法者应纳入警察系列。现在有不少罪犯和社会公众对社区矫正并不了解，需要做很多的解释，特别是罪犯入矫后要反复说明这是一项刑事执法活动。而如果有警察的身份，不必向罪犯反复解释，就能产生执法的明示作用，还可以解决罪犯的家人、监护人不接电话、不配合等困扰，提高管理效率。

司法所工作者普遍反映，设置警察有利于提高工作便利性、增强人身安全性、改善福利待遇和提升社会认可度。目前，司法所需要请求公安协助时非常困难。要求派出所出警往往是通过个人关系和个人感情。在我国，无论是普通公众还是罪犯，对于警察的执法功能都有普遍的认同，设置警察有利于审前调查，震慑罪犯，防范危害发生，增强执法的严肃性。另外，警察的福利待遇是保障执法者相对稳定的重要因素，在社区管理罪犯不仅具有一定的风险，而且责任重大，而目前司法助理员既没有执法权，又没有相应的福利待遇，临时聘用的人员工资更低，因此，普遍存在人员流动频繁，影响工作效率。

现状是：全国司法行政机关为便于工作，陆续从监狱、戒毒所等借调警察协助工作，目前借调的警察共有3000多名。北京从2003年开始从监狱等抽调人民警察参与社区矫正，由于警察有比较丰富的执法经验，与司法所工作者相比：①审前调查工作顺畅；②接收宣告稳定有序；③日常管教严肃规范；④执行变更有效落实；⑤突发事件处置及时。但是，由于民警是借调，在实践中也存在以下问题：①有身份无权力。监狱警察没有在社区矫正中的执法权，无权对罪犯采取强制措施。②影响民警个人职业发展。借调民警晋职、晋升、保障在原单位，日常管理、考核等在各区县司法局，个人的升迁受到影响，他们在一定程度上不安心、不专心，影响了执法队伍的稳定。③专业化程度低。对罪犯的管理和教育具有连续性和延续性。但民警的借调具有轮换性质，一般在2至3年，导致民警刚刚熟悉了工作又要回原单位，新来的民警需要重新熟悉和适应；另外，司法所还有其他工作任务，民警难免要帮助做街道、乡镇安排的其他中心工作。④角色需要转换。虽然监狱管理和社区矫正同属刑罚执行，但是在角色、方法上仍然存在差别。监狱管理的方法、理念、模式不能简单地照搬到社区矫正中。以上说明监狱民警比司法助理员有明显优势，但借调只是权宜之计。

（5）政法委与综治办。政法委是作为党的领导来协调政法各部门的工作，综合治理办公室也属于政法委系统。他们认为，地方维稳压力大，特别是涉诉信访工作耗费了大量的人力、物力和财力，占用了大量的精力，而公安机关工作繁忙，还要处理大量的非警务工作，导致没有警察的司法所要求公安协助难以得到满足。在社区矫正机构设置警察则能更好地管控罪犯，有利于防止其再犯和减少不稳定的因素。

他们认为，在社区矫正机构是否设置警察首先需要明确社区矫正的性质以及应该由什么人管；其次是现有的用警方式应当从法理上予以明确。现行的《人民警察法》对设立的各种警种列举得很清晰，职责很明确，社区矫正既然是刑罚执行，就需要用警，建议在社区矫正立法时考虑；目前社区矫正工作者水平参差不齐，不利于日常工作的开展。人民警察无论在思想建设、作风纪律、人员素质等方面都较司法所人员有更大优势，社区矫正需要一支正规化、专业化和职业化的队伍。

（6）社区基层组织。参加座谈的社区基层组织包括居委会和村委会。他们倾向于对社区罪犯的管理要有一定的严肃性。有的社区干部说：罪犯缺乏在刑意识，有的缓刑犯不认为自己是犯罪。现在强调综合治理，这些人员都被列入社区的重点对象，出了问题要实行倒查。我们有时真不知道怎么开展工作，安排党员结对帮教，他们嫌烦，进行访问，送米送面还可以，不送东西把门一关。有的罪犯态度蛮横，我们做工作战战兢兢。目前主要采取劝说的方式，感觉是在求着罪犯履行相关义务，在拜访、电话联系时也经常受到罪犯的呵斥。目前的监管失之于软、失之于宽，对脱管、漏管等情况缺乏及时有效的强制手段，有些社区服务根本不能落实。因此，由警察来管理效果会更好。他们认为，社会力量的参与有较大的困难，安排的志愿者不打电话一般不来。总之，社区干部只能做一些柔性的工作。对于一些不服管的罪犯，需要警察出面。

（7）社区服刑人员。社区服刑人员是被管理者，在访谈中，他们兼有被警察管理或被司法所工作者管理的经历。虽然在访谈中，服刑人员有一定的戒备心，但多数服刑人员能比较开放地表达观点。我们在访谈时让他们从自身和换位角度来谈是否需要警察来管理。他们确实有矛盾心态。从自身而言，他们不希望警察管理，特别不希望警察家访或社区走访时穿着警服，因为警服意味着告诉邻居他们“犯事”了（但也有的假释人员不介意，因为邻居都已知道他们犯过罪）。

他们认为，司法所工作者好说话，更人性化，即使是抽调的监狱警察，也明显比在监狱或看守所里的警察感觉要好。从换位角度而言，他们普遍反映，警察对罪犯的威慑力远大于普通工作者，使用警察管理，罪犯的纪律观念会更强，也更容易服从管理。在调研中发现，罪犯对于公安民警、借调的监狱警察和戒毒警察、司法所工作者、临时聘用人员都有比较清晰的了解和对策。例如，他们对非警察者可采取请假或装病的形式，不参加或少参加集中学习和社区服务。在一定程度上说明了一些司法助理员和临时聘用人员相对缺乏执法素养。总之，通过与罪犯的座谈，可反映出警察介入社区矫正，有利于工作的严肃性和规范化。但座谈中也普遍反映，如果是警察管理，警察的着装需要选择适当的场合和时机。

三、分析与结论

从实证调查来看，总体可反映出社会各界普遍认为在社区矫正机构中由人民警察承担执法更有利于工作的开展。这虽然反映出一定的民意倾向，但我们仍然有必要作进一步的研究分析，来确定设置人民警察的利弊。

（一）设置人民警察的利处

笔者认为，在我国现阶段社区矫正执法管理由人民警察承担利大于弊。主要表现为：

1. 与工作性质相吻合

社区矫正的性质是社区刑罚执行，执法工作由警察来承担有利于执法的严肃性和权威性。有观点认为，我国的警察权主要由三部分构成：一是行政警察权，二是刑事警察权，三是军事警察权。[①] 刑事警察权的内容主要有：（1）刑事侦查权，包括预防、制止和侦查犯罪以及使用警械、武器等权力。（2）刑事强制权，包括拘留、搜查、监视居住、逮捕或实施其他强制措施的权力。（3）刑事执行权，包括对人民法院等部门裁决的监内和监外罪犯在执行中采取必要强制措施的权力。在我国，人民警察并不仅限于公安机关，1995 年《人民警察法》第 2 条明确了人民警察包括“公安机关、国家安全机关、监狱、劳动教养管理机关的人民警察和人民法院、人民检察院的司法警察”。对于社区罪犯的管理，1995 年《人民警察法》第 6 条第 11 项中明确规定了警察的职责，包括对被判处管制、拘役、剥夺政治权利和监外执行的罪犯执行刑罚，对被宣告缓刑、假释的罪犯实行监督、考察。2011 年《刑法修正案（八）》中增加了“依法实行社区矫正”的规定，表明了社区矫正是刑罚执行的范畴，否则不需要在刑法中规定。2017 年《人民警察法》（修订草案稿）第二章第 12 条规定了警察的职责包括“执行刑罚”。我国从 2003 年开始进行社区矫正试点，“两院两部”的文件就明确规定了社区矫正的性质是“非监禁刑罚执行活动”。因此，为确保刑事执行权的有效实现，由人民警察承担这项工作是适当和必要的。

2. 与我国的国情相适应

当前，我国社会矛盾凸显、犯罪问题严峻，对社区罪犯由人民警察来管理在现阶段是符合国情的，而社区矫正试点将这项工作转为非警察管理是不适当的。

---

① 刘茂林：《警察权的合宪性控制》，载《法学》2017 年第 3 期。

主要理由是：(1) 公众对警察管理有需求。在我国特定的社会背景下，行政和刑事执法的难度大于发达国家，执法环境面临挑战。为实现执法必严、违法必究，执法队伍需要有严肃性和权威性的形象和标志。在执法体系中，无论是工商、税务、城管、海关还是公安、司法及监狱、戒毒等领域，都需要明确的执法标志，强化执法职能。但对社区罪犯的管理却由原来的人民警察转为非执法人员，无疑削弱了执法的力度，不利于社会的稳定和对罪犯的教育改造。从我国的重刑文化和现代的社会心理来看，人民警察作为公共安全和刑事执法人员，有利于工作开展，有利于加强对罪犯的监管和矫正。(2) 公安机关的衔接配合不力。现在社区矫正由司法助理员来管理，但法律没有赋予其执法权，而公安机关有执法权但却不具体承担管理，在日常管理中出现需要执法强制力时，公安民警往往不能及时到场，这样就严重削弱了执法的严肃性。而发达国家则保证了执法者具有采取强制措施的权力，做到责权的统一。(3) 影响执法者的专业素质。我国对人民警察的专业素养和准入标准与司法助理员不同，司法助理员是以法律服务为主，而人民警察是具有一定风险的执法岗位，在准入条件和岗位待遇方面也有较大不同。设置警察岗位有利于吸收优秀的人才进入执法领域，产生事半功倍的效果。我国人民警察有较高的社会地位和政治地位，有比较成熟的职业晋升机制，职业的稳定性相对较强。而司法所工作者在执法专业素养、准入条件、待遇保障方面都有较大的差距，导致从事社区矫正的司法助理员岗位流转性大，不利于工作的连续性和稳定性。在美国，虽然缓刑官、假释官不具有警察身份，但他们的准入条件和社会地位一般高于警察。例如，现在美国一般警察的准入学历条件是高中毕业，而缓刑官、假释官则要求是本科毕业。缓刑官、假释官的待遇一般高于警察。目前，我国社区矫正刚刚开始，社区罪犯的比例尚不高，制度尚不健全，设置专门的缓刑官、假释官的条件尚不具备，因此，从国情出发，按照人民警察的要求来设置执法者是非常必要的。

3. 是社区服刑人员数量进一步扩大所需

2018 年年初，中央政法委提出我国要适当扩大假释。2018 年 3 月，时任司法部部长张军在全国人大部长通道答记者问时也表明我国要扩大假释。随着党中央对社区矫正的重视，我国罪犯在社区服刑的数量和比例会进一步增长，罪犯的风险程度势必会有所增加，对惩罚监管的要求也会进一步提高。主要有以下影响因素：一是党的十八届三中全会决定提出废止劳动教养制度，完善对违法犯罪行为的惩治和矫正法律，健全社区矫正制度。这就要求调整我国的犯罪刑罚控制模式，进一步扩大社区刑罚及执行的范围，即扩大社区服刑人员的数量。二是需要通过对《刑法》中缓刑、假释适用标准的调整，来扩大缓刑、假释率。目前《刑法》中关于缓刑、假释适用标准都有“没有再犯罪危险”的要求，这样的标准过于严苛，不利于减少监禁的压力并且增加罪犯适应社会的障碍。由于假释标准过高，我国监狱采取以“减刑为主、假释为辅”的罪犯出狱模式，这样导致罪犯缺乏从监狱到社区的过渡，是重新犯罪率居高不下的原因之一。我国需要尽快通过改革降低监禁率，扩大社区监管率，充分利用社区刑罚执行的平台。三是我国《刑法》尚未较好构建适合国情的社区刑罚执行的惩罚机制，忽视了对社区罪犯给予必要的刑罚负担，不能有效发挥社区刑罚执行的威慑作用，以体现罪责刑相适应的原则。有必要通过《刑法》的修改与完善，适当增加社区刑罚执行中的强制措施。总之，随着社区刑在犯罪刑罚控制模式中地位的增长，社区罪犯的数量会进一步增加，其风险度、复杂性以及不服监管的现象也会有所增加。因此，在我国刑罚适用量从以监禁刑为主向以社区刑为主的转变过渡期，将人民警察作为执法者，有利于保障这种转变的平稳过渡，增加社区公众的安全感。

（二）对设置警察“弊处”的回应

对于反对设置人民警察的代表性观点作如下回应：

1. 违反“国际通则说”

即认为发达国家大多采用缓刑官、假释官而不是警察来管理，《联合国囚犯待遇最低限度标准规则》第60条第2款明确规定，“假释监督不可委之于警察，而应该结合有效的社会援助”。笔者认为，对联合国规则需要全面客观理解。

该规则的性质是推动改革的纲领，具有前瞻性和指导性意义。在传统意义上，警察的职责是对犯罪的控制和对社会秩序的强制性维持，履行职责的行为带有明显的命令性、强制性和强迫性，在一些负面形象中体现为警察的简单粗暴和执法中的侵权。因此，完全由警察来管理社区罪犯，因其缺少社会工作的理念和方法，难以有效对罪犯进行教育矫正。该规则条款的规定是希望假释犯经过监狱服刑后，他们在社区能获得更多的社会支持和援助。有观点对该条款的解读是：警察不能排他地单独行使对于假释犯的监督，警察应当结合有效的社会援助开展对假释犯的监督，因此，该条款规定并没有完全排斥警察在监督假释犯中的作用。而且，该条款是针对被监禁罪犯的基本规则，并不必然适用于所有的非监禁刑执行工作。①

笔者对该条款的理解是，在假释管理中，不应过分强调对罪犯的监督，而应把监督和社会支持有效结合。但该条款并没有完全否定警察对假释犯管理的参与。值得注意的是，在2015年《联合国囚犯待遇最低限度标准规则》序言中明确规定：“鉴于世界各国的法律、社会、经济和地理情况差异极大，并非全部规则都能够到处适用，也不是什么时候都适用，这是显而易见的……”表明了规则制定者还是考虑到各国可根据自己的国情因地制宜。正因为如此，目前俄罗斯对社区服刑人员的管理全部由警察来承担，并对警察授予军衔。在英国的缓刑办公室中，虽然缓刑官不是警察，但是也设有少数专职警察（归属于警察局系统）在缓刑办公室全日制承担对缓刑人员的管理。在美国社区的早释中心，也由警察承担对罪

① 吴宗宪：《社区矫正立法中的警察问题探讨》，载《中国司法》2014年第11期。

犯的监督管理。因此，从联合国文件的原意到社会实践，并没有完全排斥警察参与管理社区罪犯，而是需要从国情出发。笔者认为，事物发展需要考虑渐进性。不用警察管理社区罪犯是一个理想的状态，根据马克思主义学说，人类进入到无阶级社会警察会自动消亡。在目前的社会，任何一个国家都不可能取消警察。但警察数量的多少、警察的职责范围则是由各国依据国情来决定。正如联合国文件倡导废除死刑，世界上已有130多个国家（地区）废除或实际停止适用死刑，而我国仍保留46个死刑罪名，要求我国在短期内废除死刑是不现实的。这与我国的历史、文化等诸多因素密切相关。同样，在我国长期由人民警察管理社区罪犯的背景下，面对社区矫正制度尚不健全，社区的刑罚方法和措施也需要调整，要求对社区罪犯的执法管理在短期内从完全由警察管理转为完全由非警察管理违反了渐进性的原则，实践证明这种转变也并不成功和高效。我们可以积极创造各种条件，逐渐减少警察的比例，在条件成熟时转由非警察管理。但目前取消警察的执法管理不是最佳选择。

2. 增加“对立说”

认为设置警察容易增加与社区罪犯的对立情绪，警察身份不利于对罪犯的教育矫正。社区矫正执法者需要经常接触社区罪犯及其家人等，在社区、家庭等地点对罪犯开展工作。但是，如果执法者身着警服接触某人或者进入某家庭，罪犯往往会有被贴上负面标签的感觉，增加其心理负担，有时会影响罪犯及其家庭的正常生活与工作，不利于罪犯适应和融入社会。

笔者认为，在社区刑罚执行中，执法者与罪犯之间的一定对立是不可避免的。通过执法机关依法对罪犯的惩罚监管，让罪犯承受一定的痛苦与损失，将国家对犯罪行为的否定评价加以实现，这对于任何一个罪犯而言，都不会是非常情愿接受的。在目前的国情下，由警察来扮演该角色比普通公务员更加适合。如果说这样会增加对立情绪，笔者认为这样的对立是必要的。依法惩罚可以伸张正义，对社会产生威慑作用，让罪犯明白犯罪是需要付出代价的，这本身就是对罪犯教育矫正的一种形式。社区矫正需要刚柔并济，如果忽视执法的严肃性和权威性，忽视惩罚的必要性，不利于有效地预防和减少犯罪，也是对罪犯和社会公众不负责任的表现。过分强调减少对立，不适当地强调教育矫正和帮困解难，在一定程度上会使罪犯心存侥幸。

需要指出的是，社区矫正与监狱管理有所不同，在监狱的封闭状态下，人民警察不仅要监督管理，而且要组织生产和教育矫正。而社区矫正是在开放的环境下执行刑罚，执法者的重点是做好惩罚监管工作，这是国家法律赋予的而社会力量不可替代的职责。而对罪犯的教育矫正和适应性帮扶，则需要更多动员社会的力量来参与，以体现刚柔相济。

3. 增加成本说

警察的待遇比普通公务员高，会增加刑罚管理成本。这种观点貌似有道理，但实际上违反了按劳分配的原则。在社会分工日益细化的社会中，一个工作岗位的待遇需要根据工作的性质并与工作者付出的代价相适应。假设将派出所人民警察改为普通公务员待遇，那么，不需要太长时间，大部分工作者将会辞职而去。同样，社区矫正是刑罚执行，由于在试点中没有认真考虑责权利的统一，司法助理员不仅面临任务重、责任大、风险大、没有执法权、工资待遇低的困境，还要受到检察机关的监督，有可能被追究渎职的刑事责任，因此，很多人不愿干这项工作，导致专职人员流动性大、稳定性低。笔者在最近的一次调查中发现，某发达地区 3 年的流动率在 50%，影响了工作效率。而发达国家的缓刑官、假释官的工资待遇不仅高于普通公务员，在美国更是普遍高于警察。

我国社区矫正试点，从形式上看，虽然司法助理员的工资待遇低于人民警察，但由于工作效率低，导致实际的管理成本更高。由于司法所编制受限以及司法助理员执法素质不高，因此各地不得不采取借调本系统内人民警察、招聘合同制社区矫正社会工作者或临时聘用工作人员来弥补。这种限制执法者岗位风险待遇，但并不限制工作人员数量的模式，实际上增加了管理成本。以上海 2016 年为例，社区罪犯共有 7776 人，司法所专职从事社区矫正的公务员有 276 人，借调了 218 名戒毒人民警察，社区矫正社工 635 名，专职工作人员总计 1129 名，人均管理 6.89 个罪犯。而与发达国家和地区相比，美国社区执法者人均管理 70 个罪犯，英国缓刑官人均管理 35-40 个罪犯，我国台湾地区观护人人均管理约 200 个犯罪人。这说明我们的管理效率偏低。如果把社区执法者按照专业化、职业化的要求来设计，执法者人均管理 35 个罪犯，那么上海仅需 220 名社区矫正人民警察，按照人均管理 35 个罪犯配备社工，需要 260 个社工，加上少量的行政管理人员，工作人员可以减少将近一半，即使人民警察和社工的待遇比原来提高，总体的工资数量会大大降低。所以，管理成本不仅要看个体的待遇差别，而且要看总体的支出，要看工作效率。设置矫正人民警察并不意味着必然提高管理成本，调整得当还有可能大大降低成本。

4. 影响国家形象说

有观点认为，法治国家建设不需要大量增设警察。增加警察种类或者数量不利于改善国家的形象。随着人类社会的文明进步，越来越多的人认识到，如果一个国家中警察数量过多，就有可能使该国变成"警察国家"，如果一个国家的警察行使种种超越法律的权力，那么，这样的国家难以成为法治国家。有观点认为，警察权的即时暴力性特征以及警察权的宽泛活动空间，使得警察权堪称是对公民权利最具威胁性的国家权力。因此，我国需要对警察权进行合宪性控制，这种控制表现为对警察权配置和警察权行使的限制。[①] 以上的担忧和考虑是不无道理的，如果靠过于膨胀的警察权来维持社会秩序，会有"集权国家"之嫌，与人类社会

① 刘茂林：《警察权的合宪性控制》，载《法学》2017 年第 3 期。

的文明进步背道而驰。

笔者认为，对警察权进行合宪性控制是必要的，限制警察的数量也是必须的。但并不能作为当前我国社区矫正的执法者不应由人民警察来承担的理由。因为根据《人民警察法》的职责范围，刑罚执行的任务应当由人民警察来承担。我国自新中国成立后长期由人民警察承担对社区罪犯的管理，社区矫正试点后，司法助理员管理的实践证明效果不好。因此，仍然由警察来管理，符合国情。当然，这并不是增加警察，而是延续过去的警察管理，就像监狱人民警察在2003年从原来归属公安机关转到归属司法行政机关。我国在2013年废止了劳教制度，劳教人民警察转为戒毒人民警察，在我国特定的社会背景下，戒毒警察管理的对象并不是罪犯，都需要警察来管理，那么，有什么理由来否定管理社区罪犯的执法者不能具有警察身份呢？在刑事执行领域，如果想控制警察的数量，完全可借鉴发达国家的成功经验。例如，英美国家在监狱管理中，警察的设置仅限于直接监管罪犯的工作者，而监狱一级的管理人员、科室的行政工作人员（后勤保障人员）以及对罪犯承担教育矫正的工作者均不列入警察编制。对于社区刑罚执行人民警察的设置，可以采取仅限于直接惩罚监管罪犯的执法者。这样的调整，实际上可大大减少在刑事执行领域中警察的数量。

5. 应设置社区矫正官而不是警察

有观点认为，司法助理员不专业，应以设置社区矫正官为主；也有观点认为，配置少量的类似人民法院、人民检察院的司法警察来保障社区矫正工作能有效采取必要强制措施，但工作人员主要应是专业的社区矫正官。笔者通过调查发现，目前江西省正在进行社区矫正官的试点。对于社区矫正工作岗位上的公务员通过考试后授予矫正官称号，颁发任命书和执法证件，但是他们的试点并没有解决矫正官的相应工资待遇和执法权问题。另外，矫正官设在司法所，司法所工作人员一般在2人左右，所以他们还需要做司法所的其他工作，难以保证工作人员的专业化和职业化。笔者认为，在目前情况下，不宜将矫正官作为执法人员的理由是：(1) 将矫正官列入专门系列的公务人员难以实现。英美国家的缓刑官、假释官是专门系列的公务员，是长期积累的结果。在我国目前公务员编制严格限制、机构精简的背景下，希望新增公务员系列是不现实的。我国社区矫正从2003年开始试点，司法部就强调要增加和落实司法助理员的政法编制，但时至今日，大多数司法所还是1人所或2人所，所以要面对现实。（2）社区矫正官难以获得相应的执法权。在试点试行期间，借调的监狱、戒毒人民警察都不能获得社区矫正的执法权，如果建立非警察系列的公务员，如何能获得类似警察的强制执行权？（3）我国《刑法修正案（九）》增加了“袭警罪”，目的是确保人民警察的执法权，没有人民警察身份，如何能更好地确保刑事执法的严肃性？（4）社区刑罚执行是一个风险性的执法岗位，执法人员需要有类似警察的高于普通公务员的工资待遇，设置矫正官岗位，能否解决其工资待遇问题？ （5）社区矫正官的提法不妥。

“Corrections”是一个舶来词，翻译成“矫正”是错误的。在美国的许多州和英国及其他欧洲国家一般称之为“缓刑官”，美国部分州和加拿大还设有“假释官”，在美国也有“Correctional officer”的提法，但这应翻译为“惩教官”或“惩教工作者”，而不是单纯的矫正官。社区矫正的首要任务是惩罚监管，矫正是第二位的任务。笔者对此已有专门论述，在此不多展开。①

（三）对如何设置的建议

根据党的十八届三中全会提出的法治队伍正规化、专业化、职业化的要求，在社区矫正试点前，由派出所人民警察兼管社区罪犯。社区矫正试点后，司法行政机关将借调的人民警察安排在司法所工作的做法不利于将执法工作向专业化的方向发展，也不符合世界各国执法专业化的普遍做法。因此，对于用警问题，结合我国公安和司法行政机关管理社区服刑人员的正反经验，建议在县（区、市）级设立社区刑罚执行机构，执法人员为人民警察，确保人民警察专职从事对社区罪犯的执法管理。警察的编制要注重精简高效，根据罪犯的数量来设置警察，建议警察与罪犯的比例为 1∶30 或 1∶35（实际比例应通过实证研究来获得）。警察的职责是以惩罚监管工作为主，对罪犯的教育矫正和适应性帮扶更多的是利用社区的资源和社会的力量来完成，人民警察可做一定的协调。在开放的社区，执法应与监狱管理有所不同，由于我国存在地区差异，各地的实际比例可酌情调整。警察岗位不应配备在司法所，因为司法所的性质是法律服务机构而不是执法机构，如果每个司法所配备 1 名人民警察，力量分散，不利于专业化和职业化建设。例如，有的司法所只有几名社区服刑人员，还有的司法所没有社区服刑人员，司法所设立人民警察岗位与司法所其他公务员关系不好相处。因此，人民警察应在县级执法机构集中办公。如果有的县级单位地域较大，交通不便，可设置分支机构。根据党的十八届四中全会提出的刑罚执行一体化的要求，执法机构应归属于司法行政部门而不是公安机关。1983 年，根据公安部、司法部《关于贯彻执行中央将劳改、劳教工作移交给司法行政部门管理的若干规定》的规定，公安部门将监狱、劳教工作整建制移交给司法行政部门。随着社区矫正工作范围的扩大，社区执法队伍也会进一步发展，统一由司法行政部门管理，有利于在刑罚执行管理中资源共享、优势互补。为贯彻党中央强调的司法公平公正的原则，对社区矫正人民警察的管理应向省级垂直管理的方向发展。由于社区矫正人民警察是在社区执法，还需要承担适量的教育矫正工作，是否需要在工作时间全部身着警服，笔者认为可根据需要在不同的场合下灵活掌握，类似国家安全机关的人民警察。

警察的来源可基于两个渠道：一是内部招录，从现有借调的监狱、戒毒人民警察以及司法所现在从事社区矫正的专职人员中择优录取；二是从社会公开招录，招录时需要设立符合社区刑罚执行工作要求的准入标准，如必要的学历和相关的

---

① 刘强：《建议将“社区矫正”更名为“社区刑罚执行”》，载《中国司法》2013 年第 7 期。

教育背景等。

关于警种问题，建议不需要增加新的警种，将监狱人民警察更名为刑事执行或刑罚执行人民警察，因为监狱和社区矫正人民警察都属于《人民警察法》中承担刑罚执行的工作者，两者共同作为国家法治队伍的组成部分。社区矫正人民警察的职业化建设直接纳入统一的人民警察职业化建设，不必另起炉灶。

鉴于这种设置尚未取得直接的实践经验，建议尽快进行试点。虽然我国许多省市采用借调监狱、戒毒人民警察的做法，但是大多数人民警察并不是直接管理罪犯，在北京和少数地方虽然人民警察直接管理罪犯，但是法律并没有赋予其执法权。目前，北京是分散在司法所而不是集中在区县一级的管理，上海是集中在区级但不是直接管理罪犯。笔者认为，应根据党的十八届四中全会决议中的要求："实现立法和改革决策相衔接，做到重大改革于法有据、立法主动适应改革和经济社会发展需要。实践证明行之有效的，要及时上升为法律。实践条件还不成熟、需要先行先试的，要按照法定程序作出授权。"具体的做法是经国家立法机关授权进行用警专项试点，并与现有的执法模式进行比较研究，对试点要进行跟进式评估，待条件成熟时及时立法。试点的目标是通过对执法者身份的最佳选择，有利于预防和减少重新犯罪，有利于提高效率、降低成本，有利于贯彻体现刑罚执行的公平与公正。

综上所述，我国长期以来由人民警察管理社区罪犯的模式在2003年社区矫正试点之后，逐渐将这一执法工作转交司法助理员这样的非执法人员来管理，实践证明效果不佳，影响了工作效率，工作者缺乏执法的严肃性和权威性，一些罪犯直接或间接地不服管理，脱管、漏管、虚管问题突出，影响了社会的稳定，影响了刑罚的威慑功能，不利于有效预防和控制犯罪。研究表明，无论是主管社区矫正的司法行政机关，还是公安、检察、法院等部门以及社区基层组织及公众都普遍认为，在目前情况下由人民警察管理是最佳的选择。虽然许多国家采用缓刑官、假释官而非警察来管理社区罪犯，但由于各国在政治、经济、文化、历史等方面的差异，目前我国尚不能简单照搬。控制警察的膨胀、限制警察的权力是社会发展的方向，但在我国犯罪问题仍然严峻的现实中，对社区罪犯的管理不应急于用非执法人员非专业人员来替代。采用人民警察管理并使之专业化和职业化，有利于执法队伍的稳定，使他们在国家法治建设中发挥更加积极的作用。因此，根据现有《人民警察法》中警察职责范围的设定，建议尽快试点后在《社区矫正法》中明确执法人员的人民警察身份。待我国社区矫正制度基本成熟，社区刑罚体系得到完善，执法平台运作平稳及条件具备后，可考虑逐步由缓刑官、假释官来替代人民警察。

（责任编辑：韩建勇）

积极探索队建制改革 不断提升社区矫正工作水平

湖南省怀化市溆浦县司法局

溆浦地处湖南西部，辖 25 个乡镇，417 个村、社区，面积 3440 平方公里，人口 100 万。自社区矫正工作开展以来，累计接收社区服刑人员 2009 人，解除矫正 1702 人，目前在册 307 人。近年来，溆浦县社区矫正工作在省司法厅、市司法局的精心指导下，在县委、县政府的坚强领导下，坚持实践探索队建制改革，社区矫正监管安全持续稳定，教育矫正质量稳步提升，帮扶力度不断加大，为平安溆浦、法治溆浦建设作出了积极贡献。

一、队建制改革势在必行

多年来，社区矫正日常管理工作由司法所承担，但在实际工作中，影响社区矫正工作顺利开展的矛盾日益凸显。

（一）社区矫正工作力量有限

我县社区服刑人员常年保持在 300 人左右，分散于 25 个司法所进行管理。司法所除了负责社区矫正、人民调解、法制宣传等司法行政工作职能外，还要配合乡镇中心工作，且全县一半以上的司法所只有 1 名工作人员。职能多、人员少、工作任务繁重、时间精力有限等，导致工作人员无法专心专职社区矫正工作。另外，由于司法所工作人员身份存在差异，部分工作人员并非公职人员，其执法身份欠缺合法性，导致该部分人员不具备社区矫正执法资格，社区矫正工作质量难以保证。

（二）执法标准不统一

囿于专门执法机构和专业队伍的缺乏，加之司法所工作人员未经过系统培训，素质参差不齐，且人员调动频繁、稳定性差，导致队伍管理不规范，工作步调不一致，严重制约了我县社区矫正工作成效。

（三）基础保障不到位

乡镇司法所办公用房面积小，办公设施和设备陈旧老化，无法满足社区矫正各项工作的开展需要。另外，虽然我县对社区矫正投入了一定经费，但点多、线长、面广，经费投入与社区矫正实际运行成本存在较大差距，社区矫正经费保障不充足，工作滞后。

以上问题导致了社区矫正专业化程度不足，业务水平难以有效提升，成为我县社区矫正工作发展的瓶颈。基于社区矫正非监禁刑罚执行活动的性质特点，决定了我们必须走机构专门化、队伍专职化、工作专业化、执法规范化的道路，全面推行社区矫正队建制改革势在必行。

二、队建制改革强力推进

2018 年 3 月，溆浦县深改办将社区矫正队建制改革方案作为一个重要议题向县委常委会议提交并进行专题研究，同意溆浦县社区矫正队建制改革工作方案。通过“整合力量、编内调剂”的方式，设立溆浦县社区矫正执法大队，安排全县社区矫正队建制工作经费，拉开了队建制改革序幕。

（一）设置专门机构

我县成立了由县司法局局长担任大队长、分管副局长担任教导员、8 名司法干警为工作人员的执法大队，下设 5 个中队，分片区管理 25 个乡镇社区矫正工作。其中，一中队辖城区 2 个乡镇，二中队辖城周边 7 个乡镇，三中队辖北面 4 个乡镇，四中队辖东面 8 个乡镇，五中队辖南面 4 个乡镇。社区矫正执法中队为正股级单位，设中队长、副中队长各 1 名，接受社区矫正执法大队垂直管理。

（二）组建专业队伍

队建制改革前，我县 25 个乡镇 67 名司法人员均身兼数职，工作任务重，无法专职社区矫正工作，社区服刑人员难以监管到位，奖惩难以落实，管理难度大。队建制改革后，通过整合内部资源，公开考试考核考察，选调 27 名政治素质过硬、业务能力突出、工作责任心强且具有公务员身份的司法干警专职社区矫正工作。每个中队配备 4 名司法干警和 1 名社工，专门承担辖区社区服刑人员日常监管工作。目前，全县共有专职社区矫正工作人员 27 人，社工 6 人。

（三）建设执法办公场所

在设置机构的同时，我县先后投入 600 多万元，新增了 5 个中队执法办公场所，每个中队设置了教育培训室、宣告室、监控室、心理咨询室、社会联络室等多个标准化功能室。添置了电脑、打印机、电子显示屏等现代信息化设备，实现了社区矫正工作从原来司法所综合办公向专门办公场所转变。

（四）明确工作职责

落实责任清单制度，明确社区矫正执法大队、执法中队、司法所的职责分工和工作流程，突出监管执法功能，凸显执法成效。其中，执法大队承担社区矫正法律、法规和有关政策落实，调查评估，执法监督考核；组织实施社区服刑人员的奖惩工作；组织或协调被撤销缓刑、假释、收监执行社区服刑人员的收监和查找等 8 项工作。执法中队具体负责本辖区的社区服刑人员日常监督、管理、考核；与派出所、社区矫正志愿者以及其他矫正力量的配合与协调；参与审前社会调查、居住地变更、等级调整、重点人员管理、应急处置、社矫平台信息录入、请销假、奖惩、安置帮教、村级矫正情况反馈、手机 APP（电子手腕）监管定位等各项工作。司法所则协助审前社会调查、家访走访，安全隐患的排查和反馈。通过将社区矫正工作从司法所剥离出来，执法中队与司法所之间形成了既分又合的内部工作关系，实现了执法中队与司法所“1+1>2”的双赢局面。

（五）完善工作体制机制

以队建制改革为契机，配齐配强乡村两级社区矫正工作队伍，在乡镇明确分管政法领导为社区矫正的负责领导，在各村（居）两委干部中明确 1 名社区矫正专干，专门负责协调配合，监管教育工作，对乡村两级社区矫正专干配合工作情况纳入全县综治考核。

（六）积极引入社会力量参与社区矫正工作

2017 年、2018 年，我县先后出资 62 万元、89 万元，通过政府购买社区矫正社会服务方式，委托湖南省德馨社会工作服务中心在全县 5 个片区集中开展教育培训、心理测试、手机 APP 定位、社区服务、走访考察 5 项非刑罚执行类社会服务，进一步提高了社区矫正社会化水平。

三、队建制改革成效明显

通过队建制改革探索，我县社区矫正工作专业化、规范化、职业化、社会化水平得到空前提升。2018 年，全县未发生一例社区服刑人员脱管、漏管和重新犯罪现象，社区矫正信息管理系统考核稳居全省第一，逐步开启了符合溆浦实情的社区矫正发展新模式。

（一）极大提升了社区矫正专业化水平

社区矫正执法大队作为专门的社区矫正机构，具有明显的独立性和较大的工作权限，可以直接开展对外协商和交流，大大便利了社区矫正工作队伍衔接配合其他部门开展相关工作。同时，通过合理调剂全县政法专编工作人员，组建社区矫正工作专门力量和工作队伍，社区矫正工作人员的业务范围得以固定，工作职能得以纯化。除社区矫正工作外，社区矫正工作人员不再兼任其他工作，这不仅有效排除了额外任务对于社区矫正日常工作的干扰，也为他们提升社区矫正业务水平和专业素养提供了重要基础，使得他们更容易成为社区矫正工作的行家里手。

（二）极大提升了执法队伍的执行能力

在队建制改革实践中，社区矫正执法中队作为执法大队的派出机构，直接接受执法大队的指挥和管理。这种垂直管理机制能够快速有效安排、指挥系统内的所有工作人员完成社区矫正各项工作，有利于形成指挥灵活、行动迅速、协同作战、工作有力的工作队伍体系，更有利于及时、高效处置社区矫正工作中出现的突发事件和紧急情况，从而更好地维护社会和谐稳定。

（三）极大提升了社区矫正规范化管理水平

队建制改革后，社区矫正工作专人专岗、专职专责，工作人员业务能力和素养迅速提升。社区矫正工作职责更加清晰，监管责任更加明确，每项工作、每个环节、每个流程、每个监管对象都逐一明确了责任领导、责任人员，切实保障国家法律的有效实施，彰显刑罚执行工作的严肃性，有力提升了社区矫正执法规范化水平。

（四）极大提升了教育矫正质量

队建制改革实行分片负责和包教到人制度，执法大队和中队均明确了教育矫正专干，专门负责制订具体教育学习计划并组织实施。同时，加强与社会组织的协作，共同研究教育学习形式和内容。在该模式下，工作人员对社区服刑人员的个性特点和具体情况更加了解，制定的教育矫正方案更具针对性和实效性，并能根据方案实施情况和社区服刑人员的现实表现及时调整。这改变了以往应付式、形式化的教育矫正模式，有效推动了教育矫正措施落地落实，矫正质量和效果明显提升。

经过一年来的艰辛探索，我县社区矫正队建制改革取得了一定成效，但我们清晰地认识到，改革还存在一些不足，也面临着不少问题和困难。例如，社区矫正工作人员专业素质与新时代社区矫正使命任务还不相适应，工作任务分工精细化程度不足，社区矫正执法装备现代化水平还不高，基础保障仍需进一步加强等。下一步，我们将在省司法厅、市司法局的精心指导和县委县政府的正确领导下，不忘初心、牢记使命，始终保持一股子拼劲、闯劲、干劲和韧劲，推动社区矫正队建制改革再完善、再深入、再抓实，以更佳业绩回报各级领导的关怀和支持。

（责任编辑：童茹琰）

对刑罚执行一体化建设的实践与思考

——以甘肃监狱与社区矫正机构的实践创新为例

甘肃省武都监狱课题组　姚文强　李建成　王水平　何建强*

甘肃省司法厅《关于推进全省监狱与社区矫正工作机构刑罚执行一体化建设的意见》为全省监狱和社区矫正机构刑罚执行一体化（以下简称刑罚执行一体化）建设提供了制度保障。经过两年多的实践，在刑罚执行一体化工作机制创新方面取得了初步成果。本文以社区矫正工作为视角，探讨刑罚执行一体化的概念、意义，介绍甘肃省司法行政系统在刑罚执行一体化建设过程中取得的成果，分析存在的问题，提出改进和完善的对策。

一、对刑罚执行一体化的理解

（一）刑罚执行一体化的提出

1. 刑罚执行一体化提出的背景

（1）党的十八届三中、四中全会《决定》提出完善刑罚执行制度，统一刑罚执行体制，要着力解决执法体制权责脱节、多头执法等问题。

（2）中央政法委、“两院两部”等部门关于减刑、假释、暂予监外执行的文件以及刑法修正案关于社区矫正的规定，需要更为有效的措施去贯彻落实。

（3）刑罚执行工作中存在的问题需要新的机制去加以解决。

长期以来，在罪犯释放、假释、暂予监外执行等执法环节，虽然有明确的规定，但在执行过程中还存在着一些不容忽视的问题。例如，罪犯释放无缝衔接无法落实、重点管控人员信息无法共享、罪犯假释和暂予监外执行案件办理前的社会调查评估不能有效开展、监狱和社会相关部门之间在刑罚执行工作中不能形成合力，等等。要解决这些问题，需要创新机制。

2. 刑罚执行一体化的明确提出

甘肃省司法厅于2016年11月出台了《关于推进全省监狱与社区矫正工作机构刑罚执行一体化建设的意见》，明确了一体化建设的指导思想、工作目标、工作任务、工作要求。首次在甘肃明确提出了“刑罚执行一体化”的概念。省司法厅1名副厅长兼任监狱局局长并分管社区矫正工作，着力推动监禁与非监禁刑罚执行

* 姚文强：甘肃省甘谷监狱监狱长；李建成：甘肃省司法厅社区矫正管理局局长；
王水平：甘肃省武都监狱主任科员；何建强：甘肃省司法厅社区矫正管理局主任科员。

制度的优势互补、资源共享，一体化发展。各地按照厅党委的部署，提出了司法局与监狱“深度融合、互建互帮、一体发展”的工作理念，大胆探索各监狱和司法局互派干部挂职交流，充实社区矫正执法力量，提高了刑罚执行的效率。

(二) 刑罚执行一体化的概念、内涵及外延

1. 概念

按照省司法厅文件精神，刑罚执行一体化，仅指监狱与社区矫正机构在对监狱押犯和社区服刑人员的刑罚执行和教育改造过程中，信息互享、工作互通、人员互派、业务互学、教育互助、优势互补，不断提高教育改造质量，确保监狱押犯和社区服刑人员刑罚执行效果的最大化。

监狱是法律明确规定的刑罚执行机关，但从广义上来分析，对监狱押犯和社区服刑人员的刑罚执行又是一项多主体参与的系统工程，它们的性质是相同的。在工作中，对监狱押犯和社区服刑人员执行刑罚，参与主体是多方面的。比如，在监狱收押罪犯时，参与主体包括公安机关；在办理罪犯减刑、假释案件过程中，参与主体包括审判机关、检察机关、社区矫正机构；在罪犯被释放时，参与主体包括社区矫正机构、公安机关（吸毒史送交）；在办理暂予监外执行案件中，参与主体包括社区矫正机构；在对罪犯死亡处理中，参与主体包括检察机关、公安机关；在办理狱内又犯罪案件中，参与主体包括检察机关、审判机关。

因此，监狱与社区矫正机构刑罚执行一体化只是狭义的。如果把监狱押犯、社区罪犯、拘役罪犯的所有刑罚执行工作内容都囊括进去，刑罚执行一体化就是指：为了确保对罪犯刑罚执行效果的最大化，以监狱机关为中心，与审判机关、检察机关、公安机关、地方司法行政机关等各相关参与主体建立起来的互相联系、互相监督、互相配合的一体化刑罚执行双边合作机制。

当然，如果把刑罚执行多头化的现象以及在刑事执行中的各种冲突与矛盾考虑进去，则以监狱机关为中心，与审判机关、检察机关、公安机关、地方司法行政机关等各相关参与主体建立起来的互相联系、互相监督、互相配合的一体化刑罚执行双边合作机制就成为了狭义的刑罚执行一体化了。而建立统一的、专门的刑事执行体制，对国家的行刑权进行合理的分配，对整个行刑活动进行专业化的管理，充分发挥行刑效益，这样的刑罚执行一体化当是广义的刑罚执行一体化了。

本文所探讨的刑罚执行一体化建设，仅指监狱与地方社区矫正机构建立起来的狭义的刑罚执行一体化。

2. 内涵与外延

从前述概念分析，刑罚执行一体化的内涵包括：以对罪犯的刑罚执行为纽带，目的是确保执行效果的最大化，以监狱为中心，监狱与其他各相关机关建立的互联、互监、互助机制。

从目前刑罚执行分工负责情况来看，监狱负责有期徒刑、无期徒刑、死刑缓期二年执行刑罚的执行；公安机关负责拘役、剥夺政治权利的执行；人民法院负

责罚金、没收财产、死刑的执行；社区矫正机构负责管制、缓刑、假释、暂予监外执行的执行。因为刑罚执行由行刑、减刑、释放三个部分组成，所以刑罚执行一体化的外延包括以下几个方面：

（1）监狱与社区矫正机构刑罚执行一体化。

（2）监狱与公安机关刑罚执行一体化。包括罪犯收押、释放、吸毒史刑释人员交接、重点管控人员信息互通、“三假”犯甄别、监狱安全防控、涉暴恐人员信息互通、犯罪嫌疑人确认、罪犯及犯罪嫌疑人指掌纹信息共享、罪犯死亡处理配合、拘役犯认罪悔罪和身份意识教育，等等。

（3）监狱与人民法院刑罚执行一体化。包括减刑假释案件办理、财产刑履行情况确认、罪犯改造表现信息互通、押犯余罪漏罪提审、押犯民事案件审理等。

（三）原则

刑罚执行一体化建设需要跨部门协调，难度大、内容繁杂、头绪多。因此，在推进过程中需要坚持党委牵头、逐步推进的原则。

党委牵头是指各级党委政法委对公、检、法、司各部门都有领导职权，通过政法委牵头来领导、部署、督导刑罚执行一体化建设，有利于工作顺利推进。

逐步推进是指刑罚执行一体化建设点多面广，情况复杂，在推进过程中应当先易后难，不贪多求全，设定好时间表、路线图，一步一个脚印地按照计划去推进，实现从狭义直至广义上的刑罚执行一体化。

（四）目的

刑罚执行一体化建设，形式上是监狱与公、检、法各部门间的工作机制框架内相互配合，内容上是落实相关工作措施，强化监狱、公安机关、社区矫正机构、人民法院对罪犯自由刑、财产刑的刑罚执行各项工作，目的是促进罪犯转变思想、矫正恶习、弃恶从善、重新做人，确保刑罚执行效益最大化，最大限度减少社会消极因素，为社会和谐稳定作贡献。

（五）特点

1. 监狱与相关机构无间配合是其基本保障

在各级党委政法委组织协调下，以监狱为中心，向其他相关部门发散而建立起来的双边合作机制。合作双方需在分工负责基础上树立自觉的无间配合意识，并配合完成具体工作任务。

2. 向社会输出“合格产品”是其价值追求

2017 年，司法部原部长张军提出：“教育改造罪犯是监狱的本职，要把‘不跑人’的底线安全观深化为向社会输出合格‘产品’的治本安全观。”因此，在新时代国家总体安全观框架内，监狱，乃至所有监管场所都进入了“治本安全观”时代。

3. 以人为本是其工作主线

刑罚执行一体化建设，首先是监狱机关和其他相关机关工作人员的建设，包括思想建设、组织建设。其次这项工作机制的各项工作措施所对应的直接对象只能是服刑人员。因此，以工作人员为本，以罪犯为本是刑罚执行一体化建设的主线。

二、推进刑罚执行一体化的意义

（一）是对司法体制改革的创新发展

党的十七大之后所实施的司法体制改革，实质上只是在审判机关、检察机关、公安机关进行了涉及实质性体制机制方面的改革措施，在监狱体制改革方面，只是进行了监企社分离，在刑罚执行方面没有体制机制改革措施。为此，推行刑罚执行一体化，是对司法体制改革的创新发展。

（二）是创新社会治理、推动法治建设的重要举措

推进刑罚执行一体化建设，其目的在于维护司法执法公平正义，实现刑罚执行效果最大化，维护监狱和社区安全稳定和社会的长治久安。因此，推进刑罚执行一体化建设，必然是创新社会治理、推动法治建设的重要举措。

（三）是践行治本安全观的有效途径

监狱和社区矫正机构与其他政法机关一样，其重要职责是为民执法，维护社会公平正义和国家长治久安。推行刑罚执行一体化建设，在机制创新、形式内容、目标追求各方面，都与党中央和司法部治本安全观的要求高度契合。

三、刑罚执行一体化建设的实践

2016 年 11 月，甘肃省司法厅出台的《关于推进全省监狱与社区矫正工作机构刑罚执行一体化建设的意见》，明确了建设的指导思想、目标、任务和要求。

（一）加强顶层设计，统一领导监狱和社区矫正机构

省司法厅坚持党建引领发展的政治理念，以融合思维、创新思维、系统思维破解司法行政刑罚执行中存在的收监难、协同难、衔接难的问题，把监狱和社区矫正通盘考虑、协同推进、整体布局，聚焦刑事执法主业主责，研究制定了全省监狱与社区矫正机构刑罚执行一体化建设的实施方案，确定了典型培育单位和重点任务清单。厅党委一把手牵头成立专门机构，统筹谋划监狱与社区矫正机构执法力量调配、经费保障共享、执法信息共建等机制。确定 1 名副厅长兼任监狱局局长并分管社区矫正工作，实现了监狱和社区矫正机构统一领导、统筹谋划，着力推动监禁与非监禁刑罚执行制度的优势互补、资源共享、融合发展。全省、市、州司法局和驻地监狱按照“深度融合、互建互帮、一体发展、合作共赢”的工作理念，普遍建立了由双方主要领导牵头，分管领导、相关内设机构负责人参加的联席会议制度，明确了责任科室和具体负责人，完善了执法联动、法律服务、教育矫治、社会帮扶、信息共享等工作机制。

（二）优化执行结构，建立推动一体化长效工作机制

自2012年以来，甘肃省社区服刑人员从4千余人增长到1.7万人，以年均35%的速度迅速增长，社区矫正执法力量不足难以适应社区服刑人员结构带来的新变化。全省监狱押犯从2.8万人下降为2.6万人，以年均17%的速度下降，罪犯结构性的变化给我们带来了新的挑战。我们坚持以政治改造为统领的“五大改造”新格局，探索具有根本性、全局性、稳定性和长期性制度建设，打造监狱社区矫正“五个一体化”和创建“十项机制”（具体内容见后面的说明），体现在执法工作中就是参与社区矫正的监狱戒毒警察和社区矫正工作人员在执法环节中形成合力，联合执法。

（三）强化刑罚执行，监禁矫正和社区矫正融会贯通

实践中，我们充分发挥监狱和社区矫正机构职能优势，建立完善监禁矫正和社区矫正相互贯通、相互衔接的工作机制，依法保障刑罚执行的“出口”和“进口”高效顺畅。发挥社会优势，引导专业力量参与监狱改造。我们整合刑罚执行和教育矫正的优势资源，创新教育改造方法，丰富教育改造内容，提高教育改造质量，最大限度地防范罪犯再犯罪风险，确保刑罚执行效果的最大化。武威和兰州的女子监狱将监狱职业技能培训纳入劳动技能培训总体规划。各级司法局组织律师、普法骨干到监狱开展法治教育，年均提供法律咨询200多场次，法律服务、法律援助6200多人次。对监狱排查存在未成年子女失学、家庭婚姻关系危机、长期无人探视等情况的服刑人员，武威、定西等地司法局协调政府部门给予救助帮扶。酒泉市建立了30万元的困难救助基金，对家庭生活困难的监禁、社区罪犯提供救助。各级司法局协助救援开展远程视频会见帮教2800多人次，有效地促进罪犯的教育改造。发挥监狱优势，助力非监禁刑罚执行。全省监狱戒毒系统着力解决社区矫正日常用警难题，积极探索社区矫正用警方式，选派优秀监狱、戒毒所人民警察到市（州）、县（市、区）社区矫正机构参与社区矫正执法监管工作，充分发挥在监督管理、教育矫治、评估矫治和警示教育等方面的自身优势，助推社区矫正工作发展。平凉、定西、酒泉等12所监狱已加挂了社区矫正教育基地牌匾并对社区服刑人员进行警示教育。截至目前，120余名监狱戒毒警察在社区进行执法活动，73名民警挂职在社区矫正监管中心参与工作，100余名司法局干部在监狱、戒毒所交流工作；累计组织社区罪犯到监狱开展警示教育2800多人次，心理咨询5600多人次，培训交流干部200多人次。

四、在推行刑罚执行一体化建设中的经验与成果

（一）刑罚执行取得的实践经验

1. 统一部署是前提

监狱和地方司法行政机关虽都在省司法厅的领导下开展各项工作，但毕竟是两个系统，在人员配置、业务范围、组织领导等方面都存在不同之处，要协调一

致地完成任务，必须要有共同的上级机关进行统一安排部署。甘肃省推行的刑罚执行一体化建设能够取得成功、获得实效，有赖于省司法厅统一部署这个前提。

2. 建章立制是基础

省司法厅虽然出台了《关于推进全省监狱与社区矫正工作机构刑罚执行一体化建设的意见》，但毕竟是指导性的、宏观的。各地需要结合实际情况制定实施细则，进一步细化监狱与市（州）司法局对推行刑罚执行一体化建设的组织领导、工作方式、工作程序，明确监狱与市（州）司法局各自的工作任务、标准和要求，为确保工作取得实效奠定了基础。

3. 纳入考核是手段

2017 年年初，省司法厅将刑罚执行一体化建设纳入了司法厅系统工作目标责任制考核范畴，并在年度内采取定期和年终结合的方式，对各监狱及市（州）司法局一体化建设的进展、创新、取得的成效进行了严格考核。使全省监狱和市（州）司法局刑罚执行一体化建设的积极性得到了充分调动，各项工作措施也得到了全面落实。

4. 及时总结是保障

省司法厅多次组织召开工作总结会议，对前段的工作进行梳理、总结，及时发现问题，对下阶段工作进行周密部署，并及时召开一体化建设现场会，对这项工作的深化起到了积极推动作用。

（二）刑罚执行一体化建设取得的成果

经过多次总结、梳理、归纳，省司法厅将监狱和市（州）司法局刑罚执行一体化归纳为“五个一体化”，即调查评估一体化、交付接收一体化、日常配合一体化、收监执行一体化、刑罚终结一体化。将监狱和市（州）司法局刑罚执行一体化的具体内容归纳为“十大工作机制”：

（1）联动机制。定期召开联席会议，单月市（州）司法局牵头，双月驻地监所牵头，遇特殊情况召开个别会议，协商、部署一个阶段的一体化工作；及时通报情况，推广经验，巩固提高工作成果；针对问题和不足，研究解决办法、制定整改措施，开展部门之间的个别协商。

（2）法律援助机制。市（州）司法局、市法律援助中心定期组织法律专业人士，到监狱对押犯提供刑罚执行、民事纠纷等方面的法律咨询服务；依据监狱审核意见，随时为困难犯提供无偿法律援助。监狱负责及时向市（州）司法局法律援助中心转递罪犯在刑罚执行、婚姻家庭、财产纠纷、子女抚养、老人赡养等方面的法律援助申请，并为其法律咨询、援助提供方便。

（3）矫正教育延伸机制。市（州）司法局每年组织相关部门、社会团体、志愿者以及服刑人员亲属到狱内开展形式多样的帮教活动；在重大节日前，组织和督促县（市）、区司法行政工作人员到监狱对户籍所属服刑人员开展帮教活动，积极配合监狱做好在押犯特别是顽危犯、家庭变故犯、特困犯的思想转化和改造情绪稳定工作。监狱要不断完善出监教育内容，引导假释和暂予监外执行人员正确理解社区矫正规定，向两类服刑人员全面准确告知国家和地方有关社区矫正衔接配合、监督管理、矫正教育等方面的规定和政策。监狱对服刑人员有针对性地进行法律、政策宣传教育，提高服刑人员的法制观念和守法意识，引导服刑人员树立正确的世界观、人生观、价值观。

（4）社区服刑人员回访机制。落实定期回访、重点回访、联合回访制度，做好对监狱暂予监外执行人员的联合回访评定工作。

（5）特困服刑人员家庭帮扶机制。监狱及时向市（州）司法局反馈关于未成年子女失学、家庭婚姻关系出现危机、父母无人赡养、有邻里纠纷等情况的服刑人员信息，经市（州）司法局安排各县（市、区）司法局核实后，按照有关规定给予救助，并协调民政、卫生、教育、财政、人力资源和社会保障、公安等部门及乡镇人民政府（街道办事处）给予帮扶。

（6）社区服刑人员心理辅助机制。监狱利用其心理咨询师资源优势，协助市（州）、县（区）司法局每半年对社区服刑人员进行一次全面心理测试、咨询、辅导和矫治，为司法局掌握社区罪犯心理状况提供依据；市（州）、县（区）司法局发现社区罪犯行为异常、显现出严重心理问题的，及时联系监狱安排心理咨询师对此类社区罪犯进行专业的心理障碍疏导、矫治。

（7）对社区服刑人员的常态训诫机制。司法局每季度组织辖区内社区服刑人员到监狱进行队列训练、参加劳动，接受认罪服法、遵规守纪、行为矫正等教育。条件不允许的县（区），可以提请监狱选派素质过硬的干警到本县（区）对社区服刑人员进行训诫教育。

（8）派员互训机制。监狱和司法局每季度互派2-5名干警进行挂职锻炼、岗位互训，并增进交流。

（9）罪犯死亡衔接配合机制。服刑人员在暂予监外执行或者假释期间死亡的，司法局及时书面通知监狱，终止社区矫正，并通报同级人民检察院。书面通知材料包括社区罪犯死亡通知书、公安机关的户籍注销证明、相关证人证言笔录、火化证明、村（社）证明等，监狱派人到当地调查情况，本地司法局积极协助配合。

（10）信息共享机制。监狱和司法局指定专门负责一体化的管理员和联络员，充分运用智慧司法办公系统、远程帮教会见系统、微信公众平台或者其他沟通联系方式，实现双方数据信息共享。

五、推行刑罚执行一体化建设工作中存在的问题

（一）一体化建设的参与主体范围过小，无法囊括所有刑罚执行工作

甘肃的刑罚执行一体化建设，目前仅仅推行了监狱与社区矫正机构间的结合，而监狱与公安、人民法院间的一体化建设还没有起步。

(二) 监狱押犯教育改造工作社会化进程缓慢

监禁刑社会效益的最高境界是犯罪人的重新社会化，即监狱对罪犯教育改造社会化程度的高低，会很大程度地影响教育改造的质量。治本安全观要求向社会输出“合格产品”，但在行刑社会化程度非常低的情况下，刑满释放人员因难以尽快适应社会而导致重新犯罪，监狱很难向社会输出“合格产品”。现行的刑罚执行体制因罪犯教育改造的社会化进程缓慢，监狱已很难有效地提高教育改造质量。这正是储槐植教授“监狱行刑悖论”(监狱的本质属性是将罪犯与社会隔离，而追求的目标却是罪犯复归社会，这就使监狱行刑手段和目标、过程与效果之间产生了尖锐的矛盾[①]) 的隐忧。

(三) 社区矫正执法主体身份不明确

2011 年《刑法修正案（八）》首次将“社区矫正”写入，2012 年“两院两部”联合出台了《社区矫正实施办法》。然而，相关法律至今并未明确社区矫正机构工作人员的身份，只是在《社区矫正实施办法》第 7 条、第 8 条笼统地称为“司法所工作人员”，更没有明确“执法人员”的职权范围，导致“司法所工作人员”无执法权。而且在现实中，每个司法所的工作人员只有两三人，有的仅有 1 人，还经常被乡（镇）安排他用，影响了对辖区内社区罪犯管控措施的落实。

(四) 人财物保障不到位

在一体化建设中，面临的一个最大困难就是人财物保障不到位。例如，社区矫正工作人员不足；监狱民警编制不能满足工作需要，而且警力配备还严重缺编；监狱和社区矫正机构的刑罚执行经费保障不足，监狱向较远的县送交涉毒刑满释放人员，以及距监狱较远的司法所到监狱接回刑满释放人员的，每人 300 元的经费不能满足需要；许多县（市、区）还没有建立刑满释放人员安置基地等。

六、强化刑罚执行一体化建设的对策

(一) 进一步拓展刑罚执行一体化的参与主体

目前，刑罚执行一体化执行主体仅限于司法行政系统隶属的监狱和地方社区矫正机构。然而，要实现真正的一体化，需要有更多的主体参与进来。

(1) 从监狱不断提高罪犯教育改造质量，向社会输出“合格产品”视角看，在罪犯教育改造社会化过程中，受到资金、人员、场所、专业技能的限制，仅靠监狱的力量是不够的。从社会发展规律来看，教育改造罪犯不仅仅是监狱的责任，各级政府、公检法司机关、社会组织、人民团体甚至是罪犯家庭也负有责任。因此，需要多方力量的参与。只有形成监狱主动担责，社会力量广泛参与，罪犯积极自觉改造的氛围，才有利于把罪犯教育改造成为守法公民。

(2) 从社区矫正机构的视角看，当前该机构工作人员既无执法权，又缺少经

---

① 储槐植:《刑事一体化与关系刑法论》，北京大学出版社 1997 年版，第 395-397 页。

费、技术、编制。面对复杂局面，需要监狱、公安、检察、法院和当地政府、社区（村委会）以及罪犯家庭等的大力支持和协助。

（二）积极创造条件推进监狱罪犯教育改造工作社会化

罪犯教育改造社会化是刑罚执行的发展趋势，需要把罪犯教育改造工作融入社会教育的大背景下，使其具备必要的社交能力和谋生技能，以便于复归社会。

（1）狱内教育改造工作社会化。由于监狱力量的局限性，必须积极引入社会力量加入对罪犯的教育改造工作，如技术教育、心理矫正、监内文化活动、亲情帮教和社会帮教等。

（2）不断扩大假释比例。正确地适用假释，把那些经过一定时间服刑且确有悔改表现，对社会危害性相对较小的罪犯放到社会上接受监督改造，既能节约行刑成本，又能有效激励罪犯自觉服从管理教育，还能让罪犯尽早适应社会。推行刑罚执行一体化，需要不断扩大假释的比例。

（3）加大罪犯离监探亲力度。离监探亲制度是我国《监狱法》规定的对符合一定条件的罪犯暂时离开监狱，探望亲属的一种行政奖励措施。正确运用离监探亲政策，有利于罪犯改造积极性的提高，有利于社会特别是罪犯家庭参与对罪犯的教育改造工作，有利于罪犯早日融入社会。

（三）明晰社区矫正机构、人员的定位，强化对社区服刑人员的管控

在未来的刑罚执行工作中，必将形成社区矫正与监禁矫正并立，甚至在规模上超过监禁矫正的格局。[①] 目前我国社区矫正工作者包括司法所工作人员、社区矫正专兼职社会工作者、志愿者三类，其中司法所工作人员是唯一具有国家工作人员身份的执法人员。但纵观我国《刑法》《刑事诉讼法》和《监狱法》等相关法律，均没有明确规定社区矫正中司法所工作人员的名称、身份和职责。这很容易导致在实践中出现社区矫正工作主体缺乏执法权或各类工作参与者之间职权模糊、分工不明确等现象。为此，需要结合新一轮司法体制改革和社区矫正立法，及时解决这些问题。

（四）不断加大对一体化执行主体人财物的保障

如果从"以监狱机关为中心，与法院、检察、公安、地方司法行政机关等各相关参与主体建立起来的互相联系、互相监督、互相配合的一体化双边合作机制"这一视角来看，着力推行一体化建设，各参与主体都需要配备专兼职人员去完成各项业务，同时还需要一定的经费保障和基础设施配套。这在现行保障力度下，要建立起以上三个方面的一体化建设机制，并确保其顺畅运行，是有很大困难的。因此，需要不断加大对一体化执行主体人财物的保障。

（五）制定刑罚执行一体化法规，确保刑罚执行一体化各主体依法履职

刑罚执行一体化建设已运行了一年多，取得了一些成绩，对提高罪犯改造质

---

① 吴宗宪：《社区矫正的问题与前景》，载《法治论丛》2007年第1期。

量、为社会稳定作出了很大的贡献，但要使该机制在今后的工作中发挥更大的作用，需要在国家层面制定统一的刑罚执行一体化法律规定，以解决多头执法、执法标准不一、执法权限重叠、执法资源浪费等实际问题。

综上所述，在刑罚执行体制不变的情况下，探索刑罚执行一体化建设的实践，创新刑罚执行机制，为践行监狱、社区矫正治本安全观拓展了途径、丰富了内容，有利于实现刑罚执行效率最大化。目前，刑罚执行一体化建设还存在一些不足之处，但我们相信，通过努力，刑罚执行一体化建设必将在今后对罪犯的惩罚与改造工作中有更加广阔的发展空间。

（责任编辑：韩建勇）

中途宿舍作为社区刑罚执行场所的比较研究

上海政法学院　郭　琪

中途宿舍是对“Halfway House”的翻译，类似的称谓还有居住型社区惩教机构（Residential community corrections facilities）。18世纪早期，美国马萨诸塞州监狱委员会构想的中途宿舍是一种为即将出狱、贫穷的罪犯回归社会提供适应和过渡的场所，具有临时庇护性。在我国，中途宿舍的功能日渐融入社区刑罚执行场所的建设中，发挥着促进社区矫正惩教结合的作用。用于罪犯惩教的中途宿舍在西方国家的尝试和发展成熟中，在减轻监狱压力、创新罪犯惩教方式等问题上产生了积极的效应。我国社区矫正工作中虽然有中途宿舍的应用，但其作为刑罚执行场所的功能并没有得到充分利用，在管理和应用方式上同国外还存在一定的差距。

一、中途宿舍的国际发展应用现状

（一）发展轨迹比较

20世纪中后期的美国，在累犯率和再犯率高居不下的背景下，监狱改造罪犯的功能受到了许多质疑，人们开始关注罪犯出狱后一段时间内的合理过渡与社会支持对于预防重新犯罪的积极影响，中途宿舍的发展迎来高潮。自1954年起，曾因资金受限等问题沉寂多年的中途宿舍重新在美国涌现。英格兰和加拿大的中途宿舍也在民间机构和宗教团体的支持下蓬勃发展。1964年前后成立的国际中途宿舍协会（IHHA）成为中途宿舍初具国际影响的标志。在复兴阶段，大部分中途宿舍是围绕解决就业和药物滥用问题设计的，针对的是轻微犯罪、改造可能性大的罪犯。美国联邦层面对于中途宿舍的关注和建设也在中途宿舍的民间复兴后开始启动。1965年《联邦囚犯康复法》授权监狱局建立以集中住宿为基础的场所，专门安置青少年、成年的、即将被释放的罪犯。同时，该法也认可了将联邦囚犯转移到私人筹建的中途宿舍的做法。[①] 这些私立中途宿舍都具有独特的结构、独特的治疗方案和接受的罪犯的类型，私人中途宿舍可以根据合同去选择它们希望接受的罪犯，符合安置条件的罪犯由监狱管理人员或缓刑官员转置到中途宿舍。

我国香港地区第一所中途宿舍“新生之家”诞生于1968年8月，适用对象是

---

① Edward J·Latessa，Harry E·Allen. Corrections in the Community（2nd edition）［M］. CO：Anderson Pub，1999. p371-396.

有吸毒史的刑满释放人员。其现有的三家中途宿舍“丰力楼”（1983 年）、“紫荆楼”（1984 年）、“百勤楼”（1995 年）则分别是针对青少年罪犯、女犯、成年罪犯适用的。[①] 我国大陆地区首个中途宿舍创立于 2002 年，由香港商人林其标在广州市番禺区沙湾镇历奇山庄创办，为一些当地监狱释放的“三无”（无家可归、无业可就、无亲可投）人员提供 1-3 个月免费食宿。其后，国内建立的中途宿舍多围绕戒毒人员、青少年罪犯、精神障碍者等社会关注群体的回归社会活动提供过渡性庇护和辅导。国内首个针对社区服刑人员和刑满释放人员的“阳光中途之家”，于 2008 年 7 月在北京建成。这一场所发挥对社区服刑人员进行临时安置、教育矫正、就业培训和指导等作用，是综合性社区矫正执行场所，同其他省市常见的区县社区矫正中心相比，增加了住宿性的安置服务，用于帮助一些“三无”人员完成回归正常生活轨迹前的过渡，因此也成为我国社区刑罚执行工作中首个过渡性安置机构。其他省市虽然没有复制北京市的做法，但却在近年来的社区矫正中心建设中留有许多类似于住宿性质的设施和场所。

可见，我国中途宿舍同欧美国家的发展轨迹基本一致，在适用对象上逐步转向应用的专一化，发挥帮助罪犯重返社会、实现过渡的作用，并开始进行常态化管理；区别则在于发展蓬勃的起点和落脚点不同，国外中途宿舍最早虽然有过顶层设计，但真正使之活跃起来的是民间力量的自发构建活动，最终，政府也将对假释犯、缓刑犯执行社区刑的工作大量委托给了社会组织建立的中途宿舍机构。而在中国，中途宿舍多由政府构建，自上而下地向地方推开，并成为地区执行社区刑罚的常设机构。

（二）功能及性质的变化

20 世纪六七十年代，欧美国家对中途宿舍这一设施兴建的定性也是模棱两可的，一方面它被描述为一个专门为需要回归社会、适应社区生活的对象提供安置和帮扶、促使他们就业的项目，另一方面又被视作存在于社会结构之中的监狱系统，需要兼顾惩罚与教育的结合。

随着中途宿舍数量的增多、适用范围的扩大，中途宿舍发挥的功能不再是简单地安置刑满释放人员，而是逐步扩展到了对缓刑罪犯、待审被告以及有迫切保护和监督需要的罪犯适用上来，中途宿舍逐渐成为法官审判时的一个重要选择，使这一设施发生了从最初的福利性转向强调中间制裁性的性质变化。中途宿舍功能与性质的新倾向也反映在人们对它的称呼上。近年来，这种对即将出狱的罪犯适用的设施被称为“居住型社区惩教机构”。例如，拉什（Rush）对这一场所的定义是：“为了充分利用社区资源以及获取更丰富的就业机会，允许罪犯在规定时间

---

① 香港惩教署官网：https：//www. csd. gov. hk/sc_ chi/about/about_ history/abt_ his_ 1950. html，最后访问时间：2018-6-26。

内自由行动的居住型社区惩教设施”。[①] 中途宿舍不再被要求直接提供过渡服务，开始更加强调其惩教性质。

我国大陆地区早期建立的中途宿舍只提供物质帮扶，以安置为主；针对戒毒人员、精神障碍者、青少年罪犯的中途宿舍提供的是具有治疗、辅导、安置功能的管理；专门应用于社区服刑人员和“三无”人员的阳光中途之家及具有住宿功能的社区矫正中心等，则是综合性执行场所，集中住宿主要以安置“三无”人员为主，应用在社区服刑人员中的比例极少。总体而言，住宿功能更多地展现了人权保障和福利性。

就性质而言，欧美国家中途宿舍的发展历经了从最初的临时庇护场所，发展为国家依法构建或依法委托的、管理有回归社会需求及相应困难的在刑罪犯的场所。这样的过程体现了中途宿舍的应用由刑满释放人员到在刑罪犯的适用范围扩大，更体现了中途宿舍从单纯的福利性质，逐渐转向兼顾行刑监督与社会化帮扶的综合管理性的变化。

而我国现有的中途宿舍，在功能发挥中停留在安置和帮扶上，是利用社会资源特别是国家资源、针对有需求的特殊罪犯群体而建立起来的福利性机构，这些场所能够实现一部分预防社会不稳定因素增多的效果，但均未作为核心功能。本文倡导建立的中途宿舍着眼于社区刑罚执行的长远发展，意在建立能够有效发挥过渡、监督、教育、帮扶功能的住宿式社区矫正机构，实现罪犯社区矫正工作的“惩教并重”。

（三）管理方式比较

以美国早期一个小型的县级惩教机构试点为例。克劳夫顿之家（Crofton House）从试点开始就被寄予厚望，其结果将由专业研究人员的外部人员进行严格的评估。在适用上，同其他国家的中途宿舍有着显著区别，即克劳夫顿之家的罪犯并非是服满或服完大部分刑期后作为过渡待在那里的，而是适用于在罪犯服刑的全过程，由罪犯分类中心按照一定标准选取并分派到中途宿舍；其工作人员是拥有社会工作硕士学位的招聘者，开展每周3-5次，为时2-3小时的团体咨询活动，并提出服刑人员之间互助监督关系的要求；在管理上，服刑人员能够在请假的前提下自由出入中途宿舍，如有酗酒、吸毒、未经允许离开中途宿舍或者违法犯罪的行为，严重时将被重新收监服刑；运营资金由国家机构负担和补贴，为服刑人员提供食宿；服刑人员在工作人员努力营造的和谐社区氛围下，有着较强的融入感。[②]

以我国北京市朝阳区阳光中途之家为例。在人员配备上，可容纳200余人的基

---

① Edward J · Latessa, Harry E · Allen. Corrections in the Community（second edition）［M］. CO: Anderson Pub, 1999. p371-39.

② Kirby B C. Crofton House: An Experiment with a Country Halfway House［J］. Fed Probation, 1969.

地配有9名社区矫正专职社工和社会招聘人员，理论上能够达到最高1：22的管理效率，是直接管理社区服刑人员的工作队伍；在分工上，按照工作内容分为教育矫正部、心理咨询与技能培训部、宿舍管理部和办公室；在资金供给上，能够实现政府全额拨款。该场所的居住功能，不仅在安置“三无”人员和生活保障上实现了对罪犯的人权保护，还应用为封闭式集中培训（对辖区内所有社区服刑人员适用，为期2-3天，每月4-5期）的住宿场所，因此入住者由常住的帮扶对象和受培训人员两部分组成。在入住感受上，采访资料显示，服刑人员对于中途之家的认识是社会救助性质的场所，提供3-6个月的免费食宿，进出需要请假但基本自由，同工作人员关系平等，受限感较低。[①]

这两例中途宿舍在管理上有着相同之处，包括充分发挥社会工作者在管理活动中的作用、资金供给的稳定性、通过门禁需要获得认可的规定等。两者在理念上都关注了监禁刑的弊端，但在社区刑罚执行机构的居住功能发挥上却是迥然不同的。首先在功能发挥上，我国阳光中途之家在发挥住宿功能时，针对的是“三无”人员，可见其功能只关注了安置和帮扶，而克劳夫顿之家开展的是以在社区集中住宿为方式的罪犯管理；在场所性质上，阳光中途之家是一个社区服刑人员综合性管理教育基地，安置住宿是其附加功能，而克劳夫顿之家是一个以居住为基础、比监狱更宽松、同社会紧密相连的社区刑罚执行场所。

二、我国社区刑罚执行的管理现状

（一）现有的社区刑罚执行场所

《社区矫正实施办法》出台后，规定社区矫正机构为司法行政机关，由司法所直接管理社区服刑人员，即现阶段我国社区刑罚执行场所集中在基层街镇司法所及区县级社区矫正中心。

1. 街镇层面

主要执行日常管理工作的基层司法所承担着繁重的监管教育工作，面临着执法权威性与执法力量不足的现实问题，虽然承担了罪犯管理职责，却并没有处罚权，无法及时对社区罪犯采取强制措施；在机构设施、队伍建设、管理体系、执法水平、严格程度等方面尚不能达到统一规范的标准，一些地方脱管、漏管、虚管问题严重，严重威胁到国家刑罚执行工作的严肃性和公正性。这些问题在身兼数职、编制不足的司法所中难以在短期内得到根本改变，管理效率受到很大限制，实践证明司法所作为社区矫正机构并不是最佳选择。

2. 区县层面

社区矫正中心管理的辐射范围广于基层司法所，作为刑罚执行场所的功能更

---

① 熊贵彬、荣容：《社区矫正“北京模式”新发展研究——以朝阳区阳光中途之家为视角》，中国社会出版社2012年版，第99-113页。

为集中，有利于实现社区刑罚执行的独立运作，成为社区刑罚执行队伍规范化、专业化、职业化的实现平台。如果社区刑罚执行以基层司法所为主，其过于分散、数量多的特征，将对刑罚执行工作的规范性、专业性提升造成较大的阻碍，建立在区县一级的社区矫正中心能够在结合社区服刑人员数量、分布的情况下，有区别地划分管辖范围，灵活整合人力及资源、提升效率。

但现实情况是，我国建立的区县社区矫正中心大多尚未成为社区刑罚执行工作的实体，只承担所辖区域基层司法所不易自行组织的月度集中教育、公益劳动等项目化的管理工作。从刑罚执行角度而言，在惩罚监管和教育矫正工作的结合上仍然停留在传统的输出式教育，没有充分利用综合性监管教育环境、社区影响与社会力量的干预作用，特别是在建有社区服刑人员宿舍的情况下，利用率仍然极低，使得社区矫正中心流于形式，难以承担直接管理社区服刑人员的任务，运行效率远低于预期。

（二）社区刑罚执行场所完善的时机及必要性

本文倡导建立的社区矫正中途宿舍，性质不同于安置性、福利性场所，在语义上，“中途宿舍”含有介于收押入监狱与不收押之间的缓冲意味，起到建立刑罚阶梯的作用，使得社区服刑人员回到社会或在社区中服刑时受到的刑罚体验不致因差异过大而有失偏颇；在功能上，既不是单一的监禁改造，也绝非不承担任何刑罚负担的安置帮扶，而是一种住宿形式的新型社区惩教模式，可应用于对具有一定危险性的社区服刑人员的综合管理。建立这样的中途宿舍是我国刑罚制度和刑罚执行制度改革进程中契合时机的选择，更有其建立的必要性。

1. 建立的政策背景

美国 2013 年的假释率即达到 38.4%，英国 2006－2007 年间的假释率达到 38.7%，而日本的假释率近年来也一直保持在 50%以上。我国自 2003 年始，以扩大假释为突破口的全国社区矫正试点，使得上海、北京、青岛等地的假释率呈现上升趋势；2011 年我国《刑法修正案（八）》明确了社区矫正作为假释的配套制度，避免了假释犯出狱之后无人监管的问题；2017 年开始施行的《最高人民法院关于办理减刑、假释案件具体应用法律的规定》对假释的适用也有一定程度的放宽；2018 年，时任国家司法部部长张军在全国“两会”首场“部长通道”中提出要大幅提升假释犯比例。国家对假释制度的重视日趋明显，为此采取了多种措施和保障，扩大假释适用成为现阶段我国司法机关及刑罚执行部门重点把握的工作之一，在近年将出现较大幅度的提升。而社区矫正工作与假释制度的改革紧密相关，扩大假释势必带来大批假释罪犯进入社区矫正中执行的新形势。可想而知，国家扩大假释的举措意味着更多甚至比以往更具风险性的假释人员回到社区，使社区居民产生一定的心理负担和抵触情绪，加大社会对于社区服刑人员的恐惧，如何对这批降低假释门槛而产生的罪犯进行监管教育、减少重新犯罪，成为社区矫正工作新的考验。

2. 建立的实践需求

国外中途宿舍实质上是介于监狱与传统缓刑、假释之间的中间制裁手段，故而能够起到形成刑罚力度阶梯递进的效果，能够应用在那些存在风险但管控力度较小的假释犯、缓刑犯身上，起到特殊预防的作用，进而预防和减少他们重新犯罪。类似的问题在我国也正在发生，近年来社区矫正工作对社区服刑人员教育优先、管控缺位的情况屡现，在遇到不服管教、有逆反和犯罪倾向甚至行踪不定的危险分子时，"三次警告可提请收监"缺乏管控的时效性。同时，没有执法权、缺乏强制措施和突发事件处置时协调不力的问题也始终未解决。实践需求呼唤一种有效的手段，能够应对这些社区矫正中潜在的危险。在管控罪犯、维护社会稳定，同帮助他们获得心理和行为上的纠正、有序融入社会、重返社会之间获得更好的平衡，兼顾社区刑罚执行的惩罚性与恢复性、社会性。

在我国建立社区矫正中途宿舍符合在城市开展社区矫正的需要，也符合社区矫正制度发展和功能优化的需求。

第一，从现实需要角度来说，我国城乡发展特征有别，社区矫正工作的开展模式需要区别对待。城市人口密度大、地域分布较为集中，因此也有着更多的社会安全隐患。在城市开展社区矫正工作，一方面是更严密地防控犯罪、管控社区服刑人员的需要，另一方面也具备农村所没有的区域集中型管理的地理条件，可以提高管理效率、节约资源，在良好的社会组织发展环境下，也能够保障组织社会工作者充分参与社区矫正帮扶、教育活动，使社区矫正监管与教育达到很好的平衡。

第二，从发展角度来说，在城市建立社区矫正中途宿舍，符合我国社区矫正惩罚性与恢复性相结合的需求和目标，能够形成一个限制程度介于监禁刑与社区矫正之间、能够解决社区矫正工作缺乏惩罚监管抓手问题的缓冲区。要求没有关押必要、但较其他社区服刑人员而言更具危险性的犯罪分子在中途宿舍居住，在必要时期内起到监督和观察效果，有针对性地对其制定教育和帮扶方案，对于预防和减少犯罪、维护城市安全稳定和社区矫正工作秩序能够起到保障作用。

第三，从功能角度来说，首先，在新形势下，能够适应未来降低假释门槛、提升假释率所带来的连锁反应，通过一定的限制性和惩罚性，监督和控制社会不稳定因素。相对的，也成为更多符合条件的假释罪犯回归社区的安全性保证，将推动国家扩大假释的刑事政策顺利运行。其次，我们倡导的社区矫正中途宿舍比以往更能够充分发挥功能。一方面，能够承担一部分有生活困难的罪犯最基本的生存需求，使得他们在适应社会的过渡期中有所依托，体现社会帮扶和人权保障；另一方面，能够成为对具有一定风险的社区服刑人员设置一些限制的场所。最后，能够适用于对一些在矫正过程中获得警告、屡教不改但尚未达到收监标准的罪犯的紧急控制上。

（三）理论及现实效用

1. 建立惩教的梯度与平衡

中途宿舍作为一种寄宿制、半自由的过渡性场所，对其受监管者具有一定的限制作用，但这是相对于监禁刑罚而言较轻的限制，又是比传统的缓刑、假释执行更为严格的社会处遇，能够形成国家刑罚惩罚力度的新梯度。受监管者可以在日间参加工作或学习，晚上回到中途宿舍居住，遵守一定的规则并接受教育项目的安排。同样的处遇从福利性角度而言，则意味着受监管者可以免除或者减少这段时间（多为短于1年的刑期）所需的住宿花销，接受回归社会所需要的心理辅导、技能教育、就业指导，并获得其他支持性的援助。中途宿舍介于监禁与释放回社会之间，能够在限制性惩罚监督与恢复性帮扶教育间有着很好的平衡，能够为那些依法即将予以释放、但仍具有潜在的人身危险性或有回归社会之阻碍的罪犯提供一段有规则、有秩序的过渡性期间，并获得以顺利回归社会为目标的支持和帮扶。

2. 对重新犯罪采取积极的防御

在预防重新犯罪方面，中途宿舍的运用实现了传统刑罚执行所欠缺的中间制裁和过渡功能，有利于弥补传统缓刑、假释执行中对于不稳定罪犯的监管漏洞，体现了对罪犯释放“最后一公里”的针对性积极预防。依据罪行的严重程度和人身危险性评估被判处缓刑、假释的罪犯，理论上具有不致重新危害社会的条件，但适应社会、重新找回正确社会角色的过程往往不是简单的监督教育能够应对的。有些罪犯长期脱离社会、社区和家庭，可能缺乏支持，短期内生活很难稳定下来，生活无着的情况下容易滋生违法犯罪；有些罪犯具有一些使其处于违法犯罪边缘的不良癖好、习惯和社交，在传统缓刑、假释较为软弱的监督力度之下很难避免这些问题干扰，需要更为紧密的监督控制。罪犯远离犯罪的动力，往往在其即将释放期间呈现最强，如能提供一段具有必要的支持和引导的过渡期，满足罪犯的改造需求，在此期间妥善地、集中地给予帮助并隔绝不良干扰，使他们平稳度过过渡期，将大大地增加最终释放时“成功”的几率，会对罪犯之后的正常生活轨迹复归、预防重新犯罪产生良好效果，这也是包括中途宿舍在内的社区刑罚执行所共同追求的功能和成效。

3. 减少监狱压力和社会恐慌

联邦和州监狱罪犯人口的剧增是美国在20世纪中后期扩大社区刑发展和采用中间制裁手段的决策背景，监禁刑暴露出来的弊端与成本的高昂促成了国家刑罚对预防犯罪的社会、社区效力的关注。社会所能提供的改造资源大大超出了监狱场所能够供给的水平，同时，在中途宿舍这样的中间制裁手段下，也能够保障比传统缓刑、假释更为有效的监管，为监狱分担了大量的判有轻缓刑、人身危险性低的罪犯。

对于社会环境而言，绝大部分罪犯终究是要回归社区的，无论是从监狱中释放的还是在社区中服刑的，都对正常的社会人文生态有着不可忽略的威胁，特别是那些刑罚执行不能根治或存在改造困难的罪犯，以及监督欠严密的社区服刑罪犯。因此，中途宿舍成为了专门针对这一类人进行监督、观察和引导的隔离场所，对于预防犯罪、维持社会稳定、缓解群体对于罪犯回到社区的恐慌，都有着积极的作用。

（四）中途宿舍的构建环境和途径

英美发达国家的中途宿舍发展较我国要早，根据本国社会环境和条件作出了许多适应、改革、延伸和丰富，类型多样、功能各异。与我国不同的是，在宗教引导和政府扶持下，从20世纪70年代开始，美国社会组织和志愿人员队伍开始迅速壮大，非营利机构发展历史悠久，拥有不断增多的社会资源，特别是积极参与社区建设、慈善救助等公益活动的人员在全社会所占比例高，社会帮扶系统发展成熟。故而在中途宿舍的发展过程中，多为民间组织先声夺人，继而刺激国家刑罚执行机关以公办、委办形式加以完善的“自下而上”发展进程。民间私立的中途宿舍数量也更繁于国家公办，具有灵活性、自主性强，能够激发更多社区制裁手段、教育帮扶方式创新的优势。

但早期由于这些民间组织更倾向于公益目的，依赖于其他慈善、宗教、社会人士提供的资金支持，稳定性不高，造成了许多私立中途宿舍难以维持、不了了之。传统中途宿舍管理的罪犯较为单一，甚至要求甚高，一部分是特定类型（如有嗜酒、吸毒问题的人），另一部分是来自于委托管理的人（如联邦假释犯），但随着资金特别是政府资金越来越难筹集，中途宿舍可能变得越来越异质化。为了开拓业务，他们接纳的范围可能从罪犯到轻罪罪犯、由初犯罪犯到累犯罪犯、由有一定高等教育文化基础的罪犯到文盲，甚至扩展到患有严重精神和行为障碍人士。这反而大大提升了对于中途宿舍项目质量和效果评估、工作人员资质和数量配备、工作效率等各方面的要求，举步维艰的私立中途宿舍陷入了发展瓶颈，也给政府评估私立中途宿舍资质、检验实施效果和质量，提出了更高的要求。

我国社会组织在各地的数量分布不均衡，成熟度和运行质量差异大，发达城市往往拥有大量社会资源和非营利组织力量，而在二三线城市、农村，却存在社会组织发展萎缩甚至空白的情况。加之，不但针对特殊群体的引导和辅助治疗，要避免受到管理机构资质不足而产生的不利影响，更兼社区服刑人员这一类国家刑罚执行对象，对其管理具有刑罚处罚性质、严肃性高，由社会组织及其机构直接管理显见不妥，故而我国中途宿舍多为国家机关主导建立和运行，呈现“自上而下”、按照网格式区划全面铺开的发展模式。

可以说，国外中途宿舍的发展运行是由社会组织和国家机构共同促进的，政府还会将一些有数月就能够出狱的罪犯委托给民间私立中途宿舍来完成过渡性管理工作。这与我国有着较大差异，不仅是与社会组织发展程度的客观条件不同有关，更多的是由不同国家的社会管理模式差异决定的。在我国长期的自上而下统筹式管理模式下，各类社会管理机构的发展有着极具稳定性的优势，各项工作规范化地对下铺开得到了很好的保障，使得我国包括社区矫正中心、中途宿舍在内的各级社会管理机构有着很强的秩序性和统一性，物资经费保障到位，改革更新的实现速度快，能够很好地适应时代发展和刑罚执行制度的创新。当然，这一优势的实现往往有赖于顶层设计的宏观性和准确性，一经推出能够如雷霆之势复制经验，亦如磐石不易更移，如有决策失误，则变更成本高，在创新性、试验性和效果评估方面不如国外“自下而上”的发展模式灵活。可知，需在不同社会发展环境下对社区矫正中途宿舍的设计方案进行验证，通过充分的调研和试点，验证实效、总结经验并作出适应性的完善，以期更好地降低自上而下推开后的实践风险。

结语

中途宿舍在西方国家由自主试点到制度化建设的过程，对于我国建立社区矫正中途宿舍有着借鉴意义。其由分散到集中的建立形式和对象选择的发展史，启示我们要通过专业化、规范化的发展路径开发社区矫正中途宿舍的功能，更好地服务于我国社区刑的有效执行，积极面对现阶段社区矫正执行工作中惩罚力度薄弱、缺乏应急与强制措施的问题。社区矫正中途宿舍的建立和完善，将更好地实现利用社会资源和环境，在社区中教育和改造罪犯的目标，推动社区矫正机构在惩罚性与恢复性、犯罪预防与人权保障的平衡下实现功能整合优化，更好地服务于社会稳定的保障。在建立监禁刑与社区矫正之间惩罚力度的缓冲阶梯、强化社区矫正监管、适应扩大假释政策的背景下，我国建立中途宿舍，需充分利用社会资源和环境，明确中途宿舍在性质、功能、适用上的定位及应有的法律保障。

（责任编辑：韩建勇）

关于在我国建立中途宿舍的探究

上海政法学院　童茹琰

社区矫正是与监狱矫正相对的行刑方式，它不仅是刑罚制度文明发展的表现，同时也符合世界刑罚制度改革的基本趋势。中途宿舍（halfway house）是社区矫正的重要运作形式之一，是社区矫正机制完善过程中不可或缺的一项内容。2008 年 7 月，北京市朝阳区社区矫正“阳光中途之家”开始运营，它通过结合借鉴国内外相关经验研究，旨在解决社区矫正工作中“三无人员”（即无家可归、无亲可投、无生活来源的人）的安置及社区服刑人员就业难等问题。“阳光中途之家”的建立是一个开创性的探索，符合中国现代经济社会发展和刑罚制度改革的方向，为其后续在中国的发展打下了基础。但是，这一制度在探索过程中出现了一些问题与阻碍。本文拟在此基础上，结合国情与各地发展情况作进一步探究，以期完善该制度并充分发挥其积极作用。

一、机构概况

（一）名称选择

“halfway house”作为一种起源于早期欧洲，并在美国、英国、日本等国家早已建立并发展起来的制度，其在名称选择上各有不同：“中途住所”“中途之家”“成人居住中心”“重返社会训练所”“更新会”“社区惩教管理居住中心”“假释居住中心”等，甚至有些具有类似职能的机构对外并不挂牌。在这些名称中，结合社会认知与机构定位，笔者倾向于“中途宿舍”之称。

首先，比起在名称中直接体现机构项目内容的“重返社会训练所”“社区惩教管理居住中心”等，“中途宿舍”更具有高度概括性，也更易为服刑人员与社会大众所接受。其次，其功能定位不应单纯局限于训练或惩罚。作为一个综合性多功能的机构，“中途宿舍”的内涵更为丰富，外延发展可能性也更为多样，为这一制度的完善发展提供了充分的空间。再次，“中途”体现了其具有过渡性的特点，强调了过程的阶段性与暂时性，是一个在完全恢复社会化过程中的缓冲点，同时也为未来提供了方向，增加了选择。最后，“家”与“宿舍”的含义在一定范围内重合，都具有提供住宿的功能，相比而言，“宿舍”的含义更为严谨。一方面，这不仅仅是一个具有帮扶性质的机构，同样也应包含预防、训练等强制性功能，所以宿舍的管理方式、规则秩序需要得到体现。另一方面，工作人员与机构包含对象的角色定位要准确。在北京市朝阳区的“阳光中途之家”中，部分工作人员与其所负责的救济对象之间关系十分密切，甚至处于同一宿舍内。[①] 这种方式虽在一定程度上通过情感感化起到了一定作用，但长此以往可能会导致角色混乱，管理缺乏秩序与纪律。真正的规范、帮扶、训练应是基于规则下的真诚付出，是在有序教育活动中的鼓励支持，同样能让人感受到尊重和温暖。

（二）性质与功能

北京市朝阳区的“阳光中途之家”，主要提供的是对社区服刑人员和刑释解矫人员的教育、培训、救助和过渡性安置等，旨在提高他们适应社会的能力，帮助其顺利回归社会。笔者认为，中途宿舍的功能性质应更加多样。

第一，中途宿舍具有救济性，因此具备帮扶、教育、培训功能。中途宿舍可以为一些在经济、生活上确有困难或暂时无法融入家庭、社会的社区服刑人员、刑满释放人员、港澳台人员，如典型的“三无人员”提供住所、餐食、心理咨询、就业辅导、临时紧急救助等。该功能与国内已经建立起来的阳光中途之家及其他具有住宿功能的场所相似。在提供临时性帮扶以免因生活无着落导致犯罪的同时，中途宿舍应更加关注教育、培训功能的发挥。一方面，中途宿舍可以充分利用集中居住这一特征开展如法制教育、社区矫正相关要求等集中培训，另一方面，应根据需求评估制订具有针对性的教育培训计划。比如，定期回访、组织参加公益活动、帮助联系教育资源、开展就业培训计划、沟通促成家庭交流、与相关组织机构建立长期的集中培训、接收关系等，通过有针对性的项目，能充分整合资源，提供切实有效的救济渠道，从根本上预防重新犯罪。

第二，中途宿舍具有过渡性，因此具备衔接、协助、缓冲功能。首先，社区矫正实践中由于种种原因可能会造成服刑人员脱管、漏管现象，或者由于提请收监裁决地与居住地不同而导致的衔接出现空白。对此，中途宿舍可以起到更好地帮助衔接、提供暂时性管控的作用。其次，中途宿舍可以提前介入司法阶段，在专业社区矫正工作人员的指导下，协助刑事司法机关作出相关裁决。比如，在审判阶段，根据审判机关要求开展的审前调查工作；在裁定假释阶段，根据监狱等机关要求，开展假释前调查等工作。[②] 原因在于，中途宿舍是接收部分服刑人员的监督教育场所与接管单位，也是最了解社区环境、舆论氛围及相关社会关系实际情况的机构。因此，中途宿舍能更好地承接起两个阶段的社会调查工作，也能帮助各相关机构（包括中途宿舍本身）更充分地掌握人员情况，加强程序衔接、提高工作效率。再次，对于假释人员来说，从严格监管的监狱回到社会，要面临从人际关系、生活节奏到社会环境各个方面的变化，因此，由中途宿舍提供的具有

① 熊贵彬、荣容：《社区矫正“北京模式”新发展研究——以朝阳区阳光中途之家为视角》，中国社会出版社 2012 年版，第 99-113 页。

② 吴宗宪：《中国中途之家发展模式探讨》，载《中国司法》2010 年第 7 期。

过渡性质的生活，能更好地帮助他们适应并顺利回归社会。最后，作为一个过渡性安置机构，中途宿舍可以将非严重精神障碍患者集中管理，组织他们进行一般生产劳动，使其在回归社会的过程中有个缓冲地带，再由权威鉴定机构进行风险评估和精神鉴定，以明确其是否能重新回归社会。

第三，中途宿舍具有强制性，因此具备监管、考验、预防功能。关于中途宿舍的强制性必须得到确认。社区矫正是一种非监禁刑罚执行制度，因此中途宿舍自然也要承担起强制性的功能，这也是我国现阶段同类型机构所缺乏的职能特征。首先，结合我国与各国家、地区的经验与发展趋势来看，这一功能的发挥应得到重视。比如，从 1995 年我国香港地区启用第一所为成年罪犯而设的中途宿舍开始，相关制度逐渐完善，其中就包括对有风险的罪犯的控制。另外，在美国、瑞典等国家，罪犯在服满一定刑期后自动获释，而承接这部分具有风险的罪犯的就是具有监督功能的机构或组织，其中就包括中途宿舍。再结合我国风险社会的背景和国家扩大假释率的趋势和要求来看，将有大量假释人员进入社区矫正，风险度有所增加。而针对有一定风险的社区服刑人员，中途宿舍能统一进行严密的监督，外出请假制度与夜晚集中居住有利于限制他们的活动时间、范围和接触人群，规律的生活和管理制度也利于培养规则意识，从而减少犯罪。其次，对于那些违反监管规定、情节严重、符合收监条件但存在不适合收监情况的服刑人员，可以在社区服刑期间对其实现行之有效的管控。最后，对有一定风险或其他特殊情况的可适当组织一定的教育矫正活动与犯罪预防教育，并定期进行风险需求评估及分类、制订个案矫正计划、安排开展心理咨询辅导、教育培训课程、评估释放标准等。

二、适用条件与时间阶段

(一) 适用条件

首先，需要明确加入到中途宿舍的条件，即依职权或是依申请。笔者认为，先由本人或家属申请，再由权力机关出具反馈结论和矫正机关根据掌握的现实情况，建议、要求相关人员进入相结合的方式更为妥当。中途宿舍是一个具有一定人身限制性质，也有帮扶、训练性质的机构，社区服刑人员的需求、意愿、现实条件均不同，各类情况出现、反映的阶段也不同。因此，应采用更加灵活的方式，一方面，依申请并需出具反馈结论的方式可以在一定程度上减轻机构调查、筛选的工作量，同时也能防止出现机关不作为的现象。另一方面，以职权建议、要求的方式可以提高矫正工作的主动性，为那些缺乏相关信息知识、确实困难或符合进入中途宿舍要求的人员提供指导，同时也针对那些需要强制进入的人员，便于工作的及时展开。

(二) 时间阶段

关于中途宿舍适用的时间阶段，可按照不同类型对象分别规定。对于具有一定风险性的对象，首先应按照风险评估结果来决定居住时间，其次是采取定期评估、回访活动，及时调整管理计划。另外，对于有严重精神疾病或药物依赖等人员，应及时移送相关专业机构帮助治疗。对于救济性对象，适用时间可在1-3个月，特殊情况、确实困难的可酌情延长。

中途宿舍救济功能的发挥是在紧迫、必要的前提下进行的，并不是一个长期的福利机构，要注意防止出现过度依赖现象，因此机构也要积极采取措施，鼓励引导相关对象提升劳动技能，尽早自主谋生，帮助争取相关补助或是协助沟通，引导其家人，改善人际交往。3个月应是一般情况下的限制期限，在此过程中，若一些导致困难的原因消除，也应及时中止程序。

三、工作队伍

（一）人员构成

中途宿舍的工作队伍应始终坚持正规化、专业化、职业化，并不断完善队伍构成，积极培育民间力量。工作人员根据工作性质与分工的不同可分为以下几类：

第一类是社区矫正公务人员。这类人员属于公务员队伍，具有较强的专业化特征，也是中途宿舍工作队伍的中流砥柱。这类人员应充分发挥带头作用和组织协调作用。一方面应完成机构协调、人员对接的工作；另一方面应着重于帮助发挥中途宿舍的强制功能。

第二类是人民警察。中途宿舍中包含部分有一定风险的罪犯，需要配备拥有执法权的执法人员承担对这类对象的管理。人民警察无论是从职能授权还是公众认可度上都有很大优势。例如，我国香港地区中途宿舍的工作人员就被列入纪律部队，有强制执法权并配发警服。因此，警察队伍的配备有利于保证中途宿舍对于罪犯风险管理的功能的实现，也体现了其作为国家刑罚执行机构组成部分的权威性和严肃性。因此，前两类工作人员主要承担起监管、考验、预防的工作，而单纯救济性的中途宿舍或服刑人员的管理则不需要人民警察参与。

第三类是合同聘用人员。这类人员主要是指部分社会工作者，鉴于社工的工作服务理念和职业特点，可主要负责对接需要救济、教育、培训的对象，帮助制定、调整工作方案，走访社区收集掌握信息，组织开展各项活动，运用专业理念、知识和工作方法落实工作。

第四类是专业类指导人员。中途宿舍的帮扶、教育、培训等功能决定其有许多专业化的指导。比如，为有精神疾病或心理障碍的人员提供心理咨询与辅导；为就业困难、缺乏经济来源的人员进行职业技能培训和就业指导；对无法准确形成社会认知、缺少法制教育或其他相关信息、知识的人员提供专业教育；对有药物、酒精依赖人员提供看护治疗等。中途宿舍可以与这类专业人员建立稳定的联系，在分类、筛选人员需求与类型后，组织开展各类项目活动。

第五类是民间支持力量。包括社会公益组织、志愿者甚至包括参与中途宿舍的对象承担一定的管理任务和维护日常生活的运转。从国外经验来看，社会力量是参与社区矫正的强大力量，也是中途宿舍工作人员的重要组成部分。鉴于我国在该方面的欠缺，在必要性分析的基础上，笔者认为，随着社会的发展，观念意识不断改变，再结合政府组织的积极宣传，未来这一部分力量的发展将进一步契合“节约成本”“人权保护”“社区矫正”的理念，为我国非监禁刑的长远发展提供强大支持。

（二）职业准入与发展、培训计划

工作队伍建设需要制定应有的准入和管理制度，以确保选拔、任职、评估等环节都有依据和标准可寻，并完成相配套的管理、培训、考核、晋升、辞退、退休等相应的规章。可参照公安、监狱系统标准，通过公务员招录渠道迅速充实队伍。同时，应完善顶层设计，从完善立法出发，给予工作人员以明确的身份定位，并依法保障其相关待遇，提供安全保障。另外，由于工作人员承担的工作量较大，责任较重，因此应提高他们的社会地位，相应地提高其工资待遇，稳定工作队伍。同时，对于风险的防范和控制是基础要求，应制订相应安全保障计划。同时，可以通过建立社区矫正工作者的任职资格和考试制度来实现社区矫正工作者的专职化，还可以根据社区矫正工作者的供职年限、工作表现确定职业晋升资格，以此来吸引更多的优秀人才加入社区矫正工作者队伍。

另外，强化职业培训是增强工作人员队伍专业素养的一条重要途径。职业培训应包括两个方面：岗前培训和在职培训。岗前培训具体包括从事社区矫正执法工作、教育指导服刑人员所需的专业知识、工作经验的交流等。在职培训有利于在培训中完善补充专业知识，还能通过经验交流进一步提高业务素养。此外，应保证培训的覆盖面和时间，具体效果也应在考核中得到体现。矫正工作者专业素养的不断提高不可一蹴而就，随着对刑事法律的修改与完善，规章制度的不断出台，要求执法工作者不断更新理念，完善管理、矫正方式，所以对中途宿舍工作者的培训工作也应该经常化和制度化，并针对不同岗位的特点，有重点地展开集中培训与交流。例如，在培训时根据工作者的学历背景、专业技能、年龄结构和入职年限等不同特点展开培训，并配套相关考核制度，以督促培训活动的有效开展。

（三）监督保障与质量评估

全面的监督措施是一项制度顺利运行的保障，因此对中途宿舍制度发展的监督可以从以下几个方面入手。首先是社区矫正机关的监督，因为矫正机关与中途宿舍之间签订的合同是机构运行的基础。基于此，社区矫正机关拥有监督权力与能力，可不定期考察合同履行程度与工作落实情况，并指导工作，及时提出改进意见。其次是社会大众有权按照一定程序实地了解情况，进行监督考察。最后是检察院的监督，检察院是国家法律监督机关，有权对社区矫正与中途宿舍进行监督与指导。

与此同时，对中途宿舍的质量评估可以由有资质的第三方机构从以下几个方面加以评价，这些标准同时也是中途宿舍的要求与优势所在。首先，与监狱相比，中途宿舍能有效节约成本及司法资源，因此经济、人力资源成本应成为制度运行质量评估的标准之一。其次，中途宿舍与全封闭的监狱相比，一方面能在较大程度上控制有风险的罪犯，起到监督、管控、预防功能；另一方面能帮助部分对象融入社会环境，顺利回归社会，因此重犯率也可作为一个参考标准。

四、运行保障

（一）硬件配备

中途宿舍的功能性质决定了其建筑应区别于戒备森严、封闭式的监狱。首先，在中途宿舍地理位置的选择方面，考虑到控制成本、时间成本与实际需要，城市中心地带与远郊均不是好的选择。另外，机构所在社区应具有一定开放性与较为完整的功能结构，更有利于加快服刑人员恢复社会化的进程。其次，在建筑选择方面，可以有效利用闲置房屋适当加以改造，如过去的劳教所。由于中途宿舍是一个半开放或开放的机构，所以应适当增加其互动功能。最后，中途宿舍的建立可根据区域划分，具体规模应根据区域内具体情况决定。另外，有区域范围较大、人口较密集或情况复杂的区域，可适当增加中途宿舍数量。同时，建筑外观应融合周围建筑，减少与社会环境的隔阂，也能淡化标签影响，同时提高服刑人员与社会大众的接受度。

在机构区域划分方面，可考虑根据功能分区，如办公区域、严管区域［在严管区域要设有尿检、酒精测试等设施、设置短期拘留室（3-5天）］、救助区域、学习教育区域、娱乐区域、劳动区域、日报告中心区域、餐饮室等。另外，需要在区域设置上充分考虑未来发展规划，以期形成有效的持续性发展模式。

（二）经费来源

各国中途宿舍的类型不同，其经费来源也不同。有些国家的中途宿舍属于私营机构，由于此类机构是由私营公司、社会团体甚至公民个人建设并根据其与政府部门签订的合同运行，因此，其经费来源包括委托他们开展工作的政府部门、社会募捐的资金、其他机构或个人的实物捐助等。结合我国实际情况，现阶段中途宿舍的建立仍需依赖于政府的资金支持，即属于公立的性质。同时，可借鉴国外经验，多渠道筹措经费或实物捐助。

另外，关于中途宿舍接收对象是否需要支付一定费用的问题，可以按实际情况分别收取。比如，对于确实家庭困难或无稳定收入的对象，机构应提供相应费用。对于有稳定收入或较为充裕的对象，要求提供一定费用。但仍需注意的是，中途宿舍是一个政府主导下的具有综合性功能的社区刑罚执行或救济机构，而不是一个营利机构，相关费用仅仅用于平衡收支，而不能从相关对象中获取利润。

（责任编辑：韩建勇）

社区矫正工作人员职务犯罪探析

天津市滨海新区大港人民检察院监所检察科检察官　赵　刚

随着社区矫正工作的全面开展，该领域的职务犯罪屡有发生，个别社区矫正工作人员因贪污受贿、渎职失职等职务犯罪而受到刑事处罚。笔者从裁判文书网上搜集整理了20例全国社区矫正工作人员职务犯罪典型案例，通过案件分析，总结发案原因，提出了预防对策，仅供决策参考。

一、社区矫正工作人员职务犯罪主要特点

（一）犯罪主体以基层司法所工作人员为主

社区矫正的中心、重点是日常监督管理活动，脱管、虚管易发，进而引发矫正对象再犯罪，其执法责任一般集中在司法所所长身上，因贪污贿赂、渎职犯罪被刑事处罚的社区矫正工作人员也绝大多数是司法所的负责人。在20个案例中，司法所工作人员17人，占比85%，县级司法行政机关工作人员3人，占比13.64%。在司法所工作人员中，司法所所长为11人，占比55%，司法所其他工作人员6人，占比30%。

（二）罪名分布较为集中

贪污贿赂类和渎职失职类犯罪各占50%，罪名集中分布于受贿罪、滥用职权罪和玩忽职守罪。从实践来看，一是在执法中徇私枉法、索贿、受贿。二是玩忽职守，滥用职权。由于衔接、监管等方面存在的问题，不积极履行法定职责，对职责范围内的事项推诿扯皮、敷衍塞责，导致社区服刑人员脱管、漏管等现象发生。其中，渎职犯罪尤其是玩忽职守型犯罪易发，是社区矫正制度初创阶段的一个突出特征，具体表现在自2012年以来各地一批基层司法所工作人员因玩忽职守受到刑事处分。还有少数罪名涉及帮助服刑人员逃避处罚，表现为司法所工作人员出具虚假证明为服刑人员提供便利，帮助其逃避处罚。

（三）涉及的执法环节相对集中

社区矫正领域职务犯罪主要集中于调查评估、日常监管、考核奖惩、出具证明等环节。

1. 调查评估环节。在社会调查评估环节，罪犯及其家属为达到被判缓刑或得到假释的目的，主动向司法行政机关行贿，要求其出具符合社区矫正要求的调查评估报告。例如，某司法局社区矫正科科员王某，在2010年7月至2012年3月

间，利用其职务便利，在受人民法院委托对拟适用的非监禁刑案件进行审前调查过程中，非法收受3名被调查人的亲属贿赂款2万余元。2012年6月，某市人民法院判处被告人王某受贿罪。

2. 日常监管环节。司法局社区矫正科、乡镇街道司法所社区矫正工作人员利用监督管理、考察社区服刑人员的职务便利，有的以考察费、管理费、手机定位费、外出打工管理费或者外出打工保证金等索贿，有的工作人员在收取相关费用后予以私分或贪污。该环节同时易发玩忽职守犯罪，如司法工作人员不履行或不认真履行监管职责，导致社区服刑人员又实施杀人、强奸、抢劫等重大犯罪。

3. 考核奖惩环节。有的地方对社区服刑人员进行计分考核，分类、分级管理，甚至奖励减刑。这些牵涉服刑人员切身利益的环节易发索贿受贿犯罪。例如，某司法局社区矫正科科长王某于2011年6月至2012年5月，在其担任社区矫正科科长期间，伙同帮教中心工作人员，为服刑人员张某伪造表扬3次、社区矫正积极分子1次、记功1次等奖励，为张某报请减刑，多次收受张某给予的中华香烟、赃物价值人民币5580元。另外，2010年8月至2012年5月，王某利用职务之便，先后25次收受多名服刑人员人民币、财物卡、香烟等财物，折合人民币66470元。王某因犯徇私舞弊罪、受贿罪，被判处有期徒刑2年6个月，缓刑3年，并处没收财产6万元。

4. 出具证明环节。司法行政机关出具服刑人员政审有关证明材料的环节，易犯受贿、玩忽职守、滥用职权或者帮助犯罪分子逃避处罚罪等。例如，某司法所所长涉嫌违反法律规定，为其辖区内的社区服刑人员蒋某出具与事实严重不符的帮教证明被起诉。

（四）社区矫正领域职务犯罪日益多发，后果严重

当前，社区服刑人员脱管、漏管现象屡有发生，有相当一部分是由于社区矫正工作人员不履行或者不认真履行监管职责造成的，这与负责日常管理的司法所执法宽松、虚管严重有很大关系。脱管、漏管和虚管可能导致矫正对象在矫正期间的再犯罪。而矫正对象再犯罪破坏刑罚执行制度，危害社会，影响恶劣。在20个案例中，有6起案件由于社区矫正工作人员的监管失职渎职行为，为9名服刑人员实施强奸、杀人、故意伤害、盗窃等再犯罪提供了可乘之机。例如，叶某玩忽职守案，叶某严重不负责任，致使假释罪犯李某某长期脱管，期间实施抢劫致使1人死亡，被人民法院判处死刑。同时，职务犯罪的发生暴露出社区矫正工作的薄弱环节，对社区矫正造成了不良的社会影响。同时，渎职的社区矫正工作人员被惩处也给社区矫正执法队伍造成了压力，影响了队伍的稳定。

（五）案件线索发现难、查处难、严惩难

长期以来，具有检察监督职能的部门获取社区矫正职务犯罪的线索较为单一，线索来源多依靠于社区服刑人员再犯罪后，有关部门事后挖掘背后的贿赂及渎职犯罪，进而追究相关社区矫正工作人员的刑事责任。同时，案件查办难度大。一

方面，贿赂类案件金额小，手段隐蔽。例如，某司法所所长张某某受贿案，2011年4月至2014年7月，利用担任司法所所长的职务便利，在服刑人员拟适用社区矫正调查评估、外出请假和日常监管工作中，收受社区服刑人员和其亲属陈某等人的现金、购物卡等3.65万元。其中，张某某共计受贿40余次，单笔金额不超过1000元，犯罪手段极为隐蔽。另一方面，渎职类犯罪因果关系认定困难。在渎职犯罪中，社区矫正工作人员往往由于工作中严重不负责任致使服刑人员重新犯罪，但追究刑事责任相对较难，大多以不起诉或免予刑事处罚处理。

二、社区矫正工作人员职务犯罪发案原因

（一）社区矫正工作人员素质有待提高

现实中，部分社区矫正工作人员专业知识缺乏，专业意识不到位，专业能力与刑事司法的工作属性不匹配。一是对于社区矫正缺乏足够的重视，将其等同于一般的行政工作或行政执法；二是执法意识不强，日常监督管理活动不够严肃、不规范；三是忽视自己的惩戒权力，对矫正对象的违法违规行为流于批评教育。专业素质的不足导致执法人员不善于履行执法责任，特别是少数基层司法所干警自身执法水平不能适应实际工作要求，同繁重的矫正工作形成了强烈反差，对服刑人员不敢管、不会管、不愿管，不履行职责或者不正确履行职责。由于对社区矫正执法的法律后果认识不到位，个别社区矫正工作人员对社区矫正工作的指导、管理、监督流于形式，执行规章制度不严，不积极履行法定职责，对职责范围内的事项推诿扯皮、敷衍塞责，导致服刑人员脱管、漏管，从而导致不良法律后果的发生。

（二）社区矫正执法力量薄弱、手段及装备不足

社区矫正工作人员既没有司法警察的法定身份，也没有司法警察的强势权力，难以树立起国家刑罚执行者的威严形象。基层司法所既要承担法制宣传、人民调解、法律服务、安置帮教、综治维稳、社会矛盾纠纷化解等职责，也要承担包村、拆迁、审核法律合同等乡镇街道临时性任务。司法所执法经费不足，在具体的组织回访、查找追逃、收集证据等方面工作存在着困难和安全隐患。司法所工作方式一般为电话联系督促、召集集中教育、当面教育批评等，无法实现经常性的家访和一对一帮教，工作被动。司法所执法刚性不强，虽一再强调日常纪律，但仅凭批评教育难以起到威慑作用。由于执法力量薄弱，执法方式有限，不能有效地开展矫正工作，导致矫正效果不明显、矫正对象再犯罪，成为执法人员渎职犯罪的隐患。

（三）社区矫正执法制度不完善

现有的法律依据中，刑法、刑事诉讼法只是原则性地规定了社区矫正制度，“两院两部”出台的《社区矫正实施办法》层级低且不完善，各地制定的实施细则内容不一致、不规范、效力低。由于法律制度的不完善，在实践中暴露出了许多问题：一是各地依据实施细则各行其是，社区矫正制度不统一；二是社区矫正机构法律地位低，与工作衔接机关相比，话语权较弱；三是社区矫正机构强制手段

不足，不能保障社区矫正顺利运行；四是社区矫正执法队伍定位不明确，队伍不稳定；五是社区矫正执法工作流于形式、随意、不严肃。这些问题既影响社区矫正工作的健康发展，也为职务犯罪埋下了隐患。

（四）社区执法监督机制相对薄弱

在实践中，检察机关采取定期考察的方式进行监督，监督滞后。检察监督往往是被动监督，监督的环境不尽如人意，错综复杂的人际关系和监督环境使监督停留在口头或“文来文往”上，削弱了监督力度；所在单位的纪检监督一般认识不到刑罚执行的渎职问题，监督不专业；矫正机构上下的业务监督难以达到监督目的；矫正对象及其亲属的监督存在渠道不畅的问题。实践中的几种监督形式存在缺陷，且不能形成合力，未能有效预防职务犯罪。

（五）社区矫正执法方式的特殊性

司法所矫正执法人员工作在基层，远离监督，在具体矫正执法工作中具有较强的自主权，其不履行或不认真履行监督管理职责，教育、管理不到位，导致矫正对象漏管、虚管和脱管，造成严重后果进而可能导致渎职犯罪。司法所是社区矫正的主体，权力的集中性使其成为社区矫正领域职务犯罪的多发易发群体，而司法所所长作为负责人拥有较大的职权，往往收取服刑人员及其亲属的财物，在矫正过程中给予请托人方便、照顾。在贿赂案件中，由于行贿人大多是接受社区矫正的人员或其亲属，虽然他们当中部分人的贿赂行为是被迫的，但也得到了利益。他们又具有特殊的身份，都处于弱势地位，有很强的恐惧心理，既怕被打击报复，也怕自己或家人的行为被追究责任而加重对他们的处罚，致使他们不愿意作证，更不敢主动举报。

三、社区矫正工作人员职务犯罪预防对策

（一）加强社区矫正队伍建设

社区矫正工作人员要加强政治理论、业务知识的培训和学习，提高综合素质。要通过激励自学、外出考察学习、辅导讲座、互评互查等多种形式，提高业务素质和法律素养。要强化职业培训，建设具有矫正特色的非监禁刑罚执行教育培训体系，全面提高执法人员的法律素养和执法水平，同时要选派法律专业知识丰富、政治意识强的人员从事社区矫正工作。着力从源头上预防和治理腐败，增强廉政勤政意识和法律风险意识，从而使工作人员树立正确的理想信念和职业道德，从思想上筑起拒腐防变的坚固防线。要开展直观警示教育，组织观看职务犯罪警示教育专题纪实、惩治与预防职务犯罪成果展览，使社区矫正工作人员绷紧廉洁自律之弦。

（二）优化力量支持基层司法所工作

司法所是社区矫正执法前沿阵地。随着非监禁刑罚的发展，社区服刑人员与同期监禁刑执行数接近，社区矫正工作任务越来越重，但司法所人员编制数没有

增加。这就需要区县级司法行政机关积极作为，协调乡镇、街道党委和政府支持基层司法所开展社区矫正工作，给予人力、物力和财力方面的支持。同时，要探索社会工作者、社会志愿者参与社区矫正工作的新途径。县级司法行政机关应健全和完善领导联片、干部联所的联动制度，在各司法所开展服刑人员集中学习、社区服务时协助基层司法所完成相关工作。

（三）完善社区矫正工作制度

健全领导机制，全面落实党风廉政主体责任和监督责任。形成司法所负责人带头、司法所工作人员积极参与、社区上下联动的格局。全面厘清和确定社区矫正业务工作和管理职权，进一步规范执法流程，明确办理主体、岗位责任，使业务工作运行的每个环节条理清楚、相互衔接、相互制约，做到责权明确、程序规范，实现社区矫正工作的规范化。健全考核机制，采取定期自查、阶段检查、群众评议等方式，将社区矫正风险防控建设纳入社区矫正工作考核评估中，形成有效预防岗位职责风险和廉政风险的长效机制。①

（四）完善社区矫正执法监督机制

要协调纪检、业务监督等力量，构建联合监督体系，形成监督合力，多角度监督，预防职务犯罪的发生。要充分发挥矫正对象及其亲属的监督作用，一方面，加强对社区矫正工作人员的监督检查，适时跟踪监督，进行定期或不定期的检查和考评，防止工作人员滥用职权、徇私舞弊。另一方面，回访矫正对象及其亲属，掌握矫正对象入矫后日常监督管理情况、合法权益保护情况及诉求，监督社区矫正工作人员执法是否公平、公正、公开进行，是否需要控告或举报。做到矫前、矫中、矫后每一个环节都有监督，有效遏制职务犯罪。

（五）加强检察部门与司法部门合作

检察机关要不断加强与司法行政机关的沟通协作，相互支持配合，建立长效机制，形成预防合力。要建立预防工作人员职务犯罪工作联席制度。建立检司预防职务犯罪联络制度，成立领导小组及其办公室，负责对工作人员职务犯罪工作的组织、协调和指导，促进各司其职、强化协作，落实措施、增强合力，努力防范工作人员职务犯罪。要建立情况通报制度。检察机关和司法行政机关要定期互相通报有关预防职务犯罪工作的综合情况，对重要工作动态、信息应当及时通报、交流。要建立案例警示制度，开展以案说法为主要内容的职务犯罪预防工作，利用司法行政机关系统内部工作人员以及全国典型的职务犯罪案例，组织工作人员进行学习讨论，吸取教训。同时，进行晓之以情、动之以义、释之以法的教育，让他们“不愿犯”，收到事半功倍的预防效果。

（责任编辑：韩建勇）

---

① 查耀煌、黄丹：《基层社区矫正工作法纪风险防范研究》，载《中国法治》2017年第5期。

惩罚监管

社区矫正居住地管辖原则在户籍制度改革背景下的适用研究

——以舟山市社区矫正工作为例

浙江省舟山市司法局社区矫正管理局　陈　琼　项　敏

根据《社区矫正实施办法》和《浙江省社区矫正实施细则（试行）》规定，社区服刑人员确定入矫地的原则是以居住地为主，户籍地附条件为补充。此项原则是在总结各地社区矫正试点、试行经验的基础上作出的，且符合社区矫正刑罚属性及社会管理新趋势。但社区矫正在我国毕竟是新生事物，社区服刑人员居住地管辖原则适用在探索、实践的过程中也暴露出了诸多问题与不足，还需要不断完善，特别是在当前新型居住证制度确立，户籍概念逐渐淡化的改革背景下，该如何借力社会管理"居住地化"改革东风，推动社区矫正居住地管辖原则进一步落实，值得探讨。本文以舟山市为例，从社区服刑人员居住地管辖原则适用的现状入手，分析其存在的问题和原因，并结合《舟山市新型居住证制度工作实施方案》，制定《舟山市社区矫正居住地认定标准（试行）》，同时提出相应对策。

一、舟山市社区矫正居住地管辖原则适用概况

（一）舟山市社区矫正工作概况

舟山市下辖四个县区，即定海、普陀、岱山、嵊泗，有35个乡镇街道，本地常住人口115万，流动人口34万。自2006年开展社区矫正以来，始终坚持围绕中心，大胆实践，勇于创新，以"监管安全"为首要任务，以"规范化促进体制机制完善、信息化促进监督安全、社会化促进监管质量提升"的"三化三促"为主线，夯实基础，强化监管，加大帮扶，打造具有舟山特色的工作模式。现今，全市35个司法所已全部明确了社区矫正工作机构，市局机关从事社区矫正工作人员4人，县（区）局11人，司法所工作人员71人，专职社会工作者41人。自社区矫正开展以来，累计接收社区服刑人员4972人，累计解矫4365人；实施警告累计487人次、治安处罚累计41人次、裁定减刑累计2人；再犯罪累计9人。

截至2018年10月底，全市社区服刑人员在册627人，其中定海250人，普陀230人，岱山121人，嵊泗26人，近五年在册人数总体趋于平稳。按矫正类别分，

在册社区服刑人员中管制0人，缓刑512人，占84.3%；假释79人，占13%；暂予监外执行16人，占2.6%。按户籍所在地分，境外籍1人，城镇户籍266人，占43%；农村户籍340人，占57%。

（二）居住地管辖原则适用概况

全市627名在册服刑人员中，以居住地原则入矫的532名，以户籍地原则入矫的95名，占在册总人数的15.15%。其中，定海区以户籍地入矫的43人，占定海区在册总人数的15.9%；普陀区以户籍地入矫的45人，占普陀在册总人数的20%；岱山县以户籍地入矫的7人，占岱山县在册总人数的6.25%，嵊泗县以户籍地入矫的0人。

笔者对以户籍地入矫的人员按不同区域进行了调查，并对其居住地、户籍地，以户籍地入矫的原因，监管情况等进行了统计分析。

1. 居住地分类。以户籍原则地入矫的人员大部分属于居住地与户籍地“同区（县）不同地”的情况。全市95名以户籍地入矫人员，居住地在其户籍地所在县（区）其他乡镇街道的（以下简称“同区不同地”）有81人，占85.3%，住所地与户籍地跨县（区）的12人，占12.6%，住所地与户籍地跨地市的2人，占2.1%。其中，定海区以户籍地入矫的人员中，住所地与户籍地“同区不同地”的34人，占79%；跨区县的9人，占21%。普陀区以户籍地入矫的人员中，住所地与户籍地“同区不同地”的42人，占93%；跨区县的3人，占7%。岱山县以户籍地入矫的人员中，住所地与户籍地“同区不同地”的5人，占71.4%；跨地市的2人，占28.6%。

表一：以户籍地入矫人员居住地分类情况

分类区域	全市		定海		普陀		岱山	
总　　数	95		43		45		7	
同区不同地	81	85.3%	34	79%	42	93%	5	71.4%
跨县（区）	12	12.6%	9	21%	3	7%	0	0
跨地市	2	2.1%	0	0	0	0	2	28.6%

2. 以户籍地入矫原因分类。根据调查分析，舟山市95名社区服刑人员以户籍地入矫的原因主要有以下几类：①居住地不清，本人愿意在户籍地入矫的35人，占36.8%；②居住地拒收，本人愿意在户籍地入矫的2人，占2.1%；③工作在户籍地，户籍地监管更为便利的7人，占7.3%；④本人要求在户籍地入矫的12人，占12.6%；⑤监管压力不平衡，县（区）司法局综合调配的36人，占37.9%；⑥其他原因3人，占3.2%。其中，定海区43名人员以户籍地入矫的原因主要集中在①、④；普陀区45名人员以户籍地入矫的原因主要集中在⑤；岱山县7名人员以户籍地入矫的原因主要集中在③、⑤。（数据统计见表二）

表二：社区服刑人员以户籍地入矫的原因分类

区域	全市		定海		普陀		岱山	
总　　数	95		43		45		7	
①	35	36.8%	27	62.8%	8	17.8%	0	0
②	2	2.1%	2	4.6%	0	0	0	0
③	7	7.3%	0	0	5	11%	2	28.5%
④	12	12.6%	10	23.2%	2	4.5%	0	0
⑤	36	38%	2	4.7%	30	66.7%	4	57.2%
⑥	3	3.2%	2	4.7%	0	0	1	14.3%

各县（区）局在居住地管辖原则适用过程中，由于面对的实际情况不同，对居住地的认定标准也不尽统一，故出现了入矫原则适用的“地方特色”。例如，定海区司法局为避免区内各乡镇街道产生过多的管辖权争议，实践中各单位均默认了以房产产权登记证为居住地认定依据的标准，因此出现了较高比例的居住地难以认定，以户籍地入矫的情况—原因①。而普陀区、岱山县的本岛与偏远小岛的发展不平衡，本岛服刑人员多、监管超负荷；偏远小岛服刑人员虽少，但监管能力和经验不足，对重控人员和疑难案件的处理水平较弱，因此县（区）司法局为平衡区域间的监管压力，会依据一定条件进行“综合调度”—原因⑤。此外，因城镇化发展推进，较多农村及偏远海岛居民新搬迁到城市居住，但其社交关系还在原户籍地，故部分服刑人员会主动要求回“同区不同地”的户籍地入矫—原因④。

3. 监管情况。以户籍地入矫的95名社区服刑人员，缓刑83人，暂予监外执行3人，假释9人；2018年度受警告处罚的6人次，占户籍地入矫总人数的6.3%，与在册总人数的警告率6.5%基本持平。其中，定海区警告4人次、普陀区警告2人次；治安管理处罚、收监执行、脱漏管或再犯罪的均0人次。可见，以户籍地入矫的人员总体监管严格、安全，但在调查过程中也发现，此类人员的请假率高于居住地入矫人员，特别是跨岛、跨县（区）、跨地市以户籍地入矫的人员，由于海岛交通不便，动态掌握不及时，在特殊时段，管控升级的情况下（如G20决战阶段，社区服刑人员必须每日到司法所报到），难以严格按照要求实施监管措施，导致监管的户籍地司法所未能充分尽到监管的责任，监管效果大打折扣。

二、舟山市社区矫正居住地管辖原则适用的现实困难

（一）实践中流动人口“居住地”条件认定困难

司法部《社区矫正实施办法》尽管确立了“以居住地为主”的管辖原则，但并未明确居住地的确立标准。此后，《浙江省社区矫正实施细则（试行）》（以下

简称《实施细则》）虽对社区矫正实行居住地管辖原则的“居住条件”和“保障条件”作了统一解释——服刑人员应当具有其本人所有、承租或者他人、有关单位提供且能够连续居住一年（含）以上的固定居所，同时有固定生活来源，或者有他人、有关单位为其提供的生活保障，但在工作实践中，由于流动人口的服刑人员流动性、临时性观念强，人户分离、家庭不稳定的情况较多，且法律法规确立的居住、生活保障条件认定仍然过于粗疏、笼统，流动人口居住、生活保障条件等确定难、认定难问题一直较为突出。一是居住条件认定难。《实施细则》未对“固定居所”作明确定义，各类工棚、车库、违章建筑能否作为流动人口社区服刑人员的“居住地”，在实践中难以确认；未对“本人所有、承租、他人提供的固定居所”这四种情况的认定进行效力界定，是否以实际居住为准，如何判断效力先后等都无据可依。二是保障条件认定难。实践中，对流动人口是否有固定生活来源，有的以固定工作、签订劳动合同为标准，有的以支付社保为标准，有的以收入为标准，认定标准上的分歧造成工作配合协作难。三是对“能否连续居住一年以上”存在认识分歧。个别司法所对标准把握过于苛刻，理解为必须已经居住满一年，并以此为理由要求将社区服刑人员交付到户籍地司法行政机关接受矫正。笔者认为，“能够连续居住一年以上”既包含已经连续居住一年以上，也包含延续到将来一段时间内能够连续居住一年以上。仅限定“已经居住满一年以上”属于超出解读文本字面意思的限定理解，也不符合社区矫正属地化管理的本意。

（二）市内各行政区域管辖权争议频现

实践中，各基层部门因流动人口服刑人员无固定居所、不能连续居住一年以上、不在居住地工作生活，难以接受监管，对居住地、保障条件的理解存在差异等原因，使得市内各行政区域间服刑人员管辖权争议频现，甚或互相推诿。市司法局和县（区）司法局经常需要为基层协调流动人口服刑人员入矫事宜，这样的请示、协调极大地浪费了行政资源，导致个别居住地不明确的社区服刑人员因未能按期入矫而有“漏管”的风险，不但影响社区刑罚执行的严肃性，还增加社会治安隐患。

（三）相关部门对社区矫正居住地管理落实的衔接阻梗

在当前新型居住证制度改革背景下，户籍概念已越来越模糊，“居住地化”是社会管理的新趋势，也是社区矫正居住地管辖的本意。将居住地作为社区矫正入矫地，是从方便司法行政机关管理监督，便于矫正对象生活、工作等角度出发，作出的一种合乎法律和具体情况的规定。但在实践中，由于基层相关单位对社区服刑人员居住地管理性质认识偏差，“排外”和“衔接梗阻”等现象依旧存在。一是部分社区服刑人员特别是非舟山户籍的人员，由于没有固定的住房或者工作，没有稳定的社会关系，在审前社会调查时，与户籍地司法机关缺乏有效沟通和支持，在社区服刑人员的交接、法律文书的送达、信息共享等方面都存在障碍，入矫地司法局及人民法院较难获取其相关信息，从而在确定监管条件时存在一定困难。二是在实际工作中，虽然社区矫正多为公、检、法、司联合发文，但公检法往往出现“头重脚轻”的情况，对“司发”文件精神执行力度不足，时有该履行的职责未全部履行的情况。三是街镇层面存在社区矫正工作衔接与配合基础不牢固、管理资源配置不均衡、对社区矫正工作不重视、工作人员对法律法规理解有偏颇等问题，使得不同地区之间对入矫原则的适用和管理强度各异，无法体现社区刑罚执行的严肃性，也不利于矫正目的的实现。例如，本市 A 区某非舟山户籍社区服刑人员张某，随父母在舟山生活 20 余年，本人也在舟山出生，工作和社会关系均在舟山，但本人及家人名下无固定权属的房产，一直租房居住。张某 2017 年被判缓刑，但在本市 A 区入矫时，街道综治部门却以不接收“外地人”为由，拒绝对其办理入矫。后经 A 区司法局数次沟通，请示上级部门协调，张某才得以入矫。在此案例中，街道综治部门的“排外”，不但延误了服刑人员按时入矫，造成“漏管”风险，而且也是严重的执法不公。流动人口虽然户籍不在本地，但是也同样为该地的经济发展作出了不小的贡献，但却不能平等地享有法律赋予的权利。这势必会引起流动人口的不满，增加社会的潜在矛盾和冲突。

（四）基层监管压力失衡

舟山地处海岛，由于本岛与小岛之间交通不便，人口基数、区位优势差异和经济发展不均等原因，基层监管压力明显失衡。截至 2018 年 10 月底，舟山市本岛地区社区服刑人员 395 人，占在册总数的 63%；社区矫正专职工作人员 39 人，占工作人员总数的 53.4%，社会工作者 19 人，占社工总数的 48%。海岛地区社区服刑人员 232 人，占在册服刑人员总数的 37%；社区矫正专职工作人员 34 人，占工作人员总数的 46.6%；社会工作者 20 人，占社工总数的 52%。由上述数据可见，本岛地区专职社区矫正工作人员与社区服刑人员平均监管比例为 1∶10，社会工作者与社区服刑人员平均帮教比例为 1∶20，其中监管压力最大的普陀区某乡镇司法所，两种比例分别达到了 1∶47 和 1∶24。海岛地区专职社区矫正工作人员与社区服刑人员平均监管比例为 1∶6.8，社会工作者与社区服刑人员平均帮教比例为 1∶11.6，嵊泗县部分偏远海岛地区甚至存在多名工作人员监管一个社区服刑人员或者无社区服刑人员的情况（见表三）。

表三：舟山市各行政区域社区服刑人员与工作人员监管比

区域	类别	社区服刑人员总数	服刑人员与工作人员比例	服刑人员与社工比例
本岛地区	平均	395	1∶10	1∶20
	定海	246	1∶7.6	1∶17.5
	普陀	149	1∶21（7 人）	1∶29.8（5 人）

续表

区域 \ 类别		社区服刑人员总数	服刑人员与工作人员比例	服刑人员与社工比例
其他海岛地区	平　均	232	1 : 6.8	1 : 11.6
	定海　普陀	97	1 : 8	1 : 19.4
	岱　山	112	1 : 14	1 : 14
	嵊　泗	23	1 : 1.6	1 : 3.2

由以上数据分析，舟山市本岛地区特别是普陀区服刑人员多、专职工作人员少，监管压力已经超负荷；其他海岛地区服刑人员虽少，监管力量有余，但监管能力和经验不足，对重控人员和疑难案件的处理水平较弱，各行政区域间社区矫正工作存在明显的监管压力失衡、监管能力失衡。虽然这一压力可以通过增加社工的配备来稍作缓和，但由于社工侧重教育帮扶，很难等比例增强司法所监管力度。

三、社区矫正居住地管辖适用难点的原因分析

（一）缺乏法律体系支撑

我国社区矫正起步较晚，执法依据严重不足，《刑事诉讼法》只对其作了原则性的规定，且条文单一，可操作性不强。《社区矫正实施办法》是具有可操作性的实施细则，类似于司法解释，有关司法机关在办案中应当遵照执行，但其并没有对“居住地”制定明确的标准或详细的说明。而司法部公布的对《社区矫正实施办法》的解读虽列出了“居住地”的三个标准，却只能对各地有一定的指导参考作用而没有法律约束力。2012 年，《实施细则》对居住地管辖原则的“居住条件”和“保障条件”作了统一解释，但在实践应用中对此的认定仍旧略显单薄。这就造成了各地各部门之间只能依靠自己的理解，且上位法《社区矫正法》尚未制定，地方立法对部分内容难以把握，在操作中难免会出现歧义，因此当务之急是有明确的法律依据。

（二）社区矫正现实困境造成的监管压力

当前，我国实施社区矫正的社会条件、法律条件和思想条件相比试点初期虽然有了明显改善，但其体制机制和社区接纳基础仍尚不成熟。一是社区矫正刑罚执行的配套体制、机制不成熟，社会认同度低，执法部门间衔接梗阻，行政奖惩与司法奖惩难以对接，电子监控设施、信息化水平尚处在初级开发阶段，帮困扶助压力大等都是社区矫正的现实困难，难以满足正常推进工作的需要。二是基层社区矫正工作者、社会工作者专业水平不足，各区域监管压力大、能力失衡，特别是社区矫正工作者身份不明的问题，不仅对社区矫正执法工作形成障碍，而且给工作者造成了职业风险。在实际监管和评估中，个别社区服刑人员表现出了强烈的焦虑和攻击性、危险性。例如，舟山市出现过社区罪犯被裁定收监执行时，

撕毁收监裁定、威胁和扬言报复社区矫正工作者的情况。三是司法所承担司法行政九项职能，并且紧密配合乡镇街道开展维稳安保，往往还要承担非司法所职能的其他工作，司法所社区矫正工作队伍时常扮演着“万能贴”的角色。然而，各级司法行政机关在对社区矫正工作考核中，基本都采取再犯率超标一票否决制。现实的困境加上监管、考核的重压，个别基层社区矫正部门为“减负”，出现了选择性适用居住地管辖原则，排斥“不稳定、难监控、风险大”的非本地户籍社区服刑人员的情况。

（三）基层对“居住地”确定的调查评估过于简单

现在人户分离现象日趋普遍，核实确定社会服刑人员的实际居住地，是社区矫正机构对其准确、有效管理的基础和前提。实践中，由于法律依据的缺失，基层监管压力大、人手不足等问题，司法所在“居住地”调查过程中，对社区服刑人员的实际“居住条件”和“生活保障条件”的核实、评估往往缺乏全面的信息收集和综合分析，存在以证明材料为依据“一刀切”的现象，忽略了社区矫正居住地管辖原则的本意是为适应社会管理“居住地化”的新趋势和实现社会化教育矫正的刑罚执行内涵，不利于体现法律实施的公平正义。

四、新型居住证制度下严格落实社区矫正居住地管辖原则的建议

（一）明确社区矫正本质属性

1. 明确社区矫正刑罚属性。我国社区矫正的性质应界定为“社区刑罚执行”，从内涵上看是立足于社会化教育矫正的矫治措施，但本质上仍是一种非监禁的刑罚执行，执行方式的不同并没有改变刑罚的性质，刑罚执行仍然是社区矫正的基调和本色。我国正处于社会转型期和改革攻坚期，社会矛盾高发，将服刑人员放到社区进行改造能在一定程度上缓和社会矛盾。然而，当前社区矫正刑罚执行属性偏弱，社会公众认同度不高，这固然与社区矫正刑罚执行体制不完善、刑罚权运行机制不畅、偏重非刑罚化的教育理念等原因有关，给公众造成了“社区矫正不是服刑，通过考验期即可”的错误舆论导向。在此背景下，如果社区矫正法律执行不严肃、不到位，容易在社会上产生负面影响，甚至影响司法公信力，阻碍社区矫正制度的发展。因此，司法行政机关作为刑罚执行机关，严格公正执法的价值不仅在于实现对罪犯的惩戒和教育矫治，更重要的是维护公平正义，提升社区矫正刑罚属性的社会认同。基层社区矫正工作者必须牢固确立社区矫正刑罚执行属性，坚持把严格执法、严肃执法、公正司法作为价值追求，贯穿落实到社区刑罚执行工作全过程。

2. 正确认识社区矫正居住地管辖原则的“社会化”本意。居住地管辖原则从两个方面体现社区矫正“社会化”本意。一是社区服刑人员在社会上接受监管、教育和帮扶，需要具备基本的生活、工作、学习条件。不管是户籍地与居住地一致的本地人口，还是人户分离的流动人口，其生活基础与居住地密切相关。如果

以户籍地作为执行地，对于大量流动人口来说，由于没有生计来源，仍然要外出就业，虽然可以采取异地委托的办法起到一定作用，但是执法权与执法责任分离，执行机关与实际开展矫正工作的机关分离，存在脱管失控的隐患，一旦出现问题也难以分清责任。以居住地为执行地有利于有效监管，也有利于社区服刑人员顺利融入社会。社会法学派认为，罪犯之所以犯罪，是由社会因素和个人因素所决定的。社会本身即是犯罪产生的一个诱因，选择将罪犯投入社会，运用社会力量进行矫正是“对症下药”，实现了对罪犯的社会内部消化，有效解决行刑资源有限性的难题。二是随着经济社会的发展，我国户籍制度改革正在向全面实施居住证制度方向推进。2016 年 1 月，国务院颁发《居住证暂行条例》（国务院令第 663 号），7 月浙江省修订《浙江省流动人口居住登记条例》，新条例在流动人口居住登记、居住证申领、公共服务和便利等方面作了修改。舟山市也于 2018 年年底开始全面实施新型居住证制度，因此，以居住地为执行地符合当前社会管理“居住地”化的形势需求。基层社区矫正机构必须正确认识以上两个“社会化”属性，及时扭转在居住地管辖适用中存在的认识偏差。

（二）结合新型居住证制度，统一“居住地”认定标准

根据《社区矫正实施办法》及《实施细则》的相关规定，针对舟山市社区矫正居住地管辖原则适用现状及困境，舟山市司法局在广泛征求全市社区矫正工作机构意见的基础上，结合《舟山市新型居住证制度工作实施方案》，制定了《舟山市社区矫正居住地认定标准（试行）》（以下简称《认定标准》见附件 1）。从三个方面对居住地条件的认定标准进行了统一、量化和明确，以指导全市社区矫正居住地认定工作。

1. 明确居住地认定的居住条件。《认定标准》从三个方面细化居住地条件认定。一是明确以本人所有房屋作为“居住地”的，必须同时满足实际入住条件；以承租或者由他人、有关单位提供房屋作为“居住地”的，房屋租赁合同应自调查开始之日起一年（含）以上，解决了实践中“实际居住地”效力认定难的问题。二是引入《浙江省居住证》作为证明材料——非本市户籍应办理《浙江省居住证》并在有效签注期内。这既为非舟山户籍社区服刑人员证明实际居住地拓宽了渠道，也将新型居住证制度与社区矫正工作接轨，凸显社区矫正“居住地”管辖原则的设计本意。三是明确“固定居所”概念。[①] 居住地条件中“固定居所”必须以安全、合法为保障，各类车棚、车库、违章建筑等不得视为固定居所，解决了实践中“固定居所”认定标准不统一的问题。

2. 明确居住地认定的保障条件。结合工作实际，《认定标准》将“固定生活来源”的认定方式进行统一罗列，并分别加以量化规定，解决了实践中认定标准混乱的问题。其中，包括缴纳社保，订立劳动合同，完成工商登记、社会组织登

① 《舟山市人民政府办公室关于做好新型居住证制度实施工作的意见》二/（三）。

记，签订农业承包合同，领取最低生活保障金。① 同时，对“由他人提供生活保障”的情况进行细化规定，一是监护人、保证人需在同区域（同岛）居住，二是保障标准应不低于当地政府规定的最低生活保障金。

3. 明确居住地认定的例外情况。《认定标准》进一步明确管辖权争议由共同上级确定管辖；未成年人社区服刑人员，其监护人应符合相关居住和生活保障条件；特殊人才引进由相关部门出具意见后，可适当放宽居住地认定条件等“居住地”认定②的例外情况。

从以上分析可见，《认定标准》是在社区矫正属地化管理宗旨的基础上，通过与新型居住证制度接轨，将舟山市社区矫正居住地认定的工作实践内容进行归纳、量化、统一形成标准，避免基层工作中各部门间的管辖权争议、推诿，并未扩大或缩小现有法律法规对居住地认定条件的规定。由于《认定标准》仅针对舟山市居住地管辖适用工作中的突出问题，效力范围有限。若要实质性推动该问题的解决，还需要通过制定《社区矫正法》，对社区矫正的目标、内涵、适用标准、具体内容、监督等作出详细的界定，对居住地管辖的问题给出明确且具可操作性的规定。

（三）完善“居住地”调查核实工作

基层社区矫正部门要健全调查核实制度，特别是要全面规范流动人口服刑人员基本信息的收集流程，进一步完善服刑人员调查核实制度。对拟适用社区矫正的被告人、罪犯进行居住地核实、社会调查时，工作人员应到其户籍地、成长地、居住地进行实地走访调查核实，实地了解被调查对象的居所、生活保障情况，仔细甄别实际居住情况，严格把握居住地变更和因故外出的情形区分，将其在户籍地、居住地成长经历、一贯表现、生活状况、就业就学情况、家庭背景、社会关系等情况进行通盘考虑、统筹研究、综合分析，最大限度地掌握了解情况、减少漏洞，为确定入矫地，针对性管理、教育和帮扶奠定坚实基础。同时，在居住地认定条件调查过程中要做好证据材料的收集和固定，通过多种方法、多种途径、多方印证增强调查材料的证明力，对不如实提供居住地信息，或不配合居住地调查的社区服刑人员要采取相应的处罚措施，基层社区矫正机构应将居住地认定的调查材料立卷备查。

附件 1：

舟山市社区矫正居住地认定标准（试行）

一、居住地认定的居住条件：

---

① 《舟山市人民政府办公室关于做好新型居住证制度实施工作的意见》二/（二）。

② 《舟山市人民政府办公室关于做好新型居住证制度实施工作的意见》二/（四）。

（一）在当地拥有本人所有的房屋，且本人已实际入住；

（二）在当地本人承租或者有他人、有关单位提供且能够连续居住一年（含）以上的固定居所。

非本市户籍应同时在当地办理有《浙江省居住证》并在有效签注期内。

二、居住地认定的保障条件：

（一）有固定生活来源；

（二）由他人或者有关单位提供生活保障的，被调查对象矫正期限内，监护人或者保证人应在同岛居住。

三、居住条件和保障条件应同时具备方可认定适用居住地管辖原则。

四、居住条件中“固定居所”指单位提供的符合消防安全条件，且用地与规划、建设审批手续齐全的单位集体宿舍；或者是签订有租赁合同并符合安全条件的出租房屋。各类车棚、车库、违章建筑等，不得视为固定居所。

五、房屋租赁合同的签订期限应自调查开始之日起一年（含）以上；社区矫正期限不满一年的，房屋租赁合同期满之日应晚于社区矫正解矫之日。

六、保障条件中“固定生活来源”指在当地连续缴纳社会保险满（不含补缴）半年及以上，或者与当地用人单位订立有劳动合同并连续工作满半年及以上，或者在当地完成工商注册登记、社会组织登记并已连续运营满半年及以上，或者在当地签订有农业承包合同（土地承租协议）并实际承租满半年及以上，或者有领取当地政府核发的最低生活保障金。

由他人或者有关单位提供生活保障的，保障标准应不低于当地政府规定的最低生活保障金，并应出具书面保证。

七、社区服刑人员系未成年人的，其监护人应符合上述居住条件和保障条件。

八、属于当地政府规定的投资创业、人才引进的，以及当地经济社会发展急需的人才，由相关部门出具意见后，可适当放宽居住地认定条件。

九、居住地认定条件无法明确的，可适用户籍地管辖。

十、社区服刑人员办理居住地变更的，应在提出书面申请的同时提交符合居住地认定条件的相关证明材料。

十一、县（区）司法局对居住地变更有争议的，应提请市司法局确定管辖，并提交相关调查和证明材料。

市司法局认为有必要的，可要求县（区）司法局进行补充调查。

十二、本文所述“当地”指县级行政管辖区域。

（责任编辑：韩建勇）

社区服刑人员外出请假制度的实践与思考

杭州市余杭区司法局　贾国平　贾　新　陆　萍　陈嫣红

近年来，随着社会经济的快速发展，交通运输的日新月异，人口流动速度不断加快，社区矫正比例增大、人户分离人员大量增加、社区服刑人员再社会化需求加大，促使社区服刑人员请假外出成为现实的必要。而如何更好地平衡社区服刑人员外出请假，既体现监督管理的“严”，又体现适应性帮扶中的“帮”，成为当前社区矫正工作中的重点和难点。

本文从余杭区社区服刑人员请假外出现状入手，以基础数据为依据，探讨社区服刑人员外出管理中存在的矛盾与问题，并对近年来余杭区外出管理的实践处置与制度设计进行论证，就如何更好地做好社区服刑人员外出管理，加强社区矫正工作的科学矫治作出探讨。

一、余杭区社区服刑人员请假外出现状及主要存在的矛盾问题

（一）请假人数较多

分析近五年余杭社区服刑人员请假外出数据（见图 1）可见，2014 年至 2018 年 8 月，社区服刑人员数呈现上升趋势，请假人数一直占当年度累计请假人数 50%左右。这主要归因于社区矫正居住地管辖原则及居住地变更政策。近几年流动人口的逐年激增，导致人户分离社区服刑人员数大幅提升。2018 年 8 月数据统计显示，外省籍以及本省非杭州籍社区服刑人员已占余杭区在册服刑人员总数的三分之一，不可避免地出现请假需求。当然，随着社区矫正奖惩考核制度的严格实施与社区矫正信息化监管手段的不断丰富，对社区服刑人员的外出管理日益严格，一定程度上削减了大部分非必要性的外出请假，社区服刑人员请假比例呈现逐年递减趋势。

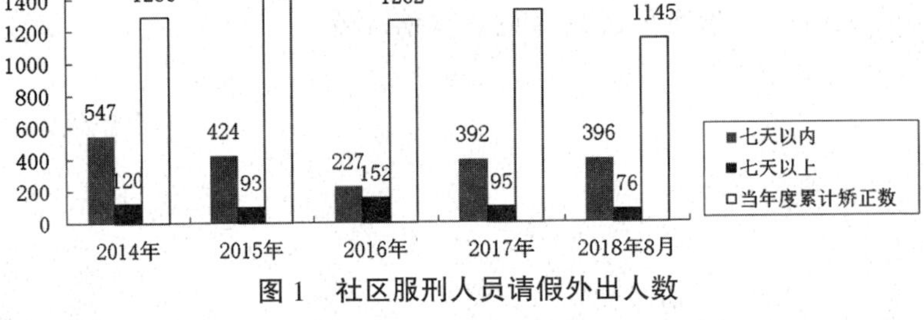

图 1　社区服刑人员请假外出人数

(二) 法定外出情形以外的请假理由比例较大

依据《社区矫正实施办法》第 13 条、《浙江省社区矫正实施细则（试行）》（以下简称《实施细则》）第 20 条规定，社区服刑人员确因就医、家庭重大变故等原因方可请假。而 2017 年请假 7 天以上的社区服刑人员数据（见图 2）显示：请假的 96 人中，属于明确列举的两类请假情形即就医、家庭重大变故的共 11 人，因工作原因请假外出 10 人，因私人原因办理证件、居住地变更、考试等请假的 5 人，因回家探亲请假的多达 70 人，占需请假外出原因的 72%以上。这一方面反映了在以居住地原则为背景的社区矫正管辖原则下，大量递增的人户分离人员的逢年过节探亲、处置家庭突发事件、办理自身相关事由情况等现实需要；另一方面，随着社会发展更新，社区服刑人员作为相对自由的社会劳动力，跟随市场流动、人才流转发生变化，跨区跨界工作的情况时有发生。

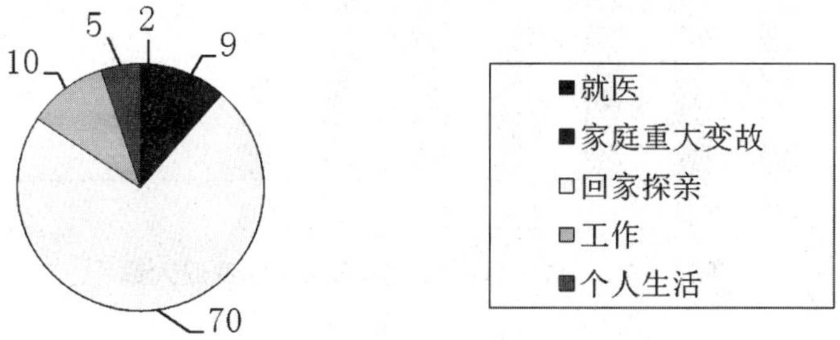

图 2　2017 年社区服刑人员请假外出类别图

(三) 外出请假普遍时间长、路线远

通过表 1 可见：2017 年请假 7 天以上的 96 名社区服刑人员，平均请假天数为 14.02 天，其中时间最长的是探亲请假，且基本集中在春节附近，有近七成人员系春节回家探亲，平均请假天数为 20 天。同时，根据统计得出，96 名人员中出浙江省外的 81 人，省内 15 人。从人性化、适应性帮扶角度出发，流动人口在原籍家庭停留较长时间有利于营造和谐的改造环境，但从社区矫正科学管理角度出发，长时间、长距离地远离社区矫正管理地，在未实施异地临时监管制度的前提下，外出期间监管力量薄弱，更多的是依靠社区服刑人员自觉遵守规章制度，有一定的脱管风险。

表 1　请假外出人数平均请假天数

	就医	家庭重大变故	回家探亲	工作	生活	合计
请假人数	2	9	70	10	5	96
请假天数	18	13.1	14.1	14.8	14.4	14.0

（四）短途来回需求较大

社区服刑人员因工作、生活需要，临时性请假外出并在一日车程之内的请假需求较大。2018 年，当天来回请假外出人数每月平均 122 人，固定跨界请假 13 人。在新入矫前三个月，一般情况下不得外出的规定下，社区服刑人员改变生活方式停产、停工，不积极参与社会活动，对提升社区服刑人员改造积极性及再社会化带来更多的是负面效应。同时，由于余杭地理位置特殊，与临安、富阳等市内区县、湖州市安吉县毗邻接壤，在毗邻地工作生活的社区服刑人员经常发生一步之外即出所居住的区县等问题，在毗邻的外区县务工、生产、生活等情况也现实存在，采取一律不允许外出，要求其在余杭辖区工作、生活并不现实。

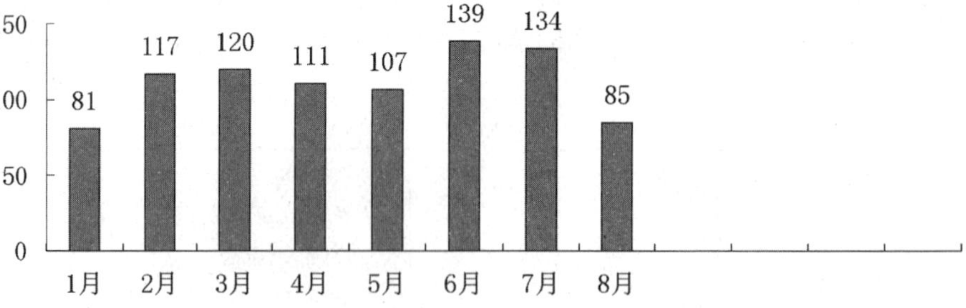

图 3　2018 年社区服刑人员当天来回请假人数

二、余杭区社区服刑人员外出管理做法

（一）规范核准，严格请假事由审核

严格按照《社区矫正实施办法》《实施细则》规定，核准外出审批事项，推行请假外出分类证明制度。

1. 涉及家庭重大变故类的请假。审批前，要求社区服刑人员以邮寄或传真方式提供相应证明，如家人病危通知单、病历或当地村（社区）或政府出具的死亡证明书等相关材料。确实紧急的，允许社区服刑人员以电子照片、微信等方式先行提供证明，事后进行补充。

2. 涉及外出就医类的请假。社区服刑人员需提供之前就医的相关病历、现就医医院诊断建议书、挂号相关资料等，部分因医保报销问题需回原籍就医的，需提供使用医保单支付的相关凭证等。

3. 涉及工作原因类的请假。社区服刑人员需提供因重要工作原因需临时出差的证明材料，如会议通知、工作单位出具相关证明材料等，同时由工作单位提供担保人。若经审核，请假外出目的地与请假事由关联度不大，存在可由其他人员代替方案可能性的，不予批准，杜绝探亲访友、旅游休假等休闲娱乐性的请假事由。

4. 涉及探亲类的请假。该类请假主要针对人户分离社区服刑人员，司法所要走访了解收集该人员家庭成员居住情况，防止以探亲之名，行旅游之实。同时，要综合考虑其平时表现、监管条件、请假次数、总体比例，确定是否准假及准假期限。

5. 涉及固定跨界类的请假。居住在接边地区的社区服刑人员确因工作需要，需每日往返于工作地和生活地的，需提供其工作地劳动合同、承包合同或者营业执照复印件等证明其在毗邻地长期经营、工作的材料，同时提供其在本地固定居住场所的购房合同、住房合同及现实居住的生活资料照片或经走访查证后，方可同意审批，由区司法局审核，审核同意的审批不超过三个月。

（二）规范权限，严格限定审批权限

《实施细则》第 20 条规定，“请假在七日（含）以内的，由司法所批准并报县级司法行政机关备案；超过七日的，由司法所签署意见后报县级司法行政机关批准”。余杭区从审批权限着手，确保审批程序正当。

1. 收紧审批权限，落实报备制度。对于请假外出七天以下的，要求司法所在社区服刑人员外出前报局矫正科（执法大队）备案，并定期通报请假情况。司法所上交的请假报备表，落实专人审核，发现问题及时解决，尤其是对同一事由，不允许分段请假、分次请假，如请假一个月，由司法所分四次连续审批等情形，防止出现变相规避请假权限、司法所审批把关不严、随意性大等问题。

2. 收紧请假上限，落实分类制度。在审批过程中，注意区分社区服刑人员矫正类别、矫正时间及请假事由，根据请假事由把控请假时间，对于探亲类、工作类的一般不允许顶格请满时限。其中，短刑犯的请假外出严格落实新入矫人员前三个月不允许请假外出制度，特殊情况请假外出的一律由区局审批，并严格控制外出时间，确保其矫正时间。

3. 收紧续假权限，落实核准制度。对于外出期间要求续假人员，原则上不予批准。特殊情况需续假的，由司法所报区司法局审批，由区司法局把关核实续假理由及相应证明材料，坚决杜绝一事多请、无故续假等问题的发生，确保刑罚执行工作的严肃性。

（三）规范管理，严格把控信息核查关

《实施细则》第 21 条规定：“社区矫正人员经批准外出期间，确因就医、家庭重大变故等原因需延长请假时间的，其本人应当返回居住地按规定程序办理续假手续；确有特殊情况，经司法所同意，社区矫正人员可以书面委托的方式，由其家属、监护人或保证人代为办理续假手续。续假均需司法所签署意见后报县级司法行政机关批准。社区矫正人员批准外出期间的表现纳入居住地司法所管理考核。社区矫正人员请销假情况，司法行政机关应当登记在案，并及时书面通报居住地县级公安机关。”

《实施细则》第 22 条规定：“社区矫正人员经批准外出期间，司法所应当通过信息技术、通讯手段或跟踪管理等方式和途径，不定期或随机抽查等方式对其进行监督考察和教育管理。发现社区矫正人员违反外出期间管理规定的，应当责令其立即返回并视情节轻重给予相应处罚。必要时，可派员将其带回。”

第21条、第22条的规定明确了社区服刑人员外出管理的基本原则，为严格落实规定，余杭区主要采取“十个一”外出管理模式。

1. 做到事前防控“三个一”。一是谈一次话。由所在村（社区）帮教站初步核实外出情况，对社区服刑人员日常表现情况进行说明并签字盖章。由司法所工作人员进行一次谈心谈话，对外出时间、地点、事由进一步做好核实及固定工作。并对外出期间遵纪守法、监管规定、每日报告及销假程序等情况予以强调和明确。二是签订一份保证书。建立“保证人”制度，由社区服刑人员提供本地保证人，对社区服刑人员外出期间遵纪守法、日常报告、日常表现履行督促义务，定期向司法所汇报被担保人情况。保证人若经抽查对外出情况不了解、不掌握、不汇报的，情况严重的立即将外出请假人员召回，并对该社区服刑人员日后请假从严把控。三是做一次核查评估。对所有外出请假人员，在审批前做好相关遵纪守法记录的核查工作，主要包括违法违纪情况、住宿记录、购票记录、上网记录。请假时长7日以下的，由司法所至派出所核查，7日以上的由区司法局与区公安分局共同核查，一旦查证有违法违纪行为或不假外出等劣迹，即取消对该请假人员的外出审批。同时，立即对其违法违规行为做好证据采集及固定工作。由此，司法所工作人员根据请假事由、请假时间、请假地点，结合日常表现及村（社区）工作站意见、再犯罪风险评估情况综合考评该人员外出风险，经评估风险较小或无风险的，方可请假外出。

2. 做到事中督查“四个一”。一是每日定位检查一次，各司法所通过社区矫正定位管理系统，每日不少于一次对请假外出人员进行定位检查，查询活动轨迹，区局指挥中心不定时抽查请假外出人员管控情况，确保其在请假范围内活动。二是微信视频巡查一次，通过各个司法所建立的微信监管群，建立实时视频巡查制度，要求请假外出人员在明显标识标牌位置，如村委门口、火车站、标志性建筑物等，与工作人员开展视频对话。三是发送一次实时位置，不定时在微信上要求外出人员发送本人所在位置，结合视频巡查或定位管理系统定位结果，确定其在请假范围内活动。四是报告一次活动情况，每日通过微信、短信或者电话等方式，由外出人员汇报当日活动及遵纪守法情况，工作人员对请假期限、遵纪守法等情况及时提醒。

3. 做到事后鉴定“三个一”。余杭区司法局专门设计印发社区服刑人员外出请假登记本，对社区服刑人员销假做好审慎把关和收尾，严格鉴定外出期间表现。一是查一份出行票据，要求社区服刑人员请假回来后，及时电话销假并在24小时内到司法所当面销假，同时提供火车票、飞机票、公路收费票据、住宿票据等证明材料。二是交一份思想汇报，要求社区服刑人员当面销假时，提交一份其外出期间自我总结，对外出期间综合表现、活动范围及遵纪守法情况进行说明，司法所根据信息化核查情况与外出记录予以核对。三是做一份鉴定报告，在准假期限末期，要求社区服刑人员将随身携带的准假通知书、外出期间鉴定表交由外出地村（居）或目的地单位，对其外出期间遵纪守法及表现情况进行鉴定说明，并签字盖章予以确认。司法局根据实际情况，对其外出期间表现予以认定评估，作为该人员下次请假是否获批的重要参考指标。

三、加强社区矫正外出管理的建议

（一）建立异地托管机制

以现有外出管理制度为基础，深化社区服刑人员外出管理制度。一是出台社区服刑人员异地托管办法，明确社区服刑人员外出期间异地托管工作的适用范围、具体工作流程、流出流入地司法行政机关各自的工作职责、考核责任以及托管工作经费划拨及使用等内容。二是建立信息交互机制，深化全国性的社区服刑人员信息交互平台，采取登记通知制度，遇社区服刑人员请假外出的，管辖地社区矫正机构录入外出信息，通过平台直接通知其外出目的地社区矫正机构，实现请假外出人员的“一键直通”交流机制。三是建立协作配合监管机制。尤其是社区服刑人员到达外出目的地离开目的地之前，明确外出目的地社区矫正机构临时性监管措施，如社区服刑人员临时报到制度，采取电话抽查、书面报告等方式掌握了解当地行程，对请假时间较长的，充分发挥熟人优势，落实工作人员通知其外出具体目的地所在的村、社区开展监管等。同时，强化销假监督，协助开展逾期未销假脱管人员查找工作。

（二）明确社区矫正外出事由

2017年春节期间，由司法部统一部署，在监狱系统全面开展的春节期间“离监探亲”工作，2018年中秋节再度延续。“离监探亲”工作展示出亲情教育在罪犯改造过程中的必要性及合理性。同理可证，要强化社区服刑人员的教育改造，尤其是对其“治本”的改造，亲情教育、社会化帮扶是必不可少的手段，与亲人的见面也是必要可行的。

现行工作中，对于工作类、生活原因类的请假，现阶段更多地仍在运用法定情形的等外情节。为切实适应社区矫正外出实际，尤其是面对较多的人户分离人员过年过节回家团聚、探亲等需要，进一步明确外出请假事由。一是有条件地扩大外出事由外延，列举式列明允许请假外出的工作、生活及地域性原因，明确将春节、中秋等传统节假日的探亲式请假、处置身份证办理、房屋过户、子女就医等非本人办理不可的个人处置式请假等事由列入允许请假的范围；二是明确非两类原因事由请假标准，出台社区服刑人员外出管理细则，明确非两类原因外的请假事由、标准、时间段，并就各类请假事由的审核标准、审核要求及审核权限予以明确。

（三）强化外出监督管理

一是要强化跟踪核查机制。充分运用定位管理、电子腕带等现有信息化手段，加大信息化核查频率，加大随机抽查力度，尤其是强化节假日期间的信息化核查，做好社区服刑人员外出期间的全程跟踪核查。二是要强化信息检查机制。借助微信监管、公安协查等模式，与社区服刑人员每日自报信息、定位信息及请假外出目的地进行对照检查，防止社区服刑人员在外期间随意更改目的地情形发生。三是强化外出信息倒查机制。现在社区矫正工作中应用的科技化手段主要是定位监管系统，仍受限于社区服刑人员自觉遵守定位手机的相关使用管理规定，需进一步挖掘定位监管过程中的高科技应用，推广应用社区矫正领域大数据分析。例如，"天眼"系统融入，运用大数据分析社区服刑人员聚集情况、在位情况等，尤其是对社区服刑人员外出期间经常聚集地、聚集人群等进行倒查分析，查找社区服刑人员外出监管点，实现远程监管，提升科技应用。

（四）加大不假外出惩处力度

不假外出是社区服刑人员违规情形比例最高的情形，做好外出请假管理不仅要做好审批，更要发挥请假外出对矫正工作形成的促进作用。一是要严厉惩处，开展各类针对违规行为的整风肃纪专项整治活动，对查证属实擅自外出、不假外出人员，要进一步加大考核力度，作为警示教育案例在全区范围进行通报，对于刻意逃避监管，主观恶意严重的，应进一步升级处罚手段。二是要严控请假，对曾经出现外出违规行为的社区服刑人员，要进一步严格控制请假外出，做到原则上不批，符合法定条件的严格审批。同时，对日常表现欠佳，曾受过警告处分以上的严格审核，酌情准假。三是要分类处置，建议进一步细化处罚类别，对不假外出的情形进行划分，根据不假外出的主观故意、恶性程度、造成的后果、外出时间的长短作出区分，作出程度不同的处罚，如将警告级别划分为轻度警告、警告、严重警告等，对于情节较为恶劣但又尚不构成治安处罚的，予以严重警告，以此达到罚责一致的良好效果。

（责任编辑：王天景）

严重精神障碍社区服刑人员管理救助之困境与思考

湖南省司法厅社区矫正工作处　徐明军　刘　菁

案例一　H省S市大祥区社区服刑人员车某（患有精神障碍）因与被害人刘某发生矛盾生怨，假释出狱后决意对刘某实施报复。为筹集路费和锻炼杀人胆量，2015年9月8日晚，车某将保险公司员工李某骗至家中杀害。9月10日，车某携凶器到达刘某店铺，将刘某及其妻子捅杀后逃离。后车某被公安机关抓获。

案例二　2016年8月8日凌晨，H省L县社区服刑人员李某（患有精神障碍）因感情纠纷，在该县某廉租房住宅小区内将受害人李某杀害、梁某杀伤。作案后，李某畏罪自杀未遂，被公安机关当场抓获。

自2003年开始试点以来，在我国社区矫正实践快速发展的过程中，一些困难和问题逐渐暴露。例如，对严重精神障碍社区服刑人员的管理救助工作该如何开展。据国家卫生计生委公布，截至2014年年底，全国已登记在册的严重精神障碍患者已达430万人。① 其中，因犯罪接受社区矫正的人员数量也在不断增加，这成为影响社区安全稳定的一个重大隐患。以上两个案例是严重精神障碍社区服刑人员在社区矫正期间肇事肇祸的典型案例。可以看到，相较于普通精神障碍患者，该类社区服刑人员暴力倾向更明显，主观恶性更强，一旦无法得到有效预防和控制，可能会给人民群众的生命和财产安全造成严重伤害和巨大损失。但实践中，对该类人员的管理救助却存在不少困难和隐忧：严重精神障碍犯罪人适用社区矫正是否合理正当，管理救助机制和措施是否健全有效……这些问题严重考验着我国社区矫正工作水平。对此，本文将试作以下几个方面的探讨。

一、思辨：严重精神障碍犯罪人适用社区矫正之理据

严重精神障碍犯罪人适用社区矫正之理据何在，相较于传统自由刑，对于严重精神障碍犯罪人而言，社区矫正有何优势，这是本文首要考虑的问题。为此，本文将从刑法理论、刑罚执行和医学三个维度对严重精神障碍犯罪人适用社区矫正的理论依据进行探讨。

---

① 国家卫生计生委、中央综治办、发展改革委等：《全国精神卫生工作规划（2015—2020年）》，载《国务院公报》2015年第18期。

（一）刑法理论维度：刑罚功能的多重性

刑罚对罪犯的功能是多重的，它不仅仅限于对罪犯施以惩罚，还包括个别鉴别、剥夺或限制再犯能力、感化、个别威慑和改造。[①]《监狱法》第3条规定："监狱对罪犯实行惩罚和改造相结合、教育和劳动相结合的原则，将罪犯改造成为守法公民。"这充分说明，我国的刑罚立场并不仅在于惩罚，还注重对罪犯的改造。然而，改造并非对相似案件进行相似处理，法国学者安塞尔认为："对犯罪人的处罚，必须与其个体的人格相符，以便其更快地复归社会。"[②]《监狱法》第39条规定："监狱对成年男犯、女犯和未成年犯实行分开关押和管理，对未成年犯和女犯的改造，应当照顾其生理、心理特点。监狱根据罪犯的犯罪类型、刑罚种类、刑期、改造表现等情况，对罪犯实行分别关押，采取不同方式管理。"显见，刑罚应当充分考虑不同罪犯的特殊性，我国的立法者也已充分认识到不同个体的生理、心理状况对矫正过程和效果的现实意义。因此，对严重精神障碍患者这一社会特殊弱势群体动用刑罚的同时，对其开展个别化矫正是符合我国刑罚执行理念的。

（二）刑事执行维度：传统刑罚手段收效甚微

传统刑罚以惩罚为主要导向。在此导向下，法律是以理性人作为逻辑假设的前提，以理性角色为基础制定出来的：每个人都能够理性评估自己的利益得失，并以此作为决定自身行为的标尺，基于理性抉择和趋利避害的本能，人们会慎重做出自己的行为，最大可能地回避违法犯罪，刑罚的社会防卫效果和威慑功能得以充分显现。而人们一旦触犯了法律，刑罚所施加的痛苦也会成为矫正行为人恶性心理的有力良方。严重精神障碍患者显然不属于理性人的范畴，病情程度、生理缺陷犹如一道道关卡阻碍了传统刑罚的社会防卫效果得到最大程度的发挥，使得传统刑罚对严重精神障碍患者力不从心。

此外，从表面上看，以剥夺罪犯人身自由为基本内涵的监禁刑减少了其再次危害社会的风险。然而，服刑人员在完全封闭的监禁场所内、在与社会完全隔离的孤立状态下、在层层武装看守和严密的警戒中，过着完全丧失自由的被动他律生活。封闭、他律、被动的监狱生活与自由、开放、多元的社会生活之间存在明显脱节，这从根本上制约了罪犯服刑后复归社会的成效。米拉多曾经说过："监狱使人发疯，在巴士底和比塞特尔发现的那些人都已痴呆。"[③] 可见，在监狱封闭的环境中长期生活，正常人都可能成为精神障碍患者，更何况患有严重精神障碍的犯罪人。因此，对于严重精神障碍犯罪人的改造，传统监禁刑罚显然并不理想。

（三）医学维度：精神疾病治疗的需要

与普通疾病多表现为躯体病症不同，精神疾病大多表现为感知、情感和思维

---

① 邱兴隆：《撩开刑罚的面纱——刑罚功能论》，载《法学研究》1998年第6期。

② 董淑君：《刑罚的要义》，人民出版社2004年版，第50-51页。

③ ［法］米歇尔·福柯：《疯癫与文明》，刘北成等译，生活·读书·新知三联书店2007年版，第212页。

等精神活动的紊乱与异常，继而直接影响患者的心理状况和辨认控制能力。[①] 其发病机理大致可分为生物学因素和心理、社会因素，前者包括遗传、神经发育异常、环境和感染等，后者则包括应激性事件和人格特征。[②] 在精神障碍的状态下，行为人可能因自我界限和现实检验的受损，做出缺乏意志的犯罪行为。[③] 相较于正常罪犯，精神障碍犯罪人表现出更为明显的生物学、遗传学等因素影响下的病态，而非主观恶性。在法律推定的理想状况中，理性人的主观恶性是可能通过传统刑罚予以矫正的，但精神障碍犯罪人发病诱因却很难在监狱或强制医疗机构中被剔除，这正是传统刑罚对精神障碍犯罪人矫正缺失之处。“心病还需心药医”，对精神障碍犯罪人的处置，不能仅仅停留在对犯罪行为的惩罚和主观恶性的矫正，还应当注重对精神疾病的治疗、对患者的安抚和对社会的融入。因此，对严重精神障碍犯罪人的矫正需要执行机关、医疗机构和社会公众的共同参与。

二、审视：严重精神障碍社区服刑人员管理救助的困境及隐忧

对严重精神障碍犯罪人而言，社区矫正无疑为其在监狱和强制医疗之外开辟了第三条路。但是，无论是精神状况还是矫正恢复能力，严重精神障碍社区服刑人员都与正常社区服刑人员有较大区别，这为该类服刑人员的管理和救助埋下了隐患。

（一）沟通协调机制体制不完善

严重精神障碍社区服刑人员的管理救助工作涉及综治、司法行政、公安、卫生计生、民政、人力资源和社会保障、残联等多个部门之间的协调和沟通。目前，各个工作环节之间缺乏刚性的制度规定和协调监督机制，加之《社区矫正法》尚未出台，造成各部门间信息沟通不畅，工作职能衔接不到位，管理救助工作脱节，合作欠缺。许多地方仅靠司法行政机关的力量进行协调，力度远远不够。在实际工作中，由于部门间的沟通衔接不力，对严重精神障碍社区服刑人员常出现漏查、漏报现象，对患者筛查、诊断、登记报告、危险性评估等工作覆盖面和随访率较低，且存在盲点，高风险人员甄别不力，动态管控缺失。

（二）防控措施及管理体系不健全

目前，对严重精神障碍社区服刑人员的监管尚未建立较为完善的防控体系。在司法实践中，基层司法行政机关接收的社区矫正法律文书往往缺失精神情况鉴定文件，摸底排查、档案移交等工作常常出现脱节现象，且目前对精神障碍患者

---

① 《中华人民共和国精神卫生法》第 83 条规定：“本法所称精神障碍，是指由各种原因引起的感知、情感和思维等精神活动的紊乱或者异常，导致患者明显的心理痛苦或者社会适应等功能损害。本法所称严重精神障碍，是指疾病症状严重，导致患者社会适应等功能严重损害、对自身健康状况或者客观现实不能完整认识，或者不能处理自身事务的精神障碍。”

② 郝伟：《精神病学》，人民卫生出版社 2009 年版，第 5-9 页。

③ 林明杰等：《法律犯罪心理学》，双叶书廊有限公司 2004 年版，第 7 页。

的危险性评估缺乏统一标准，排查难度高，工作人员仅能依靠走访调查、凭借工作经验做出判断，致使司法行政机关难以如实统计精神障碍社区服刑人员底数，也难以及时、准确、全面掌握他们的基本情况。同时，对该类人员的管理难度极大，如定位难，相较一般社区矫正对象，难以通过电子腕带和手机定位方式达到监管目的；难以完成社区矫正日常要求，根据《社区矫正实施办法》规定，社区矫正人员应定期向司法所报告遵纪守法、接受监督管理、参加教育学习、社区服务和社会活动的情况，且每月参加教育学习、社区服务的时间均不得少于 8 小时。然而，严重精神障碍社区服刑人员，无论是在定时报告、递交思想报告方面，还是在集中学习、社区服务方面，都难以正常完成，且部分精神障碍社区服刑人员及其亲属常常存有抵触情绪而不配合。发现突发事件时，很难依靠目前有限的管控措施达到防控效果，因而导致诸多问题。

（三）救治救助和帮扶措施不到位

精神疾病治疗周期长、见效慢、费用高、易复发，许多家庭无法长期承担高昂的治疗费用。在相关法律法规中，虽然对该类群体的城镇居民基本医疗保险、新型农村合作医疗、城乡居民大病保险、社会救助政策已有规定，但依然需要司法行政机关主动与相关部门协调衔接。另外，据卫生部调查显示，2010 年我国共有精神卫生机构 1650 家，床位 22.8 万张，注册精神科医师 2.05 万人，护士 3 万人，相较 430 万严重精神障碍患者，精神卫生医疗、康复机构、床位及精神卫生专业人员严重不足。[①] 这加剧了对严重精神障碍社区服刑人员管理救助的难度。

（四）社会误解难以消除

对严重精神障碍犯罪人开展社区矫正属于自发领域而非法律强制领域，这意味着，社会对于严重精神障碍犯罪人的容纳只能是一种自愿行为。[②] 然而，人们对于精神障碍患者的历史态度和处置几乎从未改变，无非怜悯、恐惧、排斥、监禁、救治。精神障碍患者总是被理性人群体假想为玷污社区的因素，更何况是严重精神障碍犯罪人。再加上媒体和舆论往往出于迎合公众猎奇心理或博眼球的目的对该类人员肇事肇祸案件进行大肆甚至夸大其词的报道和传播。种种原因，导致公众形成了精神障碍患者更容易实施暴力犯罪的思维偏差。这种深刻的社会误解给严重精神障碍犯罪人社区矫正工作的推动带来了负面影响，即公众很难对这项工作产生认同感，社区也很难主动接受和容纳这一特殊群体的存在。这使得对严重精神障碍犯罪人开展社区矫正工作陷入两难境地。

三、进路：对严重精神障碍社区服刑人员管理救助的几点思考

对严重精神障碍犯罪人开展社区矫正，意味着他们不再处于正常人的对立面，

---

① 中华人民共和国卫生部：《2011 中国卫生统计年鉴》，中国协和医科大学出版社 2011 年版，第 44-141 页。

② 宋远升：《行刑社会化视角下精神病犯罪人的处遇》，载《犯罪研究》2015 年第 4 期。

也意味着国家对他们的改造不再通过强制性物理措施或机械性程序来进行。然而，对严重精神障碍犯罪人开展社区矫正并不等于放弃了社会防卫的意旨，相反，我们应当采取更加审慎的态度，对其进行更为密切的观察和管控。同时，要通过宽容、耐心和理性，充分给予他们理解、协助和照顾，尊重他们的尊严和权利，努力提升其人格，治疗其病症。

（一）建立健全协调联动机制，形成管控施治合力

严重精神障碍社区服刑人员是社会特殊群体，对其管理服务涉及筛查诊断、社区管控、社会面查控、家庭监护、强制治疗、社会安置等多方面内容。要对其开展良好的管理服务，必须依靠综合治理的方式和手段，联合综治、卫生计生、公安、民政、人力资源和社会保障、司法行政、残联等多部门密切协作、互联互通、齐抓共管。要充分发挥综合治理优势，结合各单位职责，制定政策措施，细化目标任务，强化衔接配合，深化责任追究，切实防止脱管漏管。要健全和完善舆论引导工作机制，严格落实国办发［2013］68 号文件要求，对于严重精神障碍社区服刑人员肇事肇祸问题，要主动引导舆论，严格依据权威信息准确适度报道，切实防止恶意炒作和不实报道，减少负面影响。

（二）完善风险评估和预防机制，适时掌握动态信息

风险评估是预防严重精神障碍服刑人员再次犯罪的前提，也是衡量其能否复归社会的重要依据之一。司法行政机关在接收严重精神障碍社区服刑人员或发现疑似严重精神障碍社区服刑人员时，要及时向当地卫生计生部门通报人员信息，同时定期对社区服刑人员开展筛查，收集可疑线索，切实摸清底数。同时，重点做好该类人员的信息甄别、登记报告、诊断和危险性评估。经评估后发现存在安全隐患的，要及时采取措施予以排除或改进；发现确实不适宜社区矫正的，应当及时建议决定机关予以收监执行或强制医疗。

（三）推行重点管理机制和管控举措，切实提升预防能力

全面推行一人一策的重点管理机制，对严重精神障碍社区服刑人员，成立由监护人、司法所工作人员、村（居）委会干部、社区医生、社区民警、综治（民政）协管员、残疾人联络员组成的矫正小组，制定管控矫正方案，指导帮助监护人履行监护责任，实时掌握其动态基础信息。基层司法行政机关要将确诊的精神障碍社区服刑人员纳入严管对象，落实日常走访、个别教育、定期汇报、动态研判等措施，在特定敏感时期可适当缩小日常活动范围，对请假和变更居住地等申请事项严格审批。要拓展社区介入，做好严重精神障碍社区服刑人员治疗管控社区辅助工作，使社区成为严重精神障碍社区服刑人员治安防控工作落实的最微单元。①

---

① 陈慧君、王沁荔：《精神病人的社区治安防控》，载《武汉公安干部学院学报》2013 年第 2 期。

(四) 构建精准防治帮扶体系，助力和谐社会建设

对于危险性评估3级以上应当住院而未住院治疗的严重精神障碍社区服刑人员，司法行政机关应进行逐一梳理并送定点医院收治到位，同时定期与收治医院联系，了解相关情况。经治疗达到临床出院标准的，司法行政机关接到收治医院通知后，要及时携监护人（保证人）接回并办理相关移交手续，同时配合基层医疗卫生机构将其纳入健康管理。做好城镇居民基本医疗保险、新型农村合作医疗、城乡居民大病保险、医疗救助等制度衔接，实现对该类人员基本医疗保险全覆盖。对符合最低生活保障条件的该类人员，要积极协调民政部门及时纳入低保，对不符合低保或特困人员供养条件但确有困难的，通过临时救助等措施帮助其解决医治和生活困难。加强对重点人员的救助，对严重精神障碍社区服刑人员，应全部资助参保参合，并对其中的贫困人员给予门诊和住院医疗费用救助。特别困难的，县级司法行政机关应向当地党委、政府报告，将其救治费用纳入地方财政予以解决。

(五) 重视社区矫正队伍建设，着力提高工作水平

除法律专业人才外，可适当吸纳精神卫生医疗服务人员和心理学专业人员加入社区矫正工作队伍。强化业务培训，通过邀请法学、精神卫生、心理学、社会学等专家学者授课、实地观摩、案例分析等方式，全面提升社区矫正工作者法律、心理学、精神病学、社会学等业务知识水平和工作能力。在对精神障碍社区服刑人员管理救助的过程中，要指导社区矫正工作者不断更新管理服务理念和方法，注重人文关怀和心理疏导，注意语言的亲情化。管理交流过程中，要细心揣摩对方心理，耐心控制对方情绪，善于分析研判、随机应变，杜绝矫正对象失控事件发生。

毫无疑问，社区矫正的治疗作用对精神障碍服刑人员意义非凡。然而，在人类文明发展的进程中，精神障碍患者从来都被标注和描绘成一个“怪异”的有别于一般人的独特群体。[①] 由正常人构成的社区对这群特殊人群存在着不同程度的排异反应，这成为了精神障碍服刑人员社区矫正陷入复杂困境的渊薮。在立法瓶颈、理念缺失、社会误解、专业化不足等多重藩篱的阻隔下，对精神障碍服刑人员开展社区矫正还有很长的路要走。

(责任编辑：孙燕锋)

---

① N. Snow，W. J. Austin：《社区矫正制度：社区心理健康的道德平衡法》，唐邹意译，载《法治湖南与区域治理研究》2011年第3期。

调查评估工作的问题及建议

天津市社区矫正中心课题组 李树彬 姚铸荣 宋丽红 韩安莉*

为贯彻落实新时代中国特色社会主义政法思想，研究新时代社区矫正规律，提高调查评估工作质量，我们对天津市社区矫正适用前调查评估工作进行了历时4个月的调研，对各区存在的问题及困难进行了全面梳理。本文在着重揭示调查评估工作亟待解决问题的基础上，提出了相应的改进建议，以期规范运行调查评估工作和有效开展社区矫正工作。

一、天津市开展调查评估工作的基本情况

天津市社区矫正机构开展的调查评估工作包括三种类型：一是接受人民法院、人民检察院、公安机关、监狱的委托开展社区矫正适用前调查评估工作；二是依据《天津市未成年人刑事案件社会调查工作暂行办法》的规定，开展涉案未成年人社会调查；三是作为试点城市，对认罪认罚和适用速裁程序的犯罪嫌疑人开展调查评估工作。截至2018年8月，天津市社区矫正机构共接受各类调查评估委托达7654人次，采信率达40%。

在调查评估的工作实践中，天津市司法局主动作为，积极推进，采取了如下做法：

（一）建立便于操作的调查评估制度规范

天津市司法局联合天津市人民法院、天津市人民检察院、公安机关和监狱等部门于2012年印发了《天津市社区矫正工作实施细则（试行）》，2013年又先后印发了《天津市未成年人刑事案件社会调查工作暂行办法》和《天津市社区矫正适用前调查评估工作实施细则》，明确规定了调查评估的适用范围、程序内容、结论标准、公检法司机关之间的工作衔接以及调查人员的法律责任等，设计了相关文书标准样式，并配发文书制作说明，从制度上保证了调查评估工作规范有序运行。

（二）确立完善的调查评估工作体系

一是调查人员补充到位。天津市16个区的社区矫正机构严格按照有关规定，确保调查评估有两名以上工作人员进行。二是调查内容真实准确。按照委托机关

---

* 李树彬：天津市社区矫正中心党委书记、主任；姚铸荣：天津市社区矫正中心副主任；宋丽红：天津市社区矫正中心研究室主任；韩安莉：天津市社区矫正中心研究室干部。

的要求认真设计调查内容，做到调查评估内容翔实，情况准确。三是严格遵循调查程序。在充分调查的基础上召开评议小组会议，最后作出评估意见提交给委托机关。四是严守工作纪律。在调查评议中严格落实回避制度，保证调查和评议的结果客观公正。

（三）探索创新调查评估工作机构

蓟州区每年接受的调查评估委托案件百余件，且大多数为外埠法院委托。为解决地域范围广、调查评估时限短等困难，蓟州区司法局成立了进行调查评估工作的专门机构，该机构由3名在编公务员组成，与蓟州区社区矫正中心合署办公。该机构运行两年以来，已为委托机关出具了近200余份调查评估意见，并摸索出适合本区地域特点的调查方法，较好地完成了调查评估工作。

二、存在的问题

随着规章制度的建立健全，调查评估工作已经常态化开展。这一程序为社区矫正决定机关正确适用非监禁刑罚提供了参考建议，强化了社区服刑人员的身份意识，增强了社区矫正的执行效果。如何正确执行调查评估制度规范，使其真正发挥在正确适用社区矫正方面的先行作用，成为实践中各级司法行政机关面临的难题。

（一）调查评估案件数量的急剧增加与社区矫正机构人员力量不足的矛盾日益突出

2016年天津市16个社区矫正机构共接受调查评估委托963件，2017年共接受调查评估委托1833件，在人员数量没有明显增加的情况下，案件数量增加了近一倍。以天津市河西区为例，河西区社区矫正机构共有6名在编工作人员，4名专职社工，2016年全年办理调查案件30余件，2017年猛增到167件，进入2018年1月，已接受调查评估委托案件达到20余件，预计全年将超过200件。导致调查评估案件数量剧增的原因除社区矫正适用前的调查评估增长以外，速裁案件和认罪认罚案件的调查评估委托大量增加也是很重要的因素。可以预测，今后一段时间天津市的调查评估案件将进一步增加，人员不足的问题会进一步凸显。

（二）调查人员缺乏专业训练，影响了调查评估结论的客观性和公正性

根据《社区矫正实施办法》的规定，调查评估的主体是县级司法行政机关，但在实际工作中基层司法所承担了调查评估工作。近年来，司法所的工作力量虽然有所加强，但是仍存在以下问题：人员紧张、专业能力欠缺，调查方式方法缺乏技巧，内容单一，调查方向不明确，笔录过于简单，调查工作不深入不广泛，流于形式等；同时人户分离、群众不支持等原因也加大了调查评估的难度。调查的对象仅局限于辖区的村（居）干部、被告人（罪犯）和被害人及家属这个层面，真正深入走访调查周边群众的几乎为零，存在调查所得情况失实的现象，影响调查评估结果的真实性、客观性，作出的调查评估意见三言两语，千篇一律，质量无法保证。

（三）委托机关与调查机关衔接配合不通畅，阻碍调查评估工作的顺利开展

这一点具体表现在：委托机关提供的信息有限，如按照《社区矫正实施办法》的规定，调查机关开展调查评估时需走访被害人，但委托机关并不在委托书中提供被害人的信息，调查人又无从获悉被害人的有关情况，所以无法收集到被害人的意见。再如，公检法司沟通渠道不畅通造成的重复进行调查评估问题。有些地方社区矫正机构的调查评估工作仍在进行中，人民法院就已经作出了判决。委托机关对司法行政机关作出“不适用社区矫正”的评估意见采信率低，最终的结果是将不适宜社区矫正的服刑人员纳入社区矫正，出现监管难、执行难问题。如表1所示，全市平均调查评估意见被采信的比率只占四成，这种情况不仅浪费了宝贵的司法资源，还严重挫伤了工作人员的积极性。

表1　2015-2017年天津市各区调查评估案件采信数据

区县	和平	河西	南开	河北	红桥	河东	东丽	西青	津南	北辰	滨海	静海	宝坻	武清	宁河	蓟州
采用率	84	10	39	61	90	18	49	71	12	22	17	50	12	8	46	20

（四）调查数据真实性、有效性待论证，评估意见缺乏科学统一的评价标准

目前，天津市对调查评估大多采用的是定性危险评估法，即主要是根据社区服刑人员的基本情况和犯罪情况所作出的主观预测与分析，缺乏客观性。同时，调查评估工作未达到专业化，调查的内容、方式方法、调查人员及标准并不统一，评估意见受主观因素影响较大。

三、相关建议

调查评估是委托机关对被告人作出适用社区矫正决定的重要参考依据之一，关系着被告人、被害人、社区等多方权益，是司法公正的一项重要内容。为充分实现调查评估工作的价值，笔者建议从以下几个方面进行完善。

（一）完善立法，提高对调查评估工作的重视程度

通过修改《刑事诉讼法》或制定《社区矫正法》等形式，将该项制度纳入法律规定。用法律的形式规定该制度的具体内容、启动程序、调查主体、调查时限、适用范围、法律效力等，使该制度更具合法性和可操作性。在此基础上，应制定一套行之有效的社区矫正适用前社会调查评估办法，完善社区矫正制度，减少调查评估中的漏洞，避免随意性和不严谨性，使调查评估工作走上法制化、规范化、制度化轨道。

（二）强化队伍建设，成立专门开展调查评估工作的机构

成立专门从事调查评估机构可以在人员力量上给予保障，以应对调查评估案件数量不断增加的情况。专门的调查评估机构应由具备心理学、社会学和法学知识背景的专业人员组成，且需经过上岗前的专项业务能力培训，由经验丰富的同

志带领进行实训，通过大量的案例积累工作经验，提高应对不同调查对象的能力，实现调查评估工作的专业化。同时，也能改变现行的调查评估人员既做裁判员又做运动员的现状，使调查评估工作真正做到科学、公正。

（三）扩大宣传，增加调查评估工作的社会支持度

调查评估工作面广、量大，需要全社会的积极参与和支持。因此，要通过正面宣传，引导社会各界全方位了解和支持社区矫正工作和适用社区矫正前调查评估工作。结合普法工作，开展社区矫正适用前调查评估有关法律政策的宣传，打消群众对被告人或罪犯调查的顾虑，自觉地向调查人员全面地反映被调查评估对象的真实情况，为调查评估工作创造良好的法制氛围，使调查评估客观真实，为人民法院对被告人或罪犯的准确量刑、为社区矫正机构对社区服刑人员进行科学矫正提供有效的依据。

（四）加强衔接配合，建立委托机关与调查评估机构的协同工作机制

一是委托机关和接受委托的调查评估机构建立联系机制，加强双方的沟通反馈，对在社会调查评估中出现的问题及时协商；二是利用信息技术手段，建立信息数据共享平台，业务协同，切实减少基层重复劳动，提高工作质量和效率；三是调查评估机构作出的评估意见与委托机构意见不一致，评估意见不予采纳时，委托机构应及时将不采信的原因反馈给调查机关，取得评估机构的理解和支持，从而提高调查机关的工作效能，促进其有针对性地开展调查评估工作。

（五）推进调查深度，制定科学的调查评估标准

联合社区组成调查评估小组，深入走访评估对象家庭、受害人、同事、邻居、村居委等，全面了解评估对象的家庭社会关系、一贯表现、犯罪后果及社会影响，确保数据翔实；借鉴国内外成熟经验并结合天津市实际情况，不断完善社区矫正风险评估机制，使评估方法更客观、合理、科学、规范，提高预测结果的可信度；明确调查评估的项目，并根据每个项目在体系中的比重赋予不同的分值，对调查的结果进行量化，再根据量化结果形成最终的调查评估意见。

四、结语

调查评估作为社区矫正工作的一项重要工作内容，不仅为委托机关正确适用非监禁刑罚提供重要的参考依据，同时社区矫正机构通过先期介入，掌握被调查人大量的基础信息，与被调查人及家属建立良好的沟通关系，为日后社区矫正工作的开展奠定了坚实的基础，提高了社区矫正的工作成效。因此，社区矫正工作者要从思想上提高认识，克服困难，扎扎实实做好适用前调查评估工作，有效提高社区矫正的风险预见性，减少不稳定因素，增强社区矫正工作的效果。

（责任编辑：王天景）

“四个平台”建设与落实司法所社区矫正日常工作职能问题研究

浙江省平湖市司法局　高敏芬　孙剑威　朱　仙

司法行政机关作为基层社会治理的重要力量，其所负职能是基层治理体系的重要内容，必须融入“四个平台”（综治工作、市场监管、综合执法、便民服务）整体建设。近两年，平湖市总结提升社区矫正网格化服务管理模式，借助综治平台和基层网格，完善社区矫正基层帮教网络管理体系，以加强特殊人群管理服务为主线，充分运用网格化服务管理模式，使社区服刑人员管理纳入社区、进入网格。

一、社区矫正融入“四个平台”的主要做法

（一）融入平台管理资源，对接更加顺畅

主动适应基层治理体系“四个平台”建设要求，借助镇街道基层社会治理“一张网”、全科网格员工作模式，提出“运用平台资源，借助网格力量对社区服刑人员进行精准化管理”的思路。将社区矫正工作融入“四个平台”工作方案，向镇街道党委、政府作专题汇报，与综治办进行工作准入融合，司法行政业务统一纳入镇街道综合信息指挥系统，司法行政系统全面融入镇街道基层治理体系“四个平台”。联合多部门多单位，建立健全协作配合的管理体制和运行机制，通过“四个平台”联席会议制度及综治工作平台每周例会，开展信息汇总、社情分析、综合研判、流转督办、绩效评估等工作。

（二）借助全科网格建设，基础更加扎实

主动对接市委政法委、市综治办，在全省率先出台《平湖市社区服刑人员网格化服务管理试点工作方案》，进一步细化社区矫正工作纳入基层网格的目标要求、工作内容和工作机制。

一是队伍建设“四个纳入”：(1) 纳入矫正小组。全科网格员纳入所在网格社区服刑人员的矫正帮教小组。(2) 纳入业务提升。强化网格员业务知识培训，各镇街道综治办制订年度培训计划，社区矫正工作作为重点内容，对所有网格工作人员进行系统培训，切实提高全科网格员责任意识和履职能力。(3) 纳入日常督查。加强督查检查，进行动态管理，对网格员工作情况开展定期督查并及时通报，督促网格员认真履行工作职责，完成工作任务。综治办、司法所及各联合督查组

开展经常性督查，其中督查时必问网格员对社区服刑人员的掌握情况，包括基本情况、现实表现和可能存在的问题隐患。(4) 纳入业绩考核。各镇街道出台《全科网格工作考核办法》，将网格员管理服务社区服刑人员作为重要内容，在痕迹化考核的基础上，充分听取司法所和社区矫正专职社工意见。将社区服刑人员网格化管理与效能督查、绩效奖惩、综治考评等挂钩，定期对网格综合服务管理团队开展工作绩效考核，把考核结果作为奖惩依据。

二是管理服务“四个机制”：(1) 人员认领制。各镇街道制定《平安建设系统重点人员网格化管理工作规范》，明确辖区内重点人员录入、分派、认领程序，将社区服刑人员列为重点内容。司法所提供社区服刑人员信息给各村（社区）矫正工作站，按网格区域分派，网格员认领后开展管理服务工作，社区服刑人员报到后第一时间划入网格。(2) 工作痕迹制。网格员全部配备专用手机，安装“社会治理”APP 软件，开通系统账号，工作时通过上传文字、照片或视频的方式，及时反映其工作动态，综治办、司法所通过系统及时查看信息，了解掌握情况。(3) 视频互动制。“综治工作平台”接入派出所治安探头、数字城管探头、村（社区）服务窗口监控设备及一些场所的社会探头，全方位了解网格员走访等日常工作情况，并可及时查看社区服刑人员社区服务、重点时段日报到等工作。(4) 应急联动制。网格员协助司法所做好预警监测，对社区服刑人员进行风险评估，有的放矢地落实管控措施。综治办、司法所发现社区服刑人员异常情况后，通过平台下达指令，要求网格员及时介入，参与处置。遇特殊情况，公安、综治、信访、司法等部门通过“综治工作平台”，进行横向联动，共同处置。

(三) 依托综合指挥平台，运行更加高效

依托“浙江省平安信息系统”，整合平安建设、安全生产、食品安全等各条线网格，汇聚成来自村、社区和市场主体的“一网信息”，由综治工作平台统一分流处置。司法所开通平安建设信息系统 PC 账号，社区矫正信息数据的整合融合、日常监管信息的收集上报、流转交办、处置反馈，协同治理，统一指挥。通过社区矫正指挥系统向下延伸、联网运行，市、镇街道两级全部配备视频会议终端系统，市指挥中心利用视频会议系统进行集中教育培训、动态分析研判、巡查监督、应急指挥等工作，实现“中心”与基层实时互动，常规时段有效监测，特殊情况应急处置。

二、社区矫正融入“四个平台”的主要问题

(一) 统筹协调不畅导致工作不尽合理

1. 机制融入不够充分。司法行政系统全面融入镇街道基层治理体系“四个平台”，司法所与镇综治办、派出所等部门同属于综治工作平台，但部门间协调联动工作仍然不够充分，部门仍以原职能履行为主。网格员参与社区服刑人员走访巡查、数据收集、信息汇总等常规工作有效开展，但遇人员失联、违法违纪等特殊

情况，还需个案处理，横向联动机制尚未有效落实。在“四个平台”内部，司法所没有配备工作人员，信息采集、情况报告、指令下达、跟进落实等环节没有直接支配。

2. 执法协调不够深入。社区矫正工作管理改造罪犯，属于刑罚执行，司法行政部门强制手段不足，执法过程中需要相关部门有效配合。融入“四个平台”可以借助综治、派出所力量，协助开展相关执法工作。但由于部门间统筹、协调、共享、联合执法等机制的应用不够主动，执法协同推进没有深层次开展，如派出所配合开展教育、报到及集中劳动等工作，一些具有强制执法性工作还没有深入开展，无法形成有效震慑和高压态势。

3. 工作精力不够集中。一直以来，司法所都是基层社会治理的重要力量，除承担履行职能本身工作外，还要配合相关部门开展基层治理、维稳等工作。融入“四个平台”后，司法所较以前投入更多的精力参与中心工作。当前，社区矫正工作要求愈加细化，标准越来越高，需要更多的人力、精力投入此项工作。例如，2018 年开始实行的审前调查工作，每次需 2 人参加，并需深入到村社区。截至 10 月已审前调查 108 件。如此繁杂的职能和繁重的工作，致使司法所工作人员分身乏术，无法投入过多精力从事社区矫正工作。

（二）网格建设水平与实际需求差距大

1. 网格员配备不足。按照基层社会治理全科网格建设要求，全科网格员由网格长、专职网格员、兼职网格员、网格信息员组成。网格长主要由村社区干部兼任，是网格管理服务的总责任人，村社区是党委和政府各项工作的前沿阵地，涉及各个条线，在开展村社区常规工作之外，还要抓网格内日常事务，分身乏术，无力兼顾。专职网格员由相关部门抽调人员兼任，目前，部分司法所专职社工也被纳入网格员队伍，其处于综治工作平台统筹，还需要参与其他综治工作，削弱了社区矫正本职工作的履行。

2. 网格员水平不高。社区矫正工作既具有刑事执法的严肃性、规范性，又具有社会工作的专业性、综合性，需要网格员具有很高的专业素养。但是，全科网格员本为村社区干部，身兼多职，业务素质、工作能力也参差不齐，“全科”网格员并非“全能”，受精力、能力限制，直接影响“四个平台”工作实效。虽然司法局、司法所对全科网格员开展了社区矫正相关业务培训，但无法深入触及，实际工作中，仍存在手段单一、办法不多、措施不力等问题，个性化教育、社会化帮扶等工作广度深度都极为有限。

3. 网格员保障不力。“四个平台”工作落实需要充分发挥全科网格员的作用，因此要求全科网格员既要具有各项业务知识，又要具备吃苦耐劳的作风，但事实上存在网格员整体待遇过低、与其承担的工作任务不相匹配、工作积极性不高等问题。目前，各镇街道都建立了全科网格工作考核办法，建立了网格事项清单，给予网格员一定的报酬待遇。但责任清单内容全面涉猎，考核程序复杂，结果运用也无法真正反映工作成效。平湖市的解决办法是通过村社区工作站政策，对属于工作站内的网格员发放“社区矫正补贴”，但毕竟对象、数量有限，无法激励所有参与网格工作的人员。

（三）信息系统技术开发成为主要短板

1. 系统没有兼容。司法所隶属综治工作平台，政法委主导的平安建设信息系统和司法厅主导的社区矫正系统尚未打通，数据对接、业务协同和成果共享不足，造成数据重复录入，甚至一项工作需要录入两三个平台系统，影响指挥协调效率。社区矫正工作需要在司法行政新老两个系统和省平安系统或基层综合信息指挥平台同时录入。社区矫正系统可以比较客观、全面地反映社区服刑人员的基本情况，网格员却无法在线看到，既然要求网格员参与到社区服刑人员的监管、帮教工作中，就应该将此项权利下放到网格员。

2. 信息尚未共享。司法所采用文件交换纸质表格和电子邮件发送电子表格形式每月向派出所发送社区服刑人员基本信息，数据交换手段落后，无法掌握实时动态。社区服刑人员出现被依法行政拘留、司法拘留等强制措施的，司法所无法通过系统第一时间掌握，主要依靠信息化核查、走访等方式发现，影响对社区服刑人员采取进一步措施。社区服刑人员脱离监管、下落不明的，司法行政机关因缺乏职权和技术手段，只能采取联系本人、其家属亲友及走访有关单位和人员等原始方式组织追查。

3. 线上线下无法对接。社区矫正指挥中心和综合信息指挥中心均已实现纵向联网，全部接入视频探头，条线内部实现实时互动，但未实现对接，无法共享。社区矫正指挥中心无法使用综合信息指挥室接入的各级探头，社区矫正社会服务点验、实时监测等线上业务及自上而下指令发布、自下而上情况收集无法充分实现。司法行政工作的考核、检查主要是以纸质台账为主，而“四个平台”相关的工作痕迹都是通过系统平台操作的，势必造成重复工作，也在客观上影响了基层工作人员的工作热情。

三、社区矫正融入“四个平台”的工作建议

（一）深度有效融合，统筹资源配置

1. 完善协作机制。依托镇街道综治工作平台，将综治工作平台的管理服务资源与社区矫正工作资源相结合，将综治工作网络与司法所工作网络相结合，实现资源整合、工作融合、业务配合。完善综治工作平台内部协作机制，加强与综治办、派出所、信访办对接，共同开展社区服刑人员管控帮扶工作。特殊时段，将社区服刑人员中的重点对象纳入本地社会面重点对象管控范围，落实到镇街道相关部门、村社区、网格等基层单位和组织安保任务中。

2. 加强工作保障。司法行政融入“四个平台”，开展好各项工作，需要有足够的资源和力量予以支撑。就目前情况看，司法行政机关应进一步推动司法行政工

作力量下沉，突出专业化要求，加强一线执法力量建设，增强基层社区矫正工作力量，切实解决专门执法力量匮乏问题。保证专编人员数量，并按照工作需要，招录专职社区矫正工作者。镇街道也应该在资源、保障、人员力量上予以倾斜。同时，应加大政府购买服务投入力度，运用社会组织专业力量来开展社区矫正非执法类等工作，缓解司法所力量不足压力。

3. 探索专业执法。转变观念，加强社区矫正工作专业化的探索，如台州市天台县建立了跨镇街道的执法中队。在建立社区矫正执法大队基础上，积极探索社区矫正执法中队建设，采取分区划片的方式，建立社区矫正执法中队，由司法局社区矫正机构和片区内镇街道司法所共同组成，作为县（市、区）司法局的直属机构，承担片区社区矫正监管执法职能，指导、配合片区内镇街道综治工作平台协助落实监管教育帮扶职责，研究建立社区矫正执法大队与执法中队权力清单、责任清单。

（二）强化网格建设，突出专群结合

1. 建立专业团队。充分利用现有网格综合服务管理团队，加强司法所工作人员、矫正小组成员、社区矫正志愿者与网格管理团队的整合，建立和完善一支专门力量与社会辅助力量相结合的社区矫正工作队伍。建立健全专职全科网格员队伍，增加专职网格员力量，实现社区矫正专职网格员真正落地。网格员的选派要偏向年轻化，选取一批有业务能力、熟悉电子化操作的人员。加大对全科网格员的培训和指导，经常性开展司法行政工作业务知识和法律法规培训，重点对社区服刑人员管控上报流转处置、全科网格员应知应会内容展开培训。

2. 细化网格职责。科学地制定网格员社区矫正岗位设置、薪酬体系、绩效考核、奖惩待遇、考录选拔等规定，规范完善网格员工作机制，落实人员、职责、任务、待遇等工作。细化全科网格员社区矫正职责，将社区服刑人员和刑满释放人员的基本信息、居住地、家庭情况、解矫时间等信息录入网格平台，将违法违规行为、个人有重大变故或行为异常信息采集等工作全部列入专职网格员职责。健全考核激励机制，加大司法所对网格员的考核权限。加强业务指导培训，为村（社区）工作站、网格员开展帮教帮扶创造条件。

3. 推动志愿服务。坚持专群结合、以专带群，组织、培养社区矫正专业化社会组织，以群众力量弥补专业力量、专业手段的短板。培育建立一支有一定专业特长、参与面广、服务功能强、作用发挥好的社区矫正志愿者队伍，协助配合社区矫正机构开展思想引导、心理疏导、行为劝导、法制辅导、就业指导、帮扶开导等工作，做好社区服刑人员教育矫正、社会适应性帮扶等工作。发挥党建在基层社会治理中的引领作用，搭建党员志愿者参与平台，使党组织和党员成为社区矫正工作的重要力量，从教育、生活、管理、扶持层面开展全方位服务。

（三）加快系统整合，完善平台功能

1. 系统充分对接。借助政法系统信息一体化建设，打破信息壁垒，推进系统数据共享交换，使各条线的信息系统双向实时互通，推进政法各部门间系统无缝衔接。在镇街道综治工作平台，浙江省平安建设信息系统和司法行政职能系统间信息实时互通、数据共建共享，从而使得基层综合信息指挥平台实现一次录入，全面共享，避免重复劳动，提高工作效率。镇街道综合指挥平台和社区矫正视频指挥平台的对接融合，明确指挥平台有人具体开展信息化核查与视频监控等工作。探索建立社区矫正信息管理系统与网格化服务管理综合信息平台的横向对接机制，力求实现社区服刑人员日常信息网上录入、服务管理事项网上流转、工作过程网上监督、责任目标网上考核。

2. 数据深度融合。司法行政各项业务职能在综治工作平台全面融合、充分体现，自上而下的数据录入、指令发布信息同步，减少中间环节。司法局、司法所通过平台提供重点人员信息给各村社区矫正工作站，工作站按网格区域分派，网格员通过系统直接认领，确保社区服刑人员报到后第一时间划入网格。出现异常情况，通过平台下达指令，网格员及时介入，参与处置。网格员自下而上数据上传、情况收集汇报依例遵行，网格员通过系统上传文字、照片或视频的方式反映情况，司法局、司法所通过系统同步接收。建立政法部门社区服刑人员动态信息网上查询、比对、通报机制，对被采取治安处罚、司法拘留等措施的社区服刑人员，通过网络即时通报，并对接住宿登记、购票登记系统，防止脱漏管现象发生。

3. 延伸线上功能。抓好镇街道综合指挥平台和社区矫正视频指挥平台的对接融合，社区矫正视频指挥平台通过专线对接并入综合信息指挥室，司法行政系统纵向连接的同时，横向打通，能够接受市综合指挥中心指令。村社区矫正工作站、党员先锋站等工作场所接入视频探头，视频会议、网上咨询、社区矫正社会服务集中点验和特殊时段报到等工作实现线上开展。司法行政系统内的一些基础数据也可以适度开放，与村社区及网格员共享。例如，网格员全面推广“司法 E 通”，通过下载 APP 实施社区服刑人员信息核查，协助开展手机定位监管，实时核查。

（责任编辑：王天景）

社区矫正调查评估制度完善探究
——以云南省X市Y区为例

云南省丽江市古城区司法局社区矫正管理科　李晓颖

只有解决好什么样的人适宜适用社区矫正问题，才能“把好”社区矫正的“入门关”，把不适宜适用社区矫正的犯罪人“关”在社区矫正之门外，让“社区”中进行社区矫正的人员能够在现有条件不充分的环境下，最大限度地实现社区矫正的目的。

一、调查评估制度的概念

学界主流观点认为，调查评估制度是指由专门机构对拟适用社区矫正的人员的相关情况所作专门调查与评估，以供裁决时参考的制度。

调查评估有以下几类：一是假释前的调查评估。二是暂予监外执行前的调查评估。三是提起公诉前的调查评估。适用的对象是可能被判处管制、建议适用缓刑的犯罪嫌疑人。四是人民法院提出的调查评估。适用的对象是可能被判处管制、宣告缓刑、决定暂予监外执行的犯罪嫌疑人。五是对拟适用或者建议适用禁止令的调查评估。六是县级司法局委托拟变更地县级司法局开展的调查评估即变更居住地的调查评估。以上六类统称为社区矫正调查评估。

综上所述，调查评估制度是由专门机构对拟适用社区矫正或拟变更居住地的社区服刑人员的相关情况作专门调查与评估，以供裁决或接收时参考的制度。

调查评估主要包括被告人或罪犯的六个方面内容：一是个人情况。最重要且最难调查的是个性特征等。二是家庭情况。包括婚姻状况，家庭成员间的关系，对其犯罪及社区矫正的接纳态度。三是重要社会关系。其主要交往对象和主要社会关系。四是犯罪历史。五是悔罪表现。认罪悔罪及对人民法院判决的态度，是否积极缴纳了罚金，是否与被害人及被害人家属达成了谅解协议等。六是社区监管条件。是否有监护人、能否提供适宜的保证人，社区环境是否适宜，村（居）委会、派出所及周围居民的态度。

二、调查评估制度之困境

（一）调查评估制度立法困境

1. 全国性立法缺失。

（1）法律缺乏对制度本身的规定。《立法法》规定，必须以法律的形式来规定刑罚以及限制人身自由的强制性措施和处罚。而“调查评估”这个概念，只规定在“两院两部”出台的《社区矫正实施办法》中且仅有原则上的规定，对何为“调查评估”，调查的范围、程序等都未作具体的要求。

（2）法律缺乏对实施主体的规定。我国的基本法未明确将司法行政机关作为开展社区矫正的主体，仅在法规及规范性法律文件中予以明确。所以，司法行政机关在社区矫正工作中，常常因法律授权不足而面临执法尴尬的问题，在调查评估时显得尤为明显：司法行政机关是以什么身份去调查，工作人员在调查时有什么人身保障，工作人员到相关单位是否能够查看档案材料，是否能够要求相关单位配合，工作人员的调查结论是什么性质，等等。

调查评估是一项执法活动，调查过程中涉及调查权限及一系列的法律责任，司法行政工作人员面临着较大的“无执法权但有责任”的权责失衡的法律风险。

2. 规范性法律文件杂乱。《社区矫正实施办法》仅对“调查评估”作了原则性规定，未作具体的制度安排，各省市区都会按照各自实际，出台相应的《××省社区矫正实施细则》或《××省社区矫正调查评估办法》，因此，在我国就形成了调查评估制度规范性法律文件“各自为政”的局面。必然导致什么样的人适用社区矫正的标准各不相同，特别是在进行变更居住地的调查评估时接收的标准不一，居住地与户籍地司法行政机关时有法律适用冲突，不利于对社区矫正服刑人员的监督管理。

3. 未形成有效监督机制。调查评估是罪犯假释前的必经程序，是该罪犯能否被假释的重要依据之一。目前，由于调查评估制度的不完善，具体流程设置还不合理，开展调查的部分基层人员专业素养不高，特别是一些司法所因缺少工作人员，就以政府购买服务的方式聘用人员，但因福利待遇不高等原因，工作人员流动性较大、责任心差。因此，会被拟假释罪犯的亲属“钻空子”，如对直接经手的工作者“说人情”，甚至在了解了调查评估的流程后“打点”相关部门，如派出所、村（居）委会，使调查评估制度形同虚设。目前，在调查评估的过程中，“找关系”、“说人情”的现象已有所凸显，但缺乏有效的监督机制。

（二）调查评估制度的客观限制

1. 调查评估制度认知度低。不少社会公众缺乏对社区矫正的正确认知，想当然地把社区矫正等同于保外就医的监外执行，在社会公众的意识里就形成了犯了罪只要能适用社区矫正就不用到监狱服刑，换言之，公众普遍认为非监禁刑的适用降低了惩罚力度。因此，导致很多需要依靠社会公众完成的工作，大家采取的是冷漠甚至回避的态度。目前的状况是与此工作无关的社会公众持有不闻不问态度，必须参与到其中的社区公众持有随意应付、“不得罪人”、不担任何风险的态度。

政法部门中的工作人员同样存在理解不到位问题。部分政法部门的领导对社区矫正工作的重视度不高；相关部门对调查评估制度利用率不高，在可用可不用时就选择不适用。因为立法对人民法院是否委托司法局开展调查评估给了自由裁量的权力，再加上调查评估的具体流程还不明确，部分司法局的工作人员专业素养还有待提高，所以除了法律有硬性的规定，不然都选择不委托司法局开展调查评估。

2. 部门间协调配合不畅通。截至目前，从中央到地方尚未形成一个统一完整的社区矫正工作组织机构体系，各地的机构名称、设置方式、工作职能等存在差异。社区矫正工作领导小组成员单位涵盖面广，除了牵头单位政法委外还有人民法院、人民检察院、公安、民政部门等，但将这些职能有别、利益取向不同的部门集中起来工作，其领导、指导工作经常呈现有名无实的状态，部门间的协调配合不密切，甚至出现相互推诿、胡乱指挥现象，致使具体开展工作的司法局及下设的司法所无所适从，在调查评估工作时相关部门衔接不到位，配合不紧密。因此，社区矫正必须设立一整套“完备合理、层次分明、高效统一”的组织机构。

3. 调查评估经费落实不到位。“两院两部”在社区矫正起步阶段，就在相关意见中明确提到要建立社区矫正工作经费的全额保障制度。2006 年，财政部、司法部联合下发的《关于制定基层司法行政机关公用经费保障标准的意见》中再次明确，必须将社区矫正经费纳入公费经费的保障范围内。但在笔者调研的云南省 X 市，这些文件只是被简单地以红头文件的形式转发到 Y 区，相关领导对社区矫正工作的不够理解，导致相关经费就很难落实。目前，社区矫正经费不到位状况普遍存在，很多司法行政机关经费的来源为：依靠司法行政机关领导的个人能力从各级人民政府“要”来的临时性或一次性拨款和司法行政机关日常工作经费中调剂。

特别是调查评估工作经费保障不到位，将在一定程度上影响社区矫正整体运行的质量和效果。具体来说，在调查个人因素时，至少需要对被调查人进行心理评估，而心理评估需要专业的心理咨询师和心理咨询室，这些软硬件是需要经费来保障的。在调查客观因素时，需要到村（居）委会走访了解被调查人的生活经历、社会关系等，这些也需要相关的经费保障。

4. 调查评估工作队伍力量薄弱。S 市 Y 区司法局下辖 11 个基层司法所，司法所承担社区矫正的所有日常工作，司法所工作人员是具体开展调查评估的“主力”。近年来，虽然司法所的硬件设施明显得到了改善，但由于司法所工作人员兼职过多、任务过重，使其从事社区矫正工作时感到力不从心、疲于应付，如某街道司法所仅有 1 名女性工作者，截至 2017 年 1 月，该所在册的社区服刑人员达 40 人，工作量很大，何况她还承担着人民调解、法律援助、法制宣传、刑满释放人员管理、特殊人群管理及解除社区矫正服刑人员安置帮教等工作。此外，司法所的另一项重要职责是服务于党委、政府的“中心”工作，因此，她还承担着街道安排布置的其他工作。导致她无法全力做好调查评估，因为调查评估涉及对多个部门的实地走访、对多名相关人员的走访调查，涉及法学、社会学、心理学等多门学科知识的运用，当然，还要考虑时间的要求。显而易见，在这样的条件下，开展社区矫正调查评估工作就只能流于形式。

社区矫正工作者素质偏低，这是Y区司法局存在的最为棘手的问题。主要是因为："新人进入难"，尽管该司法局还有8个空编，但因为Y区总体满编甚至超编，故较少有人通过招录公务员的方式进入Y区司法局。即使有人顺利进入，但基层司法所的工作压力、待遇等职业环境，造成基层岗位人员流失现象严重，大部分"新人"在2到3年内会通过借调、抽调、选调生考试等方式离开Y区司法局。而留下来的人员中，素质参差不齐，"老司法"年龄偏大，工作经验丰富，但对研究业务的积极性不高，工作激情不足，大部分"老司法"不会使用计算机，不能适应电子化的办公方式。而新入职的公务员和购买公益性岗位的人员，因专业背景不同，对社区矫正的理解也不同，工作的思路和方法也各不相同，造成对社区罪犯的管理力度不够，甚至有畏难情绪，工作流于形式，工作没有方法，工作效果不佳。再者，Y区司法局从事社区矫正的工作人员无论是教育背景、知识储备、综合素质，还是专业化程度都处于较低水平，其突出表现为不懂不会社区矫正业务中的许多问题。原因有二：一是文化程度偏低；二是专业化程度不高。社区矫正涉及对罪犯的教育改造和心理矫治，工作者应具备一定的社会学、心理学等方面的专业知识，但该司法局社区矫正工作者中没有取得心理咨询师资格的人。

（三）调查评估制度自身缺陷

1. 调查评估报告法律性质不明确。"从国外的法律实践看，审前调查报告普遍被认为属于品格证据即用以证明一个人品德、品行好坏的证据。"但我国对调查评估报告的性质和作用规定尚不明确，法律属性尚存争议。导致该制度仅仅作为一项机械性程序，流于形式，不仅影响调查评估报告的准确性和客观性，还将影响相关部门对此项工作的重视程度及人、财、物的投入力度。

2. 适用调查评估制度与现实的法律冲突。调查评估的实施与人民法院审限存在冲突，因此适用该制度存在现实的困难。在我国，对于简易程序审理的案件来说，除了可能被判处3年以上有期徒刑的案件审限为一个半月外，人民法院应该在受理后20日内审结。这么短的时限加上这么烦琐的工作，在实践中常常出现：要么司法机关为了赶期限开展调查评估时不深入、不细致，得出的报告流于形式，没有发挥出实际效用，要么人民法院在是否进行调查评估可以自由选择的法律规定下，为了满足法律关于审限的规定，只能忽视现实的需要（罪犯到底适不适宜适用社区矫正），不对案件开展调查评估。

3. 程序设置单一。由于未在全国形成统一的调查评估法律体系，开展该项工作人力紧缺、经费得不到保障。调查评估的程序基本固化为：由有委托权的部门委托，司法行政机关指派司法所工作人员调查，司法所按时提交调查评估意见，司法行政机关根据调查意见出具调查评估报告并回函至委托部门，委托部门参照调查报告得出结论。从程序可看出，该制度的调查内容和方式过于单一。开展该制度的模式基本相同，说明来意后询问意见得出结论，被调查的部门和人员相对固定，如派出所、村（居）委会、邻里、担保人、亲朋好友；开展调查评估的方式相对固定，调查的方式为实地走访，形成调查笔录，相关部门出具意见。这样的调查内容和方式，往往会被被调查人的家属“钻空子”或使该制度形同虚设。

三、调查评估制度之完善

（一）完善调查评估制度立法

1. 建立健全调查评估相关法律法规。

（1）确认调查评估制度。目前，在法律未对该制度进行定性的现状下，开展此项工作的基层工作人员应积极探索如何更好地实现调查评估制度效用的方法，并将好的经验形成工作总结或建议上报上级部门，上级部门在充分调研论证后，将好的经验做法推广；专家学者加紧对相关学术资料特别是国外的做法进行比较研究，进一步完善调查评估的内容、程序，将研究出的理论成果运用到实践中，在实践中进行检验后将该制度本土化的理论成果提交人大等相关部门，引起相关领导的重视，推动《刑事诉讼法》对该制度进行定性，并对其相关内容进行原则性规定。当然，以上的对策都是“耗时耗力”的工作，需要满足很多条件并花费很长的时间。

那么，在现有条件不完备的情况下，“两院两部”应出台全国范围内统一适用的《社区矫正调查评估工作实施办法》，明确具体流程。例如，哪些人适用社区矫正调查评估，由哪些人开展调查评估、由哪个部门牵头、由哪几个部门配合，如何开展调查评估，明确调查评估报告的法律性质。

（2）落实实施主体地位。从开展调查评估等各项社区矫正工作中司法行政机关“有责无权”的现状来看，司法实务界、学者应积极献言献策，让高层注意到问题的紧迫性、严峻性，推进以法律的形式落实司法行政机关的社区矫正主体地位，达到权责平衡状态。

此外，从我国现行法律规定来看，与犯罪有关的刑罚执行活动都设有警察编制，对犯罪人实施强制性措施都必须由警察行使。从职能划分上来看，监狱管理的是围墙内的罪犯，社区矫正机构管理的是围墙外的罪犯。同样是管理罪犯的机构，一部分有司法警察的编制，一部分却没有，这显然对社区矫正的推进不利。监狱和社区矫正部门同属于司法行政的职能部门，具有统一管理，配备司法警察编制的现实条件。因此，应在县级司法行政机关及司法所中设立执法支队，执行特定的刑罚执行活动，这样在体现人性化的同时保障执法的严肃性。

2. 整合调查评估规范性法律文件。在调查评估制度全国性立法缺失，但在实践中又迫切需要开展调查评估的现状下，各省市区都应按照各自实际，出台相应的《××省社区矫正实施细则》、《××省社区矫正调查评估办法》。但出台的这些规范性法律文件除了按照各地实际制定外，还应严格遵照“下位法”不能随意更改

“上位法”中原则性的规定，具体的制度规定可依据实际情况灵活处理，即在“上位法”的统领下，各地各自制定的规范性法律文件具体内容虽有不同，但总体原则必须一致。

建立内部处理冲突时的协商解决机制。在出现因规范性法律文件规定不同，居住地与户籍地司法行政机关在开展调查评估工作发生冲突时，上级部门应及时进行协调解决，而不能推诿扯皮。

完善调查评估的解释体系。相关部门应对实践中出现的关于开展调查评估工作的疑难问题及时进行解释，出台相关文件。

3. 建立调查评估监督机制。开展调查评估的数量越来越多，为此，必须对此制度进行严格把关，杜绝权力被乱用、滥用，要加快建立调查评估的外部监督和内部监督机制。

外部监督机制，主要是指人民检察院和社会公众对调查评估的整个过程进行监督，其监督权力应在法律法规、规范性法律文件中有所体现。检察机关可以定期开展执法检察，发现问题，用检察意见的形式，督促改正，对涉嫌滥用权力、行贿受贿等严重违规违纪问题，应按照相关程序提请相关部门处理；社会公众也可通过电话、邮箱等渠道向检察机关反映问题，进行监督。

内部监督机制，主要是指限制工作人员的权力滥用。通过成立调查评估评审委员会，对个人权力进行限制。调查人员应对如何开展此次调查评估向调查评估评审委员会说明，由评审委员会以少数服从多数的方法确定调查报告的最终结论。

（二）整合资源打破调查评估制度客观限制

1. 提升调查评估制度的认知度。司法行政机关应加大力度对社区矫正工作进行宣传，要让公众理解对于犯罪情节较为轻微，社会危害性不大的社区服刑人员，是能够通过监督其行为、矫治其心理的社区矫正来使其顺利回归社会的。而哪些人适宜适用社区矫正，这就要公众积极参与到社区矫正调查评估工作中来，最大限度地发挥公众的作用，让社区矫正真正实现“社区”力量参与“把关”，在“社区”进行矫正，依靠“社区”进行矫正，最终顺利回归到“社区”的良性循环。

对于应该参与到调查评估工作中的部门，如政法委、检察、法院、公安、民政部门，应建立社区矫正工作联席会议制度，由政法委牵头，及时通报情况，加强配合，调动相关部门的工作积极性。司法行政机关应通过多种渠道加强对调查评估工作人员的业务培训。

2. 厘清相关部门职责。不断提高以政法委牵头的 Y 区社区矫正领导小组，指导 Y 区开展社区矫正工作的能力和水平。真正履行好对 Y 区社区矫正调查评估工作的指导职责，就必须加强区社区矫正领导小组自身建设，健全各项制度，加强内部管理，明确责任分工，落实工作责任。

加强相关部门的协调配合。在开展调查评估及其他社区矫正工作时，应与派出所、民政部门、乡镇政府（街道办）加强联系，协调配合，从源头上“把好”

社区矫正的“入门关”，最大限度地防范和减少社区服刑人员再犯罪和脱漏管。

3. 落实调查评估经费。司法部应会同财政部出台更为明确的有关社区矫正经费保障的意见，意见应强制要求各级政府限期整改并严格贯彻落实。还应明确社区矫正经费的划拨方式，调查评估的经费开支应在社区矫正经费中单列。

人民法院在每完成一笔罚金刑等财产刑后，都会有一定比例的返现额度，纳入人民法院的工作经费中。调查评估制度也可以参考这一模式，每完成一起调查评估，委托机关就按照一定的比例返现，这笔款直接纳入调查评估的经费中，也有利于提高开展调查评估工作的积极性。

4. 加强调查评估工作队伍建设。目前，部分司法所是 1 人所，无法正常开展调查评估，如做笔录时，最少需要 2 名工作人员。在现有公务员编制受限的大环境下，招录公职人员难度很大，为此，只能通过向政府购买服务和聘请志愿者的方式来解决，但又存在专业素养不高的问题。例如，Y 区司法局于 2013 年开始聘用以村（居）委书记、主任为主的社会志愿者。但这类人文化水平普遍不高，大部分凭经验办事，不明白社区矫正工作，尽管 Y 区司法局提供每监管 1 名社区罪犯每月补助 20 元，但因补助太少，大部分志愿者工作被动；区司法局于 2015 年开始招录以大学生为主的社区矫正辅助人员，工资为每月除去“五金”实发到手 1200 元。这些人中有的专业素质不高，加之工资低，工作环境较差，工作态度不端正，积极性不高。建议通过进一步细化、提高被招录人员的标准来解决。提高从事社区矫正工作者的素质，努力建设一支以司法行政机关为主，以社会志愿者和聘用人员为辅的“专群”结合的社区矫正工作队伍。

（责任编辑：孙燕锋）

教育矫正

浙江省嵊州市“社区学院”矫治模式的实践与探索

浙江省嵊州市司法局　过峰艳　何柯薇

一、“社区学院”矫治模式的缘起和发展

近年来，嵊州市社区服刑人员的数量逐年增多，原先配备的工作人员和帮教力量不足的短板不断显现，从而引发服刑人员教育管理难、就业安置难、重新犯罪控制难等一系列问题，在一定程度上影响了社会稳定。基于此，嵊州市高度重视社区矫正教育管理工作，进行专门部署、重点推进。其中，“牵手”工程在2009年被绍兴市委市政府授予创新发展“枫桥经验”十大成果，在依托社会化组织开展安置帮教方面进行了有益的探索。2013年，在“牵手”工程的基础上，嵊州市司法局以市社区学院为试点，成立了绍兴市首个“社区矫正（安置帮教）教育培训基地”，组织实施了“浪子回头金不换”培训工程。市社区学院建筑面积7000平方米，是教体局下属的公办学校，有全职教职工42名，外聘教师70多名，主要开展学历教育、老年教育、技能培训等，每年培训约2万人次，是全市规模最大的成人（社区）教育培训学校。通过五年多的积累，以及在理念、机制、方法上的不断创新，逐步形成了学习教育、社区服务、心理疏导、结对帮扶、技能培训等有机融合的综合矫治模式，为服刑人员提供教育、管理、培训、考证、就业推荐等“一条龙”服务。“浪子回头金不换”培训工程在2017年被评为浙江省成人教育品牌项目。

二、“社区学院”矫治模式的实践和做法

（一）整合优势资源

一是纵横联动，建立组织。2013年4月，市司法局联合教体局、人力社保局、矫正办等四个单位，在社区学院建立了“社区矫正（安置帮教）教育培训基地”，建立了以常务副市长为组长，各部门负责人为成员的工作领导班子，并明确了各部门的工作职责。同时，积极吸收公安、检察、法院、红十字会、团市委、民政局等多部门的优势资源，形成了“大帮教、大联合”的社区矫正格局。2018年，

在原有的社区学校结构基础上，进一步拓展基地建设，在金庭镇试点，构建了市、镇、村三级社区矫正教育培训基地，使社会化组织参与社区矫正工作向纵深发展。二是创设条件，强化基础。市社区学院先后投入20多万资金，配备了修心教育室、宣讲台、多媒体室等，更新了各类技能（家政、计算机、月嫂、茶艺、中式烹饪、西式糕点房等）实训室设备，教学楼建筑面积达800多平方米。金庭镇基地设有三层教学楼，内设烹饪培训室、缝纫培训室、图书室、资料室、多媒体室、电脑室等，设施齐全，全面加强“硬文化”。同时，积极融入法治“软文化”，增设名言警句、法律学习板、案例警示板等，营造法治氛围。三是落实经费保运行。通过政府购买和定向委托的形式，与社区学院签订服务合同，为服刑人员提供思想、文化、技能、就业等全方位的免费服务。充分利用人力社保局的农民工培训等项目资金，技能培训全部落实“政府买单、免费培训”，另由司法局每年支付7万元作为日常管理和基地建设费用（包括教师讲座费、水电费、茶水费、清洁费等），确保基地正常运行。

（二）组建帮教队伍

一是配备专业管理队伍。社区学院成立了由正副院长和9名具有专业等级水平和多年培训管理经验的教师组成的教育管理队伍。金庭基地配有专职教师4人，外聘教师10人，具备较强的办学力量。二是精选讲师队伍。成立由公、检、法、司、省乔司监狱、市场监管、第五医院等多部门专业人士以及社区服刑人员、刑满释放人员代表组成的社区矫正“修心教育讲师团”，重点向服刑人员宣讲相关法律法规、真实案例、心理辅导、人生规划等内容。建立社区矫正课件库，包括PPT、书面教材和视频授课等资料，实现资源共享。三是组建志愿者队伍。组建由社区服刑人员、社区学院教师、未成年人帮扶团队及人武部教官组成的“越善”志愿者队伍，设计了独特的标识和服装。其中，社区学院教师主要与10位法治意识淡薄、生活困难、情绪不稳定的重点帮扶对象结对，向困难社区服刑人员伸出援手，送去米、油等食物以解燃眉之急；未成年人帮扶团队主要由公、检、法、司的青年团干结对帮扶社区服刑未成年人，引导其顺利就业、就学等；人武部教官主要负责入矫阶段的军事训练，强化规范和服从意识。同时，与团市委志愿者工作结合，将“越善”志愿者队伍纳入全国“志愿汇”活动，让服刑人员在社会化帮教中积极融入社区活动。

（三）开展“四式”矫治

一是开展“主题式”集中教育。发挥“修心教育讲师团”力量，每月组织全市服刑人员到社区学院进行“主题式”集中教育活动，按照“法治正心、道德润心、文化育心、心理塑心”等“六心”修心教育要求，开展法律教育、安全教育、思想道德教育、文化教育、心理健康教育等。例如，2013年开设的“双证制”教育培训，将学历教育和技能培训结合，在形式上不拘泥于课堂授课，还开展了“读书会”、撰写“忏悔书”、写心得体会、以身说法、组织宪法考试等互动式、体验式学习等。截至目前，已开展40多场集中教育，教育人次达2000余人。二是组织“需求式”技能培训。“授人以鱼不如授人以渔”，社区学院为学员提供了近30项技能培训项目，通过学员“菜单式”点单按需报名。近年来，开展了电子商务、西式面点、中式烹饪、红十字急救、越乡嫂等近10个技能培训，每期学习时间在20天左右，学习完毕后直接进入考核，合格的学员均可免费获得人力社保局颁发的技能证书。金庭培训基地结合乡土特色和资源优势，为服刑人员开设小笼包、厨艺、果树嫁接、计算机培训等课程。三是提供“推介式”就业帮扶。对于优秀学员和有就业需求的学员，开通微信、热线电话、中介介绍等服务渠道，开展就业推荐、咨询等帮扶工作。在社区学院一楼设立“惠民职介所”，由社区学院专门工作人员下村入企，负责报名、就业推介等工作；与人力社保局、小笼包协会等建立就业信息服务制度，与锦程猎头公司建立就业岗位联系制度，为服刑人员提供实时就业咨询、针对性介绍和推介就业等服务。社区学院联合7家乡镇企业建立了过渡性帮扶基地，重点安置参加过社区学院技能培训的特殊困难人员，实现社区服刑人员择业创业教育和个人谋生能力双推进、双提升。四是引导“反哺式”社区服务。社区学院组织开展了“用真诚感召心灵，用爱心唤醒回归”的社区服务。组织学员到市民政救助站、敬老院开展公益爱心活动，感受赠人玫瑰、手留余香的美好；围绕中心重点工作，助力开展争创“五星3A”、国家文明城市创建、污水共治、垃圾分类宣传等“一月一主题”社区服务活动；组织“越善”志愿者献血、普法宣传等，化被动为主动，通过公益改造自我。

（四）注重分类管理健机制

一是建立全面化制度。制定了服刑人员管理制度、基地管理制度、培训计划、教师上课规程、学员守则、课堂纪律等一套比较完善的管理制度。建立跟踪管理负责制，每次教育培训时，由社区矫正科和司法所干警到场负责现场管理，确保培训教育等有序进行。二是实施类别式管理。根据新入矫、矫正中期、即将解矫三个阶段开设针对性课程，为重点对象开设特色课程，做到分类施教，有的放矢。三是纳入积分制考核。根据2018年出台的《嵊州市社区服刑人员分类管理及考核考评办法（试行）》，实行社区服刑人员每月考核积分制管理。学员在社区学院学时纳入“两个八小时”，其表现作为司法部门对每个服刑人员年度评定的主要依据之一，认真学习科学文化知识及相关职业技能，取得等级证书等几项行为给予加分，反之扣分，并直接影响其分类管理等级调整，为确保社区学院帮教管理质量上了一道“保险杠”。

三、“社区学院”矫治模式的优势和成效

近年来，市司法局以社区学院为载体，实施“浪子回头金不换”培训工程，加强服刑人员教育矫治，目前已形成了切实可行的独特模式，开辟了社区矫正教育矫治的新途径。

（一）乐于矫治促回归

对服刑人员开展学员式教育和管理，实行“去标签化”的心理疏导和结对帮扶，将刑期当学期，使服刑人员消除对矫正工作的敏感心理和敌对心态，促进其重塑信心，走向新生。同时，避免了以往帮教的随意性和形式化，促进了“两个八小时”制度落实。

（二）资源丰富显魅力

社区学院组织体系成熟，教育资源集中丰富，可综合利用的项目资源多，由其来承担社区矫正的教育培训，既发挥了学院的社区教育统筹功能，又解决了司法部门场地、师资及组织管理人员力量不足的问题，并通过人力社保部门落实“政府买单、免费培训”，极大地节约了政府资源。同时，社区学院因人制宜开设“主题式”“菜单化”课程，教学过程中注重因人而异、分类施教，有力彰显了社区教育的魅力，润物无声。

（三）成效明显利发展

目前的社区矫正工作已不局限于单一的监管，而是一项综合性的工作。“浪子回头金不换”培训工程是推行社区矫正社会化帮教的有效创新。近年来，嵊州市再犯罪人数实现了逐年下降，从2013年6人、2014年3人、2015年2人、2016年1人、2017年1人，到2018年0人，最大限度地防止了脱管漏管和重新犯罪。社区学院每年培训量在500人次以上，技能培训已达400余人次，考证合格率在92%以上，中级工以上的获证比例达31%，其中金庭镇17名在册服刑人员已有12名获得了人力资源部门颁发的技能证书，规模效应明显、办学制度常态化。

四、“社区学院”矫治模式的思考和探索

“社区学院”矫治模式虽初见成效，但对照上级的要求及当前形势，还任重道远。仍需不断深化推进、克服困难短板、优化总结提升，实现不仅“管得住”、还能“矫治好”的目标。

（一）以队伍建设为抓手，探索教育帮扶新突破

社区学院在充分利用专家学者教育优势的同时，要不断提升学院队伍的专业化、正规化建设，为服刑人员提供多元化、常态化服务。推行“专职+兼职+班主任”教育模式，保障有充足的师资和时间开展“两个八小时”活动，提高每次活动的组织质量；构建“专业+社工+志愿者”队伍，充分发挥市矫正办成员单位干部、社工的力量，强化资源综合利用，给予更多心理矫治、技能培训、就业推荐等方面的帮扶；利用“网格+”，建立一支类似“嵊州村嫂”般稳定的志愿者队伍，将志愿活动时间与每月的8小时公益劳动相结合，形成常态化制度，营造良好的社会帮教氛围，及时将服刑人员的不良苗头化解在萌芽期，逐步打造共建、共治、共享的社会治理格局。

（二）以落实经费为保障，确保机制运作新常态

目前，市财政为基地的正常运作给予了基本经费保障，但是对于社区矫正成立专业化社会组织、开展多样性的活动以及基地建设的提档升级等，仍需要更多的资金支持。要结合市民政部门社区服务类“公益创投”项目，争取更多的资金和项目扶持；要挖掘红十字会、民政、人力社保、妇联、团市委等部门资源，用足政策，开源节流，防止社区服刑人员因生活所迫导致重新犯罪；要营造社会对特殊人群的关爱氛围，通过乡贤组织、企业家协会、商会等平台，给予民间资金赞助等，盘活机关、企事业、群团组织、社会组织等源头之水。

（三）以阵地建设为支撑，打造多元帮教新平台

目前，社区学院在教育矫正和技能培训中显示出强大的力量，而在公益劳动和就业实践方面相对薄弱。要不断加强以社区学院为中心，“1+N”的社会帮教阵地建设，引入多元社会组织，完善社会力量参与社区矫正工作机制，增添矫正帮教新动力。目前，市司法局已在从事不同生产经营的10家企事业单位中建立了实践帮教基地，同时派驻法律顾问，帮助企业解决发展难题，化解企业矛盾纠纷，赢得基地企业认同，达到“双赢”效果。努力形成“全方位监管、多方位教育、立体式帮扶”的社区矫正矫治工作新格局。

（四）以纵深发展为目标，引领矫正工作新发展

要进一步推动“社区学院”教育矫治模式向纵深发展。以金庭镇试点为模板，逐步将中心镇、偏远乡镇的社区学校纳入“社区学院”模式中，以统一计划、划区集中、分片组织的运作方式，全面构建市、镇、村三级社区矫正教育培训基地，保障就近学习劳动，使有限的帮教资源得到最大化利用，实现教育模式从“单体”向“团体”转变；要利用校园教学资源优势，建立网络学院，使集中学习由单一的线下模式扩展为全员在线培训，突破时间和空间的限制，实现师资共享和技术共享；要充分利用村（社区）社区矫正帮教工作站、农村文化礼堂等基础阵地，依托基层社会治理“四个平台”和全科网格建设，夯实社区矫正帮教基础，努力把“盆景”培育成“风景”，发扬嵊州特色。

（责任编辑：韩建勇）

社区服刑人员心理矫治实践与思考

浙江省杭州市拱墅区司法局 郑 宏 潘 劲 李廷战

社区服刑人员心理矫治，是在社区矫正过程中，具有心理矫治资质的工作人员运用心理学知识、技能和方法，通过开展心理评估、心理健康教育、心理咨询和心理辅导，以及心理危机干预等一系列活动，帮助社区服刑人员消除不良心理，调节负面情绪，矫正犯罪心理，培养良好习惯，从而提高矫正工作质量的一种矫治措施。《社区矫正实施办法》第 17 条规定："根据社区矫正人员的心理状态、行为特点等具体情况，应当采取有针对性的措施进行个别教育和心理辅导，矫正其违法心理，提高其适应社会能力。"可见，心理矫治是社区矫正工作的重要内容。本文将全面展现杭州市拱墅区社区服刑人员心理矫治工作开展情况，分析心理矫治工作中迫切需要解决的几个问题，并提出针对性的改进措施，期有些微借鉴价值。

一、社区服刑人员心理矫治的意义

（一）提高社区矫正质量的需要

从本质属性来看，社区矫正是刑罚执行活动，具有严肃性、强制性。但与监禁刑相比，社区矫正也体现了刑罚的人道主义精神，即在不脱离社会的前提下，实现社区服刑人员的再社会化。社区服刑人员的行为恶习和犯罪心理的形成，有一个长期积累、从量变到质变的过程，尤其是盗窃、诈骗、赌博、吸贩毒等行为恶习和法律意识淡漠、心存侥幸等犯罪心理，矫正起来难度很大。简单粗暴、强迫命令的教育方法已经不适应新时期教育矫正罪犯的需要。社区矫正工作者必须与时俱进，学会利用科学的方法来教育改造罪犯。心理学专业知识和技能应用于社区矫正，有利于实现社区服刑人员再社会化，提高社区矫正质量。

（二）解决社区服刑人员心理问题高发的需要

社会经济飞速发展、生活节奏日益加快，导致了现代社会心理问题高发频发。我们对 134 名社区服刑人员进行了"90 项症状清单"测试，结果显示：12 人总分高于 160 分，15 人单项因子分高于 2 分，需要进一步筛查的为 27 人，占总测试人数的 20%。这个比例远远大于正常人群。相对于普通人群而言，社区服刑人员需承受审判、刑罚执行带来的压力，更容易产生以下心理问题：罪犯就是坏人的传统观念使其对生活缺乏信心，内心焦虑、恐慌；犯罪记录影响前途，甚至子女当兵、考公务员也受到牵连，许多人为此深深自责；社区服刑人员每月需要完成报告、教育学习、社区服务等矫正任务，工作受到影响；社区服刑人员容易被误解，一些单位和群众不愿意接纳他们，人际关系紧张。我们必须正视社区服刑人员的各种心理问题，通过心理矫治，使他们学会控制自己的情绪，减轻、消除不良心理，改变错误认知，发展良好的个性品质。

（三）社会治理创新的需要

社会心理服务体系建设是社会治理的重头戏，而社区服刑人员心理矫治作为其工作的一部分，任务尤为艰巨。拱墅区作为全国首批社会心理服务体系建设试点单位，区委政法委牵头组织卫计、公安、民政、残联、司法等多家单位共同参与开展社会心理服务试点工作。社区服刑人员经过社区矫正部门的教育矫正，顺利回归社会，成为守法公民，不只挽救一个人、幸福一个家庭，也为社会稳定增添积极因素。心理矫治充分体现了社区矫正工作社会化、专业化水平，考验社区矫正部门的工作能力和智慧。从社会治理的角度出发，我们有责任为每一名有心理问题的社区服刑人员提供专业心理服务。

二、拱墅区社区服刑人员心理矫治实践

拱墅区心理矫治工作从无到有、由弱到强，走出了一条自己的道路。在被省司法厅列为全省试点单位后，我们拉高标杆，投入大量人力、物力、财力，进行大胆开拓，取得了一定的成绩。

（一）加强软硬件建设

1. 设立心理矫治工作室。2017 年 9 月，拱墅区社区矫正中心投入使用，设有心理矫治工作室、心理评估室、心理咨询室、心理健康教育室。心理矫治工作室安静温馨、阳光充足，通风良好，还配置心理测试专用电脑 1 台、办公电话 3 部、传真机 1 台、彩色打印机 1 台、心理沙盘 1 件、心理矫治档案柜 1 架、心理放松椅 1 张、茶几沙发 1 套。心理健康教育室内配备了教学用白板、书架、桌椅、网络电视，采购两万余元图书。这些硬件建设为我们开展心理矫治工作提供了物质保障。

2. 重视心理矫治人才培养。2012 年，经局党委会研究决定，鼓励从事社区矫正工作的公务员、协理员参加全国心理咨询师职业资格考试，利用周末上课或脱产学习方式进行专业培训。对于获得资格证书的人员，培训费用由司法局全额报销。到 2017 年 9 月 12 日，人社部取消心理咨询师职业资格考试前，先后有 10 人参加了心理咨询师职业资格考试，获得二级心理咨询师资格证者 1 名，获得三级心理咨询师资格证者 8 名。目前，从事社区矫正工作的人员中有 5 人持有心理咨询师资格证。依托拱墅区行知行帮教驿站，矫正中心有 4 名工作人员参与心理矫治工作。下辖 10 家司法所各由 1 名工作人员负责本所心理矫治工作。心理矫治工作人员阵容强大，基本满足了日常心理矫治工作所需。

（二）提高心理矫治社会化水平

1. 引进心理云心理评估系统。与浙江莲芯健康管理有限公司签订合作协议，引进该公司开发的心理云心理评估系统。该系统提供了症状筛查、认知神经测试、性格个性量表、职业心理测试、婚姻家庭评估等八大类共 125 种心理测量量表。既满足了常规工作需要，也可以根据社区服刑人员的特殊情况，提供有针对性的心理测试。初中以上文化程度的社区服刑人员在工作人员指导下完成测试，系统自动导出分析报告，打印后心理咨询师签名，归入心理矫治工作档案。心理云心理评估系统的使用，极大提高了工作效率。

2. 引入社会公益组织。心理矫治是专业性很强的工作，仅仅依靠体制内工作人员是无法提升工作质量的，专业的事必须要由专业的人来做。为贯彻党的十九大精神，提高心理矫治工作社会化、专业化水平，拱墅区司法局分别与拱墅区行知行帮教驿站、杭州民生公益、杭州真言健康咨询有限公司、杭州慧丰健康咨询有限公司签订合作协议，组建了行知行心理矫治专家团，定期邀请专家团成员开展心理健康教育、心理咨询和团体心理辅导。社区服刑人员的心理评估、日常监管、个别谈话由社区矫正工作人员完成，同时心理健康教育、团体心理辅导、心理咨询和心理危机干预联系了有心理服务资质的社会组织，由他们提供专业性的心理服务。

3. 利用公共心理服务场馆。中央为了创新社会治理，推进社会心理服务体系建设，选取了 12 个区县作为试点建设单位。作为试点工作的一部分，拱墅区经过精心选址，在杭州市和睦路 128 号闹市区建立集普及心理学常识、心理健康教育和心理辅导于一体的“拱墅区爱心科技体验馆”。这是全国首家心理服务体验馆，有 30 个体验项目，为群众提供免费的心理服务。体验馆日常管理由浙江理工大学心理专家团队负责，每日有 3 到 4 名心理专家坐馆。为了拓展心理矫治工作，使公共心理服务场馆资源得到高效利用，我们草拟了《关于组织社区服刑人员体验区爱心科技体验馆实施方案》呈报区委政法委，并得到了批准。我们利用体验馆场地和服务力量组织社区服刑人员开展心理体验、心理健康教育、心理团体辅导和心理个案咨询等活动。2018 年，共组织社区服刑人员进场馆体验 10 场次，计 191 人参加；进馆团体心理辅导 6 场次，计 104 人参加。

（三）心理矫治日常工作

拱墅区心理矫治日常工作的内容包括心理评估、心理健康教育、团体心理辅导、心理咨询、心理危机干预等。

1. 心理评估。心理评估是心理矫治最基础的工作，我们将心理评估列为入矫报到的必经程序。为了使心理评估准确、全面，我们综合运用行为观察法、心理量表法、心理投射法、谈话法、犯罪情况分析法对每一名社区服刑人员进行心理健康评估，并形成评估意见。心理评估的信度、效度大大提高。我们观察他们的仪态举止，从细微处剖析其个性特征和心理状态；利用“两表一画”（90 项症状清单、艾森克人格测试、房树人绘画测试）对社区服刑人员进行心理测试；首次谈话中了解他们的家庭情况、成长经历、兴趣爱好、认罪悔罪态度、交友情况等；仔细研读判决书，分析他们犯罪原因和犯罪心理。心理评估意见发至所属司法所，司法所据此制定矫正方案，确定社区矫正监管教育措施。自 2017 年 11 月至 2018 年 7 月，我们进行 90 项症状清单测试 151 人次，艾森克人格测试 104 人次，房树人绘画测试 102 人次，首次谈话 153 人次，形成心理评估意见书 102 份。

2. 心理健康教育。心理健康教育是根据社区服刑人员的生理、心理特点，运用相关心理教育方法和手段，使其学会认识自己，剖析自己，自觉调整心理状态，积极面对矫正生活。自 2018 年以来，我们共开展心理健康教育 16 场，受教育社区服刑人员 413 人次。邀请心理专家为社区服刑人员开展面对面的心理健康教育，至少起到了四个方面作用：其一，通过普及心理学知识，社区服刑人员知道了心理学是一门科学，心理健康是幸福生活必备的条件之一；其二，社区服刑人员对司法部门的心理矫治工作有了初步理解，消除了抵触心理，使他们愿意接受我们提供的各种心理服务；其三，一些有轻微心理问题的社区服刑人员能够运用学到的心理健康知识主动调节不良情绪，缓解心理压力；其四，有心理健康障碍的社区服刑人员，在自己无法解决问题时，他们会主动向心理咨询机构求助。

3. 团体心理辅导。团体心理辅导是在团体情境下进行的一种心理咨询活动，它通过团体内的人际交互作用，利用团体动力，以及采用适当的心理咨询技术，在交往中通过观察、学习、体验等方式，协助个体认识自我、探索自我、接纳自我，调整并改善与他人的关系，学习新的态度与行为方式，发展良好的适应能力。团体心理辅导是介于心理健康教育与个别心理咨询活动之间的心理矫治方法。活动中包含心理健康教育的内容，但更多地是运用心理学知识给予参加者以心理辅导。相对于一对一的心理咨询而言，团体心理辅导充分利用了人类的乐群性特征，通过与其他成员的沟通和交流，在相互影响与作用的过程中实现个体对于自身问题的认识与解决。除了团体的优势得到充分利用外，团体心理辅导效率比心理咨询要高许多，一场团体心理辅导惠及十几人。我们针对社区服刑人员容易出现的心理问题，设计了亲子沟通、正念减压、人际交往、挫折应对等主题团辅活动，在社区服刑人员微信群里发布公告，招募成员。工作人员根据心理评估和日常监管了解到的相关情况，最终确定 104 人参加心理团体辅导。104 人分成 6 个主题小组，每个小组 15 至 20 人，分别开展心理团辅活动。在轻松的团体氛围中，社区服刑人员心理问题得到解决。

4. 个别心理咨询。少数社区服刑人员心理问题较为严重，通过心理健康教育、团体心理辅导无法解决，从而影响到正常的工作生活和教育矫正。通过“90 项症状清单”测试，筛选出 32 名社区服刑人员进行进一步检查，结合房树人绘画测试、艾森克人格测试、个别谈话、行为观察，筛选出存在较重心理问题社区服刑人员 12 人。联系杭州真言健康咨询有限公司、杭州慧丰健康咨询有限公司具有执业资质的心理咨询师对他们开展个别心理咨询。7 人经过 3 到 5 次心理咨询恢复了健康心理，5 人经过 6 到 8 次心理咨询恢复了健康心理。

5. 心理危机干预。针对处于心理危机状态的社区服刑人员，心理矫治工作者及时给予适当的心理援助，使之摆脱心理危机。心理危机的及时发现是工作取得成效的关键，我们通过三种途径发现社区服刑人员是否存在心理危机。首先，入矫时通过测试、观察、谈话、分析犯罪情节进行心理评估，如果发现社区服刑人员存在心理危机，立即启动心理危机干预。其次，在社区矫正过程中，司法所在个别谈话、日常走访、社区服务、教育学习中收集相关信息，发现社区服刑人员出现心理危机，及时向矫正中心报告，启动心理危机干预。最后，在社区服刑人员被处以警告以上处罚时，心理矫治工作者与其进行面对面谈话，掌握其心理状态，判断是否存在心理危机。2018 年，有 3 名社区服刑人员经过心理危机干预之后，心理恢复到平稳状态。

三、社区服刑人员心理矫治存在的问题

（一）顶层设计缺位，无硬性的考核要求

社区矫正起步晚，工作人员匮乏，队伍不稳定，缺少教育矫正专业人才。在前期社区矫正实践中，各地社区矫正工作逐渐走向规范化。但是，工作规范的重点主要是监督管理、集中教育和社区服务等有明确考核要求项目。心理矫治不被列入工作考核，不少领导还不够重视，心理矫治工作在许多地方没有落到实处。甚至在《社区矫正实施办法》中关于心理矫治的内容只有寥寥数语，地方性的文件、办法中也鲜有相关内容和要求。顶层设计缺位，心理矫治工作基本上是以区县为单位在进行试点，造成大量重复性、盲目性的劳动。

（二）人才队伍匮乏，岗位培训严重不足

心理学专业人才较少，司法行政系统招录公务员又多以法学为主，因而能进入司法行政系统的心理学专业人才少之又少。由于社区矫正工作的需要，各地司法行政部门鼓励工作人员报考心理咨询师，一批人通过在职学习、考试，最终拿到了心理咨询师证书，其中多以三级证书为主。持证心理咨询师上岗前一般需要有数百小时的实习经历，这是体制内的工作人员无法达到的。未经过系统的岗前培训就匆匆上岗，上岗后也缺乏心理矫治相关专业培训，难以胜任心理矫治工作。人才匮乏成为制约心理矫治最大的瓶颈。

（三）社会力量薄弱，参与机制不健全

社区服刑人员心理矫治是专业性很强的工作，按理说可以通过政府购买服务的方式让专业性的社会组织参与心理矫治，但实际操作起来还有许多问题：中国的心理研究工作起步晚，提供心理服务的社会组织自身还处于起步发展阶段，需要有一个相当长的完善过程；社区服刑人员的心理矫治具有心理服务、社区矫正的双重属性，社会组织在提供心理矫治服务时一般严格遵循心理服务的相关规定，

无法将心理矫治和社区矫正二者结合起来；社会组织良莠不齐，很多追求商业利益最大化，公益性不足；司法部门与社会组织在心理矫治工作上还缺乏长期有效的合作机制，难以建立起稳定的合作关系。

（四）局所联结不畅，司法所工作弱化

社区服刑人员心理矫治是一项系统工程，涉及报到入矫、日常监管、个别谈话、教育学习等所有社区矫正工作，贯穿社区矫正全过程，甚至可以将心理矫治工作向前延伸至审前社会调查阶段，用心理学的知识对被调查人员进行人身危险性评估。区县社区矫正中心只在报到入矫阶段直接接触社区服刑人员，司法所负责社区矫正日常管理工作。入矫后，社区服刑人员的心理特征及情绪变化只能由司法所负责收集上报。目前情况下，司法所人少事多，心理矫治工作很难落到实处。

四、改进心理矫治工作的几点意见

（一）提升思想意识，贯彻落实治本安全观

监管、教育和社会适应性帮扶是社区矫正的三大任务，有人抓住社区矫正刑罚执行的性质，强调必须把监管放在第一位，教育和社会适应性帮扶被严重弱化。我们知道社区服刑人员不脱离社区，其人身基本是自由的，社区矫正的监管手段比起监狱还相当欠缺，社区服刑人员监管的难度相当大。一味地强调监管，社区矫正就失去了存在的意义。退一步说，对社区服刑人员监管到位，只能保证他们在服刑期间不再违法犯罪，无法保证他们再社会化成功。他们的犯罪心理和行为恶习可能仍然存在，只是暂时被压制住了，一旦刑期结束，没有外界强有力的监管，可能会重新违法犯罪。换言之，社区服刑人员的犯罪心理和行为恶习在社区矫正期间得到了教育矫正，顺利回归社会，治本安全观才落到了实处。心理矫治作为教育矫正的一项重要内容，必须引起社区矫正工作者特别是领导干部的高度重视。

（二）做好顶层设计，研究制定心理矫治规范

心理矫治基本上是以区县为单位，各自为政，许多区县都在积极地探索社区服刑人员心理矫治工作，希望能做出自己的特色、亮点来，而实际上许多时候都是在做重复性的劳动，某个区县的创新可能别的区县几年前就已经做过了，浪费大量的人力、物力、财力。经过几年的探索和实践，心理矫治工作已经积累了许多好的经验做法，顶层设计应该不失时机地推出。从目前情况来看，地区社区矫正发展不平衡，制定全国统一的心理矫治规范可能时机还不成熟，但可以设计省级或地市级的心理矫治规范。

（三）建立激励机制，培养建设专家型人才

司法行政系统内部心理矫治人才的短缺是制约心理矫治工作的最大障碍。社区矫正最近几年获得了较大的发展，但专职工作力量还是不能满足社区矫正日常

工作的需要，专家型人才更加匮乏。各个区县应当优先保障心理矫治工作岗位，对从事心理矫治工作的公务员在评比先进、年度考核和职务晋升上给予优先考虑。为心理矫治工作人员提供脱产或半脱产培训和学习的机会。鼓励心理矫治工作人员进行心理矫治工作专题研究，为专题研究提供时间、经费保障。在招录公务员时，可以设置心理专业岗位，吸引专家型人才从事社区矫正工作。

（四）加大保障力度，增加心理矫治工作经费

心理矫治工作室建设、心理矫治一系列办公设备采购，心理矫治工作日常开展的项目需要聘请心理专家或者将服务外包给社会组织，再加上心理矫治工作人员的培训，维持这些工作正常运行，每年都要投入一大笔经费。而随着心理矫治工作的发展，原有的工作经费标准已经无法满足需要，因此各个区县应当加大心理矫治工作的保障力度，合理增加心理矫治工作经费。同时，也可考虑设立心理矫治工作专项经费，防止出现经费被挤占、挪用现象。

（责任编辑：王天景）

拓展教育矫正新载体 探索“五微一体”教育矫正新模式

江苏省无锡市梁溪区司法局　张　琰

近年来，无锡市梁溪区司法局紧紧围绕把社区服刑人员教育改造成守法公民这一中心任务，坚持“向教育要安全，以教育保安全”的工作理念，积极探索新形势下教育矫正的新思路、新方法，通过构建价值观专题“微讲堂”、自我觉醒主题“微交流”、品行人格重塑“微活动”、乐于奉献志愿“微公益”、社会关爱多元“微帮扶”的“五微一体”教育矫正新模式，从而将教育矫正由“有形”向“有效”转变，由“强制”向“唤醒”转变，由“出力”向“出彩”转变，教育矫正的说服力、感染力、持久力得到了明显提升，取得了良好的法律效果和社会效果。

一、创设主流价值观专题“微讲堂”，筑牢社区服刑人员崇德尚法的“思想之魂”

为突出教育矫正源头治本的作用，梁溪区司法局结合实际于 2017 年 9 月开设了社区矫正“道德法治微讲堂”，强化社区服刑人员政治观、人生观、法制观、道德观改造。按照“大主题小切口”原则，构建了法律法规课、思想政治课、社会公德课、职业道德课、家庭美德课、个人品德课、心理健康课及传统文化“八个主题”必修课程体系。组建了“微讲堂”专家讲师团，化集中大课为模块式、问题式、启发式的小课教育。创设了小角度解读、小规模集中、小范围互动的主题“微讲堂+微课堂”。通过短、平、快、精、活的“微教育”，把社会主流价值观的培养融入法制教育课堂，把教育矫正的“准星”对准矫治问题的“靶心”，让“八个主题”教育成为社区服刑人员思想的航标灯、行动的指南针、回归的定盘星。推动了社区服刑人员认识向法理提领、认知向真理挺进、认同向情理生发，增强了教育矫正的针对性和实效性。同时，也有效破解了过去集中教育中“一锅煮”“一刀切”“一头热”和教育场所受限及社区服刑人员上班与参加集中教育矛盾等难题。

二、举办自我觉醒主题“微交流”，点燃社区服刑人员认罪悔罪的“心灵之火”

梁溪区司法局为延伸教育矫正的触角，科学构建了社区服刑人员自我教育

“微载体”。线下结合每月社区服刑人员讲评会，组织“微讨论”，围绕“微讲堂+微课堂”内容，组织社区服刑人员开展谈操守、谈公德、谈美德、谈修养，讲改造、讲感悟、讲励志、讲收获，晒认知、晒表现、晒情感、晒忏悔的“四谈四讲四晒”集中“忏悔日”分享会。通过问题自己说、是非大家辨、道理大家论的方法，从思想病灶挖起，强化社区服刑人员自我忏悔、自我觉醒、自我教育和自我约束能力，确保思想问题和行为问题清仓见底。线上结合 QQ 群、矫正小组微信群，开通“微家园”，发布“微提醒”、推送“微警示”、分享“微文章”，利用微信群与社区服刑人员进行直接、平等的交流沟通，在互动中准确掌握社区服刑人员关注的热点、倾诉的重点、思想的疑点，有的放矢做好思想引导和解疑释惑工作，使教育矫正瞄准靶心更精准、对症下药更精确，从而让社区服刑人员学法知止、守纪正形成为日常的养成。

三、开展品行人格重塑“微活动”，补足社区服刑人员自我救赎的“精神之钙”

为有效发挥文化育人的功能，梁溪区司法局成立了法治道德主题“读书班”，传承读书文化，营造“阅读矫正”的读书氛围。实施“诵一段经典、读一本好书、看一部电影、背一条法规、亮一次忏悔、写一篇感悟、讲一个故事、做一件好事、谈一次体会”的“九个一”系列育人行动，让社区服刑人员在“阅读矫正”中触动思想灵魂，荡涤心灵尘埃。同时，结合社区服刑人员特点，与辖区公益组织联合搭建社区服刑人员才艺绽放“微舞台”，定期举办“艺术沙龙”“个人才艺展”“公益故事会”“爱在身边随手拍”等系列文化励志“微活动”，让其在体验中有所思、在观看中有所悟、在团队中有所获，达到启迪心灵、陶冶情操、重塑品行的目的。

四、组织乐于奉献志愿“微公益”，激活社区服刑人员感恩励志的“笃行之力”

为激活社区服刑人员的社会责任感，梁溪区司法局把社区服刑人员的课堂教育与社区服务和修复社会关系相结合，整合辖区社会组织成立了梁溪区棕丝带“益起来”志愿者服务队。围绕“法润同行”“文明同行”“平安同行”“绿色同行”“健康同行”“牵手同行”“善道同行”七大主题，将辖区社区服刑人员进行分类编组，把法定的社区服务与开展公益活动相融合。通过倡导“随手公益”，引导社区服刑人员开展菜单式“微志愿”系列活动，开展便民、利民、惠民系列社区志愿者服务活动和为特殊群体开展扶老、助残、救孤、济困系列社会关爱活动和开展感恩受害人活动。同时，通过系列活动，让每名参与者“讲自己亲身经历的公益故事”“说自己参与公益的心理感受”“写发自内心的公益实践体会”，启发社区服刑人员在服务他人、服务社会中传递友情、关爱、感恩、互助的理念，在参与志愿服务活动中传递爱的力量，在通过“微公益”潜移默化中修复社会关系和家庭关系，实现了让教育从感觉有效到真实有效的转变。

五、协调社会关爱多元“微帮扶”，感召社区服刑人员重塑新生的“自强之路”

对社区服刑人员监管是手段，服务是关键。为此，梁溪区司法局与辖区多家社会组织合作，采取政府购买服务形式建立了多点联动的棕丝带阳光帮扶“微基地群”，对有需求的社区服刑人员开展“微就业”“微调解”“微疏导”“微援助”“微咨询”等多元化的“微帮扶”，帮助解决社区服刑人员的小纠纷、小矛盾、小诉求、小意愿。2018年3月，梁溪区司法局与广瑞街道慈善爱心工场牵手合作，建立了棕丝带广瑞路就业帮扶微基地。该基地采取“干一天的活、吃一天的饭、发一天的钱、就一天的业、安一天的心”的过渡性帮扶模式，解决辖区社区服刑人员中重点特困对象的过渡性安置和过渡性就业问题。2018年5月，与辖区民盟牵手成立了梁溪区青瓷传习所阳光帮扶微基地，通过吸纳一批非遗传承人、挖掘一批非遗传统技艺、推出一批优质非遗产品、培养一批民间非遗传承人才，探索了“精准扶贫、技能就业”的非遗帮扶模式，让“非遗”技艺成为社区服刑人员精准帮扶的“造血机”，成为特困人群帮扶的“救助站”。

梁溪区司法局探索的“五微一体”教育矫正新模式，从社区服刑人员实际需要出发，对社区服刑人员实施“有温度的教育、有尊重的监管、有公信的执法、有关爱的矫正”。丰富了教育矫正的内容，创新了教育矫正形式，营造了一种宽松、和谐、向上的社区矫正环境，让社区服刑人员在有尊重的教育矫正中强化法治意识、道德意识、社会意识、责任意识、诚信意识和励志意识，不仅发挥了教育改造的攻心治本作用，也赋予了教育矫正的新内涵。

（责任编辑：童茹琰）

社会参与

试论社区矫正中的社区参与质量的评估与保障体系构建

长沙理工大学文法学院 田兴洪 蒋晓宇 胡广林*

社区矫正中的社区参与模式，是指在一定的社会环境中，社区参与主体在参与社区矫正的过程中形成的较为稳定的具有可模仿性的结构形态。参与模式的构成要素主要包括参与目标、参与主体、参与对象、参与客体和参与质量。参与质量是对参与过程的监控，也是保证参与目标实现的最终环节。② 本文简要论述社区矫正中的社区参与质量的评估与保障体系构建问题。

一、参与质量概述

国际标准化组织（ISO）2015 年颁布的 ISO9001：2015《质量管理体系基础和术语》第 3. 6. 2 对质量的定义是："实体（可感知或想象的任何事物）的若干固有特性满足要求（明示的、通常隐含的或必须履行的需求或期望）的程度。"③ 社区矫正质量，是指在社区矫正过程中，社区矫正服刑人员犯罪心理的悔改程度及其行为恶习的改变状况。参与质量，则是指社区矫正中的社区参与模式的参与目标的实现程度。参与质量的标准包括目标达成和满足需要两个维度：一方面，参与质量标准是指社区矫正中的社区参与希望达到的目标或某种预期状况或水平；另一方面，只有满足社区矫正服刑人员改过自新和刑罚顺利执行的需求的参与活动才是高质量的。参与质量不同于参与绩效。所谓绩效管理，就是管理者确保雇员的工作活动以及工作产出能够与组织的目标保持一致的过程，主要内容包括明确绩效指标、进行绩效评估、实行绩效反馈等环节。④ 参与绩效是针对社区矫正中的

* 田兴洪：长沙理工大学文法学院法学系教授；蒋晓宇：长沙理工大学文法学院法学系硕士研究生；胡广林：长沙理工大学文法学院法学系硕士研究生。

② 田兴洪：《社区矫正中的社区参与模式研究》，法律出版社 2017 年版，第 96-100 页。

③ 赵成杰：《ISO9001：2015 新思维+新模式：新版质量管理体系应用指南》，企业管理出版社 2016 年版，第 31 页。

④ ［美］雷蒙德·A·诺伊等：《人力资源管理：赢得竞争优势》，刘昕译，中国人民大学出版社 2001 年版，第 343 页。

社区参与工作本身进行的考核（如社区参与合同的履行情况、任务完成进度情况、参与工作是否符合委托方的要求、参与工作的效率如何等），参与质量考核的着眼点则在于通过社区参与促进社区矫正服刑人员改造的效果如何，也就是针对参与对象即社区矫正服刑人员的。

二、参与质量评估

（一）参与质量评估概述

参与质量评估是参与质量的核心内容，因为不通过适时的评估就难以测量出参与质量的实际状况、难以把握参与模式的运行状况。通过参与质量评估，才能实现以评促建、以评促改、以评促管、评建结合、重在建设的目的。

1. 参与质量评估的概念

参与质量评估，是指对社区矫正中社区参与主体参与社区矫正工作，从而促使和达成的社区矫正服刑人员在社区矫正过程中犯罪心理的悔改程度以及行为恶习的改变状况进行评议估计的活动的总称。① 其目的是评价社区矫正中的社区参与是否实现了参与目标，具体指参与主体运用具体矫正手段、方法实施的矫正措施，对社区矫正服刑人员的心理和行为等方面是否起作用及作用大小，从而判断社区矫正服刑人员是否达到成为守法公民的预期目的。“两院两部”《关于进一步加强社区矫正工作衔接配合管理的意见》规定，探索建立社区矫正评估体系，增强教育矫正的针对性和实效性，成为社区矫正的重要任务之一，也是社区矫正中的社区参与的重要任务之一。对于社区矫正中的社区参与模式而言，参与质量的核心任务是构建质量保障体系，通过质量监控、评估、反馈、改进等手段促进参与质量的不断提升。

2. 参与质量评估的原则和功能

开展参与质量评估应把握以下原则：（1）客观性原则，必须坚持以客观标准作出客观评价，得出客观公正的评估结论；（2）系统性原则，把社区矫正项目及其实施过程视为一个系统，从社区矫正实施全过程的各环节、各要素间的关系中全面认识社区矫正项目及其实施，认真对待系统中每一要素的变化，并从中预测出系统可能的变化；（3）科学性原则，评估的标准、过程以及结果等都应以科学的理论为指导，以科学的方法、手段作出客观评价。②

参与质量评估的主要功能：（1）有利于把握社区矫正中社区参与模式的参与项目的实施过程和效果；（2）有利于提高司法社工等参与主体的工作能力，提升服务品质；（3）有利于寻求社区矫正中社区参与模式的未来发展方向。③

---

① 李怀胜：《社区矫正工作实操指引》，中国法制出版社 2012 年版，第 196 页。

② 张昱、费梅苹：《社区矫正实务过程分析》，华东理工大学出版社 2008 年版，第 258-259 页。

③ 张昱、费梅苹：《社区矫正实务过程分析》，华东理工大学出版社 2008 年版，第 256-258 页。

3. 参与质量评估的类型

根据不同的标准可对参与质量评估进行不同的分类：（1）以评估的对象为依据，分为对社区矫正机构的评估、对社区矫正社会工作者的评估等；（2）以评估的主体为依据，分为由政府实施的评估、由社区矫正机构实施的评估、由司法社工实施的评估等；（3）以评估的目标为依据，分为阶段性参与质量评估、过程性参与质量评估、总结性参与质量评估等；（4）以评估实施的时间为依据，分为前期评估、中期评估和后期评估；（5）以社区矫正中的社区参与的不同阶段为依据，分为社区矫正服刑人员入矫参与质量评估、社区矫正过程中的参与质量评估和解矫时的参与质量评估。

（二）参与质量评估的指标体系

参与质量评估指标体系，是指对社区矫正中的社区参与质量进行评估的各项指标组成的有机联系的统一整体。比如，美国重视对社区矫正中的社区参与质量评估并产生大量研究成果，运用这些研究成果形成系统的量化评估指标体系指导和调整下一阶段社区矫正中的社区参与方案。美国社区矫正中的社区参与质量评估指标体系的主要内容包括重新犯罪率、刑罚成本、社区居民对社区矫正的感受、对犯罪受害人的调查、对社区矫正服刑人员感受的调查等。[①] 我国的参与质量评估指标体系一般由一级指标、二级指标、三级指标、观测点、评价办法等组成。

1. 确定参与质量评估指标体系的步骤

确定参与质量评估指标体系的步骤包括：一是对可能涉及的因素进行全面调查，寻找出和参与矫正质量有关的所有主体因素，进行归纳分析；二是按照抽样的原则和方法选择部分社区矫正服刑人员进行系统的调查和比照分析，找出社区矫正中的社区参与质量的评估标准；三是根据反复试验结果，对一级指标及量表因子的构成分别进行修正和完善。[②] 雷蒙·鲍尔指出："指标是一种量的数据，它是一套统计数据系统，用它来描述社会状况的指数，制定社会规划和进行社会分析，对现状和未来做出评估。"[③] 社区矫正中的社区参与质量的指标可规定为反映社区矫正中的社区参与的实质及将其实质量化的数值系统。当评估者根据社区矫止中的社区参与的目标筛选出一组具有内在联系的指标，并将其有机地组合起来时，就形成了所谓的评估指标体系。这一评估指标体系必须满足以下几个方面的要求：一是评估指标体系必须反映评估的目的；二是评估指标的选择必须具有代表性，反映所评估对象的实质；三是评估指标的选择必须相对完善；四是各评估

---

① See Mackenzie, Doris Layton. What Works in Corrections: NY: Cambridge University Press. 2006. pp. 18-19.

② 姜祖桢：《社区矫正理论与实务》，法律出版社 2010 年版，第 269 页。

③ 转引自卓越：《政府绩效评估的模式建构》，http://xy.scau.edu.cn/%2Fgongguan%2Fwebsite%2FArticle%2Fjdll%2F200906%2F125.html，最后浏览日期：2016 年 8 月 15 日。

指标之间存在逻辑的、有机的联系。[①] 制定评估指标体系还必须确定各项指标的权数。权数就是表示指标的重要程度的系数。在评估指标体系中，各项指标具有不同的地位，发挥不同的作用，这就需要对不同的指标赋予不同的权数。[②] 确定各指标权数的根据主要有指标的信息含量、指标的敏感性和指标的独立性，确定指标权数的方法主要有比较法、德尔菲法等。从社区矫正中的社区参与实践经验来看，社区矫正中的社区参与质量评估指标体系应当包括社区矫正服刑人员的守法状况、心理健康状况、道德素质水平、社会适应能力、外界评价情况等因素。根据这些因素，在确定完成一级指标的具体内容及其相互关系后，应当对一级指标逐步细化，形成社区矫正中的社区参与质量评估指标体系的二级指标、三级指标以及评价标准（观测点），最终建立完整的社区矫正中的社区参与质量评估指标体系。

2. 参与质量评估指标体系内容的具体设计

参与质量评估指标体系的一级指标一般应包括法制观念、心理健康、道德素质、社会适应四个方面。[③]

（1）法制观念。下设以下二级指标：认罪悔罪（下设正确认识社区矫正、犯罪认识、悔过自新三个三级指标）；遵纪守法（下设遵守法律法规及社区矫正规章制度、服从管理、法律知识、法律意识四个三级指标）；公民意识（下设公民权利意识、公民义务意识两个三级指标）。

（2）心理健康。下设以下二级指标：认知方式（下设自我认知、社会认知两个三级指标）；意志力（下设自我控制能力一个三级指标）；人际关系（下设人际交往能力一个三级指标）；适应能力（下设适应环境力、挫折承受力两个三级指标）。

（3）道德素质。下设以下二级指标：道德认知（下设金钱观、善恶观、荣辱观三个三级指标）；道德情感（下设自我责任感、家庭责任感、社会责任感三个三级指标）；道德行为（下设道德行为表现、道德自律性两个三级指标）。

（4）社会适应。下设以下二级指标：劳动就业（下设劳动态度、技能状况、就业愿望、就业态度四个三级指标）；生活技能（下设闲暇管理能力、理财能力、行为举止三个三级指标）。并在每个三级指标后列举若干评价标准（观测点）。

（三）参与质量评估方法及特征

1. 参与质量评估方法

参与质量评估方法主要包括以下两种：一是定量方法，即通过计算和测量，运用统计技术对调研对象的数据中的变量与变量之间的关系进行分析，从而发现一些特定的模式、规律和特点，进而上升到理性的高度进行研究；二是定性方法，

---

① 《评价指标体系》，http：//www. docin. com/p-258825642. html，最后浏览日期：2018 年 1 月 15 日。

② 高莹：《社区矫正工作手册》，法律出版社 2015 年版，第 187-188 页。

③ 高莹：《社区矫正工作手册》，法律出版社 2015 年版，第 184-187 页。

即应用直觉的、观察的、历史的、比较的方法来说明和解释研究对象，进而进行理论分析。[①]

2. 参与质量评估的特征

参与质量评估的特征主要包括以下两个方面：一是定量判断与定性判断的统一，可以分为测量与评定两个部分；二是事实判断与价值判断的统一，既要评估构成参与质量的诸多事实特征，也要评估参与质量的价值取向和发展趋势。

（四）参与质量评估的过程

（1）准备期：明确评估目的、确定评估主体、评价评估条件。参与质量评估的目的主要在于考核社区矫正中的社区参与的效果，为参与质量的改进提供依据。评估的主体主要有司法行政管理部门、社区矫正机构、社区矫正社会工作者、研究机构以及中立第三方等。社区矫正机构是社区矫正工作的实施者，为掌握社区矫正的进度、了解社区矫正结果，需要进行过程性质量评估和结果评估。专门评估机构是与社区矫正工作没有利益关系且相对独立的第三方，一般是在该行业中有资质的、专业化的调研和评估机构，其评估结果通常比较客观和公正。参与质量评估的条件主要是考察社区矫正中的社区参与阶段或过程是否完成、评估的理论准备是否完成、评估指标体系是否建立等。

（2）设计参与质量评估方案。主要是详细考量参与质量评估要解决的问题、方法和程序，明确评估者与参与评估的各个方面的关系、评估成果的主要表现形式，在此基础上制定详细的、具有可操作性的方案。

（3）实施评估方案。主要内容包括收集和分析评估资料、制定评估指标体系、实施评估（必要时应对评估人员进行培训）等。

（4）评估分析及总结。评估分析主要是根据收集到的大量信息和资料及各指标的得分与权重，分析各个评估数据的分布及体现的状态信息，并在此基础上形成评估报告。[②]

三、参与质量保障的 PDCA 循环

根据美国质量管理专家爱德华兹·戴明全面质量管理工作的 PDCA 循环管理理论，质量保障体系实施包括四个阶段：P（Plan）——计划，D（Do）——执行，C（Check）——检查，A（Action）——处理。社区矫正中社区参与质量保障体系建设也可引入 PDCA 循环理论，把参与质量评估过程划分为计划与目标设定（P 阶段）、指导与执行（D 阶段）、考核与评估（C 阶段）、诊断与改进（A 阶段）四个阶段，不断完善参与质量保障体系的建设，促进参与质量的持续改进（见图“PDCA 循环完善社区矫正中的社区参与质量保障体系”）。

---

① 武玉红：《社区矫正管理模式研究》，中国法制出版社 2011 年版，第 285-294 页。

② 张昱、费梅苹：《社区矫正实务过程分析》，华东理工大学出版社 2008 年版，第 255-275 页。

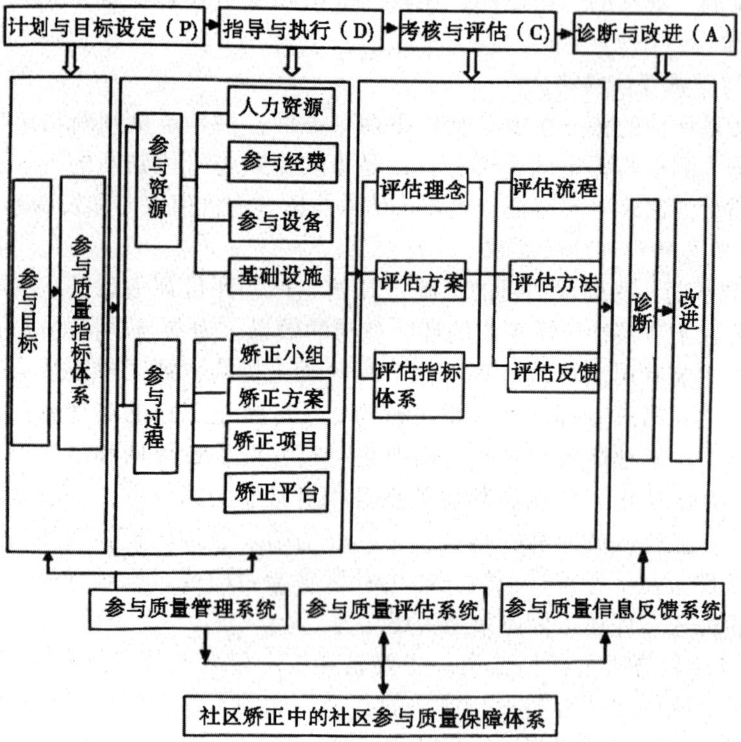

图 PDCA 循环完善社区矫正中的社区参与质量保障体系

（一）计划与目标设定（P 阶段）

1. 确立参与目标

参与目标是参与模式的决定因素，是一切构成要素的行动指向，也是检验参与质量的重要指标。其决定了参与模式的参与层次与方向、参与矫正方案的制定、矫正内容和矫正方法及矫正过程的组织和实施。

2. 参与质量指标体系的制定

美国著名教育评价专家斯塔弗尔比姆及其同事提出了 CIPP 模式。该模式认为，评价就是为管理者做决策提供信息服务的过程。评价过程分成四个组成部分：背景评价、输入评价、过程评价、结果评价。

借鉴 CIPP 评价模式，社区矫正中的社区参与模式的背景评价是对所在环境的需求、资源、问题和机会的评价，主要因素可包括参与目标的认可度、参与工作的特色等；输入评价是在背景评价的基础上，对达到参与目标所需的条件、资源以及各被选方案的相对优点作出的评价，主要因素有参与主体队伍、社区矫正服刑人员、社区参与的经费保障、社区参与的物质设备；过程评价是对方案实施过程连续不断的监督、检查和反馈，主要因素有参与矫正项目、参与方法、参与评价等；成果评价是对参与目标达到程度所作的评价，验证人们所需要满足的程度，并检视矫正方案成果与设定参与目标之间的差异情况，主要因素有社区矫正服刑人员的矫正质量、社会输出质量。基于背景、输入、过程和成果评价所包含的因素分析，以定量和定性的方式确定质量指标，并以社区矫正中社区参与管理文件的方式进行固化，在社区参与的组织和实施的过程中进行修订和完善。

（二）指导与执行（D阶段）

执行阶段体现在根据制定好的参与目标和参与质量指标体系来组织和实施社区参与，同时对参与实施的各环节进行管理和监控，涉及参与资源和参与过程两个方面的管理。

参与资源是社区参与的基础，相关物质设施足够满足发展需求和社区参与的稳定财政投入是基本条件。此外，最重要的是参与主体等人力资源，包括参与主体的结构（学历、职称、年龄、专业等）、参与政策和队伍的稳定性等要素。

参与过程管理方面有调查小组、矫正小组、参与过程的管理与监控。加强参与矫正方案和矫正项目的建设与管理，使社区参与进一步走向精细化、规范化、科学化，促进社区参与质量、规模、结构、效益的协调发展，增强社区参与的特色，全面提升社区参与水平，确保社区矫正服刑人员的矫正质量。此外，还要依据参与矫正管理文件的要求对参与过程实施全面的管理与监控，对矫正方案和矫正项目质量的管理监控更是重点。对矫正项目质量的监控，主要是在社区矫正管理部门及参与主体的共同参与下，对矫正项目的实施效果进行全面动态的检查和评价，提高参与主体的参与水平及其矫正项目实施环节的设计、安排水平，从而全面提高社区矫正中的社区参与质量，促使社区矫正服刑人员重新尽快融入社会。

（三）考核与评估（C阶段）

考核与评估阶段，即对照参与目标对执行情况进行检查，评价参与活动是否达到了预期效果。参与评估是根据一定的参与目标和标准，对参与主体的社区参与进行系统检测，并评定其价值及优缺点，以求改进的过程，是有效参与的基础。

参与评估主要是诊断性和发展性的评估。通过评价、监督参与工作，引导其深化参与过程改革，提高社区矫正服刑人员的矫正质量，增强参与工作主动服务社区矫正服刑人员改过自新和再社会化的需要及促进社区矫正服刑人员全面发展的能力。参与评估要根据参与目标和参与质量标准来设计评估方案和评估指标体系。在遵循社区矫正中的社区参与基本规律、参与评估基本规律的前提下，细化评估操作程序，促进评估工作常态化、评估程序科学化、评估过程人性化。

参与信息的采集是评估的基础，社区矫正管理机关和工作机构应当完善社区矫正及其社区参与的信息采集系统，对各环节信息和数据进行统计和分析，建立相关管理和运行机制，确保信息和数据采集的真实性和有效性。

反馈是评估的重要环节，能让社区矫正机构及社区参与力量了解社区参与的问题所在，改善和优化参与目标和质量标准；同时，让参与主体了解自己的参与状况和质量、让社区矫正服刑人员掌握自己的矫正状态、让社区矫正机构人员了解社区矫正管理中存在的问题，可为后续改进和提升明确方向。

（四）诊断与改进（A 阶段）

判断是否实现了参与目标，即通过评估明确参与组织和实施情况是否达成目标、效果是否显著。若显著，则将其做法固化并进行经验总结，形成以后参与质量监控工作中可参照的规范，进入下一个更高层次的 PDCA 循环。若不显著，则吸取教训，考虑如何进一步完善。若这次循环中，问题尚未得到良好的解决，则应分析前面各阶段的执行是否存在问题，在修订和完善后，重新进入 PDCA 循环。

参与质量是动态发展的，只有通过改进参与工作，才能更好地实现参与目标，促使 PDCA 循环发挥持续不断提升质量的作用；也只有通过改进，才能不断完善参与质量保障体系建设。参与工作诊断与改进，要根据参与理念、参与定位及参与目标，聚焦社区矫正的根本任务，加强参与主体建设、矫正项目建设、矫正过程完善、参与过程管理制度、参与质量监控与成效等社区矫正中的社区参与要素，查找不足并加以完善。

总之，PDCA 循环是个环环相扣、持续不断前进的过程。比如，诊断与改进环节，同样也需要制定改进矫正方案，执行和实施，评估和再改进等环节，将其应用于参与质量保障体系的建设中，可以助推建设进程，使其更加规范，使参与质量和社区矫正服刑人员的矫正质量都有所提升。

（责任编辑：孙燕锋）

甘肃省社区矫正“校局合作”的实践与完善

甘肃省司法厅社区矫正管理局　李建成
甘肃政法学院公共管理学院　冯玉良

随着社区矫正规模的逐渐扩大，社区矫正工作也不断面临新的挑战，专业化队伍薄弱、智慧矫正建设滞后、教育方式单一、经费保障不足等问题阻碍着社区矫正的良性发展。如何建立一支业务水平精湛的社区矫正队伍，促进服刑人员重新融入社会，是我们首先要解决的问题。作为集社会各专业优秀人才和资源于一身的高校，如果能发挥理论优势参与到社区矫正中来，无疑将在刑罚执行理念、社区矫正技术研发和人才培养等方面推动社区矫正事业的迅速发展。而人才培养、社会服务、科学研究本就是高等教育的三大基本职能。高校自身优势符合社区矫正工作的现实需求，且高校力量与社区矫正的结合具有现实可行性。因此，为创新方式、提升社区矫正质量，兰州市安宁区司法局与甘肃政法学院积极探索合作方式，将区社区矫正监管中心设在甘肃政法学院内，构建了“校局合作”的社区矫正创新运作模式。

一、社区矫正“校局合作”的必要性

（一）高校人才培养职能与社区矫正队伍建设相契合

甘肃社区矫正面临的严峻问题是社区矫正工作者执法身份不明和队伍力量不足，且社区矫正专兼职工作者组成复杂、身份多样，既有中央政法编制公务员、地方行政编制公务员，也有参公管理的事业编制、自收自支的事业编制，还有临时聘用、借调帮忙、指派参与的各类人员。执法者没有警察身份，不能很好体现刑罚执行的严肃性和必要的威慑力，不能及时采取必要的强制措施，不利于刑罚执行的正规化和专业化。实际执法者普遍感到自身执法权益无法得到充分保障。目前，全省司法所有专职工作者 3680 人，平均每所 2.6 人，其中，在编制的工作者 1707 人，每所平均 1.2 人，专业执法力量严重不足，辅助用工和志愿者队伍稳定性差，特别是在农村地区。

目前，社区矫正队伍由两部分组成：一是社区执法人员，多是司法行政机关社区矫正专门人员；二是辅助人员（社会工作者、合同制矫正工作者、社区矫正志愿者）。高校大多设有法学、社会学、心理学、教育学等社区矫正对口的专业，部分政法类院校已经开设有社区矫正专业，还能以共建实习基地、共建专业、共同开发课程体系、共享专业资源等方式开展深度合作，这些形式多样的合作模式，不仅可为高校学生提供理论与实践结合的锻炼机会，促进高校专业人才培养目标的实现，更利于缓解和解决社区矫正人力资源的问题，可以产生多方共赢的效果。

（二）高校科研资源是社区矫正理论创新的源泉

社区矫正的全面推进需要理论研究的加强。但目前的相关研究多数局限于法律层面，缺乏多学科的深度融合，许多研究难以深入到社区矫正的各个领域。因此，寻求汇集多学科背景资源的高校合作，是社区矫正健康长远发展的现实需要。

甘肃社区矫正开展时间较短，还处于探索发展阶段，各市在社区矫正相关制度建设、工作方法、队伍建设、工作管理等方面都在不断完善和发展，加之社区矫正工作者自身科研能力和水平的限制，不能较好地提炼出有价值的研究成果，而高校在这一方面具有得天独厚的优势，二者的结合可以在社区矫正工作理论和实践之间进行完美的转换。校局合作能够为社区矫正提供理论指导。

（三）创新社区矫正工作模式，搭建地方服务平台

社区矫正需要理念创新、机制创新和方法创新，构建具有地方特色的社区矫正模式，更好地帮助社区服刑人员顺利重新融入社会。现在虽有《社区矫正实施办法》和各地相继出台的实施细则与文件作为工作依据和指导，但对于工作中的一些具体的难题，需要专业知识和理论的指导。通过校局合作，以高校为基础，司法局为依托，搭建专业服务平台，首先，可汇集全省各地的问题情况，统一研究解决，提升效率和效益；其次，可进一步规范各个地州、市县的工作流程和形式；最后，该平台有更强的整合能力，达到一个平台多点辐射的效果，包括人力资源的培养、培训和技术的直接输出。共同培养高素质人才，加强队伍建设，探索适合甘肃社区矫正工作发展的新模式。

二、社区矫正“校局合作”模式的实践

为探索创新社会治理方式，实现互利共赢，使服刑人员自觉接受矫正，增强法律意识和道德素养，提高重新融入社会的能力，2015 年 6 月，安宁区司法局与甘肃政法学院公共管理学院共建社区矫正监管中心。中心设有心理测评室、心理咨询室、矫正实习室、音乐放松室等，中心的建立为校局合作提供了实践平台。中心自建立以来，双方在教育培训、心理辅导、社工活动等方面开展了多种形式的合作项目。

（一）继续教育培训

安宁区司法局与甘肃政法学院就服刑人员每月 8 小时思想教育开展合作，自 2018 年 10 月以来，由公共管理学院专家学者定期为服刑人员提供专题讲座，内容包括：公民道德教育、家庭社会伦理、励志教育、警示安全教育等思想道德教育；以学习《宪法》《刑法》《民法》《刑事诉讼法》为主要内容的法制教育，观看《今日说法》栏目的法制教育视频；以学习劳动就业法规政策、民政救助救济相关

法规政策及政策咨询为主题的社会保障教育；以心理健康、情绪管理等为主题的心理学知识讲座。每两个月组织策划一次知识竞赛，丰富思想教育形式，提高服刑人员学习的兴趣和积极性。

（二）心理辅导

心理辅导分为团体和个案辅导两种形式。针对服刑人员共同存在的一些心理问题，如社会适应不良、人际交往等提供团体辅导。团体辅导通过开展“你争我抢”“信任背摔”心理沙盘等体验游戏，由心理咨询师引导参与人员分享、交流，让组员充分体验自己的心理过程、沟通形式、人际关系模式。通过团体辅导把健康心理知识和人际交往技巧融入团体游戏中，帮助服刑人员了解自身心理健康状态、学习人际交往技巧、融洽家庭生活、重新融入社会。

针对服刑人员个别存在的问题提供个案辅导。运用社会工作个案工作方法，走访服务对象家庭，了解服务对象当前存在的主要问题，如住房、医疗救助、家庭关系、社区矫正对象行为、社会支持、再社会化等问题，根据服务对象的具体情况运用专业的技术和方法开展个案工作，为矫正对象提供个别化服务。

（三）社区矫正主题宣传

为使社区居民广泛了解并积极参与社区矫正，推进社会管理创新的深入开展，甘肃政法学院联合安宁区司法局及各派出所、司法所等部门按照“社区矫正系列宣传月”的要求，积极开展以“关注社区矫正，打造平安安宁”为主题系列宣传活动。

根据该校社会工作专业“矫正社会工作专业实践”课程安排，在2018年10月-11月开展了社区矫正集中宣传活动。宣传方法包括社区矫正系列宣传片、宣传手册、宣传单页、公众号。内容包括：什么是社区矫正，开展社区矫正的目的与意义，社区矫正工作者的任务与职责，社区矫正的对象、内容、工作方法，《社区矫正实施办法》的相关规定等。

（四）理论与实务研究

一是举办2016年第二届司法社会工作年会，来自全国高校相关领域、司法实务部门、社会组织及新闻媒体代表共150余名专家学者及实务社会工作者参会，并出版《在理论与实务交互中缔造共同想象——第二届司法社会工作理论与实务研讨会文集》。

二是校局合作举办社区矫正实务研讨会，会议邀请长期致力于社区矫正领域研究的知名专家学者与各地州市实务界代表就社区矫正工作管理、社区矫正发展模式等议题进行研讨。

三、完善社区矫正“校局合作”模式的建议

（一）建立工作机制

建立高校毕业生到基层司法所工作联动机制，加强各高校与各级司法行政机

关的联系与合作，共同营造有利于高校毕业生立足司法所成长成才的良好环境，鼓励毕业生扎根基层、服务基层。建立高校青年教师到司法所挂职锻炼机制，建立教师下基层工作的长效机制，提升教师的实践教学水平与社会服务能力。建立高校专家学者精准帮扶机制，组织动员法学、社会学、中文、教育学、管理学、计算机等学科的专家教授、研究生服务团等专业力量，定期深入司法所，进行“一对一”帮扶。建立在校生实践教学机制，高校与司法所通过共建教学和实践基地，让法学等专业学生参与司法所工作全过程，形成高校教师与司法所所长共同指导大学生开展基层实践教学的良好局面。

（二）完善工作措施

各级司法行政机关通过媒体发布信息，召开宣讲会、推荐会等形式，鼓励高校毕业生到司法所工作。探索在高校设立司法所或者派驻机构，将优质、高效、便捷的法律服务送到师生身边，不断提升司法所工作的知晓度。每年从全省高校中选拔一定数量的青年教师或者学生辅导员到全省的司法所挂职。引导组织在校大学生到司法所实习，选择一批司法所作为高校法学、社会学、管理学、教育学等专业教学实践基地，定期组织在校大学生到司法所开展教学和实践。

（三）强化工作保障

一是确保高校毕业生到司法所工作留得住。对于自愿到司法所工作的毕业生，实行导师制培养模式，原则上放在所长助理等重要岗位上进行锻炼培养，由司法所所长或业务骨干进行“一对一”传帮带。省、市级司法行政机关及所属事业单位向基层遴选或向社会公开招聘时，安排一定比例职位，面向具有司法所工作经历的公务员、人员遴选或招聘。争取地方党委、政府的支持，在司法所出现岗位空缺时，择优招录高校毕业生或拿出一定数量的岗位专门招录高校毕业生。二是确保高校青年教师到司法所挂职下得去。在挂职期间，选派教师原单位的职务予以保留，其职务升迁、专业技术职务评聘、工资福利待遇等不受影响，符合条件的选派教师可参加公开选拔和本单位的竞争上岗。挂职教师挂职期满并考核合格，在同等业绩条件下，优先考虑挂职者的职称评审。三是确保高校教师精准帮扶基层司法所有成效。参与精准帮扶的高校教师服务期满且考核合格，将颁发证书。同等条件下优先支持申报各类相关研究项目或人才表彰项目，并在职称评定、职务晋升、岗位聘任时优先考虑。对于联点帮扶成效显著的法学专业教师，优先聘请为各级司法行政机关法律顾问，并推荐参加省法律顾问、全省法治智库专家、省级人民检察院人民监督员等评选。四是确保在校大学生到司法所实习有所收获。参加省内机关事业单位招考，报考司法行政系统工作岗位时，其在司法所的实习经历可视为有相应期限的基层工作经历。

（四）加强组织领导

建立推进高等教育服务司法所建设专项行动联席会议制度，定期举行专题会议协商解决“校所合作”相关事项。省教育厅、省司法厅联合对各高校的活动开展情况和各设区市司法局对接服务情况进行了初次检查和评价。每年进行一次联合督导，加强对专项行动的宣传报道，树立典型，推广经验，不断扩大校所合作影响力，努力争取社会各方面的大力支持，吸引更多的社会力量参与司法所建设。

通过校局合作，进一步健全了安宁区社区矫正课题研究合作机制、社区矫正人才双向交流机制、社会工作服务协调机制，建立完善了社区矫正社会工作者队伍，增强了社区矫正工作的规范性、针对性和科研性。对下一步切实做好社区矫正人员监督管理、教育矫正、心理辅导，探索掌握社区矫正工作规律和发展方向，提高社区矫正效果起到了积极作用。

（责任编辑：韩建勇）

检察监督

在社区矫正法律监督中发现的问题及对策

河南省人民检察院副检察长　王广军

通过对郑州、开封、平顶山、鹤壁、安阳及驻马店六地市的广泛调研，发现了社区矫正工作中存在的问题，对此进行了原因分析并提出了对策。

一、社区矫正工作中存在的问题及原因分析

（一）适用社区矫正前的调查评估阶段存在的问题

1. 调查评估难以真正落实。根据《社区矫正实施办法》（以下简称《实施办法》）第4条规定，对拟适用社区矫正的罪犯，委托机关是“可以”委托而非“应当”委托。该条款的不确定性规定，导致部分人民法院以《实施办法》中“需要”和“可以”两词为由，规避适用社区矫正前的调查评估环节。实践中，司法行政机关在收到社区矫正人员（以下简称罪犯）的法律文书及在该社区罪犯报到前，对其情况一无所知，或者是该罪犯的居住地并非所属辖区，违反《实施办法》中社区罪犯在居住地接受社区矫正的规定。

2. 调查评估委托不规范。实践中，司法行政机关在接收的调查评估委托函中，所附材料种类及样式各异，没有统一标准，部分委托函欠缺委托机关的联系人、联系方式，而对于受害人联系方式则处于全部欠缺状态，这会对被委托机构（县级司法行政机关）展开调查产生很多不必要的阻碍。由于工作人员数量的不足，特别是对仅有1名社区矫正工作人员的“一人所”，使其调查评估不仅不符合程序，而且一拖再拖难以落实。

3. 调查评估标准及效力难以认定。在调研中发现，某社区矫正机构在收到外省人民法院的委托调查函并作出不同意接收的评估意见后，外省人民法院仍对该罪犯裁定适用社区矫正并通知其到该区报到的情况。由于《实施办法》第4条所列举的适用社区矫正前的调查评估事项未明确评价标准，导致评估指标具有随意性，评估标准不规范，评估结果不统一。同时，《实施办法》第4条第2款仅规定了受委托的司法行政机关应将调查形成的评估意见提交给委托机关，但并未规定该评估意见的效力，导致评估意见是否被采纳具有随意性。

（二）社区服刑人员交接阶段存在的问题

1.“不见人不见档”，即社区罪犯未到县（市、区）司法行政机关报到，同时

社区矫正机关也未收到该罪犯的执法文书。这种情况最易造成罪犯的漏管。此类状况主要是因为社区矫正决定机关没有明确告知罪犯应在规定时间内到县级司法行政机关报到，同时，也是由人民法院、公安机关、司法行政机关在社区服刑人员交付接收工作中没有及时将法律文书寄出或是寄错地址造成的。

2. “见档不见人”，是指县司法行政机关在收到社区罪犯的相关法律文书后，该罪犯超过报到时限未报到的情况。这类情况的发生是由社区矫正决定机关没有在社区罪犯离开之时准确告知其应在规定时间内到确定的司法行政机关报到造成的。

3. “见人不见档”，是指社区罪犯已到县司法行政机关报到，但其社区矫正法律文书却还未到或缺少主要的法律文书。这种情况容易造成司法所不能及时组织罪犯进行入矫宣告，不利于对罪犯的及时帮教管理。例如，某区人民法院在判决后法律文书生效前即告知共同犯罪中的两人到该区司法局报到，司法局对这两名罪犯情况进行登记后的半年内没有收到法律文书，在清查时才发现是由于该报到人员的其他同案被告人上诉，人民法院改判造成。由于决定机关没有及时将罪犯最新信息向执行机关反馈，或者没有及时将法律文书寄出或是地址寄错，导致“见人不见档”情况发生。

4. “见人见档但档案不全”，是指社区罪犯在规定时间内报到，司法行政机关也收到该罪犯的相关法律文书，但文书档案欠缺的情形。表现为起诉书、判决书、执行通知书、社区矫正保证书、结案登记表等法律文书缺少一项甚至几项。

5. “见人见档但不属管辖”，特指在社区矫正决定机关没有委托社区矫正机关进行社区矫正调查评估的情况下，社区矫正机关收到法律文书并向罪犯核实信息时发现该人员不属于本社区管辖的情形。《实施办法》第5条规定以居住地管理为原则，实践中，部分社区矫正决定机关在未进行准确核实的情况下，错误认定罪犯的居住地。

（三）实施社区矫正阶段存在的问题

1. 宣告矫正方式不规范。宣告是实施社区刑罚执行的重要措施，对于彰显刑罚执行的严肃性、强化社区矫正人员的身份意识，增强其接受社区矫正的自觉性，明确司法所、社区基层组织、社区矫正人员的监护人、亲属等应承担的责任都有重要意义。《实施办法》第7条规定司法所接收社区罪犯后，应当及时按照程序组织罪犯进行入矫宣告，但没有规定宣告的时间、出席的人员。实践中的做法五花八门，不利于宣告目的的实现。

2. 对长期在外或频繁外出罪犯的管理不规范不完善。在日常管理中，有两类人员的管理较为棘手：一是需长期在外人员，如异地就学的学生；二是因工作需频繁外出的人员，如司机和销售类人员。根据《实施办法》第13条规定，社区矫正人员确需离开所居住的市、县（旗），7日以内应当报经司法所批准；超过7日应当由司法所签署意见后报县级司法行政机关批准。社区矫正人员离开所居住市、县（旗）最长不超过1个月，返回居住地时，应当立即向司法所报告。这就导致第一类人员特别是学生在校读书期间必须每月返回居住地司法所报到，并到县级司法行政机关请假；对第二类人员，则其必须时常往返于司法所请假，甚至一周三四次。这种规定在很大程度上影响了此类罪犯的工作生活，也给司法所的管理工作造成了不必要的资源浪费。

3. 社区矫正工作人员数量不足。乡（镇、街道办）司法所工作人员本来就少，还需开展法律援助、安置帮教等其他司法行政事务，同时，由于司法所基本上都是设置在乡（镇、街道办）的政府机构中，需要参与和完成所在的地方政府随时交办的维持社会秩序稳定、扶贫等工作任务。随着社区罪犯数量不断增加，司法所人员数量的严重不足将极大地影响社区矫正工作的开展。另外，社区矫正不仅需要对罪犯进行管理，同时需要对其进行帮助、教育，因此，不仅需要法学专业人才，同样需要心理学、教育学等其他方面的专业人才。目前，专业人才尤为不足。

4. 社区矫正方式单调，导致监外服刑人员“虚管”现象突出。社区矫正的重点应为矫正犯罪心理和行为恶习，促其顺利回归社会。但多数社区矫正机构仅限对社区罪犯档案管理，学习内容单一，没有按照犯罪性质进行分类管理，对未成年犯的社区矫正帮教措施跟不上。实践中，有的司法所仅仅要求社区罪犯每周电话报到1次、每月当面报到1次、每季度提交1份矫正小结，对每月不少于8小时学习劳动要求流于形式；有的司法所未对社区罪犯定期调查走访和日常考核，特别是随着城市拆迁，对分散居住的罪犯的帮扶教育更是不足；有的司法所超越权限批准罪犯请假外出，甚至“一假到底”；有些司法所没有为罪犯制定有针对性的矫正方案，进行必要的心理疏导，使罪犯未受到教育、矫治，“虚管”现象突出。

（四）解除社区矫正阶段存在的问题

1. 收监标准执行不规范。《实施办法》第25条、第26条对缓刑、假释和暂予监外执行社区罪犯收监执行的情形作出了规定，但对“情节严重”“仍不改正”“严重违反”等不确定用词缺乏规范解释，对“接受社区矫正期间脱离监管超过一个月”的起算点，“未按规定时间报到”中“规定时间”，“报到”该如何认定，缓刑、假释罪犯考验期内因其违法行为被行政拘留是否应予以收监等表述缺乏法律界定。造成收监执行标准不一致，在实践中执行时存在较大出入。

2. 异地收监执行难。《实施办法》规定社区矫正实行居住地而非户籍地管辖原则，收监裁决实行由原裁决机关裁决的原则。实践中，裁决机关所在地与社区服刑人员居住地不一致的情况大量存在。由于社区服刑人员外出务工等原因，居住地与裁决地分离，相关法律文书只能通过邮寄送达，缺乏时间效率；矫正机关异地提请原裁决机关裁决收监衔接配合难度大，不利于收监工作的顺利开展。同时，由于居住地检察机关不能及时掌握相关情况，无法对跨区域的异地人民法院的裁决实施有效监督。对于撤销缓刑收监执行这类情形，看守所明确要求需要该犯的刑事起诉书、判决书、执行通知书、结案登记表（简称“三书一表”）才予以接收。而目前未对人民法院在交付社区罪犯时应寄送的法律文书种类及份数作出明确规定，这也成为难收监的重要因素。

3. 收监交付执行主体法律地位不明确。《实施办法》第27条明确规定，居住地县级司法行政机关为收监交付执行主体。但《监狱法》第33条、《看守所条例》第9条规定的收监主体中均没有司法行政机关。从法律层级上讲，《实施办法》效力远低于《监狱法》和《看守所条例》，导致在司法行政机关收监执行时，有的监狱、看守所不认可司法行政机关的执法行为，对罪犯不予接收；有的以需要请示为由搪塞，影响了收监的顺利进行。而如果不能当日办结，司法行政机关还面临着无羁押场所、无专业看管人员等一系列严重问题。

4. 开展收监执行的刑事强制措施不完善。《实施办法》规定县级司法行政机关在公安机关协助下将“违法违规”社区罪犯交付监狱或看守所，但并未赋予县级司法行政机关相应的押解权、抓捕权等刑事强制权，导致职、责、权的分离，难以发挥管理职责，也难以充分发挥强制措施的作用。

二、健全社区矫正制度的对策建议

结合已公布的社区矫正法草案，社区矫正制度应当从以下几个方面加以规范完善。

（一）在调查评估阶段规范程序提高效率

1. 明确适用社区矫正前的调查评估机关及协助机关。对适用社区矫正前的调查评估对于四类罪犯均应是“应当”而非“可以”。调查评估机关除司法行政机关以外，还可以由委托机关自行调查。为更好地发挥调查评估的作用，对于社区矫正机关的确定，应分为两种情况：一是对于不能实际前往开展调查评估的委托机关，如较远的外省人民法院、监狱，应当明确由拟社区服刑人员居住地司法行政机关进行调查评估；二是对于可以到辖区开展调查评估的机关，可以选择自行调查或是委托县级司法行政机关调查，并在送达法律文书的同时将罪犯带至该辖区社区矫正部门及时核对人员信息，避免出现信息不对称及衔接不及时导致的人员漏管现象。同时，应明确社区矫正审前社会评估阶段的协助机关及其法定义务。例如，公安机关应当配合司法行政机关开展调查评估，核实并出具被调查人员有无违法犯罪前科证明；对“人户分离”的被调查人，居住地县级司法行政机关无法掌握其社会关系、日常表现等情况时，应当书面函告户籍地县级司法行政机关协助调查，明确调查事项和时限，户籍地县级司法行政机关应当积极协助调查并在规定时限内书面反馈调查结果。

2. 对“社区矫正人员居住地”作出规范解释。只有明确社区罪犯居住地，才能进一步确定由何地的司法行政机关对其进行适用社区矫正前的调查评估。纵观《实施办法》及相关规定，均未对该概念进行解释，而民法乃至刑法对于居住地的相关解释均不能完全适用于社区罪犯居住地的确定。我们认为，结合我国当前经济社会发展形势和有关法律规定，社区罪犯居住地应当是指社区罪犯因生活、工作、学习需要，能够连续居住6个月的居所所在地。居住地的确定应同时具备两个条件：一是该人员有固定居所，由本人或与其亲友共有、承租，或由他人、单位愿为其提供连续居住6个月以上的住所；二是社区罪犯在居住地有固定的生活来源，或者由他人、有关单位为其提供生活保障。同时，应对以下情况进行明确：一是对长期在外就学的人员，应确定就学地为该社区罪犯居住地。二是对有多处住所或频繁外出的人员，应以其与家庭成员共同生活地为社区罪犯居住地；无家庭成员的，以其工作就近地为社区罪犯居住地。这样规定有利于司法行政机关进行调查及后续管理。

3. 明确适用社区矫正前的调查评估效力及评估标准。在调查评估实践中，社区矫正工作人员对于被害人意见、村（居）委会意见等一般采取一票否决制，即被害人或村（居）委会不同意适用社区矫正的意见，评估机关一般会作为不接收该社区矫正人员的依据，但这一做法是否合理合法有待商榷。《实施办法》列举了适用社区矫正前的调查评估包括罪犯的居所情况、家庭和社会关系、一贯表现等事项。我们认为，就列举的事项，司法行政机关可以会同公、检、法等机关一起制定每项所占分值，并制定详细打分标准，以打分作为评估意见依据较为科学。凡是达到及格分数线以上均可以形成适用社区矫正的评估意见，反之则不符合。通过这种方式避免“一票否决”产生的“掐脖子”现象。在此基础上形成的适用社区矫正前的调查评估意见，社区矫正决定机关应作为一项法定依据予以采纳。若决定机关认为该评估意见确有错误或瑕疵不予采纳，应书面说明理由，并抄送评估机关所在地同级人民检察院进行监督。

（二）在接收社区罪犯阶段明确责任规范衔接

1. 细化接收社区罪犯阶段的衔接程序。虽然《关于进一步加强社区矫正工作衔接配合管理的意见》对《实施办法》中罪犯的衔接程序进行了补充，但仍有不足。我们认为，可以从以下几个方面补充完善。一是明确规定“见人见档”为社区罪犯交付接收原则。在法律文书齐全、罪犯报到且居住地核对无误后才可办理登记接收手续。明确该原则的目的，在于为划分相关部门责任提供依据。二是在罪犯的衔接上，对于社区矫正的适用对象，即被判处管制、宣告缓刑、裁定假释和暂予监外执行这四类罪犯，应由社区矫正决定机关负责将罪犯带至矫正地县级司法行政机关，办理移交手续。其中，被判处管制、缓刑罪犯，其矫正地和判决人民法院不在同一县级居住地的，或裁定假释的罪犯矫正地和关押监狱不在同一县级居住地的，若其具备自理能力，可以由社区矫正决定机关责令并书面告知其自判决、裁定、决定生效之日起10日内到矫正地县级司法行政机关报到，并明确专人及时核实报到情况。三是在社区矫正法律文书衔接方面，应针对四种不同的社区矫正对象，对需送达的法律文书种类、份数、送达的时效及法律责任等作出规定。避免社区矫正人员接收阶段“不见人不见档”“见档不见人”“见人不见档”“见人见档但档案不全”情形。四是明确对“见人见档但不属管辖”类情形的处理方法。该情形产生的原因在于决定机关在没有委托居住地司法行政机关进行调查评估的情况下，决定机关自身亦未进行调查或虽已进行调查但结果错误所致。应当由非属管辖的社区矫正机关在核实该社区矫正人员确切居住信息后，及时将法律文书退回原裁判人民法院，由人民法院纠正调整，并通知该社区矫正人员到其实际居住地社区矫正机关接受矫正。规范社区矫正人员接收阶段程序对于明确罪犯真实居住地，避免罪犯漏管，确保对可能出现的罪犯收监程序的有效实施，有着重要的现实意义。

2. 明确接收社区罪犯阶段各部门职能和主体责任。社区矫正作为一种非监禁刑执行方式，社区矫正管理机关的工作应当从接收罪犯开始，至该人员解矫为止。因此，在办理社区罪犯登记接收手续之前的工作，包括将罪犯及法律文书交付社区矫正管理机关，应主要由社区矫正决定机关来完成。县级司法行政机关在没有收到法律文书前，罪犯前来报到的，应做好登记，并及时通知原裁判人民法院在3至5个工作日内补充送达法律文书。若出现罪犯和法律文书没有按规定移交和送达县级司法行政机关导致罪犯漏管、发生再犯罪，除因居住地县级司法行政机关依法应当接收社区罪犯而未接收的情况以外，交付执行机关和案件经办人应当承担法律责任。以此督查社区矫正决定机关切实履行告知义务、规范法律书送达和矫正人员交付程序。对于接收社区服刑人员阶段可能出现的漏管人员的查找问题，笔者认为，《关于进一步加强社区矫正工作衔接配合管理的意见》第8条规定存在不妥，对于漏管人员的查找工作由社区矫正机构承担，缺乏物质、技术和人员条件，应调整为：县级司法行政机关收到法律文书后罪犯未在规定时限内报到，应及时联系并通知该罪犯报到；无法联系或者罪犯拒不报到的，应将该情况向原裁判人民法院和矫正地公安机关进行通报，同时通知矫正地人民检察院。自判决、裁定、决定生效之日起逾期30日仍未报到或未查找到的，县级司法行政机关应向原裁判人民法院提交撤销缓刑、假释裁定、决定收监执行的建议，原裁判人民法院应及时受理并作出撤销缓刑、假释裁定，予以收监执行。

3. 建立政法系统社区矫正工作协作机制。接收社区服刑人员的衔接工作，离不开政法各部门的密切协作，通过完善法规，明确规定各相关部门在社区矫正衔接工作中的职责分工以及配合机制，形成更为完整的社区矫正协调、配合、监督、执行的工作制度。比如，对社区矫正工作衔接、司法惩处、执行移交、信息共享等方面进行细化，制定出具体的可操作性强的规定，确保衔接工作严丝合缝。

（三）在实施社区矫正阶段补足短板细化管理规定

1. 明确社区罪犯入矫时限、出席人员。针对实践中社区罪犯入矫程序不规范、矫正小组人员随意缺席情形，可以制定并形成入矫宣告制度，确定专人参与，将入矫期限定为“见人见档”之日起3-5个工作日。由区社区矫正中心每周确定1

至2天作为专门的入矫宣告日期，并邀请公、检、法派员出席，既确保社区矫正小组人员能按时参与，也有利于信息及时共享，同时也彰显出刑罚执行程序的严肃性，树立社区矫正人员的服刑意识。

2. 对长期在外或频繁外出罪犯的管理作特别规定。应明确长期在外或频繁外出罪犯的管理规定，纳入规范管理，做到有法可依。对确需长期在外学习的矫正人员，如在外读书的学生，应明确居住地为就读学校所在地，该地司法行政机关应接收该类人员并纳入管理，日常报到手续应根据学生就读时间灵活调整，放假期间，可批准学生返乡，并定期采取电话报到、手环定位的方式进行管理。学生在毕业或终止就读时，应提前一个月告知原矫正机构，以便矫正机构及时作出变更管理机关的决定。此规定一方面减少了对矫正人员学习上的不利影响，另一方面有利于社区矫正机构对于该类人员日常生活情况的了解和掌握。而对因工作需要需频繁出差人员，社区矫正机构可将出差地作为该类人员合法活动范围，但仍需履行按时报到、电话报到及手环定位等规定。通过细化规范管理，使基层社区矫正机关日常管理做到有据可依，有章可循，避免不必要的人力物力浪费。

3. 加强队伍建设，完善专业结构。一是增加社区矫正投入。社区矫正作为一项严肃的刑罚执行活动，在适用社区矫正前的调查评估、接收服刑人员、社区矫正的日常管理以及收监执行时，按照法律规定，均需要两个人参与。然而，大量“一人所”的存在严重制约了社区矫正工作的正常开展，客观上也存在安全隐患。例如，郑州市社区矫正工作主要由县级社区矫正机构对罪犯进行监督管理和教育帮助，司法所承担社区矫正日常工作。但是，在高新区、航空港区等4个开发区却没有成立司法局，社区矫正工作由政法委、综治办代管，由于其系以党的机构性质参与管理，检察机关社区矫正监管活动监督无法可依。同时，从全市社区矫正机构执法人员组成现状看，仅有个别人员是以政法编制公务员的身份参与执法，绝大多数社区矫正管理人员都是事业编制人员，或者通过购买社会服务形式聘用人员，不具备执法资格。因此，增加社区矫正执法人员编制势在必行。在当前公务员编制紧缺的情况下，可以考虑通过增加事业单位编制，或在社会招募聘用公益性岗位人员来充实社区矫正队伍，以解燃眉之急，确保每个司法所在两人以上，保障社区矫正工作的正常开展。二是提高社区矫正工作的准入门槛，优化工作人员专业结构。司法行政机关面向社会招录从事社区矫正工作的公务员，除要求具有本科学历外，还需要通过国家司法考试取得法律职业资格证。由此保证所招录的司法助理员均具备基本的法律知识。此外，还应适当增加心理学、社会学方面的专业人才，避免重管理轻帮教，提高社区矫正工作成效。三是加强对社区矫正工作者的技能培训。针对开展社区矫正工作需要掌握的涉及法学、社会学、教育学、犯罪学、心理学等学科知识的实际需要，抓好对社区矫正工作人员上岗前的专业知识技能培训，以适应社区矫正工作不断变化发展的需要。

（四）在解除社区矫正阶段明确责任主体强化责任落实

1. 细化收监标准，明确部门职责。在收监执行的适用条件中对诸如“违反监督管理规定、情节严重”“严重违反”“仍不改正”“未按规定时间报到”等模糊性规定加以规范，增强可操作性。针对在收监环节因法律文书不规范而延误收监的情形，应对宣告缓刑、裁定假释和暂予监外执行三类罪犯，分别明确收监执行时所需要的法律文书种类及份数；针对现实中部分地区存在的提请治安管理处罚难、提请收监难等问题，在县级司法行政机关提请治安管理处罚、撤销缓刑、撤销假释建议或者对暂予监外执行收监执行的建议未及时处理的，检察机关应发挥检察监督职能作用，依法提出限期纠正的意见。

2. 明确收监执行主体。对收监交付执行主体存在争议和收监执行中缺乏刑事强制措施的难题，如果明确司法行政机关为社区服刑人员收监交付执行主体，就应赋予其押解、抓捕等刑事强制措施执行权；如果将收监交付执行主体授权给公安机关，司法行政机关也应在其职权范围内予以协助配合。另外，应修改完善上网追逃制度，即应当将撤销缓刑、撤销假释裁定书和对暂予监外执行罪犯收监执行决定书作为公安机关网上追逃依据。公安机关享有法律授予的刑事强制权以及刑罚执行权，且在追捕执行方面也具备强有力的人力、物力、财力以及技术保障，具有完备追捕手段，可以将收监执行法律文书作为上网追逃的法律凭证。

3. 建立统一的社区矫正收监工作网络平台。社区矫正的收监工作包括收集证据、送达法律文书、人民法院审理、对违反规定社区服刑人员进行抓捕、送监执行等多环节工作，涉及部门多、程序复杂，异地收监的问题更是突出。因此，简化收监程序环节、提高收监效率，光靠司法行政机关“单打独斗”难以完成。建议效仿已经实行多年的全国安置帮教网络系统，逐步设立全国社区矫正收监工作网络平台，联合人民法院、人民检察院、公安机关、司法行政机关、监狱等单位，建立融通的社区矫正信息化管理系统，即将现有的司法部社区矫正信息化管理系统平台升级，联网其他职能部门，建立全国性的公检法司社区矫正工作信息网络平台，实现互联互通，切实提高社区矫正收监工作效率。

社区矫正在体制机制方面存在的问题

广东省中山市人民检察院　王伟文　苏本茂*

一、社区矫正的相关制度未完全落实到位

根据《社区矫正实施办法》规定，矫正制度包括电话报到、思想汇报、谈话教育、请销假等内容，并明确规定社区矫正人员每月须参加不少于 8 小时的社区服务和不少于 8 小时的集中学习培训。但实践中，矫正方式以电话报到、书面思想汇报和请销假制度为主，对罪犯的心理辅导、安置帮教工作有限，未能针对矫正对象制定个性化的矫正方案，矫正效果难以保障。经调查，发现有些社区矫正人员从未参加社区服务，基本未参加集中学习培训。同时，社区矫正人员档案不完整，缺少依法必须存档的法律文书，对应当记录在案的矫正小组成员名单、矫正方案、相关评估评审表格、矫正活动记载等矫正过程记录不全等问题普遍存在，社区矫正人员档案存在缺失十分常见，这种情况影响社区矫正工作的规范化开展。

二、社区矫正服刑人员配备与经费不足

目前，由基层司法所具体负责社区矫正的实施工作，但基层司法所人员编制少，一般每个司法所只有 2-3 名工作人员，而监外执行人员和安置帮教人员众多，一些司法所 1 名工作人员须负责监督帮教 40-50 名矫正对象，存在工作人员不足、工作任务繁重、疲于应付的实际困难。因此，部分司法所将社区矫正工作交由临时雇员负责，而临时雇员流动性大，且缺乏社区矫正所必需的专业知识、经验和执法资格，导致心理辅导、安置帮教等工作内容执行不到位，矫正初衷难以实现。另外，社区矫正工作专项经费由地方财政临时拨付，下发到基层司法所的经费十分有限，且大部分用于发放社区矫正临聘人员的工资，定期上门和到相关部门走访、查找脱管漏管社区矫正对象等费用难以保障，影响了矫正工作的顺利开展。

三、矫正程序执行不严，文书送达不规范

请假手续不完备、办理异地托管手续不规范，矫正期限计算错误、违反规定提前解除矫正、到期未解除矫正、未向矫正对象开展解除矫正教育等情况时有发

---

* 王伟文：广东省中山市人民检察院副检察长；苏本茂：广东省中山市人民检察院高级检察官。

生，破坏了社区矫正工作的严肃性。另外，市外裁决机关送达法律文书脱节或不及时，存在部分裁决机关向公安机关送达（邮寄）法律文书、部分裁决机关向社区矫正机构送达（邮寄）的现象。上述现象导致社区矫正机构未能及时收到监外执行人员的相关法律文书，阻碍社区矫正工作的正常开展。

四、相关部门衔接不紧，尚未建立信息共享平台

社区矫正工作涉及法院、检察、街道社区、民政等多个部门，但各相关部门未建立有效的联动机制，容易因衔接不到位而导致犯罪分子脱管、漏管甚至重新犯罪。例如，人民法院、监狱未及时向司法行政机关寄送社区矫正人员建档存档必需的法律文书；监狱未对获假释罪犯接受社区矫正的情况进行跟踪，导致对罪犯假释考验期的表现无从考核；司法行政机关对于脱管或严重违反规定的矫正对象，未及时向公安机关提请予以行政处罚或向人民法院提出撤销缓刑假释建议。出入境监管尚存在盲点与衔接脱节等。同时，目前公安、检察、法院、社区等单位尚未建立起有关矫正对象的信息交换平台，难以实现社区矫正工作动态数据的共享，因此，各部门对社区矫正的实施情况就不能全面了解与掌握，对矫正对象的动态管理与矫正工作的监督也就缺乏信息化保障。

五、社区矫正的社会宣传力度不够

对社区矫正的宣传教育力度不够，部分服刑人员认为社区矫正等同于释放，没有严格遵守社区矫正期间会客、请假、汇报等相关法律法规规定。基层群众组织和社会团体对社区矫正也缺乏了解，甚至对社区矫正对象存在防范心理，一些企业则因为矫正对象存在犯罪劣迹而不愿招聘，使得矫正对象难以通过社会力量的帮助、教育与就业重新融入社会。

对推动社区矫正检察工作提出的建议

天津市河西区人民检察院　王　凯　王朝亮*

一、善用人民群众看得见、看得懂的方式普法

当前，随着人民群众认同法律意识、自我维权意识不断提高，司法权运行的正当性、合理性和程序正义越来越受到世人的瞩目。人民群众不仅满足于获得公正的法律裁判结果，还更多地关注司法权运行的透明度、公信力。监管场所内的监管和监督，封闭性较强、透明度不高，人民群众极少能够接触。最高人民检察院检察长张军曾明确指出，各级检察机关要充分履行检察职能，服务保障打好三大攻坚战。要把维护社会大局稳定的要求落到实处，履行好批捕、起诉等职责，严厉打击暴力恐怖、涉枪涉爆等犯罪，依法开展扫黑除恶专项斗争，深化电信网络诈骗犯罪专项打击，加大涉医犯罪惩治力度，坚决惩治严重危害中小学生身心健康的欺凌和暴力犯罪。深入推进检察环节社会治安综合治理，完善检察官以案释法制度，既当"护法的卫士"，又做"普法的先锋"。因此，社区矫正检察应当善用人民群众看得见、看得懂的方式开展普法宣传活动，提升人民群众的获得感和满意度。

二、通过治本安全观式检察引导执行机关转变

《社区矫正实施办法》第37条明确规定："人民检察院发现社区矫正执法活动违反法律和本办法规定的，可以区别情况提出口头纠正意见、制发纠正违法通知书或者检察建议书。交付执行机关和执行机关应当及时纠正、整改，并将有关情况告知人民检察院。"该条款不仅仅是明确了检察机关在开展社区矫正检察过程中所采取法律监督的方式和手段，实践中，该条款的意义更加凸显被监督的刑事执行机关应当履行的法定义务，即"应当及时纠正、整改"。因此，检察机关的口头纠正意见、制发纠正违法通知书或者检察建议书往往成为刑事执行机关日常行政执法工作的风向标和侧重点。鉴于此，检察机关应当充分结合治本安全观，不断调整法律监督的内容和侧重点，发挥对刑事执行机关日常行政执法的助推器作用，不断引导其转变原有"底线思维"，多在教育矫治、劳动改造、社会适应性帮扶等

---

* 王凯：天津市河西区人民检察院刑事执行检察部部长；王朝亮：天津市河西区人民检察院刑事执行检察部副科长。

方面加大工作力度，进而引导其从原有“收得下、管得住、找得着”转向新的为社会输出“合格产品”上来。

三、在监督与办案中注重减少和化解监管对立

实现法律功能的重要意义，在于推动法律规范的内容从可能性转化为现实性，从应然性转化为实然性。刑事执行的法律功能在于完成执行的任务、达到执行的目标，既要使刑事决定、判决、裁定的内容得以落实，又要使执行的效果得以彰显。刑事执行检察围绕促进实现刑事执行法律功能，就能够真正发挥其维护法律权威、促进执行法治、保障社会安全等方面的作用，进而通过刑事执行检察活动，保障实现刑事执行的目标任务。结合实践来看，在社区矫正检察工作中，往往遇到社区服刑人员不重视、不理解司法行政机关对其的处理、处罚乃至到最后被收监执行原判刑罚，造成社区服刑人员与司法行政机关之间的监管对立。执行不到位甚至不执行，最初的司法诉讼的价值功能无疑会被减损甚至消解。因此，要坚持标本兼治，通过促进刑事执行法律功能的实现，切实落实治本安全观，使社区服刑人员得到应有惩罚和限制，促使其敬畏法律、不再犯罪。

四、维护社会稳定要从脱管、漏管、虚管背后反视

当前，根据法律规定和强化刑事执行法律监督的实际需要，最高人民检察院刑事执行检察厅确定的四项核心业务是羁押必要性审查、刑罚变更执行监督、核查纠正监外执行罪犯脱管漏管和刑事执行职务行为监督。其中，第一、第二、第四项内容是最高人民检察院确定的刑事执行检察部门核心业务；第三项内容是中央政法委每年开展综治考评的一项重要内容，也是检察机关参与综治考评的唯一内容。从目前情况来看，监外执行（社区矫正）存在的一个突出问题，就是“五种人”的矫正管理还不完全到位，相当一部分人员脱管漏管，严重损害了法律尊严，影响了社区矫正效果，中央政法委对此高度重视，最高人民检察院也始终加大对此的监督力度。然而，仅仅停留在核查纠正监外执行罪犯脱管、漏管的层面是远远不够的，只治标却不治本，要从脱管、漏管、虚管背后反视。检察机关要针对核查纠正出来的监外执行罪犯脱管、漏管问题进行梳理分析，查找影响社会稳定深层次的原因，并及时加以治理和防范。

五、从注重集中训诫转向教育学习和社区服务

如前所述，社区矫正检察当前仍然存在着“底线思维”的问题，即将社区矫正检察局限于对社区矫正的适用，日常满足于社区服刑人员“收得下、管得住、找得着”，而将社区矫正执行的功能性和价值追求抛弃在监督之外，淡化对实现刑罚执行目的与功能的监督，阻碍了社区矫正检察的科学发展。其实，《社区矫正实施办法》第15条明确规定：“社区矫正人员应当参加公共道德、法律常识、时事

政策等教育学习活动，增强法制观念、道德素质和悔罪自新意识。社区服刑人员每月参加教育学习时间不少于八小时。”同时，该办法第16条明确规定：“有劳动能力的社区矫正人员应当参加社区服务，修复社会关系，培养社会责任感、集体观念和纪律意识。社区服刑人员每月参加社区服务时间不少于八小时。”因此，社区矫正检察应当在原有“底线思维”的基础上，总结发展、树立践行“治本安全观”，从原先只注重集中训诫的法律监督转向同样有法可依的教育学习和社区服务等法律监督上来。

六、将社会适应性帮扶一并纳入法律监督范围

《社区矫正实施办法》第2条明确规定，人民检察院对社区矫正各执法环节依法实行法律监督。在实践中，司法行政机关对社区服刑人员开展监督管理和教育矫正，始终处于检察机关的法律监督之下，而开展社会适应性帮扶，则没有纳入法律监督的范畴。究其原因，主要是对社区服刑人员开展监督管理和教育矫正是源于对刑罚交付执行和刑罚变更执行的法律监督，而社会适应性帮扶则是更侧重于刑罚执行完毕后的“非刑事”对接措施，故不在法律监督范围内。其实，《社区矫正实施办法》第17条明确规定：“根据社区服刑人员的心理状态、行为特点等具体情况，应当采取有针对性的措施进行个别教育和心理辅导，矫正其违法犯罪心理，提高其适应社会能力。”同时，该办法第18条明确规定：“司法行政机关应当根据社区服刑人员的需要，协调有关部门和单位开展职业培训和就业指导，帮助落实社会保障措施。”因此，检察机关完全可以将之纳入其中，进而促进实现刑事执行法律功能。

七、重启对社区服刑人员奖励制度的法律监督

虽然《社区矫正实施办法》第28条明确规定：“社区矫正人员符合法定减刑条件的，由居住地县级司法行政机关提出减刑建议书并附相关证明材料，经地（市）级司法行政机关审核同意后提请社区矫正人员居住地的中级人民法院裁定。人民法院应当自收到之日起一个月内依法裁定；暂予监外执行罪犯的减刑，案情复杂或者情况特殊的，可以延长一个月。司法行政机关减刑建议书和人民法院减刑裁定书副本，应当同时抄送社区矫正人员居住地同级人民检察院和公安机关。”然而，最高人民法院《关于办理减刑、假释案件具体应用法律的规定》第18条明确规定：“被判处拘役或者三年以下有期徒刑，并宣告缓刑的罪犯，一般不适用减刑。”此举无疑变相剥夺了社区服刑人员的减刑资格，不利于社区服刑人员教育改造。因此，检察机关应当以治本安全观为视角，重启对社区服刑人员奖励制度的法律监督，为社区服刑人员打通原有积极接受教育改造的奖励途径，进而加快实现输出“合格产品”的工作目标。

（责任编辑：孙燕锋）

关于社区矫正存在的问题及对策

河南省郑州市中牟县人民检察院党组书记、检察长　丁海江

社区矫正检察监督是一门新兴检察业务，是检察机关对刑罚执行活动实施法律监督的重要内容，同时也是检察机关参与社会管理的重要途径。社区矫正法律价值的实现离不开有效的检察监督。研究社区矫正检察监督问题，不仅有利于刑罚执行监督制度的完善，有利于保障社区服刑人员的合法权利，更有利于促进检察监督工作的精进。可见，对这一制度的研究不仅有重要的实践意义，还有深刻的理论意义。

一、社区矫正检察监督的概念

从 2012 年 1 月起，随着司法制度的改革和社区矫正制度的设立和实施，司法行政机关承担了社区矫正职责，对被判处管制、宣告缓刑、假释和暂予监外执行的罪犯以及依法实行社区矫正的活动进行管理。

社区矫正检察监督，是指人民检察院对社区矫正机构对管制、缓刑、假释和暂予监外执行的判决、裁定和决定的执行活动是否合法，依法实行的监督，也包括对人民法院、监狱、看守所的法律文书和罪犯交付执行是否合法，依法进行的监督。

二、社区矫正检察监督的内容

社区矫正检察工作的业务范围，从广义上理解可以延伸至对管制、缓刑、假释和暂予监外执行适用过程的审查。有学者将这一过程进行了详细的划分，矫正前阶段监督、矫正执行阶段监督和矫正解除阶段监督。[①] 也有学者认为，社区矫正检察不应过多地关注裁判本身，而应以交付执行阶段开始对社区矫正执行的合法性进行检察监督。笔者同意后一种观点，理由主要是基于司法经济性原则。裁判本身的合法性在检察机关内部是有明确的职能部门承担的，刑事执行检察部门的主责是交付执行后对司法机关在矫正执行过程中是否存在违法行为进行监督。

① 贾学胜：《社区矫正试点中的检察监督新解》，载《常熟理工学院学报（哲学社会科学）》2008 年第 3 期。

三、社区矫正检察的理论意义和实践意义

（一）社区矫正检察的理论意义

首先，社区矫正制度的设立，完善了刑事司法职能分配体系，由司法行政机关执行社区矫正工作，也符合学界对侦查权、检察权、审判权和执行权的分配原则。任何制度的设立和实施，都有相应的监督。失去监督的权力就会偏离职责，进而发生权力被滥用和经济的腐败。对应社区矫正制度，检察权归于刑事执行检察部门，是由制度本身的特质所决定的。社区矫正检察权的设立是对刑事执行检察权的丰富与完善，是权力制约理念的体现，是制度协同发展的需要，是法律监督制度的应有之义。

其次，社区矫正检察权的设立是对现代社会人权的保障。社区矫正对象虽然是犯罪的主体，但其仍然享有未被剥夺的公民权利，在社区矫正行刑的过程中是否发生侵犯被执行人合法权利的行为，社区矫正执法必须引入合理的监督制约机制，使被执行对象的合法权利获得制度上的保障。同时，彰显了社会主义政治制度和法律制度的文明进步。

（二）社区矫正检察的实践意义

社区矫正执行措施实施得好，可以加强罪犯与社会及其家庭的联系，使矫正对象能够全面地接触社会，有利于其回归社会。首先，从亲情方面说，社区矫正使罪犯可以保持和亲人的一种紧密联系，在日常生活中比较容易被感化；其次，从社会发展的角度，矫正对象与社会的联系不至于使其与社会产生隔阂，为其创造了一个良好的行为环境，使罪犯能够更好地完成再社会化的过程，避免罪犯在监狱里交叉感染；再次，社区矫正使罪犯感受到法律威严的同时得到社会与政府的人文关怀，避免出现仇视政府或者社会的结果。检察监督权的行使从本质上也是围绕实现这一社会效果设定的，检察权的执行方法和手段的科学设立，可以使社会化服刑的经济性和社会的稳定性以几何倍数的形式上升。对于有的学者认为监禁刑罚会使刑满释放之人被贴上“犯罪人”的标签难以抹去，不利于犯罪人回归社会这一问题，进行了很好的解决。社区矫正将犯罪人融入社会，利用社区资源改造犯罪人，以防止犯罪人陷入标签理论中所描述的再犯罪。检察机关监督执行程序的合法运行，从制度和法律层面进一步保障社区矫正人员的改造效果。

四、社区矫正工作存在的问题和解决方法

以中牟县社区矫正检察工作为例，深入剖析掣肘社区矫正工作顺利开展的病结，适时运用检察监督职权，化解社区矫正工作中法律制度和行政体制之间的矛盾，保障刑事执行工作的顺利开展，提升刑事执行检察监督的效能。

（一）社区矫正工作人员职业化的缺失与检察机关人员配比少的矛盾尤为突出

1. 普遍缺少专业化、专职化的社区矫正工作人员

截至2018年10月，中牟县社区服刑人员共有608名，其中缓刑罪犯602名，暂予监外执行罪犯4名，假释罪犯2名。但是，中牟县司法局及其所带领的14个司法所几乎没有专职人员从事社区矫正工作，目前从事社区矫正的工作人员还同时肩负着环保、扶贫、信访、拆迁、包村等多项其他工作。这些人员缺乏法律专业素养，对法律程序认识模糊，无法真正担负起社区矫正执法者这一角色，造成了社区矫正工作过程中失误、漏洞不断发生。

2. 检察机关未设立专门的社区矫正检察机构

保障机制的缺失，直接导致了社会矫正检察监督在人员编制、机构设置、经费保障方面的障碍。没有专门的人员编制、机构，大部分地方还存在由刑事执行检察人员兼职这项工作的情况。这一情况为检察监督工作开展带来了很大的困难，监督力度疲软，监督不到位的情况频频发生。

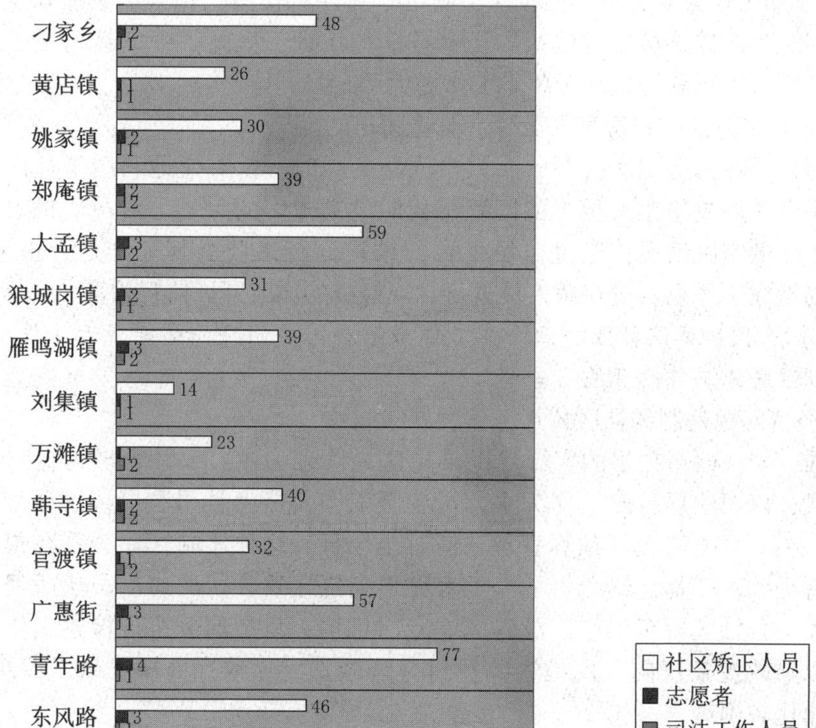

社区矫正人员与司法工作人员、志愿者对比图

3. 发挥检察人员业务优势，破解社区矫正从业人员非专业化难题

为破解难题，检察机关和司法局经多方努力寻求解决方案，替代的解决办法是社区矫正工作由县级司法局和乡镇司法所联合相关社会团体和民间组织以及在社会志愿者的协助下开展工作。这种“司法人员+基层组织+志愿者”的工作模式是否符合法律制度对执法主体的要求是值得商榷的。但在目前情况下，我们将一部分社会力量引入社区矫正工作中，是一种大胆的尝试。

从检察机关对社区矫正监督的层面上讲，我们认为可以在法律允许的范围内，检察机关给予社区矫正工作相应的支持。社区矫正工不仅需要一支稳定的合格的志愿者队伍，而且需要懂法律、对心理矫正有一定了解的社区志愿者。检察机关发挥专业上的优势，对以上从业人员进行不间断的法律培训，出现涉法问题时给予充分的支持和帮助。中牟县人民检察院目前在探索该制度有效性的过程中，已经对大部分加入社区矫正工作的从业者进行了有关法律知识和应对常见问题的专业培训，取得了明显的效果，自 2012 年至今，中牟县人民检察院为中牟县司法局培训过 12 期工作人员，每年两批次，满足了对原有司法工作人员法律知识的更新需求，同时为新进人员进行法律知识和技能的培训，提高了中牟县司法工作人员的整体素质，为顺利开展社区矫正工作提供了有力支持。

4. 借力使力，破解检察人员少、监督面小的困局

检察机关在帮助司法机关解决人员问题的同时，也有效地利用了社区矫正司法工作平台，解决检察人员少的问题。我们设立专门的人员，对司法机关日常社区矫正工作的实施情况，通过监控平台的维护运行来监督其工作是否正常开展。在司法局设立工作点，对在矫人员进行常规检查的同时开展监督检察。

（二）人民检察院社区矫正检察工作与基层司法同样面临经费无法保证问题，制约着社区矫正工作的开展

1. 经费问题是制约社区矫正工作发展的瓶颈

目前，司法改革提出的实行“以县司法局管理为主，乡镇管理为辅”的双重管理模式，以司法局行政工作为主，司法所工作人员由县司法局统一调配，人员经费统一纳入县财政全额预算管理。但时至今日，这种体制管理关系在很多地方仍然没有理顺。于是，就产生了由于人员不到位导致县司法局给司法所经费拨付无法落实，且社区矫正工作因没有成立专门机构，只是刑事执行检察工作的一部分，所以财政拨款仅向人民检察院拨付办公经费，导致社区矫正缺乏专项经费，开展工作比较困难。

2. 检察发声——通过人大调研和政协会议保障社区矫正经费落到实处

中牟县人民检察院利用 2016 年中牟县人大对中牟县人民检察院刑事执行工作进行评议的契机，把中牟县社区矫正经费严重不足导致大量工作无法开展的情况，作为一项检察监督建议向人大进行了汇报。县人大很快将社区矫正经费落实问题向政府提出了人大建议。双管齐下，在中牟县政协听取中牟县人民检察院工作汇

报时，刑事执行检察在社区矫正检察工作中发现的问题，作为一个专项向大会进行了汇报。首先，在政协召开的“中牟县政协关于社区矫正工作开展情况季度协商座谈会”上检察发声效果突出。检察机关通过会议提出社区矫正存在的问题，促使政府拿出解决方案。其次，通过“中牟县政协关于社区矫正工作开展情况季度协商座谈会”建立经费动态增长机制。

第一，中牟县 2016 年本级安排社区矫正资金 133.4 万元；2017 年本级安排社区矫正资金 170.2 万元；2018 年本级安排社区矫正资金 320.8 万元。

第二，中牟县人民检察院社区矫正检察工作的经费保障实行实报实销，且每人每天按 90 元进行下乡生活补助。有力地保障了检察监督工作的顺利开展，调动了社区矫正工作人员的积极性。

（三）社区矫正检察监督工作内容存在偏差

1. 注重文书审查，现场检察较少

由于检察机关人员少，任务重，在收到社区矫正文书材料后，多数情况下就文书记载内容进行程序性的审查，而忽略了对其执行刑罚实体的审查监督。

2. 忽略了对罪犯改造过程中的教育改造情况的检察监督

只注重监督罪犯是否在形式上符合非监禁刑的执行要求，而忽略了对执行罪犯心理的矫正和疏导工作的监督。也就是说，我们在非监禁刑执行过程中，对罪犯的改造教育工作的检察监督基本上是缺失的。

因此，我们要在底线安全基础上，从罪犯行为特征入手，引入科学救治措施，进行积极改造。以教育为理念，重塑罪犯成为合格社会人的心理，最大程度实现刑罚执行蕴含社会公平正义的价值。

3. 准确定位检察机关在社区矫正工作中的角色

应当认识到检察机关在社区矫正工作中的法律监督地位，明确监督内容。对社区矫正交付执行、执行变更、执行终止和日常监管这四个方面进行监督。我们不仅要对法律文书进行审查，还要以程序办理中的节点为监督点，对前期的社区矫正执行情况进行法律监督。书面审、现场查，发现问题、总结问题、解决问题。社区矫正执行过程中对在矫人员的教育改造，大部分地区仍然停留在单一的法条宣讲阶段，在矫人员对法律的理解和对违法的成本认识模糊，检察机关要通过对教育改造工作的检察监督，发挥其检察职业优势，督促社区矫正机关，完善教育形式，丰富教育内容，要对教育成果进行有效的教育检察。

（四）监管和监督不力是造成漏管、脱管、虚管现象时有发生的原因之一

1. 漏管、脱管、虚管原因复杂

由于检察机关和司法机关共同面临着人员较少、经费不足等问题，导致社区矫正工作无法正常开展，是造成脱管、漏管和虚管的重要原因之一。

所谓漏管，是指由于人民法院、公安机关、司法行政机关在社区服刑人员交付工作中出现漏、交接不当，或者社区服刑人员逃避监管、未按规定时间期限报

到，造成没有及时接受社区矫正管理。造成漏管的原因大致有以下几种：人民法院在交付执行时出现问题导致漏管现象发生；工作人员责任心不强，忘记送达执行文书导致漏管现象发生；书记员越俎代庖替罪犯在文书上签名，但不告知其文书内容，导致漏管现象发生；执法不规范导致罪犯客观上存在漏管现象；人民法院不作评估造成漏管现象发生；司法局在交付执行过程中，文书流转出现问题导致漏管现象发生；罪犯不按时报到造成漏管，等等。

脱管，是指社区服刑人员在社区矫正期间下落不明，脱离居住地社区矫正机构的监督管理，或者虽能查找到其下落但拒绝接受监督管理。造成脱管的原因大致有以下几种：保证人丧失保证条件，又不能在规定期限内提出新的保证人；社区矫正人员私自外出或者拒绝社区矫正。

所谓虚管，是指社区矫正机构对社区矫正人员进行监督管理的过程中没有进行实际管理的行为。个别社区矫正工作人员不负责任，不认真履行管理职责，不按时组织学习和劳动，伪造服刑人员参加学习、劳动的记录，造成了没有进行实际管理而档案显示已经管理的虚管。

《社区矫正实施办法》规定，社区矫正人员每月参加社区服务时间不少于8小时；社区矫正人员每月参加教育学习时间不少于8小时。有些工作人员在没有完成矫正任务的情况下，为了应付检查或者出于其他原因搞假材料，或替社区服刑人员签到，或替他们写思想汇报，更有甚者把一份文书复印后分别装入多人档案，出现执行档案高度雷同现象。

2. 创新检察监督机制，保证矫正实效

为了在人少的情况下完成社区矫正工作任务，从根本上杜绝脱管、漏管和虚管现象的发生，中牟县人民检察院驻司法局社区矫正检察室与司法部门通过人防和技防相结合、建立社区矫正工作站、现场点验等方法，使社区矫正工作由点到面、条线到人有序开展。

第一，增加科技含量，实行精准管理。在社区服刑人员中，外来人员比较多，同时外出务工人员比较多，流动性大，场所不固定，导致管理难度大，出现有的人联系不上，或把定位手机转交给他人，即使联系上了也全凭自己说了算。于是，出现了脱管、重新犯罪等一系列问题。针对以上问题，中牟县人民检察院与中牟县司法局一起到浙江、福建、上海等地学习先进经验，利用GPS电子围墙等对矫正人员实时监控，在社区矫正人员到司法所报到时，在其手机上安装社区矫正监控软件，并当场注册录入他们的照片，实行司法所后台监控管理，社区矫正人员用软件每天三次签到，每次签到的同时进行人脸识别和卫星定位，确保在社区服刑人员不出现脱管现象。在监管的同时，由各司法所组织将社区矫正人员加入微信群、QQ群，定时登录，在线接受法律法规教育，汇报工作生活状况，方便社区矫正工作人员实时了解社区矫正人员的动态；建立全县公、检、法、司等相关部门共享的社区矫正信息平台，覆盖到有关基层单位，利用技术手段管理社区矫正人员信息平台、管理社区矫正人员的电子档案，通过查询信息，可及时掌握监外刑罚执行与监管措施落实情况，预防纠正脱管、漏管等问题，可借系统获取相关信息，对违反治安管理规定和重新犯罪的社区矫正对象及时依法作出处理。

第二，郑州市率先在社区服刑人员集中的村（社区）建立社区矫正工作站，形成了覆盖全县的社区矫正工作网络。

第三，建立健全社区服刑人员现场点验制度，联合司法局对各个司法所社区服刑人员进行现场点验。中牟县司法局采用的管理方式是：档案管理+手机定位+每月、每周的学习教育+每日点名。

检察机关在帮助促进司法机关完善工作模式的过程中，不忘主业，利用科技手段加强检察监督质效，摸索出一套相适应的检察监督工作模式。运用河南省人民检察院“社区矫正试点”工作平台+实地检察监督+档案检察，以随机抽查、巡回检察、专项检察等形式进行监督检察。一面是制度落实，一面是检察监督全覆盖，同时配合上级人民检察院进行不定期的专项检查。

2017 年，通过现场点验和档案检察纠正脱管、漏管 24 人；2018 年，中牟县人民检察院共到全县司法所实地检察并现场点验社区矫正人员 14 次，共纠正脱管、漏管 20 人，收监执行 3 人。

（五）如何应对不断产生的矛盾和冲突

在改革叠加期的大背景下，社区矫正工作中的矛盾和冲突不断产生，这就要求社区矫正检察工作也要不断地适应发展，化解矛盾，通过对检察权的合理运用和配置解决矛盾，保障司法工作有序开展。

1. 设立联席会议制度，充分发挥检察监督职能，建立联动机制，对社区矫正服刑人员实行综合矫正

首先，建立公、检、法、司联席会议制度，定期召开联席会议。研究落实上级有关指示精神，制订本辖区社区矫正工作计划，部署工作，通报工作进展情况和存在的问题，协调处理重大问题。通过联席会议实现公、检、法、司多部门合作，完善了从社区评估到人民法院判决再到交付执行等交与接的工作制度，从根本上避免了漏管现象的发生。为了规范社区矫正程序，中牟县人民检察院协助中牟县司法局出台了《中牟县社区矫正工作流程》《中牟县社区矫正调查评估制度》《中牟县社区矫正衔接制度》等相关文件，进一步规范程序，细化审前调查评估内容，实时监控社区矫正人员动态；强化考核问责机制，制定了《中牟县社区矫正工作考核制度》《中牟县社区服刑人员考核办法》《中牟县社区矫正工作人员考核办法》等制度，确保各项工作顺利开展。

其次，通过联席会议，中牟县人民检察院还呼吁建立公、检、法、司建立情报专递机制，配备情报人员，以人民检察院为平台，以驻所检察室为依托，把在社区矫正期间又犯新罪、依法被决定行政拘留、司法拘留、收容教育、强制隔离戒毒的社区矫正人员汇总到人民检察院，然后，由人民检察院作出分流，最后依

法作出处理，从根本上杜绝漏管、脱管现象的发生。

2. 多渠道推进社区矫正检察工作

“中牟县政协关于社区矫正工作开展情况季度协商座谈会”是集政协、财政、统战、民政、团委、律师、公安、法院、各镇党委、综治办和检察院于一体的专门解决社区矫正工作问题的会议。检察机关通过参与工作会议，提出在社区矫正中发现的问题和意见，以检察建议的形式向有关部门呼吁解决。彰显了检察机关执法者的职业精神，也为政府在此项工作落实中不走弯路，少走弯路，提出了很多可行性建议。

结语

检察机关作为法律监督机关，应当在社区矫正实施过程中充分发挥检察职能，促进社区矫正这一社会管理措施健康发展，更好服务社会。检察机关不仅要对社区矫正检察制度进行深入的理论研究和社会实践，还要适时地推进检察监督职能向基层社区延伸，以检察力量保障社区矫正执行工作的顺利开展和促进社会的法制化与和谐。

（责任编辑：孙燕锋）

社区矫正检察同步监督问题与思考
——以J市检察机关开展社区矫正检察同步为例

浙江省嘉兴市人民检察院 王建红 凌 玲 朱慧超*

社区矫正检察同步监督有利于实时掌握矫正信息动态，将监督关口前移，充分发挥检察职能，促进严格执法和公正司法。但我国社区矫正检察监督起步较晚，面临制度框架不完善和实施配套机制不健全的问题，破解社区矫正检察监督中面临的现实困境仍是检察机关需要深入探讨的课题。近期，我们对全市检察机关社区矫正检察同步监督情况开展了调研。通过座谈会、实地走访等方法，研判全市社区矫正检察同步监督的开展情况，旨在为高水平推进全市社区矫正监督工作转型发展提供理论支持。

一、J市检察机关开展社区矫正检察同步监督情况

2017年1月1日至2018年6月25日，全市新接收矫正人员2838名，解除矫正人员3107名。截至2018年6月25日，全市在册社区服刑人员2552名，其中：管制1名、缓刑2289名、假释202名、暂予监外执行60名。检察审查、监督收监执行76名，其中：撤销缓刑的64名、撤销假释的1名、暂予监外执行条件消失且刑期未满的11名。在社区矫正检察同步监督中，全市检察机关加强对社区矫正审前社会调查评估、交付与执行衔接、矫正人员外出请假、奖惩审批、教育矫正等监管活动，提请撤销缓刑、假释、暂予监外执行或续保等变更执行和解除矫正的法律监督，对发现的问题及时提出纠正意见，为促进社区矫正工作依法、规范、有序开展，提高社区矫正实效，起到了积极的作用。

（一）社区矫正交付执行环节的同步监督

建立专门的社区矫正检察信息库，对每一名入矫的罪犯建立档案，及时录入入矫信息，收集入矫档案，并与矫正部门及时核对，着重加强对交付执行是否及时、规范，交付执行的法律文书是否及时送达进行检察，对发现的不交付、不及时交付、刑期计算错误以及矫正罪犯脱管情况及时提出纠正意见，对不抄送检察机关法律文书的，及时督促交付执行机关抄送，确保数据准确，台账完备，为有效监督打下扎实基础。2017年1月至2018年上半年，全市检察机关在交付执行环

---

* 王建红：浙江省嘉兴市人民检察院副检察长，员额检察官；凌玲：浙江省嘉兴市人民检察院刑事执行检察部主任，员额检察官；朱慧超：浙江省嘉兴市人民检察院刑事执行检察部检察官助理。

节提出口头或书面纠正意见10余次。例如，某区人民检察院在社区矫正日常检察中发现，省第五监狱未将接受社区矫正的1名假释罪犯的相关文书送达该区司法行政机关和同级检察机关，遂向监狱发出检察建议书。省第五监狱收到检察建议书后，立即将该罪犯的判决书、裁定书和执行通知书等法律文书送达，有效纠正了交付执行法律文书规范送达问题。

（二）社区矫正监管环节的同步监督

参加社区矫正工作例会，加大基层走访力度，定期或不定期到各镇、街道司法所检查或抽查工作台账，及时发现社区矫正工作中出现的新情况、新问题，防范和处理监管过程中出现的苗头性和倾向性问题，对发现的问题及时向司法行政机关提出意见和建议，从源头上防止社区服刑人员脱管、漏管、虚管以及再犯罪。针对非执法类项目向社会社工组织购买服务的新情况，对社工组织的工作进行了检察监督并提出整改意见，以确保该项工作在执法机关转向社会组织承担后能够继续有效落实。此外，对于解除矫正活动进行检察监督，审查罪犯是否符合法律规定条件、解除的程序是否合法、相关手续是否齐备，防止提前或者拖延解矫、遗漏解矫宣告环节，或者不在规定范围内宣告等情形。2017年1月至2018年上半年，全市检察机关在社区矫正监管环节提出口头或书面纠正意见50余次。例如，某区人民检察院通过对社区服刑人员的“集中点验”，掌握社区服刑人员的动态情况和司法所监管动态，及时发现社区服刑人员的脱管情况。又如，某市人民检察院开展社区矫正“大走访”，强化社区矫正实地巡查监督的广度和深度，巡查辖区所有司法所，深入了解社区矫正工作人员配备、教育内容、签报到、请销假制度执行等情况，并对重点人员的不假外出等情况进行详细排摸。

（三）社区矫正变更执行环节的同步监督

及时掌握社区服刑人员被司法行政机关处以警告和被公安机关、人民法院处以行政拘留和司法拘留的情况，发现矫正人员违反监管规定的及时建议司法行政机关进行处罚，对符合收监条件的及时提出收监建议。针对司法行政机关作出的对社区服刑人员撤销缓刑、假释、收监和减刑等变更执行的活动是否合法，依法实行监督。同时，结合判实未执专项活动，重点加强对暂予监外执行条件消失的罪犯的收监执行监督工作，督促司法行政机关做好对暂予监外执行的年度检查鉴定。2017年1月至2018年上半年，全市检察机关审查、监督收监执行76名，其中：撤销缓刑的64名、撤销假释的1名、暂予监外执行条件消失且刑期未满的11名。例如，某区人民检察院会同辖区司法行政机关建立提请撤销缓刑、假释、收监执行前征求人民检察院意见的工作机制，确立了区矫正机构提请前征求区人民检察院意见的监督原则和工作流程。例如，区司法局对社区服刑人员陶某某受到3次警告处罚，仍不改正而提请撤销缓刑收监执行的案件，根据上述工作机制的规定，向区人民检察院征求提请撤销缓刑的意见，区人民检察院对此案进行了全面的审查，发现司法机关作出的警告处理不当，认定陶某某3次警告仍不改正的依据不足，故提出不同意撤销缓刑的检察意见，得到了人民法院的支持。本案的办理，对有效促进司法行政机关依法履行监管职能、完善社区矫正警告处罚程序、提升执法人员素养具有积极意义。

（四）社区服刑人员财产刑执行的同步监督

对于未履行财产刑的社区服刑人员，一方面是要求司法行政机关加强对他们履行财产刑的法制教育，另一方面则是通过电话或是当面谈话，要求社区服刑人员积极履行财产刑。结合财产刑执行检察监督专项活动，要求司法行政机关每月在报送社区服刑人员名单时，要新增一栏“财产刑执行情况”，这样便于掌握未履行财产刑的人员和情况。通过发出检察建议，要求司法行政机关在日常的监管活动中加强督促社区矫正对象主动履行财产刑，协助财产刑执行工作的有效开展，并把财产刑的履行作为社区服刑人员考核的内容之一。2017 年 1 月至 2018 年上半年，全市检察机关在社区服刑人员财产刑执行检察监督中，发现 26 名社区服刑人员尚未履行财产刑，其中 19 人有履行能力而未主动履行财产刑，经过检察监督，19 人均履行了财产刑。例如，某市人民检察院通过对全市社区服刑人员的财产刑执行情况排查摸底，发现犯销售假冒注册商标的商品罪的社区服刑人员曹某某未交纳罚金 18 万元，遂向市司法局发出检察建议督促其协助人民法院做好财产刑执行工作。经司法所工作人员多次找该社区服刑人员谈话教育和检察干警约谈后，其主动卖掉了一店面房，交纳了 18 万元罚金，该案例被省人民检察院评为财产刑执行监督精品案例。再如，某区人民检察院在检察中发现暂予监外执行罪犯徐某某，在判决生效后两年多时间里，对没收财产 20 万元的涉财产性判项一直未予履行，经检察机关调查发现其名下有多套房产，完全具备履行能力，遂向人民法院发出检察建议书，后人民法院强制执行了徐某某 20 万元财产刑。

（五）社区矫正信息互联共享机制的构建

加强与相关部门沟通联动，及时审查司法行政机关报送的矫正动态材料。在随时掌握矫正信息，掌握社区服刑罪犯入矫、解矫情况和管理、教育动态的同时，每月与司法行政机关全面核对社区服刑人员监管资料，确保检察机关掌握的情况及时、准确。2015 年 12 月，市人民检察院为进一步深化检察机关与司法行政机关之间的工作衔接，拓展信息沟通渠道，实现信息共享，增进执法动态协作与监督，提升工作效率和水平，经多次与市司法局就社区矫正信息系统联网事宜进行沟通协商，并联合市司法局印发《关于开展社区矫正信息管理系统联网实现信息共享的实施意见》，2016 年年初，市人民检察院统一采购设备并安装司法通 APP，保证了全市刑事执行检察部门能随时掌握社区服刑人员的相关情况，实现了信息互通共享。

二、社区矫正检察同步监督发现存在的问题和原因

（一）社区矫正相关立法缺失

1. 社区矫正立法缺失，导致实施效果不佳，存在问题较多。社区矫正制度从试点到实施十多年来，我国社区矫正工作尚不够理想，难以达到预期效果，很大一部分原因在于社区矫正立法的缺失。目前，有关社区矫正工作的开展主要依据的是司法部牵头的《社区矫正实施办法》，以及省级和市级层面的具体规定。这些规定，由于位阶不够、刚性不足，导致社区矫正机构的法律地位不明确、社区矫正执法者身份不清晰、社区矫正执法活动缺乏权威性和严肃性。在全面深化司法改革、社区矫正立法呼声日渐增强大的背景下，急需推进社区矫正立法，推动非监禁刑罚执行朝法治化、现代化转型。

2. 看守所立法缺失，收押标准严苛且不统一，导致收监执行难，同时也不利于执法的统一和法治的权威，亟待纠正。实践中，看守所为了避免羁押风险，收押标准把握过于严苛，所造成的后果对审判和刑罚执行带来了很大影响。有的人民法院对患有严重疾病但又不符合保外就医条件的被告人，考虑到看守所可能不予收押，在判决时人为降低量刑标准，应当被判处实刑的被宣告了缓刑或者单处罚金，应当送交监狱、看守所执行的却被监外执行；有的暂予监外执行的社区服刑人员，进入社区矫正后，觉得身体有疾病，有恃无恐，违反监管规定，而司法行政机关却对其束手无策，甚至在其违反法律法规时，因看守所拒收而无法对其进行收监执行，严重影响了矫正工作的正常开展。有的社区服刑人员被人民法院决定撤销缓刑收监执行，但因身体有疾病，看守所拒收并要求人民法院组织鉴定，而鉴定又需要一段时间才能出具结论，这期间往往容易造成罪犯失控和逃匿，严重损害法律的严肃性和权威性。

（二）机制建设缺位，各部门衔接协作不畅，难以形成工作合力

1. 各基层司法行政机关接受社区服刑人员的入矫标准不一。《社区矫正实施办法》第5条确立了对社区服刑人员实行居住地管理的原则。司法部在《〈社区矫正实施办法〉解读》中将居住地解释为“社区服刑人员能够连续居住六个月以上的居所所在的县（市、区、旗）”，但矫正对象的居住地仍然是一个难以严格确定的事项。对此，各地司法行政机关纷纷设定了社区矫正的具体接收条件，将社区矫正入矫环节予以明确和具体。但由于没有统一的标准，出现了对社区服刑人员接收条件不一致、人为提高接收条件的现象。以J市辖区为例，各县（市、区）社区矫正机构的接收条件也不尽相同，如有的要求符合在本区交满6个月社保的条件；有的要求符合有居住证或者办理居住证单位的接收回执、有工作证明和有监护人三个条件；有的要求符合有暂住证满一年、有监护人、有固定工作（以签订合同或工商营业执照、摊位证为准）、有房产证或租房合同四个条件；有的要求符合有居住证或者有固定住所满一年、有监护人、有固定工作（以签订合同或工商

营业执照为准）三个条件；有的要求符合有固定住所、有固定工作、有监护人三个条件。这些接收条件加剧了交付机关的工作困难，造成交付与接收的脱节，特别是户居分离的外地籍人员难以交付。近年来，外地到本市务工、创业、经商的人员流动现象突出，这些人员的居住地只是相对的，随着工作地点的变化，其临时居住地也经常会发生改变，这一群体中被纳入社区矫正的对象，较难确定其矫正地，极易造成漏管情况发生。同时，随着轻刑化刑事政策的贯彻，许多案件的缓刑考验期少于6个月，有的仅为3个月，交付执行时人民法院、相关矫正机构之间相互推诿、扯皮，罪犯的缓刑考验期就即将届满，严重削弱刑罚执行的严肃性和权威性。

2. 异地判决社区矫正衔接配合不顺畅导致漏管。《社区矫正实施办法》对异地判决回居住地进行社区服刑人员撤销缓刑后，对其提请收监执行主体没有明确规定，只是笼统规定司法行政机关为执行的主机关，但并未赋予司法行政机关独立的执法权，需要由公安机关予以协助。但实际情况是，司法行政机关以无独立执法权为由，把裁定收监执行材料移交公安机关了事，而公安机关常常以司法机关应为主执行、当地看守所不接收由异地人民法院裁判的罪犯、当地监狱只接收当地或者指定看守所移送收监的罪犯为由，不主动配合收监，因而造成对该类罪犯收监久拖不执行。此外，《社区矫正实施办法》规定撤销非监禁刑的建议应当向原裁判人民法院或者批准、决定机关提出，确立了“谁裁决，谁撤销”的原则，由于居住地与裁决地分离，导致居住地检察机关不能及时掌握有关情况，对跨区域人民法院的裁决不能及时有效监督，也导致收监执行难以到位，更容易出现重新犯罪。

3. 相关单位不及时通报、抄送法律文书。按照“两院两部”《关于进一步加强社区矫正工作衔接配合管理的意见》要求，公安机关、人民法院对社区服刑人员受到刑事和治安、司法处罚等情况的，应当及时通报社区矫正机构和检察机关。但在实际工作中，社区服刑人员被依法决定行政拘留、司法拘留、强制戒毒或者因涉嫌犯新罪、发现判决宣告前还有其他罪没有判决被采取强制措施的，相关公安机关、人民法院往往没有按照文件规定要求，向执行地的司法行政机关和检察机关通报情况，这给监管工作带来了很大的困难。实践中，各地公安机关对社区服刑人员作出行政处罚后不通报司法行政机关和检察机关的情况较为常见，司法行政机关往往在发现和社区服刑人员联系不上，经查寻后才知道其被行政拘留，而检察机关则是在司法行政机关提请撤销缓刑时才掌握该情况。例如，某县人民检察院监督收监1名已被解矫的社区服刑人员，该社区服刑人员在缓刑考验期内酒驾被查获，公安机关对该社区服刑人员行政处罚决定在考验期满后才作出，司法行政机关未能及时掌握到该情况，因此在矫正期满后对其解除矫正。

此外，该意见对交付执行机关的交付执行以及抄送机关有着明确的要求，但在实践中，有的交付执行机关特别是一些外地交付执行机关不交付情况时有发生，不抄送检察机关的情况更多，对执行地司法行政机关的社区矫正工作和检察机关的监督工作造成被动。

4. 提请撤销缓刑、假释、收监执行活动缺乏同步审查监督。近年来，由于现行法律法规和司法解释规定不够明确，司法行政机关对社区服刑人员的提请撤销缓刑、假释、收监执行，并不需要先行征求检察机关意见，而只是在社区矫正机构向人民法院、公安机关、监狱管理机关提出撤销缓刑、假释、收监执行建议的同时，抄送社区服刑人员居住地同级人民检察院。在这一模式下，司法行政机关的提请撤销缓刑、假释、收监执行活动游离于检察监督审查之外，检察机关没有足够的办案时间对被提请人的违法违规事实和证据、社区矫正机构的执法程序是否合法进行审查，也无法及时开展相关的调查工作，监督工作滞后且受到制约，不利于检察机关法律监督职能的充分履行。

（三）缺少统一、高效的社区矫正大数据平台

通过与J市司法局就社区矫正信息联网事宜进行沟通，全市刑事执行检察部门统一配备司法通APP，能随时掌握社区服刑人员的基本情况，但只是初步实现了信息互通共享。2018年，浙江省司法厅上线了全省社区矫正综合管理平台，并要求各地司法局统一运用，目前该平台仅实现社区服刑人员数据库功能，定位监管、事项审批、政法部门间无纸化流转等功能尚有待完善，同时该平台目前无法与原司法通平台兼容和数据互通，导致社区矫正工作人员要同时操作两套系统，影响工作效率。此外，目前针对新系统检察机关虽然从省人民检察院获得了权限，但只能查询，不能下载和导入，导致社区矫正检察监督相关分析软件无法运用。从全国层面来看，社区矫正大数据共享更是远远没有实现。由于没有实现数据互通，致使一些社区矫正的交付执行无法在统一的平台上实现实时监测，上级机关也无法发挥其指挥、协调的作用。社区矫正的交付协调工作还是依赖于传统的邮来邮去的办法实现，既费时间，又费精力，更重要的是使矫正对象处于真空地带，出现脱管和漏管，一些被纳入社区服刑、应该受到监管教育改造的罪犯，正是在这一时间里，重新犯罪，造成极为恶劣的社会影响。

（四）基层社区矫正工作人员和检察监督力量“双薄弱”

社区矫正日常工作由基层司法所具体承担，但当前司法所不仅承担综治、调解及法律宣传等职能，还要围绕大局参与党委中心工作，导致难以将主要精力用于社区矫正监管上。另外，基层社区矫正执法人员编制少、工作任务重、专业化程度低，一个司法所一般只配备1名专职所长、1名司法助理，若干名社工。实际中在一线管理社区服刑人员的社工均为聘用合同工，具有本科学历或法律专业比例极低，且因待遇差，人员流动性大，难以保证社区矫正工作的连续性。同时，开展社区矫正同步检察监督的刑事执行检察部门也面临着类似的问题，目前J市各基层人民检察院刑事执行检察部门人员配备普遍在2–3人，除两个区人民检察院外，其他基层人民检察院都需要开展日常派驻看守所检察工作，执检业务点多、

面广、量大，这必然会造成工作上的顾此失彼，要全面同步履行社区矫正检察职能困难重重。

（五）缺乏刚性的检察监督手段和制约机制

检察监督必须以强制力为后盾，并通过具体的规则赋予监督者实体处分权。现行法律对检察机关社区矫正监督权的规定过于原则笼统，实践中较难把握尺度，检察介入的程序、监督内容等都不明晰，监督手段缺乏刚性。同时，由于缺失对被监督者的责任追究制度，检察机关发出的检察建议、纠正违法意见书被采纳和落实的质量不高，整改效果不佳，存在消极应付，屡改屡犯情况。在实践中，检察机关对社区矫正的交付执行监督力度往往薄弱。对于交付机关不交付或者不及时交付的，接收机关应接收而不接收等情况造成漏管的，检察机关虽然可以视情发出检察建议书或者纠正违法通知书，但这种检察机关行使监督权的主要形式，仅属于督促纠正权，其本身无强制力保障，“两书”是否被采纳，被监督单位能否纠正违法行为，往往取决于被监督单位的重视和配合程度，如果被监督单位敷衍了事、推诿扯皮或拒不改正，检察机关实际上并没有更有效的追究方法。

三、完善社区矫正检察同步监督的对策建议

（一）加快立法进程，夯实检察同步监督基础

1. 出台《社区矫正法》，促进社区矫正法治化、规范化，保障社区矫正检察监督的成效。根据《立法法》规定，刑罚及限制人身自由的强制措施和处罚只能以法律形式加以规定，社区矫正作为刑罚执行方式，应该以法律的形式加以规范，因此亟须专门制定统一全国社区矫正工作的《社区矫正法》及其实施细则，使社区矫正这一新型刑罚执行方式得到刚性的法律保障。建议作出如下规定：（1）明确各级司法行政机关主管本辖区社区矫正工作；（2）明确社区矫正的法律定性为刑罚执行，适用范围为被判处管制、宣告缓刑、假释或者暂予监外执行的罪犯；（3）详细规定监管措施和工作程序；（4）明确社区矫正机构人员设置、职责义务和法律责任。同时，在社区矫正立法中确立纠正违法、检察建议等监督手段的法律地位，界定概念，建议明确履行检察职权的对象范围、适用程序和方式、法律文书的内容、落实保障和补救措施等，应当规定被监督单位作出答复的时限、方式、答复事项、异议的补救措施和无正当理由拒绝应当承担的责任等内容，确保检察监督的成效。

2. 出台《看守所法》，依法规范看守所收押、管理活动。目前，看守所收押、监管活动主要依据的是1990年国务院颁布的《看守所条例》及公安部1991年印发的《〈看守所条例〉实施办法（试行）》等相关法规、规章和制度。由于时间的推移，执行条件的变化，关于收押的条件和拒收的范围需要加以进一步明确、完善和细化。建议《看守所法》作出如下规定：（1）对患有疾病、生活自理受限、年老等情形但不符合暂予监外执行的罪犯，看守所应当收押；（2）对感染艾滋病

病毒、患有艾滋病或者其他传染性疾病，依法不符合暂予监外执行条件的罪犯，应当在看守所设置的专门监区收押；（3）对病残罪犯收押、监管，看守所收押困难的，由看守所报上级公安机关协商解决；（4）对体内有异物或者故意吞食异物的罪犯，由公安机关负责联系医院采取手术方式取出后由看守所予以收押。看守所在对罪犯进行收押后，如果认为符合暂予监外执行条件的，可以按照保外就医程序委托鉴定后提出建议，报主管公安机关审查和决定。只有这样，才能纠正当前收押难的实际问题，促进社区矫正变更执行环节的顺利进行。

（二）强化机制建设，加强各部门衔接和协作

1. 统一入矫标准，严格执行居住地管理原则。对于社区服刑人员能够连续居住6个月以上的居所所在地应当予以接收，在社区矫正相关立法出台之前，建议省级以上检察机关会同司法行政机关统一明确社区矫正的入矫标准，避免不同地区司法行政机关任意抬高入矫门槛或作扩大解释，相互推诿扯皮。同一地市对于在接收社区服刑人员时发生争议的，争议双方应当协商解决，协商不成的，报上一级司法行政机关，上一级司法行政机关要及时查明相关事实，并指定一地司法行政机关接收社区服刑人员。同时，加强各部门间的协作，依法规范和完善法律文书衔接、罪犯交接程序、矫正期间罪犯违法、犯罪情况通报等相关机制，检察机关及时发现和纠正各部门相互衔接过程中出现的漏洞，确保对社区矫正的判、交、送、接等执法环节的无缝衔接，有效防止脱管、漏管情况发生。

2. 确立“就近执行”的异地判决社区矫正收监执行原则。对于异地人民法院判决非监禁刑的社区服刑人员被撤销非监禁刑后，应当确立“就近执行”原则，即“就近提请、就近裁决、就近执行”。异地人民法院判决的社区服刑人员达到撤销非监禁刑条件，居住地司法行政机关可向与原判人民法院同级的居住地人民法院、监狱、公安机关提出撤销非监禁刑建议，并及时通报原裁决机关，居住地人民法院、监狱、公安机关应及时作出裁决，并将结果告知原裁决机关。撤销非监禁刑后，裁决机关应及时将相关法律文书送达给居住地司法行政机关和居住地公安机关，同时抄送居住地检察机关，由司法行政机关协助公安机关将罪犯投送居住地看守所、监狱执行，避免异地判决社区矫正衔接配合不顺畅而导致的脱管、漏管现象发生。

3. 建立检察机关提前介入提请撤销缓刑、假释和收监执行活动工作机制。通过会签规范性文件，明确司法行政机关提请前征求检察机关意见的监督原则、工作流程，将提请收监执行活动纳入检察审查范畴，实现关口前移，充分发挥检察职能，规范和完善对社区服刑人员收监执行工作。被宣告缓刑、裁定假释、决定暂予监外执行的社区服刑人员符合收监条件应当提请撤销缓刑、假释或者收监执行，司法行政机关在向有关人民法院、公安机关、监狱管理机关提请撤销缓刑、假释或者收监执行前，应当征求检察机关的意见。向检察机关征求意见时，应提出拟提请撤销缓刑、假释或者收监执行的征求意见函并附相关证明材料。检察机

关收到拟提请撤销缓刑、假释或者收监执行的征求意见函后，应当采用书面或者公开方式进行审查，作出同意提请或者不同意提请的书面审查意见。检察机关发现应当提请撤销缓刑、假释或者收监执行而社区矫正机构没有提请的，应依法监督提请。

（三）建设社区矫正智慧执检平台，实现智能化检察监督

针对传统社区矫正检察监督存在的效率低、周期长、主观性强等问题，建议在省级甚至全国层面建设社区矫正智慧执检平台，该平台与司法行政机关社区矫正数据和检察机关数据实现纵横互联互通，借助此智能化平台，将个案零散监督向环节整体监督转变。该平台可将社区矫正监管活动细分为若干个监管环节，每个在矫档案只随机抽查一个环节，每次抽查都能覆盖整个司法所的在矫档案；同时，使用数据分析技术，由系统自动分析每一个社区服刑人员的问题或薄弱环节，按每个环节的权重自动形成任务清单，以此极大提高检察监督效率和质量。平台应当具备“自动巡察、智能派单、智慧分析”三大功能：首先是自动巡察，通过海量数据对比，排查出可能被行政处罚或司法处罚、未及时入矫、不假外出和可能在严管期内违规请假外出等重点人员，提醒检察人员及时跟进；其次是智能派单，通过多维度抽查规则实现高覆盖，并自动剔除已抽查过的环节，再结合环节权重和自动巡察结果，将要检查的社区服刑人员名单和环节派单给检察人员；最后是智慧分析，根据检察人员的打分，系统自动对各环节赋值并对司法所进行综合打分，为检察建议和纠正违法通知书提供充分的数据支撑。

（四）确保检察刚性，强化监督力度

针对社区矫正检察同步监督存在的检察监督缺乏刚性的现状，要在社区矫正立法中确立纠正违法、检察建议等监督手段的法律地位，规定履行检察职权的适用范围、程序和方式。检察机关在运用纠正违法、检察建议等监督手段时，要增强法律文书的说理性，纠正违法通知书、检察建议书等法律文书的说理论证要事实清楚，证据确实充分，法律依据具体明确。对于被监督单位整改效果不佳，甚至拒不回复的情况，要建立健全纠正违法通知书、检察建议书的文书公开机制，通过网络、报纸等媒体向社会公开并允许公开查询，通过社会力量，督促被监督单位纠正。要善于发挥政法委和人大的作用，将纠正违法通知书、检察建议纳入地方立法机关视野予以重点监督，建立被监督单位书面回复向同级人大常委会备案制度，纠正违法通知书、检察建议没有正当理由不予采纳的，可以及时提请同级人大常委会启动监督程序。

（五）加强人员配置，提升队伍素质

高素质的人员和队伍是社区矫正工作高水平开展的重要保证，无论是司法行政机关还是检察机关，都要不断提高领导重视程度，完善人员配置和提升队伍素质。针对基层司法所建设薄弱状况，配齐配强基层社区矫正执法队伍，理顺管理体制。各级司法行政机关应建立基层社区矫正工作人员培训制度，提高社区矫正

工作人员的执法能力和素质。同时，检察机关刑事执行检察部门要调整人员编制和结构，把年轻、高素质的干警充实到执检队伍中。要加强社区矫正检察监督的专门机构建设，通过设立社区矫正检察官办公室等形式的派驻，或以乡镇（街道）检察室平台开展社区矫正检察工作，把社区矫正检察监督作为检察工作的重要内容来抓实，规范社区矫正检察工作流程，明确社区矫正检察人员职责权限，建立健全岗位目标责任制。

（责任编辑：王天景）

社区矫正收监执行难的困境与破解

浙江省慈溪市人民检察院 张 花 陶敬军*

社区矫正制度于2011年、2012年相继写入《刑法修正案（八）》和《刑事诉讼法》，标志着社区矫正正式成为我国刑罚执行制度的重要内容。2012年3月，“两院两部”颁布实施《社区矫正实施办法》，该办法第25、第26、第27条三条规定收监执行制度，但在实践运行中，社区矫正人员收监执行难问题较为突出，社区矫正收监执行检察工作亦面临诸多难题。本文立足于刑事司法实践个案，呈现社区矫正收监执行难困惑，分析其成因，并就其完善予以建言。

一、基于实践个案的社区矫正收监执行问题的审视

社区矫正工作中的被宣告缓刑、假释、暂予监外执行三种社区服刑人员被裁判、决定收监执行包括两种情形：一是发现漏罪或再次犯罪，将原罪剩余刑期与新罪数罪并罚而被收监执行；二是因违反社区矫正监督管理规定或暂予监外执行情形消失，被撤销非监禁刑，予以收监执行。本文重点讨论第二种情形。

（一）对收监规定理解不一导致收监决定难

杜某某，因开设赌场罪于2012年2月14日被C市人民法院判处有期徒刑6年零9个月，后被投送Z省第二监狱服刑。2014年6月18日，因腰骨折伴不完全瘫痪及复杂性肛瘘被该省监狱管理局决定暂予监外执行，后在C市司法局接受社区矫正。2015年6月7日，经该省级人民政府指定的C市人民医院保外就医疾病医学鉴定，杜某某不符合《罪犯保外就医疾病伤残范围》。6月24日，C市司法局向省监狱管理局提交收监执行建议书，但省监狱管理局以不符合收监执行条件为由决定不予收监。2016年6月经C市人民医院医学鉴定，杜某某不符合保外就医条件，C市司法局再次向省监狱管理局提出收监执行建议，省监狱管理局再次以不符合收监执行条件为由不予收监。后作为监督机关的C市人民检察院曾向该省人民检察院汇报情况，省人民检察院向该省监狱管理局提出收监执行建议，但省监狱管理局以不符合收监执行条件为由不予决定收监。现杜某某仍未收监。据了解，杜某某现年53岁，除有时给赌场望风获取报酬外无其他收入来源，有再犯罪风险隐患。

---

* 张花：浙江省慈溪市人民检察院刑事执行检察部检察员；陶敬军：浙江省慈溪市人民检察院刑事执行检察部主任，员额检察官。

上述案例中，C市司法局以杜某某不符合《罪犯保外就医疾病伤残范围》规定建议收监，而省监狱管理局以杜某某不符合收监执行条件为由不予收监。省监狱管理局认为杜某某身体患有严重疾病，且生活难以自理，收监会产生麻烦，故根据监狱收监执行惯例不予收监。

按照司法惯例，对于刑期未完全执行完毕的患有严重疾病的罪犯，要么在监狱服刑，要么被决定保外就医在社区服刑。如果该罪犯不符合保外就医的条件，其还可以适用因生活不能自理适用暂予监外执行的规定，但法律对于因生活不能自理而适用暂予监外执行的规定相当苛刻。根据《暂予监外执行规定》的规定，必须经过6个月的生活治疗及观察，并经过专业人员及严格的审核流程才能确定生活不能自理，才能适用暂予监外执行的规定。本案中，罪犯不符合保外就医的条件，不适用保外就医的规定，省监狱管理局即便适用生活不能自理的规定，也需要先收监执行在观察6个月的基础上作出因生活不能自理而暂予监外执行的规定。

（二）对于未成年人的唯一监护人收监执行难

陆某某，2015年6月被C（县级市）市人民法院判处有期徒刑5年，并处罚金6万元，后经N市中级人民法院判决驳回上诉，维持原判。2016年1月，因陆某某处于哺乳期，被C市人民法院决定暂予监外执行。2017年1月，其法定哺乳期已满，C市人民法院对其作出收监执行的决定。在收监执行过程中，发现其配偶以离婚并外出的方式故意躲避，致使其不满两周岁的女儿无人看管，其父母在兰州老家，且均已年过七十。C市司法局每次对其收监执行，其均带着未成年女儿。因其系未成年人在本地唯一的监护人，实际无法被收监执行。

上述案例中，陆某某的女儿已满1周岁，并非处于哺乳期的婴儿，所以不属于因处于哺乳期而不宜收监之情形。但因其系生活不能自理人的唯一监护人，而面临收监执行难题。虽然根据相关法律规定，系生活不能自理人的唯一监护人并非不能收监的理由，但是在司法实践中，因未成年人无人照顾无法独立生活，且法律不允许在监狱、看守所内抚养未成年子女，监狱、看守所也不具备抚养未成年人的硬件设施条件等诸多原因，致使未成年人的唯一监护人面临收监执行难题。另外，出于人性化及安全角度考虑，办案机关对于该类罪犯也不愿意执行收监。

（三）公安追逃效果不佳

方某某，因犯信用卡诈骗罪于2010年9月29日被C市人民法院判处有期徒刑3年，缓刑4年，矫正期限自2010年10月9日至2014年10月8日。判决生效后，方某某被交付至C市司法局接受社区矫正。缓刑执行期间，其因脱离监管超过1个月于2013年2月被C市人民法院裁定撤销缓刑收监执行原判刑罚。其间，C市司法局曾提请市公安局进行网上追逃，但C市公安局均以各种理由推脱。2015年6月，经C市人民检察院协调，C市公安局发布通缉令予以网上追逃，至今方某某仍未归案。

自C市人民法院裁定收监执行至该市公安局予以网上追逃已逾两年时间。因

《社区矫正实施办法》规定，收监执行应由居住地县级司法行政机关及时将罪犯送交监狱或看守所，由公安机关予以协助。公安机关认为其只负责协助，社区矫正机关是送监主体，且对于下落不明的社区矫正人员的网上追逃，公安机关认可的法律文书为刑事拘留证和逮捕证，其他法律文书不具有网上追逃的效力，故公安机关不愿意启动网上追逃程序。另外，网上追逃效果不佳，公安机关忙于办理刑事案件，怠于对下落不明需收监执行罪犯网上追逃的后续跟踪。故在上述案例中，自 2015 年 6 月公安机关启动网上追逃，至今已有三年时间罪犯仍未归案。

二、社区矫正收监执行问题的多维成因考察

（一）监管场所的本位主义思想影响收监工作的执行

尽管不少地方出台过关于看守所、监狱对人民法院作出收监决定的罪犯不得以身体健康原因拒收的相关规定，但实际执行效果仍然欠佳。首先，监禁场所对于暂予监外执行罪犯，不考虑收监理由、犯罪性质和社会危害性，主要关注其身体状况，看守所和监狱担心罪犯在监内、所内死亡引发矛盾而拒绝收监。其次，即使司法局成功将暂予监外执行情形消失的罪犯收押至看守所或监狱，但作为接收方的看守所或监狱，通常会从自身监管安全以及看护此类罪犯所用成本的角度出发，而对此类罪犯予以拒收。例如，对年纪大者，通常身体状况较差，被收押进监狱或者看守所后，还需要找其他人对其进行看护，给他们造成了较大的负担，所以不愿接收此类人员。

（二）收监执行法制不健全

收监执行环节存在以下问题需要立法予以明确和解决：一是实体上，收监执行条件不明确、不完善。现行法律法规对应当收监执行规定主要限于《社区矫正实施办法》，其对于收监执行的规定主要体现在第 25 条、第 26 条有关撤销缓刑、假释五种情形及暂予监外执行收监的八种情形，但其中对“情节严重”“仍不改正”规定模糊，在收监执行实践中造成司法机关难以准确理解和适用。二是程序上，收监执行程序需要进一步细化。虽然《社区矫正实施办法》明确了司法行政机关在收监执行过程中的举证责任，但现行法律法规并未统一明确各种收监执行条件所需的证据材料和标准，造成司法实践中人民法院或监狱管理局与司法局对暂予监外执行罪犯病情复查材料认定上存在分歧。

（三）各司法机关之间缺乏配合协作

违法违规的解矫收监程序，包括收集证据、法院审理、抓捕罪犯、送监执行等多环节工作，同样涉及部门多，程序复杂，各司法机关之间缺乏配合必将影响收监执行的实际效果。在司法实践中，一方面，司法行政机关重监督管理轻收监执行。司法行政机关社区矫正工作主要任务是监督管理、教育矫正和社会适应性帮扶。在收到社区矫正人员收监执行裁决后，由于我国没有配备社区矫正警察，司法行政机关不能主动开展追捕工作，一些社区矫正机构把收监执行文书送达公

安机关后很少督促执行情况。另一方面，公安机关重打击犯罪轻社区矫正。正如本文上述案例，公安机关的主要任务就是打击犯罪，办理刑事案件，完成上级考核任务，几乎将主要精力投入其中，虽然上级规定了公安机关在收监执行中的追捕职责，但在司法实践中，公安机关不可能全力开展社区矫正相关工作。以上两个方面叠加的效果就是收监裁决的执行得不到重视，加之检察监督不力，很难保证社区矫正收监执行工作取得较好的效果。

（四）检察机关对于收监执行检察监督不力

《社区矫正实施办法》规定了人民检察院对社区矫正各执法环节依法实行法律监督，并赋予检察机关在发现社区矫正执法活动违反法律规定时，提出口头纠正意见、制发纠正违法通知书或检察建议的权力，但司法实践证明这项监督缺乏刚性，且属于事后监督，对收监执行案件无法在各环节及时开展有效监督。对比同样属于刑罚变更执行制度的减刑、假释制度，检察机关在收监执行中监督地位的弱化更加凸显。检察机关不能及时全面参与收监执行全过程，且在收监执行过程中不具有影响话语权。在减刑、假释过程中，执行机关提请前应征求检察机关意见，未采纳检察意见的，应予以回复说明理由，移送人民法院时，还要将检察机关的意见随案移送；在人民法院审理阶段，对于检察机关有异议的，应当开庭审理，检察机关可以发表意见，在人民法院裁定后，检察机关提出纠正意见的，人民法院应当重新组成合议庭在一个月内裁决。检察机关检察监督贯彻在执行机关提请的各个环节，人民法院审理的前中后三个阶段对减刑、假释全过程进行监督。而对于收监执行的监督，现有法律只规定了执行机关和审判机关事后向检察机关抄送文书的义务，由于实际抄送不到位，一名社区服刑人员被收监执行，检察机关可能全然不知，检察监督缺位。即便是抄送到位，由于未加入必经的检察程序，检察机关的意见和建议对收监过程并不起到实质性的监督作用。

三、完善社区矫正收监执行的建议

社区矫正收监执行工作中遇到的困难和问题，不仅影响了刑罚执行的正确性和权威性，也制约了社区矫正工作的健康发展。笔者认为，可以从立法、机制建设、检察监督等多方面加以完善。

（一）推进社区矫正立法进程

我国迄今还没有专门的法律规范社区矫正工作，对于收监执行的标准规定不明确不统一，各司法机关对于收监执行标准理解也不一，导致收监执行难题。完善社区矫正法及监管场所有关收监执行的相关标准，推进收监执行相关法律的完善。一是推进《社区矫正法》的立法进程。建议在《社区矫正法》中，明确收监执行条件、主体、程序、交付执行的期限，同时对公安机关、人民法院、人民检察院、司法局在社区矫正收监执行中的具体职权、工作的衔接配合作出具体规定。明确对撤销缓刑、假释的收监执行标准。现行法律除了再犯罪以及暂予监外执行情形明显消失的情形之外，对撤销缓刑、假释的执行标准规定得不够明确。二是明确监禁机关收押罪犯的适用标准，防止各部门为规避潜在风险，从有利于己方的角度解读相关规定，特别强调看守所、监狱对已被人民法院作出收监决定的罪犯不得以身体健康原因拒收，确保收监决定不沦为一纸空文，保障刑罚执行的严肃性和强制性。三是对于部分确需关押但因患有严重疾病不能顺利关押的问题，建议修改《看守所条例》，允许看守所收押病犯，在看守所设立特殊关押区，在监狱设立特殊监区，满足特殊罪犯收监执行的要求。

（二）建立健全收监执行配套保障制度

收监执行的直接结果是罪犯的服刑方式由非监禁刑变更为监禁刑，涉及服刑罪犯及其亲属的切身利益，牵一发而动全身，要在收监执行中实现政治效果、法律效果、社会效果的有机统一，必须建立和健全相关的配套保障制度。一是建立“收监执行医疗保障制度”。对应当收监执行，但羁押场所无条件提供有效医治的罪犯，采取社会化医疗方式，明确相关医院和司法机关各自职责与免责事由，提供人财物保障。二是建立“收监执行风险评估制度”。对收监执行前、过程中、收监后开展风险评估，可能存在不稳定因素的，提交当地社区矫正领导小组共同研究，协调联动，及时解决管控。三是健全“困境儿童保障配套制度”。完善《国务院关于加强困境儿童保障工作的意见》[①] 相配套制度，切实解决缺少监护人的服刑人员未成年子女的抚养问题，为依法收监执行罪犯扫清障碍。

（三）完善社区矫正人员脱逃追捕制度

建立司法行政机关与公安机关社区矫正联合追查制度，司法行政机关将社区矫正人员基本信息及时提供给公安机关，再由其分配给各派出所，作为重点人口进行管理。社区矫正人员信息查询、人员查找、网上通缉、抓捕、移送等，由公安机关主负责，司法行政机关予以配合。

一是进一步明确收监执行和追捕的主体。对人民法院裁定撤销缓刑、假释或者对暂予监外执行决定收监执行，以及对下落不明已被决定收监执行的社区矫正人员进行追捕的主体应该确定为公安机关。公安机关是具有武装性质的国家行政机关，享有法律赋予的行政、刑事强制权、刑罚执行权等，同时其在追捕执行方面具备强有力的人力、物力、财力以及技术保障，具有较强的追捕执行能力。因此，明确公安机关为追捕主体更为合适。

二是完善追捕的手段。根据社区矫正的特殊情况，公安机关应进一步完善上网追逃的相关规定，将原来依据拘留证和逮捕证两证更改为将收监执行法律文书作为上网追逃的法律凭证，按照有关程序及时将在逃的社区矫正人员进行上网追逃。

① 《国务院关于加强困境儿童保证工作的意见》（国发［2016］36号）要求，对于服刑人员、强制隔离戒毒人员的缺少监护人的未成年子女，执行机关应当委托亲属、其他成年人或民政部门设立的儿童福利机构、救助保护机关监护提供帮助。

（四）探索收监执行检察工作新机制

《社区矫正实施办法》规定人民检察院对社区矫正各执法环节依法实行法律监督，体现了检察监督的原则。但要在社区矫正收监执行环节有效贯彻落实这一原则，必须解决检察监督的及时性和有效性问题。一是整合和优化各地“社区矫正管理信息系统”，形成全国统一的社区矫正执法和监督平台，实现网上办案，共享案件信息，切实解决部门间、地区间的社区矫正信息壁垒问题，确保检察机关在收监执行各环节的知情权；二是将征求检察机关意见作为司法行政机关提请收监执行的前置程序，实现检察机关同步监督；三是对收监执行裁决程序增设开庭或公开审理模式，在当前收监执行由司法行政机关提请，决定机关书面审理模式的基础上，对于人民检察院、当事人有异议或人民检察院直接建议收监的，决定机关应当邀请司法行政机关、检察机关、当事人及其辩护人共同参与审查，在充分听取各方意见后作出决定。

（责任编辑：王天景）

试论检察机关加强社区矫正监督工作的可行性路径
——以基层执行现状为视角

福建省莆田市城厢区人民检察院公诉科二级检察官　沈莉莉

我国社区矫正工作自2003年试点、2009年全面试行以来，取得了良好的监管教育帮扶效果。自2013年以来，司法行政机关累计接收社区服刑人员189.6万人，累计解除174.5万人，净增长15.1万人，现有社区服刑人员突破70万人，社区服刑人员矫正期间重新犯罪率一直处于0.2%左右的较低水平。[①] 在我国这一非监禁刑刑罚执行方式的制度体系与模式选择仍处于摸索改进和经验积累阶段，任何一种制度功能的充分发挥，都有赖于行之有效的对应监督机制。故笔者试从检察机关法律监督的视角，谈谈如何完善社区矫正的检察监督，以期对我国社区矫正工作的规范发展有所裨益。

一、"明星"司法所所长滥用职权案所引发的现状思考

2010年，陈某因犯寻衅滋事罪被A区人民法院判处有期徒刑2年零4个月，缓刑3年，并被A区甲司法所纳入社区矫正严管对象，由任所长的蔡某具体负责监管。2011年7月，陈某欲前往内蒙古其朋友林某处务工，遂向蔡某说情，获批外出打工，并异地委托内蒙古当地司法行政机关监管1年。2012年春节，陈某前往蔡某办公室表示感谢。节后，陈某随林某前往上海经商，蔡某得知后仅口头要求陈某重新办理异地托管手续，未将此情况报告上级主管部门和通知托管地司法行政机关。同年8月，由于异地托管期限届满，陈某被重新纳入甲司法所监管，但蔡某并未要求陈某配备定位手机，也未及时走访了解陈某的日常动态和现实表现，致使陈某处于脱管状态。同年12月，陈某在厦门因开设赌场被当地人民法院撤销缓刑、数罪并罚，蔡某也因此涉嫌滥用职权罪受到刑事处罚。[②]

① 中国长安网：《司法部：全国累计接收社区矫正人员189.6万》，http：//www.chinapeace.gov.cn，最后浏览时间：2017-1-16。

② 本案例选自莆田市司法实践中的真实案例。

甲司法所所推行的“1133”管理法曾广受好评和推广。[①] 而作为全国模范司法所所长的蔡某却存在如此严重的失管渎职问题，以致难逃牢狱之灾。笔者以为，该个案固然有其独特的产生背景，但甲司法所作为我国，或者至少作为莆田市基层司法所运行现状的一个缩影，是具有普遍意义的，从这一案例中凸显的问题不可谓不具有现实代表性。

一是基层司法所队伍建设滞后，社区矫正工作者数量与素质均存在严重不足。近年来，全国社区矫正人员数量逐年递增，[②] 笔者所在的 A 区亦不例外。据统计，本区现有社区矫正人员 265 人，相较去年同期增长了 5%，但全区下辖的 7 个基层司法所仅有 23 名工作人员，平均每个司法所仅有约 3 名工作人员。这其中还多为临聘人员，具有社区工作、心理学、法律等专业知识的工作人员少之又少，往往经过短期粗糙的培训即直接上岗。在此情况下，相当部分工作人员对社区矫正的重要性与职责并无深刻认识，加上自己也是本地人，考虑到“低头不见抬头见”，逐渐形成“三怕”观念——怕影响关系、怕出力不讨好、怕麻烦，以致畏难情绪、应付态度渐生，监管效果欠佳。同时，除社区矫正工作外，基层司法所还承担着普法教育、人民调解、社会综治乃至拆迁安置等各类基层工作，工资由乡镇一级政府发放，工作人员长期超负荷工作并被乡镇政府借用的情况已成常态。在这一大环境下，许多社区矫正工作者因不满待遇等原因，流动性较强，社区监管工作难保稳定性，人员匮乏与任务加重之间的矛盾日益突出。

二是社区矫正制度规定可操作性不强，忽视人性化设计。首先，“两院两部”联合下发的《社区矫正实施办法》（以下简称《办法》）将部分在实践中行之有效的社区矫正工作机制、方法模式等固定下来，有力保障了试行工作的顺利开展，但其性质上仍属于规范性文件，且其中许多监管措施规定得太过笼统、模糊，现实可操作性不强，局限性较大。比如，《办法》规定社区矫正人员需 24 小时随身携带定位手机，但依然无法避免社区矫正人员将定位手机放在家中或交由亲戚朋友后未经审批在周末节假日短暂外出的监管盲点。而《办法》规定社区矫正人员警告处分三次后仍不改正的才可报请收监执行，因违规成本较低，社区矫正人员普遍存在侥幸心理。其次，《办法》下发后，各地纷纷出台实施细则，但其中关于执行的规定并不一致，甚至存在矛盾冲突。比如，随着经济不断发展，更多社区

---

① “1133”管理法是指：“一档”，即每位社区矫正对象建立一个档案，按照“见人见档”“人档一致”“一人一档”的要求，对每个矫正对象建立一个完整的个人档案。“一图”，即社区矫正工作过程流程图，社区服刑人员一旦纳入社区矫正范畴，从报到登记、关系建立到协议签订，从矫正介入、考核奖惩到解除矫正逐项落实管控措施。“三类管”，即将社区矫正对象根据不同犯罪类型、现实表现和风险等级划分为严管、普管、宽管进行分类管理，干警常走访严管对象，常恳谈普管对象，常联系宽管对象，防止他们实施新的违法犯罪行为。“三到位”，即管理到位、教育到位、适应社会性帮扶到位。

② 福建省司法厅网站：《孟建柱：提高矫正水平促进社区服刑人员融入社会》。http://www.fjsf.gov.cn/fjsf/html/5/197/77991_2014528842.html，最后浏览时间：2014-05-28。

矫正人员迫于生计选择外出务工、经商，异地交付执行的需求增加，但待两地司法行政机关走程序落实执行主体并办理好交接手续后，刑法执行期限往往已被实际占用，导致部分社区矫正人员在上述“真空期”内脱管漏管。又如，《办法》未能顾及社区矫正人员的就业谋生问题，仅规定请假外出的五种情形，若长时间在外打工，必须办理迁居手续。而实务中，接收地的司法行政机关为求省事，往往要求社区矫正人员有固定住所或工作，这使得相当一部分社区矫正人员面临“两难”，滞留在矫正地无法谋生。

三是社区矫正方面的职务犯罪现象存在多发、易发苗头。社区矫正涉及法院、公安、监狱、司法行政机关等多个部门，包括审前评估调查、教育矫正监管及交付、变更、终止执行等诸多环节。近年来，随着适用范围不断扩大，人员不断增多，作为工作主体的司法行政机关权力不断得到扩张，其中玩忽职守、滥用职权，甚至徇私枉法、收受贿赂以帮助社区矫正人员逃避监管等职务犯罪现象呈多发势头。比如，莆田市 B 区乙司法所负责人收受一社区矫正人员的财物，主动为该社区矫正人员逃避正常监管提供帮助，致使该社区矫正人员在考验期内私自出国，至今未归。笔者在日常检查监督中还发现，司法行政机关在审前评估调查中存在标准不一的现象，少数工作人员有假借评估调查之名，行吃拿卡要之实的嫌疑，更有甚者，将部分不符合社区矫正条件的人员纳入社区矫正。此外，如违规批准不符合请假条件的社区矫正人员外出，或明知社区矫正人员短时间脱管，却隐瞒、放任等行为也可以说并不罕见。凡此种种，不仅为职务犯罪埋下隐患，同时也破坏了社区矫正的制度功能，更对依法治国的法治权威造成损害。

二、检察机关开展社区矫正监督工作的实务检视

上述问题的出现，固然可以归责于司法行政机关本身在制度设计、人员配备等诸多方面的问题，但反省自身，检察机关作为国家法律监督机关，对社区矫正工作行监督之责，自身的不足无疑导致了上述问题呈扩大化趋势。笔者作为基层一名监所检察专职人员，对实务中遇到的困境有以下几点体会：

一是社区矫正检察监督的法律依据不足。检察机关作为宪法和法律赋予监督权的机关，对社区矫正毋庸置疑具有检察监督权限。然而，目前在基本法层级，无论是《刑法修正案（八）》还是修改后的《刑事诉讼法》，均缺乏对社区矫正检察监督的具体规定。即使是《人民检察院刑事诉讼规则》，也有学者认为其带有浓厚的公文性色彩，不够具体，难免继续流于形式。[①] 法律赋权的“集中空白”，使得检察机关在社区矫正过程中履行法律监督缺乏权威性，渐感被动，加之我国尚未出台专项法律以及配套实施细则，各省通常在《办法》框架下自行拟定操作规则，其中诸多法律适用问题往往无法得到统一，使得监督力度大为削弱，监督

① 韩玉胜：《刑事执行制度研究》，中国人民大学出版社 2007 年版，第 44 页。

效果自然也得不到有效保障。比如社区矫正工作一般实行居住地管辖原则，但各省份对于居住地的认定却不尽相同。《浙江省社区矫正实施细则（试行）》规定："居住地应当同时具备下列条件：（一）社区矫正人员应该具有其本人所有、承租或他人、有关单位提供且能够连续居住一年（含）以上的固定居所……" 而笔者所在福建省则规定连续居住半年即可认定为居住地。实务中，笔者曾遇到如下情况：一名在浙江居住的福建籍被告人，要求在浙江入矫，但因其在浙江居住不满一年，故当地法院将审前评估发至户籍地司法局，户籍地司法局因其多年未在户籍地居住，拒绝将其纳入社区矫正监管，导致该被告人无法被宣告非监禁刑。对于此种情况，检察机关应如何介入以保障相关被告人权益，未见有关依据。

二是社区矫正信息难以全面、及时掌握。目前，全省或全市范围内统一的社区矫正信息管理平台尚未建立，各个职能部门之间的工作衔接不够紧密。就检察机关而言，掌握社区矫正人员信息的途径，主要依靠各交付执行机关寄送文书以及日常检查过程中对司法行政机关提供的名单和数据进行核对。因此，信息不对称、不及时情形时有发生，常常无法第一时间掌握社区矫正人员的信息、动态、变更执行等情况，更无法迅速获取社区矫正人员在判决、接收、管理、考核、奖惩、解矫等各个环节的基本情况，以致对其中重新犯罪、脱管漏管等现象难以做到及时监督纠正。

三是社区矫正检察监督方式仍较单一、滞后。首先，在监督深度方面，目前检察机关对社区矫正各个环节的监督均属于事后监督，无法介入调查评估和裁决适用环节，且对交付执行、变更执行、终止执行环节，也只能通过事后抄送的法律文书进行监督。其次，监督手段单一，主要是通过发出《纠正违法通知书》和《检察建议书》，缺乏强制性的法律约束力和执行力，被监督单位若不接收相关文书或是拒绝反馈改正，现行法律下并无其他救济方式，严重影响了监督效果，使得检察监督常常流于表面、难以深入。如2016年，笔者所在单位针对社区矫正中发现的问题，发出12份《纠正违法通知书》和《检察建议书》，其中得到及时反馈的8份，实际整改的4份，仅占33.33%。

四是监所检察机构设置不健全，监督工作存在短板。以笔者所在莆田市为例，一县四区共五个基层检察院中，仅仙游县人民检察院设有监所检察科，其他四个区院均没有设立专门的监所检察部门，一系列监所检察工作往往从公诉等业务部门中抽人兼任。该问题导致的最大弊端就是相应侦查权的缺失，[①] 使得对司法行政机关人员的刚性监管存在空白，社区矫正环节的职务犯罪侦查职能通常依赖本院自侦部门启动。然而实务中，自侦部门因线索繁多，往往怠于或无法兼顾社区矫正方面的职务犯罪线索排查。近两年，笔者所在基层人民检察院负责监所检察工

---

① 《人民检察院刑事诉讼规则》第一百六十九条规定："初查由侦查部门负责，在刑罚执行和监管活动中发现的应当由人民检察院直接立案侦查的案件线索，由监所检察部门负责初查。"

作的科室共向本院自侦部门移送了4条涉及社区矫正工作的职务犯罪线索，但目前仅成案一例，经向其他基层人民检察院了解，成案数也几近于零。这在很大程度上制约了社区矫正监督工作的开展，严重弱化了检察机关法律监督的职能。

五是监所检察职能不断扩张，但人员配备严重不足。随着修改后刑事诉讼法等一系列法律法规的实施，监所检察部门新增多项工作职能，如羁押必要性审查、强制医疗执行监督、指定居所监视居住执行监督、法律援助、财产刑执行监督等。这些工作的有效开展必然需要经常性、深入性的走访、调研、检查，对人员也无疑提出更高的要求。但就近两年莆田市两级人民检察院监所检察专职人员的配备情况来看，已设立的监所检察部门均未新增专职人员，而未设立监所检察部门的基层院一般也仅配备1-2名监所检察专职人员，但因挂靠其他科室工作，监所检察专职人员实质上多为兼职人员，其同时还承担着挂靠科室的工作，考虑到基层检察机关本身工作已相当繁重，此种情形更加导致了社区矫正检察监督工作开展力不从心、疲于应付，极大影响社区矫正检查监督工作的质量和效率。

六是交付执行、收监执行等方面的工作衔接存在不足。在交付执行方面，需要肯定的是，自《办法》施行以来，各地法院、监狱、看守所等交付执行机关基本上能够及时交付相关执行文书，在很大程度上杜绝了脱管、漏管现象的发生。然而，由于全国各地对社区矫正交付执行的具体施行方法不一，使得异地协作配合难以默契，异地交付脱节成为社区矫正人员脱管、漏管的主要症结所在。比如，部分异地交付执行的案件出现仅送达执行地司法局未送达检察院，或者仅送达执行地检察院未送达司法局的现象，影响社区矫正工作的正常开展。又如，在收监执行方面，由于相关实务规定不明确，异地执行的社区矫正人员收监执行成为一个难题。异地执行的社区矫正人员若涉嫌重新犯罪，按规定应由犯罪地的法院在判决时撤销原非监禁刑、数罪并罚，[①] 但若异地执行的社区矫正人员的行为尚不构成犯罪，但符合收监执行的情形时，因《办法》未明确异地法院决定收监的社区矫正人员在居住地收监执行还是在原裁判、决定法院所在地收监执行，导致实务中难以避免出现推诿扯皮现象。此时，检察机关作为监督者，又该如何妥适行使监督职权亦不得而知。

三、完善社区矫正检察监督工作的可行之策

检察机关对社区矫正的监督贯穿始终，重要性不言而喻。全面合理的监督机制是制度发展的有力保障，如果连监督都难以做到公正到位，则制度本身的长效性、科学性更无从谈起。笔者试提出以下几点建议，以期能对完善社区矫正检察

---

① 《刑法》第77条规定："被宣告缓刑的犯罪分子，在缓刑考验期限内犯新罪或者发现判决宣告以前还有其他罪没有判决的，应当撤销缓刑，对新犯的罪或者新发现的罪作出判决，把前罪和后罪所判处的刑罚，依照本法第六十九条的规定，决定执行的刑罚。"

监督工作机制有所帮助。

第一，尽快制定法律位阶的专门立法。美国、英国、德国等西方国家社区矫正有着悠久的实践历史和明确的立法，使得该项工作在每一环节都有法可依，最大限度地避免了职权不明、监管混乱等问题。比如，美国明尼苏达州于1973年制定了世界第一部《社区矫正法》；英国也在大陆法系国家影响下，出台《刑事法院权利法（判决）2000》，对社区矫正制度做了较完备的规定。① 这些域外经验在提供借鉴的同时，也启示了我国社区矫正的国家立法已刻不容缓。笔者认为，立法内容和形式可从以下两方面设计：一是研究制定专门的《社区矫正法》，明确社区矫正的法律性质、适用范围、社区矫正机构和人员设置、工作程序、具体监管措施、权利义务、法律责任、救济方式等内容，确保社区矫正工作在大框架下有法可依、有规可循。二是在此基础上探索出台社区矫正检察监督的配套机制和实施细则，解决社区矫正检察监督法律依据不足、监督主体模糊等问题，明确社区矫正检察监督程序、方法及职权范围等内容，以增加社区矫正检察监督所应有的权威性，推进社区矫正检察监督工作的规范有序开展。

第二，成立社区矫正检察监督内部机构，配备充实专职人员。结合莆田本地实际，就现实可行性、效率性而言，应当在基层人民检察院成立监所检察部门，配备专职人员，同时赋予监所检察部门在社区矫正检察监督上的更多权能，确保对监督中可能发现的失职、渎职等职务犯罪现象具有实际侦查权，从而对法律文书的执行形成刚性救济保障。从长远来看，可以参考上海社区矫正检察工作的试点经验，成立对口乡镇、街道的社区检察科，将社区矫正检察监督工作从监所检察部门剥离出来，授权社区检察科负责，以确保问题能第一时间得到解决，监所检察部门则以协作方式予以配合。② 当然，这无疑对人、财、物等方面的保障提出了更高的要求，笔者认为至少现阶段，在中小城市不具有推广的可行性。

第三，着手建立社区矫正工作网络信息平台。当前，涉及内外多部门配合的工作多已经或谋划建立信息共享平台，如福建省行政执法与刑事司法衔接信息共享平台已于2014年7月投入运行。检察机关获得社区矫正信息的滞后性，无疑会对社区矫正各个环节监督的实效性造成极大影响。笔者以为，线上动态监督在网络发达的今日已凸显其重要性，应当抓好以下两个信息平台的建设：一是在全国或全省层面搭建实时的社区矫正信息共享平台，将公安、人民法院、人民检察院、司法行政机关及监狱等有关单位纳入其中，建立一套规范的信息录入标准和相应的建档责任制，以实现随时查看辖区内所有社区矫正人员真实、完整的基本信息、动态、变更执行等情况。同时，可以利用平台上传社区矫正法律文书，同步更新

---

① 郑佳好：《中国社区矫正检察监督机制研究》，江西财经大学硕士学位论文2014年6月，第30页。

② 倪冬梅：《社区矫正检察法律监督实务研究》，上海交通大学法律硕士学位论文2013年4月，第22页。

社区矫正人员的交接、刑罚变更执行等信息。二是在全国各级监所检察部门设立内部联网的社区矫正信息网络平台，一方面，可以更好地解决异地检察机关协作配合脱节的问题，加强对社区矫正人员的管控，防止社区矫正人员不及时报到出现脱管、漏管的情况；另一方面，也可以有效监督异地执行的社区矫正人员的收监执行情况，防止出现“两头不管”的情况。

第四，丰富完善检察监督方式，细化检察监督内容。笔者认为，为确保社区矫正的公平公正，无论在立法上还是在实务中，社区矫正检察监督都应当实现从事后监督向事中和事后监督并重、从静态向动态监督两个转变。具体而言，可以做如下制度设计：一是在事前监督上，检察监督的触角可以延伸至社区矫正适用前的阶段，检察机关可以根据司法行政机关提交的有关人员评估报告，向人民法院提出量刑建议。但监督仅限于对人民法院提出建议而不得干预人民法院作出是否适用社区矫正的决定，在人民法院作出最终决定后，检察机关可以行使其抗诉权对人民法院的决定提出抗诉。① 二是在事中监督上，检察机关应着重对司法行政机关工作人员的履职行为进行程序性监督，可以对相关人员违反程序的行为进行提醒乃至警告，对其中涉嫌违法的行为进行侦查取证，但不可越职直接参与社区矫正工作。三是在事后监督上，要根据交付执行、变更执行等各个环节的特点，各有侧重进行监督，全面审查人民法院、司法行政机关和公安机关的各类法律文书，发现问题及时提出纠正意见。比如，在交付执行环节，应当对决定适用社区矫正的法律文书、社区矫正执行机关向人民法院提交的罪犯人格调查报告、服刑人员进出监所场所相关材料、执行地司法行政机关收到的法律文书、社区矫正人员报到情况登记表等进行全面审查。② 四是在日常工作中，检察机关应当对基层司法所的社区矫正活动进行实地监督检查，监督社区矫正人员法律文书的交接手续、监管措施的落实情况、奖惩情况。③

第五，增强社区矫正检察监督的刚性。修改后的《刑事诉讼法》对社区矫正检察监督提供了口头纠正、发出书面纠正违法通知书及提出书面检察建议三种形式，这种带有“柔性监督”④ 导向的规定虽然符合当今社会监督理念的转变，但发出文书后，接收单位未在法定期限内答复或拒不改正，检察机关并无对策的窘境，则要求检察监督必然要保持一定的刚性，秉持“刚柔并济”原则方不至于使监督失去威信。具体而言，对于检察机关在社区矫正监督过程中发出的纠正违法通知

---

① 郑佳好：《中国社区矫正检察监督机制研究》，江西财经大学硕士学位论文 2014 年 6 月，第 33 页。

② 吴宗宪：《刑事执行法学》，中国人民大学出版社 2013 年版，第 301 页。

③ 王岩、沈群慧、刘勇：《基层社区矫正检察监督至现状分析——以江苏沛县为例》，载《中国司法》2013 年第 10 期，第 94 页。

④ 所谓柔性监督，是指在承认和尊重被监督方的地位和前提下，根据被监督方自身的觉悟，以提示的方式来引发对方自觉，使其参与到监督中来。本概念摘自郑佳好：《中国社区矫正检察监督机制研究》，江西财经大学硕士学位论文 2014 年 6 月，第 37 页。

书、检察建议书，接收单位必须及时反馈或按照要求执行，否则检察机关有权要求其立即改正。接收单位若有异议，可以申请复议或向上级检察机关申请复核，但复议、复核期间并不影响相关文书的执行。接收单位若仍拒绝执行，检察机关可以依情况向纪检部门提出纪律处分建议或适时启动职务犯罪侦查，但对于上述一系列行为，检察机关自应承担相关责任后果。通过这一规定，可以保证检察监督的权威性，保障社区矫正检察监督落到实处。

第六，健全社区矫正工作协作联动机制，深化职能部门之间的沟通衔接。新形势下，检察监督更加注重参与原则，力求在多元化社会中有效整合和运用各方力量，实现监督效果的综合化、最优化。因此，笔者有以下几点思路：首先是建立定期联席会议机制。通过加强与人民法院、公安、司法行政机关、监狱等各职能部门的沟通联系，互相通报社区矫正工作情况，共同商讨、解决社区矫正工作过程中所遇到的新情况、新问题，消除彼此之间因信息不畅、交流不足导致的误解、分歧。其次是建立联合专项检查工作机制。有学者指出，“类案监督”反映的问题集中，说理透彻，能够引起被监督机关足够的重视。[①] 要打破日常“个案监督”的局限，向“个案监督”与“类案监督”并重转变，可以尝试借助地方人大的平台，组织人大代表及政法委、公、检、法、司等有关职能部门，对当前阶段较为突出的现象进行不定期专项检查，对各职能部门存在的问题要求限期整改，力求齐抓共管形成监督合力，取得监督实效。最后是建立人事绩效考核挂钩机制。为进一步调动相关人员的工作责任心和积极性，提升社区矫正工作执法司法水平，可以尝试会同地方组织、人事、纪检等部门，针对社区矫正工作决定者、执行者和监督者，设计与职务紧密相关的人事绩效考核标准，对履职到位或成绩突出的，给予一定奖励或表彰；对怠于履职、随意履职或违法履职的，依据情节及后果，扣除绩效奖金、取消提拔任用资格或依纪、依法严格追究责任。

以监禁为主向以非监禁为主的刑罚执行方式转变，是国际社会发展的大势所趋，许多发达国家的社区矫正人数甚至已经超过了执行实刑的人数。对我国而言，社区矫正仍处于方兴未艾的上升期，其必然具有一个更加广阔的发展前景。未来，社区矫正检察监督工作若要取得更加深层次的进步，也绝非落实上述对策即可实现，还有赖于提升检察机关自身科技水平以及构建异地检察机关无缝协作配合机制。我们由衷希望社区矫正这一意义重大的工作，能够在检察机关的公正有效监督，更重要的是在各方的通力合作下，真正实现其教育、帮扶、感化的设计初衷，彰显以人为本、宽严相济、惩防并重的法治精神。

（责任编辑：王天景）

---

① 刘强：《社区矫正评论》，中国法制出版社 2011 年版，第 225 页。

社区矫正检察监督的定位及策略优化

上海市浦东新区人民检察院 汪伟忠 叶 梅 付红梅*

效果是开展社区矫正检察监督工作的落脚点和生命线。近年来，检察机关积极探索开展社区矫正检察监督的方式和途径，确保社区矫正工作顺利推进，取得了较好成效。但从被监督对象和社区矫正人员的认识和期待出发，迫切需要检察机关进一步明确社区矫正检察监督的内容和角色定位，并从探索优化社区检察监督方式着眼，破除监督瓶颈，完善监督责任制度，以进一步提升社区矫正检察监督的效果。

一、外界的期待

（一）相关部门的期待

实践中，社区矫正工作涉及人民法院、人民检察院、公安机关、司法行政机关，由于各相关部门职能不同，从而对社区矫正检察监督工作的期待差别较大。

例如，从检察机关向人民法院制发的监督文书看，主要问题集中于法律文书制作不规范、相关内容存在瑕疵、文书送达延迟、未生效即送达和未委托审前调查等问题，且回复率不高，反映出人民法院对社区矫正监督工作的重视程度不够。同时，人民法院对应当判处监禁刑，但因罪犯身患疾病，监管场所拒绝收监等问题，需要检察机关协调解决。调查中发现，人民法院对社区矫正检察监督更倾向于前期沟通、协调，在监督过程中更加注重说理。

司法行政机关是社区矫正工作的承担者。从检察机关制发的文书看，发现司法行政机关在开展社区矫正过程中存在的问题主要集中于被矫正对象接受列管不规范（包括列管宣告不规范、未严格执行首接责任制）、监管力度不足以及建议及时启动收监程序等，反映出司法行政机关执法不规范以及适用法律依据不足、部门之间衔接不畅、信息来源不足等问题。调查中发现，司法行政机关更期待检察机关通过监督，促进其规范执法；通过加强相关部门之间的协调，促进问题解决；通过检察渠道呼吁相关法律规范的出台，增强其社区矫正执法能力。

---

* 汪伟忠：上海市浦东新区人民检察院副检察长；叶梅：上海市浦东新区人民检察院检察四部主任检察官；付红梅：上海市浦东新区人民检察院检察七部检察官助理。

（二）社会大众的期待

司法实践中，将监外执行或暂予监外执行的罪犯置于社区中服刑，社区居民可能因罪犯在同一社区生活而产生不安全、不信任感。浦东新区开展社区矫正工作十多年来，虽然取得了长足发展，但从实践情况看，社会公众对这项新型刑罚执行制度的认知度仍然不高、认同感不强。调查中发现，社区居民最关心的是安全问题。例如，有些社区居民提出，审查决定社区矫正必须举行公开听证会，被害人及其代理人、社区代表等有权参加并发表意见。一方面，促使社区矫正执行主体在制定犯罪人教育矫正方案时更加科学合法；另一方面，切实保障社区居民的安全感，维护犯罪人的合法权益，确保教育矫正的效果真正实现。

（三）社区矫正对象的期待

调查中发现，社区矫正对象对开展社区矫正工作反映的问题主要有：一是社区矫正对象受到外界的歧视或差别对待，不利于矫正效果的实现；二是检察机关除了监督社区矫正执行活动的合法性，防止社区矫正对象的合法权利受到侵犯外，可通过一系列法律手段，依法为权利受到侵害的社区矫正对象提供正当的救济途径。例如，检察机关可依法受理社区矫正对象的申诉、控告，并对社区矫正机构依法提出纠正意见。

二、社区矫正检察监督的内容及角色定位

（一）社区矫正检察监督的内容

作为检察机关开展刑罚执行监督工作的重要组成部分，社区矫正检察监督旨在保障社区矫正工作的顺利实施和刑罚的正确执行，确保法律权威和司法公正。一是社区矫正执行前的监督。检察机关监督人民法院是否依法作出适用社区矫正的判决裁定，社区矫正服刑人员是否符合法律规定的条件。二是交付执行阶段的监督。检察机关监督的主要内容是交付执行的对象是否符合法定条件，罪犯的交付执行是否按照规定的程序进行，法律文书的送达是否按照规定的时间和规定的对象送达；监督社区矫正是否依法进行，矫正期间是否发生脱管漏管现象，矫正对象的合法权益是否得到保障等。三是开展变更执行监督。针对有关机关作出的对社区矫正对象撤销缓刑、假释和减刑等变更执行的活动是否合法，检察机关依法实行监督。四是开展解除矫正的监督。检察机关对罪犯执行期或考验期届满，不再执行刑罚，或对其实施矫正进行监督考察管理，或者罪犯死亡而解除矫正的检察监督。包括监督解除矫正是否符合法定条件，解除矫正是否按程序进行。

由此可见，检察机关社区矫正检察监督的重点是对承担监外执行交付、管理、矫正社区服刑人员的人民法院、司法行政机关和公安机关的司法、执法活动的合法性，对发现社区矫正工作中存在的突出问题提出检察建议。

（二）社区矫正检察监督的角色定位

1. 社区矫正惩罚性与恢复性平衡的协调者。社区矫正是与监禁矫正相对的行刑方式。作为一种全新的刑罚执行方式，蕴含着刑罚的惩罚性和恢复性的双重价值。如选择不当，将会导致刑罚执行和社区矫正的失衡，进而损害社会利益和个人利益。从司法实践看，社区矫正虽然对罪犯的惩罚力度轻于监禁管理，但仍然需要对罪犯的权利依法给予一定的限制和剥夺。根据现代刑罚的执行理念，在严格监管、惩罚犯罪的前提下，需要最大限度地开展有针对性的教育矫正及适应性帮扶，为其尽快适应社会和成为守法公民创造条件。① 因此，要把握好社区矫正惩罚性与恢复性的平衡，使司法价值不断地进行自我平衡，法律价值的选择也随之调整，主要表现在两个方面：一是从宏观上看，社会的秩序、正义、安全的构建，要从本国和地区法治状况、监狱运行机制、人权保障力度等方面考虑，综合决定采取“严厉的惩罚”还是“轻缓的矫正”。二是从微观上看，社区矫正的惩罚性和刑罚的社会化孰轻孰重，也在考验着社会的人道主义和法治建设。虽然社区矫正有一定的刑法惩罚性，但它毕竟和一般的刑罚不同，而是一种恢复性司法指导下的刑罚理念，注重的是罪犯的再社会化。因此，社区矫正检察监督既要规范社区矫正部门的执法行为，强化服刑人员的在刑意识，又要督促相关部门加大对服刑人员的帮扶力度，帮助社区矫正服刑人员在接受刑罚的同时，修复被犯罪行为所破坏的社会关系，恢复公平正义，最终实现社会的和谐作为基本价值目标。

2. 社区矫正质量和社区安全的平衡者。社区矫正作为国家专门机关在社区自治组织和被矫正的罪犯之间进行的一项新的法律制度设计，必然面临着行刑经济、再社会化的功利追求与社区安全的现实关切之间的紧张和冲突。② 风险评估是防范和控制风险的前提，评估结果的科学性、准确性直接影响矫正质量和社区安全。目前，我国社区矫正的风险调查评估制度较为笼统，缺乏可操作性，实践效果并不理想，可能导致风险评估体系的失效。人民检察院作为社区矫正的监督机关，要促进社区矫正制度真正实现矫正价值，必须加强对社区矫正人员的危险评估和风险控制，将重新违法犯罪的风险控制在最低范围内，以防止潜在的风险转化为现实的风险。

3. 矫正监督的独立性与协同工作的推进者。在开展社区矫正工作中，检察机关并非直接执行者，而是将监督工作贯穿于社区矫正的始终，这是体现检察监督独立性的关键。检察机关作为监督主体，承担着纽带连接作用，既要准确把握检察监督的工作重心，明确监督职责，又要加强与公安、人民法院、司法行政机关等相关部门的配合和协调，努力打造协作式检察监督模式，形成共同目标和工作合力。同时，检察机关不是社区矫正的局外人，需要总揽全局、总体评估、主动

① 刘强：《我国社区矫正立法亟待解决的四个问题》，载《犯罪与改造研究》2016 年第 8 期。

② 梁根林：《刑事制裁：方式与选择》，法律出版社 2006 年版，第 237 页。

监督、提前介入，开展事前、事中、事后的全程监督，做到早发现、早建议、早纠正，力求社区矫正监督取得最佳效果。

三、社区矫正检察监督的策略优化

（一）完善检察监督的程序框架

一是完善社区矫正检察监督的程序启动。检察监督程序的启动涉及其与刑事执行程序的内在关系。在刑事执行程序的构造上，将检察官塑造成刑罚执行程序的指挥者，由其启动刑罚执行程序，构建检察引导执行机制，以确保对刑罚执行程序的法律监督。二是强化对社区矫正的程序控制。例如，当监狱提请假释以及监外执行等刑罚变更措施时，应当报请所在地的检察机关，由检察机关进行初步审核，符合假释条件的，由检察机关送交人民法院审理决定；符合监外执行的，由检察机关送交监狱管理局批准；若不符合假释、监外执行条件的，检察机关将审核意见交付监狱。三是程序启动的方式。在社区刑罚执行过程中，检察机关发现矫正机关及其工作人员存在违法或不当行为的，可依职权主动启动监督程序，也可根据公民或有关组织的申请启动监督程序。

（二）建立完善社区矫正检察监督的刚性纠错机制

“权力影响力的大小依赖于行使权力手段的刚性和有效性，法律监督也不例外。”[①] 强化社区矫正检察监督力，重点在于强化纠正违法意见和检察建议的法律地位，赋予其一定的强制力。一是强化纠正违法意见的法律地位，赋予其强制执行力。检察监督权不仅具有诉讼法意义上的程序性，也应具有法定的保障性。应在立法中赋予纠正违法意见一定的强制执行力，并明确规定受监督主体对纠正意见有异议的，可向监督机关提出复议申请，对复议决定有异议的，可向监督机关的上一级机关申请复核。异议期内未提出异议的，应当依法在法定期限内纠正司法、执法错误，否则应承担不利后果。二是完善检察建议相关规定，强化检察建议的纠错刚性。应明确受监督主体收到检察建议书后需在规定期限内回复，无正当理由拒绝检察机关建议的，应承担相应的程序性责任，并给予相关责任人行政处分。

（三）探索优化社区矫正监督方式

1. 加大对涉及社区矫正案件的查处力度。“查案是最好的监督”。实践中，社区矫正职务犯罪领域中许多案件大都涉及调查评估外出申请、审批过程中的行贿受贿等徇私枉法犯罪。因此，检察机关要切实增强敏锐性，多方面采集信息，通过加大对社区矫正工作中违法行为的查办力度，对检察中发现的疑点及时跟进，对违反法律规定的司法行政人员及时建议党纪政纪处理，构成犯罪的依法追究其法律责任。

---

① 谢佑平、张海洋：《论法律监督方法与途径创新的必要性》，载《人民检察》2009 年第 3 期。

2. 提高技术监控手段的针对性和实效性。一是针对手机定位监管实施过程中存在的突出问题，要在探索运用脚环、腕带等定位监管手段的基础上，不断改进其功能，从而避免人机分离等监管空白。二是健全完善电子实时监管的操作性规范、统一适用标准。及时总结实践经验，明确延长、提前解除电子监管设备适用的具体情形，制定适用电子监管设备证据标准，统一确定佩戴、延长电子监管期限的科学化标准以及适用电子监管的文书格式。三是加强电子监管保障工作。尽快落实电子监管设施的经费保障，提供必要的安全防范设施（如配备一次性手套、消毒用品等），提高社区矫正工作人员的防护能力。同时，选择安全性能高、售后服务好、持续生产的设备供应商，保障电子设备供应。四是不断推进电子监管的信息化建设。对电子监管设备、监控系统不断更新、升级，修复系统漏洞，减少监督盲区，形成更加科学、严密、准确、成熟的一整套电子监管系统。

3. 加大对一类问题的监督力度。通过对一定时期内社区矫正工作中存在的普遍性、倾向性问题进行汇总归类，深入分析原因，并向主管机关提出针对性的监督意见，依法纠正社区矫正工作中的不当执法行为。

4. 强化社会监督。检察机关要坚持专门工作和群众路线相结合，变封闭为开放，定期向社会公开社区矫正检察监督工作情况；坚持法律监督与社会监督相结合，督促社区矫正机关以公开执法的方式将社区矫正工作置于社会舆论监督之下。同时，通过不同形式，主动向人大、政府汇报开展社区矫正检察监督情况，并适时在一定范围内进行通报，积极争取上级领导的重视及社会各界的关心支持，为社区矫正检察监督工作营造良好氛围，更好发挥监督工作成效。

（四）提升社区矫正监督能力

1. 转变监督理念。一是被动监督转向主动监督。检察机关要改变“坐堂”等候线索开展监督的思维定式，主动经营和发现案件线索。例如，通过深入被矫正对象生活、劳动现场，查阅相关案卷材料，约谈被矫正对象等方式，及时发现违法线索。二是从“机械监督”转向“能动监督”。目前，检察机关扮演着配合者和监督者的双重角色。但笔者认为，监督应始终处于首位，配合是监督之下的配合，监督并不排斥配合，配合可更好地实现监督。其次，纠偏型监督与维权型监督并重。立足于惩罚性和恢复性的社区矫正目的，既要纠正执行机关及其工作人员的不当执法行为和违法行为，严防监外执行对象脱、漏管现象的发生，又要通过深入社区矫正实践，以及与被矫正对象随机约谈、设立检察官信箱、举报电话等形式和渠道，切实保障被矫正对象的申诉权、控告权和检举权，维护其合法权益。

2. 提高社区矫正检察队伍素质。吸纳一批组织协调能力强、业务素质高的检察人员充实到社区矫正检察监督工作中，并实行专人负责。同时，组织开展专业化培训，加快熟悉了解涉及社区矫正的国家政策、法律法规以及治安形势、社区矫正工作发展趋势等，学会抓难点、抓重点开展工作。同时，要加强实务操作的规范性，更好地履行监督职责。

3. 完善监督责任制。检察机关应结合司法实践，探索建立和完善监督责任制和内部考核机制，明确社区矫正检察人员的工作职责、工作程序、不履行职责造成严重后果的责任形式、对责任人员追究责任的主体和程序等，确保检察监督依法高效行使。

（责任编辑：孙燕锋）

域外借鉴

德国的缓刑撤销与收监程序*

——解读法律结构与决策过程

[德] 伊尼卡·布鲁伊(Ineke Pruin) 著
上海政法学院2018级法律硕士(刑事司法方向)研究生 孙燕锋 编译

在德国,对暂缓监禁罪犯违规问题的讨论形成两个方案:一种是在违规案件中,有条件释放的罪犯的判决有可能被撤销,因此暂缓监禁判决的裁定从第一天起算。另一种可能与撤销有关的情况就是假设被释放的罪犯的行为受到监督。行为监督是一种为罪犯设计的特殊的预防性判决。尽管对这些罪犯有相对不好的预测,但还是将他们从监狱里或从精神病医院释放出来。释放的罪犯将被置于行为监督之下,对他们采取特殊的控制和监督措施,其监督不仅有缓刑服务,而且受制于别的权力机构。有条件释放和暂缓监禁判决,都是为了尽量减少监禁判决的不利影响,并在量刑实践中发挥重要作用。它们也被视为减少监狱人口的重要措施,既可以有条件地实施暂缓的监禁判决,也可以有条件地释放罪犯。然而,与其他国家不同的是,德国的制裁体系中不存在独立的社区制裁,社区服务只是作为避免因未缴纳罚款而被监禁的一种替代办法。

如果缓刑犯不遵守缓刑规定或犯了新罪,缓刑官、判决法官与专业法官会在违规程序中起着重要作用。本文运用一些研究方法进行了三次初步访谈。第一章中采访了三个德国人,其中一位受访者是就职于德国南部专门执行法院的法官,他拥有十年的工作经验,还有两个来自德国北部的拥有十年工作经验的缓刑官。访谈的结果让我们对决策过程有了一些了解,并将在下一章中介绍。

根据法律原则,撤销程序被视为法院审查暂缓判决和再犯风险的机会。重新召回监狱不应被视为违规缓刑条件的制裁,而是只有在改变或增加指令被认为是不充分的情况下,才可成为最后的手段,在这方面法官和学者之间有强烈的共识。实践表明,这些目标在很大程度上已经实现。

本文首先介绍暂缓监禁判决、有条件释放和行为监督的法律规定,其次介绍相关当事人及其召回、撤销责任,然后集中介绍立法和进一步的撤销条例并在实

---

* 资料源于:Miranda Boone and Niamh Maguire:The Enforcement of Offender Supervision in Europe. 711 Third Avenue, New York, NY: Routledge Frontiers of Criminal Justice. 2018. pp. 152-162.

践中提出使用自由裁量权的见解。现有的统计数据将在“统计”部分加以说明，最后一部分将说明关于情境研究（Vignette）的一些经验。

一、关于暂缓监禁判决与有条件释放的法律规定

对有条件释放或者被判处暂缓监禁判决的罪犯，可以对其实施撤销。本文将阐述暂缓监禁判决和有条件释放的先决条件，以便更好地理解违规程序和决策过程中的重要方面。

（一）有条件释放规则

在德国，提前释放是基于自由裁量权决定的，并且一直沿用至今。法律为有条件释放或预防性拘留提供了若干可能。适用哪项法律取决于诸如罪犯的年龄、刑期长短或罪犯的类型等因素。《刑法》第57（1）条的规定是管理提前释放的罪犯的基本规定。根据这项规定，罪犯在服完三分之二的刑期后，可以获得有条件的释放。在特殊情况（初犯尤其是再犯可能性小的初犯）下，他们在服完一半刑期后可以提前释放。服刑满15年以上的无期徒刑罪犯可以提前释放。“对再犯可能性小的罪犯给予有条件的释放，但不要求排除所有风险——即可接受合理的风险程度”。对于有条件的精神病院释放人员和预防性拘留人员，则提供了更强的预测标准和监督标准：裁决法官必须确信，罪犯没有再次犯罪的危险。而且，也有对那些释放后开始进行药物治疗的罪犯的特别规定（《毒品法》第35条）。

有条件释放的主管机关始终是法院（作为地方法院审判庭的特别执行法院）。在实践中，关于有条件释放的统计数据并不十分准确，但这种规则的使用在过去10-15年似乎变得不那么频繁了。1998年的一项法律修订对预防性拘留和精神病院的被拘留者提出了更严格的要求。

提前释放制度包括对缓刑服务的监督。根据《刑法》第56条规定，如果有必要防止罪犯犯罪，法院应将罪犯的全部或部分缓刑期置于缓刑官的监督和指导之下。案件非常多，每个缓刑官在同一时间平均管理的罪犯有70人左右。缓刑期为2年以上，最长不得超过5年。缓刑期不应少于判决的剩余部分。有条件释放可以结合条件或义务。施加条件是为了改善犯罪者的行为和生活习惯，从而防止再次犯罪和支持重新融入社会的进程。这些条件包括一项要求，即避免与可能对获释罪犯产生不利影响的人接触，或避免接触某些区域，设法找工作，或在罪犯同意的情况下接受酒精或其他治疗。施加义务是为了实现受害者或社会对制裁罪犯满意的渴望。根据《刑法》第56条第2款规定，义务可包括赔偿受害者、向非营利组织或国家支付款项或社区服务。

（二）暂缓监禁判决条例

如果罪犯再犯可能性较小，初审法院可以裁决其有条件地暂缓执行监禁2年以下有期徒刑。暂缓监禁判决意味着罪犯不会在监狱里待一天。那些被判处暂缓监禁的罪犯可以——就像在同样规定下的早期释放罪犯一样——将全部或部分缓刑

期置于缓刑官的监督和指导下，并且暂缓执行可能结合法院判决施加的条件或义务。从理论上讲，从第一天起暂缓监禁判决就不被视为一种独立的制裁，而是对监禁判决的一种修改。

(三) 行为监督条例

处于行为监督下的所有罪犯均由缓刑官监督与指导。此外，还调用了一个控制机构负责监督被释放的罪犯，并要求其履行条件和义务。如果缓刑犯违反义务，法律将该违规行为定义为新的犯罪。

二、当事人与撤销程序

(一) 缓刑服务

缓刑期间，缓刑犯不仅要受到行为监督条例的监督，还要受到缓刑官的监督。缓刑官定期向法院通报缓刑犯的进展情况。如果缓刑犯故意或持续违反法院或缓刑官的指令（根据《刑法》第56条规定），缓刑官会立即向法院提交报告。缓刑官通常有很大的自由裁量权来决定在什么情况下行为可以被定义为故意或持续的违规。

(二) 判决执行法院及其程序

只有法院才能决定是否对罪犯再次收监或撤销监禁，同时改变其应履行的条件和义务。法院决定违法者的行为是否可以被定义为犯罪行为。鉴于缓刑所起作用的两种制度，主管法院及其程序也各不相同。

在暂缓监禁判决案件中，缓刑官必须定期发送报告或立即到一审法院报告，该法院负责改变条件或撤回暂缓监禁判决（这意味着罪犯不得不继续监禁）。在提前释放的情况下，地区法院的一个特别法庭（负责执行判决和有条件释放的罪犯）有权裁决被提前释放的罪犯的违法行为。责任在于刑事机构所在地区的法庭，即该缓刑犯在有条件释放之前曾被关押的法庭。因此，在这两种情况下，将由最初决定暂缓监禁和施加条件的法院来裁决释放后违反条件的罪犯的犯罪行为。

通常情况下不提供口头听证。因违反监管条件或者指令，需要撤销暂缓监禁判决的，应当给予被定罪者口头申辩的机会。这项规定是后来提出的，目的是通过更好地了解事实背景以减少被收监的比例。法院指定缓刑官时应予以通知。缓刑犯及公诉机关均有权就有关裁决提出上诉。法院只有在“技术性”违规的情况下，而且只有在这种违规行为相当严重的情况下，才可以决定撤销暂缓监禁判决（这两项判决都导致被监禁）。对违规行为较温和的反应可以是法院发出警告，或法院更改或增加指令或义务。如果是新罪行，公诉机关会通知负责的原审法庭。在审理提前释放的罪犯的定罪或认罪案件中，一审法院会通知执行法院作出判决，罪犯可能被重新收监。

（三）程序流程图

缓刑服务
如缓刑犯蓄意及一贯违反有关条件或义务，便须向初审法院举报

公共检察官
通知初审法院以防再次犯罪

初审法院
决定撤销或收监

图1　撤销暂缓监禁判决的流程图

缓刑服务
向量刑法庭举报缓刑犯蓄意及一贯违反有关条件或义务的行为

初审法院
如被定罪或似是而非地认罪，可能导致被收回监狱，则向判刑执行法院报告

判决执行法院
决定撤销或者收监

图2　撤销有条件释放的流程图

三、关于撤销与收监的法律法规

（一）撤销与召回的法律与管辖权

在撤销程序下，不同的行为受高等法院的某些法律与管辖权的约束也不同。有条件释放、暂缓监禁判决与行为监督，适用《刑法》第56条规定：如果罪犯犯了新罪、违反法院的条件与义务或逃避缓刑服务监管，可被重新收监。

1. 新罪

如果一名罪犯又犯了新罪，这就证明暂缓监禁判决并没有起到警告作用，他可以被重新召回监狱。有条件释放的罪犯、暂缓监禁判决的缓刑犯或者受行为监督的缓刑犯在缓刑期间犯罪，表明法院对其再犯可能性小的预期落空，可以撤销

暂缓监禁判决。这条规则的解释引起了部分争议。有学者认为，并不是每一个再犯罪的罪犯都将自动取消剩余的有条件释放期间。多数学者认为，新的犯罪必须表明暂缓监禁判决对罪犯没有起到警示作用或表明如果没有入监服刑，罪犯将进一步犯罪。新的犯罪与最初裁决的罪行无关，这并不能认定再犯可能性小的预测实际上是错误的。一些学者进一步要求将新罪行与导致第一次判决（后来被判缓刑）的罪行联系起来。另一项正在进行的讨论涉及一个问题，即无罪推定是否要求缓刑犯必须最终被法庭判定犯有新的罪行，以证明召回是正当的。主要根据旧的法理学，法院不需要重新定罪。这一解释源于欧洲人权法院审理的一宗案件。法院裁定无罪推定需要在普通刑事诉讼中定罪。从此以后，德国宪法法院一直认为，一般来说，召回要求对新罪行进行定罪，并且地区法院遵循这一裁决。新的判决是否必须具有法律约束力（既判力）仍在讨论中。然而，通常认为在罪犯对所涉及的新罪行供认不讳的情况下，法庭可以在没有正式定罪的情况下宣布暂停暂缓监禁判决。供认的条件（在法官或辩护律师等人在场的情况下）仍有待讨论。

2. 违规条件（技术违规）

如果释放的罪犯故意或持续地违反法院有关其日常生活的指令或持续地逃避缓刑官的监督与指导并因此犯了新罪，那么该罪犯的暂缓监禁判决便会引起争议。重新收监要求违规行为必须相当严重，但事先警告却不是必须的。高级法院对违反指令的定义是缓刑犯通过其重复行为或永久行为（如逃跑）表明自己不愿意遵守法院的指令。高级法院将逃避监督和指导定义为：该缓刑犯坚持不懈地逃避缓刑官监督和指导。这不仅需要抵制单一的措施，而且必须指出的是任何缓刑犯都应有权拒绝一般性指导。通常情况下，只要缓刑犯不同时拒绝监督，收监的情况就不会发生（但是缓刑官可以要求法庭对这个案件施加其他或进一步的指令）。一项收监决定总是要求缓刑犯的违规行为使法院有理由担心其犯下新的且严重的罪行。因为最初对暂缓监禁判决（剩余刑期）的预测是乐观的，所以决定再次收监的法院必须准备一项新的预测来考虑违规者的违法行为和总体行为。

3. 违规赔偿义务

对于故意或持续违反法院为赔偿所造成的损害所规定的义务而予以撤销的，有具体的规定。违规行为必须表明缓刑犯不愿赔偿损害，这就是法院必须调查违规行为的原因。例如，如果当事人因为无力偿还债务而没有修复损害，通常不可能被收监。一般来说，如果发现罪犯故意违反法院规定的义务，需要事先发出警告。

4. 比例原则

即使至少存在撤销中的一个理由，如果法院足以颁布新的指令或义务或延长缓刑期（《刑法》第56条第2款），法院仍不得撤销（其余部分）暂缓监禁判决。这一条件是宪法比例原则的具体适用。最相关的进一步指令或义务是要求罪犯服从缓刑官的监督。在任何情况下，义务和指令只能在缓刑期间执行，包括缓刑期的延长。缓刑期延长的，法律规定缓刑期最长为7年半（缓刑期基本为5年）。

（二）正式规章或协议

除了高等法院的管辖权，联邦国家也有约束缓刑服务的规定。缓刑服务工作的立法掌握在以不同方式组织缓刑服务的联邦各州手中。在一些联邦国家，有特定的“标准”，其他州则为缓刑官提供特殊的“手册”，可以在违反法律程序的情况下定义特殊的标准。有关资料并非一直向公众开放，只对缓刑服务具有约束力，并不构成缓刑犯本身的权利。对于不同的缓刑服务是否以及如何对违反条件的行为进行具体的处理指导，目前还没有全面的分析。这些标准通常规定，对于高风险违规者或行为受到监督的罪犯，缓刑官必须在任何可被定义为违规的行为发生时，立即向法院提交报告。其他标准在某些情况下约束缓刑官的自由裁量权，如当缓刑犯不遵循邀请规定或不能在规定的时间留在家里时，缓刑官可以向法院报告。在黑森州，如果缓刑犯拒绝缓刑官的帮助，缓刑官可以要求法官撤销暂缓监禁判决。在其他联邦州，有更多的非正式指导方针遵循此类做法。

四、实践中自由裁量权的运用与潜在性目标

根据立法规定，撤销和收监的决定是基于自由裁量权。正式的指导方针确实对一些州的缓刑官的自由裁量权有一定的限制，但仍有很多情况根本没有受到监管，法院也有很大的自由裁量权。缓刑官强调，他们决定是否向法庭举报不当行为，主要是基于罪犯在暂缓监禁判决期间是否会直接或间接地履行承诺。然而，在这个过程中根本不会直接询问罪犯是否想要一个缓刑官，并且在与缓刑官见面的第一次会议上就会被要求遵守缓刑条例。

接受采访的两名缓刑官遵循个人“日程表”来决定是否向法庭报告。这些日程安排似乎是基于他们的个人经历，而不是官方指导方针。如果在第三次邀请之后，缓刑犯没有出现，他们会向法院报告，这符合他们工作的联邦州的规范。如果缓刑犯的吸毒行为被曝光，缓刑官会立即将此事报告给法官，因为他们认为吸毒是一种危险的表现，这会导致罪犯再次走上犯罪的道路。提交给法官的报告并不打算以召回监狱告终，而是希望法官参与预防新的犯罪，无论是在“警示射击”方面，还是在更好地防止再次犯罪的新指令方面。因此，听证被用作对违法者的一种威胁，目的是支持他们的退让过程，并表明机会是有限的。此外，缓刑官认为他们有责任保护社会免受进一步的犯罪危害。

从对判决执行法院法官的采访中可以看出，法官试图严格按照现行规定进行判决。他的目的是查明：从缓刑犯的行为来看，导致暂缓监禁判决或提前释放的积极预测是否仍然被认为是合理的。法官认为，只有在非常极端的情况下，不遵守行为缓刑规则才能被视为预测发生变化的迹象。法官认为，只有在缓刑官对缓刑犯失去信心的情况下，才有可能因违规指令而进行召回。这意味着缓刑官和缓刑犯之间的关系将关系到法官的决策过程。法官似乎非常相信缓刑官（他们需要

社会工作的大学学位或类似的学位）的专业精神。

如果因为缓刑犯吸毒而举行听证会，法官会利用听证会找出更多吸毒的原因。如果服药、失业或分手等其他情况同时发生，再犯风险就会增加。对法官来说，如果缓刑犯“试图对其撒谎”，这是不良预测结果的一个重要指标。撒谎被视为一个明显的信号，表明缓刑犯“走错了路”。

违反条件一般不足以召回罪犯，但会导致其被加以新的且更强有力的条件。法官阐述了一个有趣的观点：违反程序的听证会不仅旨在给缓刑犯第二次机会，而且也准备了一份事后的记录，以便事后更容易作出决定。被采访者认为，该理由并不在于罪犯违反条件的反应：如果有听证会（如果法官打算召回罪犯，这是强制性的），召回将在听证会上被宣布，罪犯通常会有强烈的反应，这可能会成为受访法官观点中的另一个在违规条件后避免召回的原因。在犯新罪行的情况下，有条件释放的罪犯被重新召回监狱，并且不举行听证会。在接受采访的法官的观点中，通常决定召回有条件释放的罪犯的理由是因为他完全没有参加与其缓刑官的会面，同时在事实上没有受到任何监督。

五、统计

有关撤销和收监的数据统计受到若干限制。到 2011 年，联邦统计局提供了缓刑服务的统计。他们只提供了那些被判暂缓监禁判决或提前释放的罪犯的信息，以及在缓刑服务机构的监督下的罪犯的信息。此外，长期的发展只对所有缓刑犯一起衡量——没有说明他们是否有条件释放或是否从一开始就暂缓监禁。自 2012 年起数据便不再提供。

在这些限制之下数据似乎显示，再次收监的比例从 1970 年至 2011 年间有所下降，约为 29%。在大多数情况下，再次收监主要是或仅仅是由新的违法行为引起的。这意味着，那些因违反指令或义务而暂缓判决的罪犯被撤销的比例相对较小，大多数缓刑犯在超过 24 个月后被召回。青少年监狱的暂缓判决更不容易被撤销（2011 年，撤销比例为 23%），其召回比例的下降比成年犯的降幅更大。此外，分析表明，相比成年犯，违反指令或义务的情况更容易导致召回。

关于有条件释放的罪犯召回的特别分析显示，2007 年，27%的有条件释放的罪犯被召回监狱。女性和男性的召回率差别不大。然而，根据不同的罪行，情况却有很大的不同：2007 年，在所有因性犯罪而被监禁的有条件释放的罪犯中，只有 12%的人被召回，相对而言，因非暴力财产犯罪而被监禁的有条件释放的罪犯中，有 39%的人被召回。一般累犯数据的吻合性很有意思：根据德国的分析，严重的盗窃犯罪（导致入狱）往往表明相对较高的再定罪率，而性犯罪的再定罪率相对较低。

六、结论

德国法律只对收监和撤销的条件作了很少的规定，允许工作人员有很大的自由裁量权。任何法律都没有规定如何适用这种自由裁量权。在地方或区域一级，我们可以找到正式的指导方针和协议，并对可能导致违约程序启动的行为作出进一步定义。这些标准只适用于缓刑服务，并不总是容易为公众所接受。为了进一步的研究，比较这些地区的正式指导方针，看看它们是否会带来不同的“撤销程序”或地区对轻刑的不同态度。访谈结果显示，情境研究（Vignette）可以帮助更深入地分析不同的观点，并验证法院和缓刑服务机构之间的良好合作是否可以在更广泛的背景下得以实施。一方面，未来的研究应集中于如何更好地实施召回标准的问题，使其对法院、缓刑服务与缓刑犯更加透明。另一方面，有必要进一步研究缓刑服务如何考量法院对违反报告的反应。情境研究为以下观点提供了支持：在违规程序中，缓刑服务和法院将彼此视为一个团队。最有可能的是存在一个专门的刑罚执行法庭，使缓刑服务的工作得到尊重和理解，从而更好地开展合作。

（责任编辑：王天景）

瑞典对社区罪犯违规的处理*

[瑞典] 安德斯·佩尔森（Anders Persson） 著
上海政法学院2017级刑法学专业刑法学方向研究生 童茹琰 编译

概述

为了控制对监狱的过度使用，同时保持对罪犯控制的合理程度，监督成为瑞典刑罚体系的关键组成部分。随后，社区监督的发展在很大程度上成为对监禁的替代。对社区内的罪犯加以控制和提供支持的做法可以追溯到20世纪初引入的附条件判决和提前释放制度。在20世纪60年代中期，缓刑制度被引入，这是一种支持和控制相结合的制裁。在缓刑阶段，主要通过结合不同的条件，包括不同程度的控制和支持，对个人的需求进行调节。20世纪90年代，社区服务也作为一种缓刑条件被引入刑事体系。本文将介绍两种具体的监督形式：社区服务监督和释放后的监督。

由于社区服务是法院制裁命令的一部分，而释放后监督是一种管理措施，其在违规处理上有轻微的不同。应当指出的是，在受监督的情况下犯新罪与不遵守规定导致的行政或法律违规是被分别处理的。本文将讨论后者。例如，由于这两个过程是独立的，因为不遵守条件、不当行为或违反规定而启动的违约处理，区别于由于犯新罪产生的法律处理。

需要强调的是，社区服务在瑞典不是一项独立的制裁，而是对附条件的暂缓监禁判决或缓刑附加的一项条件。与附条件的暂缓监禁判决相比，缓刑需要更高程度的监督，立法也更为详细。因此，在这里讨论的社区服务是缓刑的附加条件。缓刑通常包括3年的缓刑期，罪犯在第一年接受监督，监督包括控制和支持两个方面的内容。例如，与监督人员会面，同时以各种恢复措施的形式提供支持。后者是自愿的，除非法院命令并明确将其定义为护理或治疗条件。监督通常只由缓刑官规划和执行，对罪犯的实际监督权留给“非专业监督人员”，即普通公民，由他们自愿地为受监督的罪犯担任监督员。大约50%的罪犯被指派了一名非专业监督人员，而非专业人员的角色通常更具支持性而非控制性，即使他们必须向主管的缓刑官报告违规的相关情况。

---

* 资料源于：Miranda Boone and Niamh Maguire：2018. The Enforcement of Offender Supervision in Europe--Understanding Breach Process. 711 Third AvenueNew York，NY：Routledge. 2018。

缓刑可以结合以下条件：

（1）监禁缓刑。缓刑可以与最多3个月的监禁相结合。

（2）有护理或治疗条件的缓刑。罪犯必须接受一些与其犯罪相关问题的治疗，通常是与毒品、酒精相关的滥用或依赖情况。这种治疗可以由缓刑机构或其他组织（如市政社会服务）提供。

（3）协议治疗。一种特殊形式的治疗计划，也被称为协议治疗。协议治疗不同于护理或治疗条件（如上）。必须指出的是，对毒品、酒精的滥用和依赖（或其他需要治疗的因素）实质上促成了犯罪。若在缓刑外接受治疗，罪犯必须通过签订协议来表示愿意遵守协议规定的规则和条件。

（4）以社区服务为条件的缓刑。正如许多其他国家一样，社区服务是指从事一定时间的无偿工作，在瑞典，这一时限至少为40至240小时。这项条件适用于罪行可能导致最高1年监禁的情况。如果法院判定社区服务，判决还必须包括另一项徒刑，明确说明刑期的长短。社区服务是自愿的，因为它需要罪犯的同意。在许多（虽然不是所有）刑事审判之前的判刑前报告中都需向罪犯预先征求这种同意。所有社区服务单位的工作场所都有一名工作人员被指定为监狱及缓刑服务的“联络人”。监狱及缓刑服务机构负责制订执行判决的工作计划，并以探访或其他方式监督执行情况。然而，除非接到要求，否则在法律上联络人不必向监狱及缓刑服务机构报告。

在释放后监督方面，首先要明确瑞典的释放体系。如上所述，“提前释放”是在20世纪90年代初提出的，在20世纪30年代关于“减少监狱人口”的刑事辩论之后，提前释放于1943年被部分强制执行。在20世纪80年代，瑞典对大多数犯人实行了强制执行的刑期过半释放制度（尽管后来将监禁刑期延长到在剩余刑期三分之一时才提前释放）。这项制度在今天仍然适用，意味着几乎所有服刑14天至终身的罪犯在服满三分之二刑期后会自动获释。同时，瑞典的囚犯不再需要具备提前释放的资格，但有条件限制：提前释放取决于他们在缓刑期的行为表现，缓刑期一般为剩余刑期的三分之一，但不能少于一年；还有另一个限制是囚犯在服刑期间的严重不当行为有可能使他们丧失自动获得提前释放的资格。在这些情况下，监狱及缓刑机构有权决定是否延期提前释放，而延长的期限通常是在短时间内的（如7到14天之间）。然而，延期是相对少见的情况，在2009年大约8000名获释的囚犯中，只有375人被决定延期。

对于大多数罪犯来说，被提前释放是自动获得的，但释放后的监管既不是自动进行的，也不是强制性的。是否将罪犯置于释放后监管之下的决定是由监狱及缓刑机构作出的。对于那些在缓刑期接受监督的人来说，条件变得很明确，因为这种监督需要的是一般性的要求。此外，由于监督的目的是降低再次犯罪的风险，并支持罪犯重新融入社会，因此如果监狱及缓刑机构认为有必要为获释的罪犯重新融入社会提供支持，可以为监管增加具体的条件。这些具体条件包括对居住地点的限制、对就业或教育的要求或接受治疗的要求（主要针对酒精或毒品的依赖），监管期一般为12个月。

一、立法和监管

在瑞典，立法并未侧重于界定违反社区服务或释放后监督条件的行为。相反，主要是通过定义预期的相关内容，从遵守规定的方面来理解。《刑法》规定了这一法律框架，其中包括罪犯需遵守的一些基本要求。这两种形式的监督（缓刑监督和释放后监督）的要求是相同的。在监管期间，罪犯必须向缓刑官报告他们的生活安排、工作情况以及“监督下的其他重要方面”。他们还应在被传唤时向缓刑机构报告，并按要求与之保持联系。罪犯应勤奋，依靠其能力努力谋生，并遵守缓刑机构发布的指示。对于那些正在接受具体康复措施的人，还有其他的要求：如对毒品、酒精控制。如果这些是监督计划的条件，这些罪犯也可能被迫报告其在工作、学校或其他活动中的缺席情况。

这就提出了一系列最基本的要求，而对于有决定权的直接管理罪犯者，可提供一些补充的指导。《社区制裁条例》涉及直接监管人员的任务，直接监管人员大多（虽然不是全部）是非专业人员。在此声明，监管人员必须向监狱及缓刑机构报告一切不当行为，而并没有界定不当行为。同样，当缓刑与监狱及缓刑机构以外的某种形式的治疗相结合时，负责治疗设施的人有义务向监狱及缓刑机构和检察官报告“严重违反治疗计划的行为”，尽管这些行为没有明确的定义。

对于直接管理罪犯且有决定权的缓刑官，有一本关于处在监督下的不当行为的手册可作为参考，手册中包含相关案例，其中描述了犯罪者可能试图逃避监督的方式。例如，不听传唤、不保持联系或违反监督规定的具体要求。手册还针对罪犯经常更改与监狱及缓刑机构的预约，或经常因病缺席，为缓刑官提供了一些指导。但是，除了管理工作程序的例外，如在特定时间范围内对罪犯作出新的约定或决定，在手册中的指导方针是描述在特定情况下“应该”做什么的建议，而不是“必须”做什么。特别以社区服务为例，监狱及缓刑机构关于社区服务的手册通过举例更详细地说明了违法者的不当行为。例如，迟到、缺席、受酒精或毒品影响或是拒绝执行指定的任务。

对于最终的决策层即假释委员会和法院，除了总的法律框架和监狱及缓刑机构比较原则的规定外，没有其他更具体的指示或规定。

针对违规行为有许多应对措施，由于其与违约处理有内在联系，因此将在后文详细说明。但原则上，应对措施的范围包括与罪犯进行认识性或矫正性的谈话，目的是提供第二次机会；用监禁刑期替代缓刑，用监禁作为（部分）召回的替代，后者更多的是针对刑罚体系的可信度，而不针对罪犯个人。

二、实践中的违规处理

在瑞典有一个传统，就是让非专业人员来监督罪犯。瑞典国家预防犯罪委员会的后续调查显示，2000年至2011年间，在所有接受监督的罪犯中，约50%的罪犯被指派由一名非专业人员担任其监督者。不过近年来（即2015年和2016年）这一比例有所下降。特别是以社区服务为条件的缓刑，在社区服务开展的工作场所担任联络人的也是非专业人员。与非专业监督人员相比，这些联络人只在社区服务的具体工作地点与罪犯进行交流。同时，非专业人员通常（尽管并非总是）参与违规处理程序，因为他们构成了第一级接触网络。对于既没有被判处社区服务，也没有被指派非专业人员监督的罪犯，缓刑监督官是他们的第一级联系人。下图中的流程显示了在违规处理中涉及的裁决层级。

非专业监管人员或联系人	缓刑官	假释委员会	检察官	刑事法庭
·监管行为合规性 ·报告不当行为	·展开“激励性谈话” ·发出正式警告 ·向假释委员会报告	·扣押罪犯 ·发出警告 ·施加或改变条件 ·延长监督期限 ·申请撤销制裁	·将申请提交法院	·发出警告 ·施加或改变条件 ·撤销制裁（并判处监禁）

非专业人员只有一个正式的选择，因为他们的职责仅限于向缓刑机构汇报工作。在上述模式中，构成第二级的缓刑官有更广泛的选择。与监督下不当行为有关的手册列出了上述事项。例如，缓刑犯未出席会议的，缓刑官应当重新召集，如果罪犯再次缺席，缓刑官将在内部听证会上讨论案件，或将案件移交给假释委员会。

假释委员会由一名主席、一名副主席和三名委员组成。主席是由政府任命的法官，委员是非专业人员，这一设计类似于地方法院的设置。从缓刑机构转到第三级的假释委员会，相关程序和选择都规定在了刑法中。关于对缓刑犯的监督，法律规定如果罪犯不遵守缓刑条件，假释委员会将对其采取措施。如有需要，假释委员会可以下令将罪犯收押候审。在听证会上，假释委员会可以发出警告或者作出延长监督期限的决定。但是，如果罪犯对假释条件表现出“严重不服从”，并且假定假释委员会采取的其他措施无效，假释委员会可以向检察官申请撤销缓刑。

检察官是第四级，但其代表假释委员会将案件提交法庭的作用相对有限。在第五级即最后一级，是由刑事法庭最后决定违规行为的后果。法庭可以撤销缓刑，给予新的处分，但也可以选择维持缓刑，给予警告或者决定延长监督期。

释放后监督的违规处理与社区服务的缓刑类似，但其过程较短，如下图所示。

非专业监管人员
- 监管行为合规性
- 报告不当行为

缓刑官
- 展开“激励性谈话”
- 发出正式警告
- 向假释委员会报告

假释委员会
- 扣押罪犯
- 发出警告
- 施加或改变条件
- 延长监督期限
- 申请撤销制裁

然而，非专业人员参与监督并不常见，在释放后被监管罪犯的工作人员中约30%是非专业人员。如前所述，被释放后接受监督的罪犯须遵守与缓刑相同的条件，即让缓刑官了解他们的行踪和其他重要方面，如按指示保持联系、努力谋生，并且按照所有指令行事，包括参与治疗计划（如果相关的话）。同样，与缓刑的规定类似，不遵守这些条件会导致违反刑法规定的处理。按照缓刑机构的通知，假释委员会有与其相同的选择权。假释委员会可以改变监督条件，发布警告或者延长监督期限。除这些措施外，假释委员会还可以撤回有条件释放的准予决定，这实际上意味着罪犯必须回到监狱（高限是15天）。

三、自由裁量权

立法和条例中的规定有的不够具体，使得在界定违反行为方面有相当大的自由裁量余地。除了监狱及缓刑机构手册中的一些案例外，没有详细说明违规行为。相反，重点放在明确最基本的要求上。同时，必须将不符合这些要求的行为视为违规行为。但是像“一般的服从”和“最佳的表现”这样的概念则需要缓刑官、假释委员会和地区法院法官进行专业的解释。然而，当在适用违规处理的规定时则应高度重视个别化，因为要采取的步骤的顺序和所涉及的有关各方扮演的角色是更加复杂的。

由于对违规处理程序部分的规定相当简单，因此在对违规行为进行评估时所涉及的自由裁量工作已经成为值得关注的问题。尽管还没有针对这种自由裁量而进行的专门研究，但是一些指标和信息是可以获得的。瑞典国家预防犯罪委员会的一项评估显示，不同的缓刑机构，甚至可以说是各个工作人员，对哪些行为构成了违规条件的行为的评估存在差异。

这一制度内的高度自由裁量权也与在一定理论支持下的试点研究结果相一致。虽然试点的范围有限，但访谈显示了一种个性化的决策方式，以及一种“给予第二次机会”的强烈暗示。这不仅在定义违规行为的过程中得到了证明，而且在确定这些（潜在）违规行为背后的原因以及在决定如何解决这种情况时明确需要考虑这些原因的想法中也得到了证明。正式的违规处理似乎没有问题，其更像是在定义和考量的自由裁量空间中往返，这些定义和考量似乎构成了违规决策过程中涉及的大部分工作。

说到社区服务，缓刑对社区服务工作场所的控制应该是主动的，但它被证明是断断续续和被动的。这些发现也印证了试点研究的叙述。根据受访者的说法，任何不当行为或违规行为的通知通常来自工作场所的联系人。与工作场所的控制有关的另一个问题集中于非专业人员参与违规程序的过程，人们开始关注这些联络人。他们不必向缓刑机构报告每种形式的不当行为或违规行为。在后来的一项研究中，这些令人担忧的问题再次出现，缓刑监督官也对非专业人员发现不当行为尤其是吸毒行为的能力表示担忧。监狱及缓刑机构的内部审计报告也表明，这方面的水平参差不齐，因此不能保证监督计划得到很好的执行。

四、撤销缓刑或违规处理的目的

这里讨论的监督类型，即提前释放和以社区服务为条件的缓刑，基本上是服监禁刑的替代方案，从根本上承认了监禁的不利影响。因此，避免监禁是一项基本的刑法理论。然而，这一原则需与关于制裁制度的可信赖性的论据相权衡。当《刑法》对提前释放和缓刑作了修订时，强调避免重新关押和控制撤销缓刑。与此同时，明显拒绝遵守缓刑条件的罪犯迟早都必须面临被监禁。尽管有人强调，通常情况下，在采取严厉措施之前必须有如警告或提出纠正的方法来给予罪犯改正的机会。当社区服务在20世纪90年代开始实行时，它的可信度建立在发生严重不当行为的情况下迅速以监禁取代它的可能性上。与此同时，有人认为参与社区服务的时间应适当增加，这也再次涉及制度的可信赖性问题。然而，当社区服务是缓刑的一个条件时，即使是严重的在社区服务中的不当行为也不一定会导致被监禁。这部分是由于判决的组成结构，即社区服务条件可以与其他条件交换，而制裁（缓刑）保持不变。一般而言，对于缓刑令的撤销，假释委员会首先需要采取一些其他措施，如发出警告或作出一些监管条件的改变。

这种双重理论基础虽然本质上是模棱两可的，但却是半司法层面（假释委员会）和司法层面（法院）的关键参照。显然，它也为监狱及缓刑机构设置了框架。监狱及缓刑机构亦十分关注在执行刑罚时，如何平衡惩罚和感化个人之间的关系，以及是否需要获得公信力。然而，近年来，这种转变是显而易见的，部分原因是政府的调查显示，缓刑机构之间以及检察官和法院之间的实践存在重大差异。因此，我们致力于规范监狱及缓刑机构在违规过程中所发挥的作用，其中一个例子就是介绍如何在监督下评估和处理罪犯不当行为的做法。

综上所述，违规处理的目的有两个方面：即逐步加强对罪犯的支持和控制（如通过新的条件），这表明监狱及缓刑机构有避免和减少对社区罪犯监禁的目标。如果这不能使服刑人员遵纪守法，撤销决定将作为最后的选择，这反过来证明了制裁制度的可信度。由于相同的一般合规条件适用于缓刑（有或无附加社区服务）和提前释放，相同的基本原理也适用于这两种情况。

五、统计数据

在瑞典，有关违规的数字并非是定期统计的。但通过查看各种政府调查报告提供的统计数据，可以获得一些信息。在一项有关缓刑的研究中，统计数据显示，2008年只有3%的缓刑令被撤销。另一组数据来自对改革后制裁制度的刑事制裁调查报告。根据公诉部门的数据调查发现，在2011年，检方决定向法院申请撤销742项缓刑令，这几乎占当年7280个缓刑令的10%。然而，调查中没有说明有多少缓刑令被实际撤销。具体来看，在社区服务方面，一些统计数据能够比较服刑人员社区服务的完成率和存在不当行为的比例。2010年，约25%的违规者被报告有不遵守规定条件的行为，但社区服务的总体完成率是95%。那些被判有条件服刑的人比那些执行缓刑令的人完成社区服务的程度更高，其完成率为97%，而后者的完成率为88%。总之，尽管统计数据不多且不具有可比性，但现有数据提供了一些违规及撤销缓刑的一般指标。

结论

总而言之，这里讨论的两个违规处理方式是相似的，但并不完全相同。它们源于同样的避免监禁的刑罚理念，同时平衡对罪犯的控制和支持。通过逐步提高对不当行为和违法行为进行反应的严厉程度来维持这些措施的可信度。一般来说，程序的规定比违规的定义及如何评估违规行为及其后果更为详细。在涉及的专业人员（如缓刑工作者、检察官和法官）的规定中，对那些与罪犯（即缓刑人员）直接接触的工作者的规定更为详细。然而，对于非专业人员来说，虽然在许多情况下，他们直接接触罪犯，但正式的规定来规范他们的行为则是相当有限的。另外，在对罪犯违规作出决定的过程中，参与者的自由裁量余地非常大。虽然瑞典对这些违规处理的研究和统计是有限的，但根据现有数据的总体情况表明，违规行为的最终后果，便是以监禁替代非监禁监督，而这毕竟是一个相对少见的结果。

（责任编辑：孙燕锋）

西班牙社区制裁的违规处理程序、撤销程序与收监*

［西班牙］埃斯特尔·布莱　约瑟·希德　孔苏埃洛·穆里洛　著
上海政法学院2017级刑法学专业刑法学方向研究生　韩建勇　编译

引言

西班牙社区制裁体系包括对犯罪行为独立施加的制裁和对在监禁刑执行过程中附带施加的制裁。就社区制裁中对犯罪行为单独施加的制裁而言，西班牙直到近代才确立了一个欧洲大陆的主要基于罚金和暂缓判决（不包括缓刑）的刑事体系，对于法官来说，这是唯一可能使用的非监禁的制裁。然而，1995年刑法典改变了这种情况，该刑法典以扩大使用社区刑罚为目的，确立了当前复杂体系的基本原则。从此以后，各种法律改革扩大了社区刑罚的范围，刑罚类型也不断增多。2015年刑法典改革以后，当前的刑罚格局由罚金、社区服务令、不包括缓刑的暂缓宣判和包括缓刑的暂缓宣判组成。这些变化在一定程度上促进了监督制度的发展，该监督制度包括刑罚措施实施过程中的司法监督。

关于监禁刑执行过程中的社区制裁，西班牙拥有开放式管理和假释两种制度。这两种制度都允许监狱中的罪犯以假释监督方式代替监禁刑，并且这种处遇制度在西班牙监狱制度的发展进程中有悠久的历史。然而，开放式管理先于假释而产生，它主要是在1979年监狱法制定后慢慢发展起来的。对监禁的罪犯作出适用假释和开放式管理的依据是对罪犯进行的风险需求评估。

最近，随着2015年7月刑法典的修改，社区制裁体系也发生了一些变化。这次刑法典的改革填补了一些欧盟非监禁制裁建议中有关西班牙社区制裁的空白。例如，它淘汰了先前的不自觉行为导致违规而适用撤销程序的做法；在对累犯判处社区制裁时，给予了法官更大的裁量空间；在缓刑要求的适用上给予了较大的司法自由裁量的范围。然而，关于监禁刑执行过程中的社区制裁，新修正案的规定中延长了假释期（原来是减去监禁判决的剩余刑期，而现在规定了更长的监禁暂缓期）并对一些犯罪采用了终身监禁。这些规定与之前的法律规定完全相反。

---

* 资料源于：Miranda Boone and Niamh Maguire：The Enforcement of Offender Supervision in Europe：Understanding Breach Processes. 711 Third Avenue，NY：Routledge. 2018. pp. 236-249。

一、法律规范

以下是法官可能用到的社区判决：

1. 社区服务令：该命令要求被判刑人从事与公众利益相关的无报酬的工作，但是也可能包含对他们进行的矫治或教育项目，这些项目可能会持续 1 天到 1 年不等，并接受缓刑官的监督。

2. 缓刑：通常在暂缓实行监禁刑的框架下实施，并在此基础上增加一些要求。这些要求可能会包含一些控制的因素、惩罚的因素或更生的因素。当要求中含有更生性因素时，就需要缓刑官实施监督。

3. 开放式管理：这是一个半监禁的体制，在这种制度下，监狱罪犯在一天中可以有部分时间在监狱外（通常指工作时间），但需在晚上回到监狱。接受开放式监管的罪犯通常由假释官进行监督。

4. 假释：一种在罪犯监禁刑期届满之前将其释放到社区的刑罚措施。被释放的罪犯在社区内接受假释官的监督，并且需按要求遵守某些条件，如承诺不再犯罪等。以前，假释的适用一直持续到刑期届满，然而，2015 年刑法典的新规出台后，假释被看作暂缓判决的一种形式，其暂缓期限可能会超出监禁刑期的剩余部分。如果假释被撤销，那么，监禁罪犯必须服完剩余刑期，即全部暂缓判决的期间。

（一）撤销的法定标准

撤销的标准在刑法典中已有规定，但并不是很细化。

1. 社区服务：刑法典没有明确规定撤销适用的标准，但指出了缓刑官必须在特定情况下向法官报告，具体包括以下几种情形：（1）当被定罪的罪犯有两天没有参加安排的工作，并且他们的缺勤行为反映出他们拒绝遵守规定时，缓刑官必须告知法官；（2）尽管受到警告，但工作效率依然明显低于预期时；反对或明显且多次不遵守直接监管者的规定时；（3）因其他原因，直接的监管者拒绝将其留在工作场所时。接到上述报告后，法官可能会启动撤销程序。

当社区服务作为缓刑的一项要求时，这些撤销标准会附加到接下来要论述的内容当中。

2. 缓刑和假释：刑法典列出了撤销缓刑和假释的标准。一种是在缓刑期间又犯罪的情况。但法官有自由裁量权来评估新罪行的危害是否达到了必须撤销缓刑或假释的程度。另外一种是情节严重或屡次违反规定、逃避缓刑、假释监督、不向被害人支付赔偿金的，可以裁定撤销缓刑或假释。还有一种例外情况是当罪犯有再犯风险、逃跑风险或受害人有危险时，法官可以撤销判决并下令逮捕。

3. 开放式监狱：监狱法没有明确列出对罪犯撤销开放式监禁、重新收回普通监狱的条件。该法中唯一提到的相关规定是，在综合考虑罪犯更生可能性大小、罪犯的行为及其自身特点的基础上，如果对罪犯矫治的评估结果不乐观，那么就要撤销开放式监禁的管理方式。

（二）正式的准则或条款

1. 社区服务和缓刑。缓刑法规没有对刑法典中违法内容作进一步的明确规定。较低一级的两个行政部门（加泰罗尼亚和西班牙的其他地方）制定了他们自己的准则或法律条款。这些规则指出，缓刑官只需在罪犯的违规行为反映出他们不愿遵守相关规定的情况下向法官报告，但是应当自行处理遵守法规过程中出现的其他问题。在加泰罗尼亚，缓刑监督的级别是根据犯罪行为的严重程度和对罪犯的风险评估来确定的，可分为低、中、高三个等级。

在实践中，情境研究（Vignettes）的应用表明，缓刑官享有重要的自由裁量权，并只有在他们察觉到罪犯不愿遵守规定、态度不端正时才向法官报告。但他们也会强调一些“警戒线”：某些违规行为的发生经常会导致监督官向法官报告，如在安排的工作中发生的暴力事件。

2. 开放式监狱。尽管没有找到对收监原因的具体规定，但从以上规则中可以发现，有三种情形可能会被收监：（1）被指控又犯新罪；（2）在开放式监狱中有暴力行为；（3）未能回到开放式监狱中。至于其他违规行为，如迟到或吸毒等，在个案中应当被考虑，所以自由裁量权也应当有一定的范围。

3. 假释。判例法中减少了对满足收监条件的违规行为的规定，这样一来，当罪犯表现出持续性地不愿遵守相关规定时，就很难对其定罪或进行审前拘留。这一现象的出现对实践产生了影响。下文中列出的有关假释撤销率的数据反映出西班牙假释收监的实践受到将撤销程序作为最后一种手段的观点的影响。

二、实践中的违规程序（参与者、应对措施和程序指南）

（一）决定的层级和信息的层次

1. 社区服务和缓刑。对违规的裁定主要分为三个层级，第一个层级的决定是由直接监管者、社区服务中工作地点的负责人或心理治疗组的专家作出的。当罪犯不遵守规定中的基本要求时，他们就会向缓刑官报告；监管委员会在遇到困难情况时向他们的上级管理者求助。第二个层级是，监督官收到直接监管人的报告信息后，会与被监管的罪犯保持定期的交流（有时是通过电话）。他们有较大的自由裁量权并且在出现难以处理的复杂情况时，可以向他们的团队协调员求助。2015年刑法典修正案又新增了警察这一角色作为缓刑监督的参与者。现在，警察负责监督缓刑要求的实施，这些要求往往是出于控制罪犯的目的。例如，刑法典第83条中的“未经法官和法院授权，不得离开住所”的命令。第三个层级是，法官从缓刑官的报告中获取信息，并最终根据报告中包含的信息对如何处理违规行为作出裁定，有时，他们也会自己收集更详细的信息（如通过传唤罪犯）。在2015年刑法典修改以后，法官在作出撤销程序的判决前必须听取控方和被判刑者的意见。

检察官介入到这一过程中，将自己的观点与缓刑官写的报告结合起来，请求法官作出他们认为合理的判决。

在违反作为单独处罚的社区服务令的案件中，当监狱法官（prison judge）废除这个命令时，刑事法官必须对不遵守规定的行为是否构成新罪（可能会判处罚金）作出判决。

2. 开放式监狱和假释的决策者。关于开放式监狱，监狱和假释的官员必须报告所有的违规行为，只有在报告少数违规行为时才有很小的自由裁量权。一旦某一违规行为被报出，开放式监狱的矫治董事会或者作出在维持原命令不变的情况下，新增一些相应的限制措施的决定，或者主动提出临时或最终的建议，将其收回监狱。监狱部门有权决定是否同意该建议，如果同意临时或最终的收监建议，那么该建议就会被立即执行。作出临时收监决定的过程会持续几个小时。在作决定的过程中，无论是矫治董事会还是监狱部门都不会以口头审理的方式审理罪犯。被指控犯了新罪或重复性地违反监管规定是作出收监决定的主要根据。罪犯被收回监狱后，他们有上诉的权利。

关于假释，假释官必须报告所有的违规行为，只有在报告少数违规行为时才有很小的自由裁量权。假释官的上级领导会对上报的违规行为进行评估，并决定是否维持原命令并给予一些限制，或者主动向监狱法官提出收监的建议。为作出决定，假释官通常会对罪犯进行听证，如果违规案件上报到监狱法官那里，在违法程序启用过程中，尽管听证并不是必要的，但监狱法官也会允许罪犯听证。如果监狱法官决定将被判处假释的罪犯收监，罪犯可以上诉至高级法院，罪犯的上诉行为会导致收监程序的暂停。高级法院的决定是在罪犯的律师在场的情况下，在听证的基础上作出的。

(二) 可能作出的裁决

1. 社区服务令。当违规行为上报之后，不同的参与者可能会作出不同的处理。直接监管者可能会上报违规行为，如果是比较轻微的违规行为，他们可能会尝试自己解决而不上报。

缓刑官接到直接监管者的报告后，会传唤罪犯。通过运用情境研究的实验方法，我们可以看出，依据罪犯的反应和违规行为的严重程度，他们或者向法官报告，或者自己和罪犯强调一下，说明情况。缓刑官会评估罪犯的解释和他们对于遵守规定的态度。如果缓刑官通过告知罪犯执行的方案中发生了一些细微变化的方式来强调违规事件时，就表示违规行为已经被记录在日常的报告中了。如果缓刑官认为违规行为已经到很严重的程度，那么，他们就会向法官递交报告，在报告中，他们可能会提出一些处理建议，如再给罪犯一次机会、警告或直接宣布不遵守规定。

最后，监狱法官在作出裁决之前经常会传唤罪犯，尽管法律没有规定进行听证。裁决是根据缓刑官的报告作出的。根据违规行为的严重程度和罪犯遵守规定的意愿，法官可能会作出以下几种裁决：（1）不变更安置地点，给罪犯第二次机会；(2) 将罪犯转移到另一个社区服务安置点；(3) 撤销社区服务令。撤销后，负责宣判的法官必须对违规行为是否包含被判处罚金的新犯罪行为作出判定。在受到所有法律保证的新一轮审讯中，缓刑官会以证人的身份参与到其中，罪犯被宣判后有上诉的权利。如果社区服务令的要求包含在缓刑中的话，可能作出的处理将在下一部分进行论述。

2. 缓刑。在缓刑中，决定过程中的前两个层次和上一部分中讲述的内容很相似：直接监管者有很大的自由裁量权，在不能独立解决问题时，他们会报告给缓刑官。缓刑官会联系罪犯并与他们谈话，缓刑官会对罪犯的违规行为和他们对遵守规定的态度作出评估，如果罪犯态度不积极，违规行为达到一定的严重程度，那么，他们就会报告给法官。

最后，负责宣判的法官会对违反要求的罪犯追加进一步的要求或直接更换要求，用另一种规定来要求罪犯；或者法官也可以延长罪犯的缓刑期。如果该违规行为较严重且不断发生，法官就必须撤销缓刑，执行原来的监禁刑罚。如果罪犯接受的是社区服务或被判处罚金，已服完的社区服务的时间或罚金会折抵一定时间的监禁期。

为了对缓刑撤销作出裁定，法官必须按照法律要求听取各方意见，以便对所有有必要的证据作出鉴定。法律同样建立了听证制度，法官可以在认为有必要的时候进行听证。在撤销程序中也有例外情况，可以不用听取各方意见直接作出撤销判决。这些情况包括：罪犯有再犯风险、潜逃风险。

如果罪犯在缓刑期间又被定罪，只有在新的犯罪行为表现出有必要用监狱来避免进一步的犯罪时才会导致缓刑的撤销。

3. 开放式监狱。监狱长官和假释官有权力不上报轻微的违规行为。一旦违规行为被上报，开放式监狱矫治委员会可能会增强对罪犯的监督力度（在开放式监狱中待更长的时间、提升药物检测的等级、参加更生项目）或提出收监建议。监狱部门如果不同意收监，那么，开放式监狱矫治委员会就需要加大对罪犯的监管力度。

4. 假释。假释官有权对轻微违规行为作出不上报处理。一旦违规行为被上报，假释官的领导人就会加大对罪犯的监管力度或上报给监狱法官。监狱法官对违规行为有不同的处理方式：提高命令的要求、延长假释期或者将罪犯收监。如果罪犯在缓刑期间又被定罪，只有在新的犯罪行为表现出有必要收监来避免进一步的犯罪时，才会启动撤销程序。

三、不同情形下违规程序的目的

根据情境研究的结果和对法律的回顾，我们可总结出违规程序的五个主要目的：

1. 避免监禁。这一目的主要体现在将社区制裁作为处理犯罪行为的一种方式上，并指导所有决策者在使用自由裁量权的基础上，采取一切必要措施避免撤销程序的启动。

2. 促进罪犯的更生。更生的理念和将更生作为惩罚目的的宪法保护相联系，并且，在开放式监狱和假释中，将撤销和收监作为解决问题的最后一种方式的这种观点主要用于不遵守监督规定的相关事宜上。罪犯如果不遵守规定，就会提升监管等级，就会被施以更高强度的监管。比如，不参加会议、不工作或在监狱外找不到工作、吸毒、不按时回到开放式监狱中。

3. 威吓。威吓理论常与一些违规行为不需要考虑个案因素就需要收监的观点相关联。这种理论经常被用在开放式监狱和假释中已被判刑的罪犯又犯新罪的案件中。在开放式监狱中的使用较为普遍，如果罪犯被指控犯有新罪，那么就不用考虑其他因素（如无罪推定、行为的严重程度）来权衡是否有必要收监。在这些案件中，收监就对还在开放式监狱中的其他罪犯起到了威吓的作用。

这种理论也被用在假释中，不过没有在开放式监狱中运用得那样普遍。仅对犯有新罪进行指控不能够满足收监的条件。罪犯必须在被定罪的情况下，才会被撤销假释并收监。所以，在此类案件中，必须在无罪推定和考虑违规行为的严重程度的前提下，对是否有必要收监作出评估判断。

如果一项社区服务令是针对工作场所中的一组人实施而不是只让某一个罪犯遵守的话，那么，直接管理者向小组传达的一些信息也会对小组其他罪犯有一定的威慑作用。也就是说，当罪犯由于违规行为而被收监时，会同时威慑到开放式监狱中的其他罪犯。

4. 执行制裁令和适当的惩罚。如果法官撤销了罪犯的社区服务令，那就意味着他们会因为没有珍惜这次不必在监狱服刑的机会而受到一些惩罚措施上的调整。在这种情况下，撤销就被视为一个必要的最后手段来确保所有不配合管理规定而犯罪的人都会受到处罚。

5. 出于政府或机构行为的合理性。在社区服务和缓刑违规程序的法律规定与实际适用过程中，有些是出于管理目的。因此，法律规定的适用撤销程序的具体条件反映了机构管理的重要性。比如，法律中规定的直接管理者有权“以不想将罪犯留在工作场所的任何理由”撤销适用某命令。在实践中，这些规定的目的主要与将精力集中在机构工作本身的直接监管者有关，并在一定程度上也是为了那些想把工作机会留给以后可能来报到的其他罪犯的缓刑官们。

除了以上几种目的，对法规的适用结果显示，对于大多数决策者，尤其是缓刑官和假释官来说，最困难的是如何区分客观上的履行不能和主观上不愿履行的问题。缓刑官倾向于认为，如果罪犯主要通过与缓刑官保持联系或向缓刑官汇报自己的情况的方式来努力遵守规定的话，那么罪犯就是愿意遵守规定的。根据他们的陈述，不愿遵守规定都反映在罪犯作出违规行为之后的态度中（如不提供可信的理由、没有表现出悔改等）。

四、数据

（一）社区服务和缓刑

在加泰罗尼亚，有6754人接受社区监督（截至2015年2月），同时，监狱中罪犯有8350人。2014年，共执行了7691个社区刑罚判决，大多数判决得到了遵守（有6056个）；有些出现了违规现象，没有遵守的有692个。还有一些因为其他原因结束了社区监督（如罪犯死亡、上交罚金、因前罪而进了监狱等）。

遵守率在我们看来是比较高的，在接受监管的罪犯中，80%都完成了原来的判决方案规定的内容，或是由直接监管者作了一些调整。社区制裁中总的违规率是9%，这并不是社区服务和缓刑在法规遵守方面的主要区别（见表1）。但是，最主要的区别在于对缓刑命令中各种具体要求的违反行为。

表1：2014年加泰罗尼亚完成的社区刑罚和缓刑处罚

<table>
<tr><th colspan="2"></th><th>命令数量</th><th>违规事件数量</th><th>违规发生率</th></tr>
<tr><td colspan="2">社区服务</td><td>6059</td><td>543</td><td>9%</td></tr>
<tr><td rowspan="3">缓刑</td><td>治疗要求</td><td>1210</td><td>75</td><td>6%</td></tr>
<tr><td>药物治疗要求</td><td>302</td><td>61</td><td>20%</td></tr>
<tr><td>其他要求</td><td>120</td><td>13</td><td>11%</td></tr>
<tr><td colspan="2">社区刑罚总计</td><td>7691</td><td>692</td><td>9%</td></tr>
</table>

社区制裁中最成功的是缓刑中矫治项目要求，不太成功的应该是缓刑中的药物治疗项目要求。这些数据可以用这样一个事实来解释，即接受药物治疗的罪犯的情况可能比较复杂，因为他们涉及毒品问题，并且他们的犯罪行为比较严重。

人们可能会问，有多少人因为违反社区刑罚的规定而被关进监狱。尽管无法获取关于这一问题的官方数据，但我们可以得出结论：（1）任何罪犯，只要违反了缓刑规定，就要结束缓刑并被送进监狱，因为在西班牙，缓刑只是作为暂缓宣判的形式存在的。2014年，149个被判缓刑的罪犯（占样本量的15%）在违规程序启动后被收回监狱。（2）在社区服务中，543名违规者有多少人会被送进监狱还不清楚。因为不遵守社区服务规定的后果取决于社区服务的性质：社区服务可以作为一种直接的刑罚，也可以作为暂缓宣判中的一个条件。只有在后一种情况下，违规行为才会导致监禁的后果。

（二）开放式监狱和假释

如表2和表3所示，开放式监狱的撤销率和假释的撤销率存在差异的原因有两个方面。一方面，考虑到为获得假释，罪犯需要在社区内待一段时间并不再犯罪，被判处假释的罪犯比开放式监狱中的罪犯有更好的风险预测。但另一方面，假释和开放式监禁撤销制度上的差异以及在假释制度中，一些高级法院将撤销程序作为处理违规行为的最后一种手段，也可以作为假释和开放式监禁撤销率有所差异的原因。

表 2：2006-2012 年西班牙开放式监禁收监数据（加泰罗尼亚与西班牙其他地区）

	加泰罗尼亚			西班牙其他地区		
	判处开放式监禁人数	收监人数	百分比（%）	判处开放式监禁人数	收监人数	百分比（%）
2006	1721	576	33.5	6994	1076	15.4
2007	1673	562	33.6	7740	无数据来源	无数据来源
2008	1809	518	28.6	8372	无数据来源	无数据来源
2009	1922	499	26.0	9618	1622	16.9
2010	1842	488	26.5	8462	1764	20.8
2011	1822	522	28.6	8501	1678	19.7
2012	1717	497	28.9	7647	1822	23.8
平均收监率			29.4			19.3

表 3：2006-2010 年西班牙假释收监数据（加泰罗尼亚与西班牙其他地区）

	加泰罗尼亚			西班牙其他地区			西班牙		
	判处假释数量	收监数量	收监率（%）	判处假释数量	收监数量	收监率（%）	判处假释数量	收监数量	收监率（%）
2006	574	16	2.8	5881	194	3.3	6455	210	3.3
2007	648	21	3.2	6344	243	3.8	6992	264	3.8
2008	590	25	4.2	6364	310	4.9	6954	335	4.8
2009	587	16	2.7	8115	250	3.1	8702	266	3.1
2010	731	37	5.1	9614	276	2.9	10345	313	3.0
平均收监率			3.6			3.6			3.6

五、结论

前文对西班牙社区违法制裁制度的概述强调了三个值得讨论的问题。第一个问题是有关根据不遵守规定的行为类型，对违规行为作出处理的各种方法。在更生或监管的要求中，经常通过个人的方法对不遵守规定的行为进行处理。如果罪犯愿意接受监管，那么违规行为就不必通过撤销程序或收监来解决。然而，当违规行为构成了新的犯罪行为时，该制度会更倾向于用事后审查的方法来解决。不仅新的犯罪会被作出收监的裁决，甚至在一些情况下，被指控犯罪的情形也会以收监的方式处理（在开放式监狱中）。

第二个问题是关于收监程序和参与到收监程序中的罪犯的内容。我们得出的结论是，为了对违规行为作出处理，法官可能会准许对罪犯施行口头审理。然而，当有权作出收监的官方机构是监狱部门时，这种口头审理的方式就完全派不上用场了（在开放式监狱中）。

第三个问题是关于真正有权力对违规与否作出判定的机构的认定。尽管收监的权力属于监狱法官（社区服务和假释中）、量刑法官（缓刑中）或属于监狱部门（开放式监禁中），但从情境研究的结果中可以看出，这些决定在很大程度上是根据监督主体（缓刑官、假释官或开放式监管中的更生董事会）呈现的报告作出的，缓刑官很清楚报告中的内容的影响以及是如何反映问题的。并且，从最低层次到最高层次的决定中有一个重要的信息过滤的过程。从综合角度来看，相关的观点是，在其他管辖区，有权收监的机构是否在充分考虑案件的情况下拥有更大的自主权来作出决定。

（责任编辑：孙燕锋）

日报告中心与工作释放项目*

[美] 迈克尔·李·约翰逊 著
上海政法学院2017级刑法学专业刑法学方向研究生 童茹琰 编译

一、日报告中心

(一) 概述

日报告是一种基于社区(非居住的)的制裁，它通过提供结构化的环境和强化的监督模式，将强化恢复与惩罚、控制相结合，也为监禁提供了一种经济有效的选择。在这种模式下，参与者在家里过夜并被允许或被要求参与其他重要的活动，如工作和上学。日报告被认为是一种"中间制裁"，因为它的限制比看守所或监狱少，但比传统的缓刑严格。

作为缓刑、假释或附条件释放的罪犯日报告服务是由中心提供的，参与者必须经常定期(如每天)向中心报告。由于日报告涉及频繁的出勤和对自由的其他限制，它具有惩罚和维护公共安全的功能，同时避免了监禁对人的社会化造成的破坏性影响。日报告甚至可能与其他中间制裁措施一起适用，如强化监督、软禁和电子监控。然而，日报告中心与众不同的是它对更生项目的重视，包括各种咨询、教育和培训活动。这些可以由机构内部提供，也可以由中心以外的机构提供。日报告中心在参与者资格和功能方面差别很大，但理想情况下，服务应针对个别犯罪者量身定制，由中心工作人员进行评估，以确定每个人需要哪些项目和服务。

"日报告中心"是一个通用术语，具体项目也可以称为"日间治疗中心""日间监禁中心""恢复性执法中心""社区资源中心"等。日报告中心由公共机构(如州或县)或民营机构运营，其目的是为那些有再犯罪高风险但可能因未被监禁而受益的罪犯提供服务——更多的是针对那些有药物滥用问题的罪犯。据评估，与标准缓刑或监禁等其他环境相比，这些罪犯强烈需要在高度结构化的社区环境中获得更多的治疗服务。除了药物滥用，中心可能提供其他类型的个人和团体咨询，其中包括家庭干预，同时还提供各种教育、职业规划和其他服务，包括生活技能(如愤怒和压力管理)、健康技能(如艾滋病教育和心理健康服务)、文化修养和各类培训，还提供关于犯罪危害的课程。

---

* 资料源于：Hayden Griffin III and Vanessa H. Woodward：Routledge Handbook of Corrections in the United States. 711 Third Avenue，NY：Routledge. 2018。

日报告中心通常是为非暴力罪犯准备的，他们可能集中在一些人群中：如缓刑人员、假释犯或其他重新犯罪者、审判前的在押人员。日报告中心可以作为替代监禁或重新将刑释人员纳入社区的量刑选择。中心所提供的服务种类也有助于他们重返社会。与更适合居住的中途宿舍相比，日报告中心在监察所需较少监督人员方面，更具成本效益。中心的项目时长从 3 个月到 12 个月不等。较长的阶段通常被划分为一个个逐渐降低监督力度的阶段，这可能意味着参与者较少向中心报告。日报告中心的项目规则也各不相同，但参与者通常必须提供每日行程、遵守宵禁、接受随机药物测试、上学、工作、参加治疗活动、进行社区服务或支付赔偿金。长期项目的参与者尤其容易因为违反这些规则而被撤销资格。

日报告中心于 20 世纪 70 年代初在英国开始发展，作为一种管理缓刑犯和满足有药物滥用问题的非暴力慢性犯罪者需求的方法。到 20 世纪 80 年代后期，日报告中心已在英国建立，并开始在美国使用。早期的倡导者希望寻求一种能维持罪犯社会关系的制裁措施，以阻止他们再次犯罪，主要是那些与家人和雇主有关系的人，因为监禁有可能切断这种联系。在美国，日报告中心可能更多的是作为看守所和监狱过度拥挤的解决方案。节约成本也可能是一个主要动机，因为该方案减少了监禁的费用，同时项目可能会向参与者收取费用，以抵消一些运营成本。在 20 世纪 90 年代，尽管批评者指责它们的受欢迎程度在评估研究中没有足够的基础，但在美国，日报告中心的数量在稳步增长，

与标准缓刑相比，日报告中心以及缓刑等其他中间制裁日益严格的监管可能会产生“逆向效应”，即它们似乎更有可能发现违规者并撤销缓刑，并将更多的违规者送进看守所或监狱，希望日报告中心提供的强化治疗会消除这一风险。此外，更多的互动可能会导致参与者和他们的缓刑官以及中心工作人员之间形成更紧密的联系，这些联系会激励参与者在他们的项目中做得更好，避免冒犯他人。尽管如此，这些优势可能只是抵消了日益增多的监视和控制。如果是这样，除了使用或替代缓刑等其他中间制裁之外，很难证明日报告中心的价值。

日报告中心的成本效益是否能验证也值得怀疑。首先，节省费用的最大潜力在于恢复的效力。如果日报告中心能更好地让罪犯停止犯罪，那么通过避免对受害者的伤害和更深地陷入司法程序，就能节省很多费用。日报告中心的运营成本通常比看守所和监狱要低，但如果参与者再次犯罪并继续参与到中心，这些成本节省只是暂时的。因此，必须证明日报告中心可以显著减少重犯。罗伊和格兰姆斯在对日报告中心的一项研究中发现，替代监狱的参与者比其他人更不可能成功完成该项目。另一个问题则更具哲理性，日报告中心有惩罚的方面，但通常没有监禁那么严厉。人们可能会质疑，节约成本的考量是否比对更严重犯罪者加以“公正的惩罚”更重要，因此，研究日报告中心的有效性非常重要。

（二）研究成果

马萨诸塞州汉普顿县治安部门于 1986 年在美国创建了第一个日报告中心，主

要针对被判刑的罪犯和审判前的在押人员。在很大程度上这是一次成功的尝试，从 1986 年到 1996 年拥有 78%的完成率，与其他县相比，1 年期累犯率低得多（累犯率为 22%，其他县为 65%-70%），同时相比传统监禁方式节约了 75%的成本。

一般来说，日报告中心的完成率很低，短期项目的完成率很高（如 3-4 个月的完成率约为 80%），而长期项目的完成率很低（如 1 年的完成率低于 20%）。由于日报告中心具有更多的控制和行为期望，与其他社区制裁相比，它们可能更难完成。罗伊和格兰姆斯发现，在一个县，日报告中心项目的退出成功率（51%）低于电子监控项目（76%）。

研究发现了影响日报告中心项目顺利完成的危险因素，其中包括失业、缺乏教育、严重的药物滥用、严重的犯罪（如重罪）、严重的犯罪史和非独立的家庭生活。克拉多克还提出了更低的年龄、少数民族的地位、有犯罪的同伴和贫穷的生活状况（如不安全不稳定的住房、高犯罪率的社区）等危险因素。

研究表明，最难治疗的罪犯（包括那些有高犯罪倾向、犯罪史较长和系统参与的罪犯）通常不太可能完成日报告中心项目，这对安置决定有影响。然而，在基于程序终止风险作出决定时必须谨慎。在选择最有可能完成学业的学员，同时排除那些最需要该项目服务的学员方面，存在一个两难的问题。这些因素可能表明，应修改方案以更好地满足犯罪的需要，而不是排除某些群体。然而，选择性仍然是日报告中心的核心特征，这些计划是为那些可能即将入狱的罪犯设计的。

因此，完善日报告中心项目的风险评估和分类程序非常重要。麦卡迪等学者评估了日报告中心的一个程序。基于犯罪类型、教育程度和预防复发课程完成情况的八类分类系统，比较了项目终止的可能性。另一个基于年龄、犯罪史和就业情况的八类分类系统，比较了再犯的可能性。结果显示，受教育程度较低的重罪犯的总体终止率最高（70%），但在完成预防复发课程后，他们的终止率从项目的早期到后期也出现了大幅度的下降（51%）。这些矩阵可以更好地确定个人未来不通过该计划或再次犯罪的可能性，并影响着与监督、资源分配和释放资格有关的决定。

对日报告中心基于完成项目的价值评判也必须谨慎。首先，参与者即使没有完成项目，也有可能从中受益。在“复发”之后，参与者可能会为以后做更好的准备。这里需要注意的是，日报告中心的目标人群可能有严重的成瘾问题。同样，我们不能认为顺利完成项目就等于成功。许多参与者完成了一个项目，但仍然再次犯罪。事实上，短期项目可能不足以影响持续犯罪者的生活，但他们有更高的完成率，长期项目可能更有效地改变行为（控制犯罪者的风险水平）。因此，尽管日报告中心项目的完成率较低，但长期的日报告中心项目在改变完成者的行为方面可能更有效。因此，对日报告中心是否能减少累犯开展研究可能更为重要。

关于日报告中心的再犯研究相对较少，大多数发表的研究都使用了较小的样本和简单的设计。然而，他们通常控制人口和其他潜在的混淆变量，如犯罪史。

首先，三项早期研究评估了芝加哥库克县的日报告中心，这是美国最大的项目之一，是关于使用毒品的审判前在押人员。这些研究加在一起发现，4%-5%的释放后再犯是由于新犯罪的逮捕和1%-2%的参与者没有出庭，相比以往的研究，这是非常低的比例。在该项目中，药物检测呈阳性的比例随着时间的推移而下降，总体而言，参与者表现出了对该项目的良好印象，日报告中心工作人员报告了与客户的积极互动。这些研究对日报告中心进行了良好的评估，但没有对苏联时期的累犯进行检查。

然而，马丁等人评估了芝加哥库克县日报告中心的长期累犯情况。他们发现，在项目实施10天后因与表现无关的原因（如被保释或指控）而被释放的人员与至少参与中心项目30天的人员相比，后者不太可能被再次逮捕或监禁。然而，该研究仅表明，日报告中心的全面参与比停止参与要好，因为该项目没有与其他干预措施进行比较。

克拉多克和格雷厄姆研究了两个地方的缓刑犯——一个是农村，一个是城市。他们发现，日报告中心项目完成者在12个月内再次被捕的可能性低于未完成者。此外，与其他缓刑犯相比，日报告中心的再次逮捕率较低，但唯一显著的差异是在农村地区完成者与对照组风险水平相当者之间。对项目完成人员和高危的其他缓刑犯的后续分析显示，项目完成以外的因素对再次逮捕产生了显著影响。因此，该研究可能会为日报告中心提供些许支持，但也表明，较低的累犯率可能并非是参与日报告中心的作用，可能是参与研究者本身的因素所致，尽管作者警告说，小规模样本可能会产生影响。

奥斯特曼研究了新泽西州的4组再犯人员。与刑满释放人员（在监狱中服刑，不受社区监督）相比，日报告中心的参与者被再次逮捕、再次定罪和转入的可能性要小得多，中途宿舍项目的参与者也是如此。此外，与刑满释放人员相比，非刑满释放的囚犯被再次逮捕（但不被定罪或转入）的可能性要小得多。这些结果表明，重新犯罪的人员需要社区项目，但日报告中心不一定是他们的最佳选择。

钱皮恩、哈维和施恩兹研究了宾夕法尼亚州西部一个县36个月的累犯。他们发现在日报告中心被判刑的犯人的平均再逮捕率明显低于被监禁或受到电子监控或软禁的一组犯人。本研究直接表明了日报告中心在减少再犯方面相对有效，但样本量较小（每组63例）。

两项研究甚至未能为日报告中心提供暂时的支持。在一项随机对照试验中，马齐尼亚克研究了新泽西州的男性假释犯。他发现，日报告中心的参与者不太可能因为违反假释而被捕，但更有可能因为犯下新的罪行而被捕。随访期间没有显著差异，除了日报告中心的参与者更有可能在项目完成后6个月内被再次定罪。日报告中心的参与者再次被捕的平均时间也较短（大约100天），但这种差异在统计学上没有显著性，这可能是由于样本量较小。这项研究表明日报告中心可能会增加累犯。然而，它没有将日报告中心在缓刑犯和监禁之间的适用进行比较。

减少再犯对于计划的成本效益至关重要。日报告中心不太可能减少轻罪累犯的再犯率，因为轻罪累犯可能会自行停止或受到轻微制裁。日报告中心也不太可能减少严重暴力犯罪者的再犯罪率，因为他们需要更广泛的控制和治疗。日报告中心的运营成本比监禁要低，但通常比其他社区制裁（如传统的缓刑）要高。格雷道克对两个日报告中心进行了净成本效益分析，发现日报告中心缓刑犯中较低的再逮捕率转化为刑事司法系统中至少一个项目的成本节约效益。尽管该研究具有局限性和探索性，但它表明，日报告中心有可能通过降低再犯率最终降低净成本。

（三）深入探索

到目前为止，研究还没有提供令人信服的证据证明日报告中心是有效的，但这并不意味着日报告中心是一个有根本缺陷的策略，即它“根本不起作用”。首先，方法上的局限性可能妨碍了一些研究准确地检测程序的实用性。大多数使用的是相当基本的准实验设计，数据来源于官方记录。其次，一些经过评估的日报告中心项目可能没有得到正确实施。

斯坦纳和布特勒认为，为博雷等人的研究提供实验对象的新泽西日报告中心在提供基于证据的治疗和针对具有适当风险水平的罪犯方面可能存在缺陷。事实上，博雷在访问日报告中心的网站时发现，参与者在非结构化时间内进行了大量的社交活动，这可能会导致一种传染效应（在反社会的个体之间形成“网络”）。奥斯特曼建议：（1）主动将项目资源从低风险的假释犯转向高风险的假释犯；（2）对项目质量进行精算评估，提供培训以填补服务缺口；（3）定期对项目质量进行重新评估，对不符合循证标准的项目进行改进或淘汰；（4）分析和跟踪被假释人员的合规情况和假释官对不合规情况的反应，确定如何更好地利用转移资源。

如果日报告中心是监禁之外的另一种选择，那么它们或许应该保留给那些可能被监禁的中高度风险罪犯。斯坦纳和布特勒指出，将低中度风险的罪犯置于高风险罪犯影响的环境中，并让他们接受高强度的课程，这可能会破坏他们的亲缘社会关系，增加他们再次犯罪的倾向。日报告中心的适用可能会“扩大”刑事司法网络，增强制裁更多轻罪犯的能力。马齐尼亚克发现，法官偶尔会对日报告中心不太严重的罪犯（根据对他们的分类，这些罪犯本应受到标准的社区制裁）判刑，而对日报告中心较严重但仍符合条件的罪犯，他们往往选择不判刑。这限制了将日报告中心作为一种具有成本效益的转移监禁的手段。

尽管日报告中心已经存在了大约 30 年，但仍需不断改进。重要的是要定期审查业务和服务，以确定它们是否得到正确执行，确定需要改进的领域，并作出相应的改变。布鲁奈特对两个日报告中心进行了实施评估。对记录的审查、对工作人员和服务提供者的访问、直接观察和对监督员的电话调查被用来比较计划中和实际上开展的活动。他总结了四个主要的“经验教训”。首先，针对一个连续的过程，管理人员可能会修改或放弃一些计划的操作，如果结果有所改善，这是必要的。其次，尽管得到了一些司法当局的支持，但管理人员仍面临着克服其他人对该计划的抵制的挑战（参与者的推荐率可能很低）。再次，必须平衡服务和监督，以实现公共安全、节约成本的目标，从而实现规划的存续。最后，虽然管理者可能无法评估长期累犯，但他们应该使用参与者结果的中间度量来评估项目的有效性，这可能会发现需要补救的领域。

日报告中心模式也有改进的空间。凯姆认为，需要更加关注日报告中心在通过加强非正式社会控制，使罪犯拥有重新融入社区的潜力。强化治疗计划应能加强参与者的社会关系，如与家庭成员和雇主的关系。他们建议日报告中心采取两级战略。第一，短期策略是专门设计一些项目，如一个预防复发的课程，帮助参与者避免或控制导致他们犯罪的因素，从而留在这个项目中。更生项目可能需要一段时间来改变一个人，同时参与者可能会“失足”并终止该计划。研究人员发现，参加预防复发课程的日报告中心学员更有可能“毕业”。第二，长期的策略是通过增加参与者的社会资本来减少项目结束后的再犯。这将需要长期的治疗和与社区的合作，因为提高教育和就业能力比日报告中心项目的持续需要更多的时间，特别是在年轻、失业或其他高风险的参与者中。格雷道克发现，在就业服务中有更多的接触时间可以提高日报告中心的完成率。在参与者离开后，将日报告中心服务与其他社区服务整合起来是很困难的，因此需要特别的努力。

到目前为止，很少有文献关注日报告中心中的不平等问题，如它们是否以种族、阶级和性别偏见的方式设计或实现。然而，在这里回顾的实证研究往往控制了种族、性别和社会经济变量。只有一项研究发现，少数族裔不太可能完成日报告中心的项目，而且在所有完成的研究中，性别都不是相关影响因素。马齐尼亚克发现，失业者完成项目的可能性较小。他和凯姆发现，受教育程度较低的人完成项目的可能性也较小。而在以白人为主要样本的三项研究中，未能充分探讨种族和就业差异。

很少有研究探讨日报告中心项目完成者中再犯的人口统计学差异。克拉多克和格雷厄姆发现，在以白人男性为主的日报告中心研究对象中，低收入因素会对项目完成后的再犯率产生影响。凯姆在他们更多样化的样本中发现，失业因素而不是种族或性别因素会影响再次被捕率。然而，大多数日报告中心的再犯研究都无法探究人口统计学上的差异，这主要是由于样本表现为：主要是白人、主要是非白人或全部或主要是男性样本。因此，还需要进行更多的研究，以检验人口统计变量是否能够预测日报告中心的安置机会，而不是其他中间制裁或监禁，并探索日报告中心在多大程度上满足妇女和少数民族的需求。

综上所述，日报告中心的价值尚未确定。为了正确地将其作为一种惩教策略进行评估，必须对有足够资源、得到适当实施、针对适当的罪犯群体和满足参与者不同需求的项目进行更深入的研究。

二、工作释放项目

（一）概述

工作释放项目试图将就业作为防止再犯的缓冲器。犯罪学早就认识到，有工作能力或受雇的人，特别是有收入的人，犯罪的可能性更小。监禁，特别是长期监禁，往往导致失业或前途渺茫，并且提供给人们可以保留和改善就业能力的环境非常有限。工作释放项目是一种向那些由于教育、收入和工作经验不足而面临较高再犯风险的罪犯提供教育和职业规划的策略。另外，还有助于缓解监狱的过度拥挤和削减财务支出，参与者甚至可能需要支付监禁费用。

这一项目通常是在犯人刑期接近结束时开始的，之后可能会有假释。部分人每天往返于工作和监狱之间，部分人可能从监狱释放，住在当地的监狱或其他住宿设施中（如中途宿舍或安全过渡中心）。早期工作释放项目帮助刑满释放人员挣钱，因为许多刑满释放人员没有自己的就业前景，项目通常提供某种类型的工作培训和求职援助，甚至可以与当地雇主合作安排。

自 20 世纪初以来，工作释放项目在美国以某种形式存在，并得到了很好的确立。在 20 世纪 70 年代，作为一种惩教方法，项目得到了相当大的扩展。直到今日，大多数州都有监狱劳动改造项目。然而，在 20 世纪 70 年代之后，州或联邦惩教设施的工作释放项目比例下降，这可能是由于 80 年代联邦资金支持的终止和政治上的转变，并且从恢复的理念回到惩罚的理念（监禁）。

高度宣传和极端失败案例可能对展开项目产生负面影响。“工作休假”和“工作释放”是不同的，它的含义似乎更加模糊，尽管这两个词经常可以互换使用。也许“工作释放”更具体地指的是减少或减轻到允许参与者定期工作的过渡或中间环境。而“工作休假”可能包括对工作地点短暂的和临时性的访问。

工作释放项目更多的是作为一种特权而不是一种权利，这似乎是至少三项联邦法院裁决的立场。在韦勒诉格兰特县治安官案中，美国一家地区法院裁定，印第安纳州一名监狱犯人因违反规定而被临时移出工作释放项目是正当的。他的正当程序权利在听证会前被取消时并没有受到侵犯（在不影响监禁时间的范围内）。在凯承诉厄普肖案中，美国一家上诉法院裁定，弗吉尼亚州一名前监狱犯人在被拒绝参加工作释放项目时，其正当程序权利并未受到侵犯。在多姆卡，美国地方法院裁定一名威斯康星州监狱囚犯的工作释放项目和在认罪协议中授予的家庭拘留特权被合理撤销，因为他违反了认罪协议的条款。当然，这些决定并不意味着可以以任何理由拒绝或将犯人从项目中撤销，也不意味着可以根据种族、性别、宗教等理由对犯人有任何歧视。

（二）研究成果

虽然工作释放项目至少有短期的经济效益似乎是显而易见的，但缺乏证据，尤其是从方法论上研究证明该项目可以减少累犯。已经发表的研究，特别是最近的研究，关于工作释放项目的研究相当少。20 世纪 70 年代和 80 年代发表的一些研究表明，它的效果不是一般就是无效，但并不是说增加了再犯率或其他问题。最近的研究表明，情况大致相同。

首先，很少有关于工作释放项目完成率和项目失败风险的报道。特纳和皮特尔斯连发现，大约 70%的男性参与者在华盛顿完成了该项目，没有因为严重违规而被送回监狱。此外，在那些返回监狱的人当中，大多数是因为某种程序或违反释放规定而返回监狱的。有 6%的人再次犯罪或违法，其中大多数是非暴力行为。而且与财产或毒品相比，双变量分析显示，属于年龄较大、白人、没有犯罪前科，甚至被判有罪的人更有可能得到释放。杜维在明尼苏达州的工作释放项目刑满释放人员中发现了类似的成功率：76%的刑满释放人员完成了该项目，而没有一个人在该项目失败后返回监狱（45%的刑满释放人员在参加项目后的 60 天内返回）。然而，与其他替代惩教方案一样，成功率可能会因人口和方案特征的不同而有很大差异。

两项研究表明，该计划确实改善了转型囚犯的就业。杜维发现在明尼苏达州，刑满释放人员参加工作释放项目后找到工作的几率增加，总工作时间和总工资也得到了增长。荣格发现，在伊利诺伊州“成人过渡中心”，完成工作释放项目的男性比那些符合条件但没有参加该项目的辍学生和从最低安全级别监狱刑满释放人员有更好的就业和更高的收入。然而，改善一个人的就业状况并不意味着就不会再犯（减少再犯是不可能的）。

自 1990 年以来发表的为数不多的工作释放项目累犯研究使用了相当丰富的研究方法，其中包括实验或严格的准实验设计。本研究仅为工作释放项目提供支持。首先，列克莱尔和里诺利用基本预期表来控制个体特征，他们在马萨诸塞州发现，与非参与者相比，在预释放中心的男性囚犯，尤其是那些之前曾被强制休假的囚犯，再犯率更低，而这些中心的大多数男性囚犯都是有工作的。同样，作为他们研究的一部分，特纳和皮特尔斯连将一小部分符合条件的男性囚犯作为样本，在西雅图进行了一项随机实验，他们发现，与没有被分配到工作释放项目的一组相似的人相比，一小部分参与者被再次逮捕（22%对比 30%），但这差异没有统计学意义。此外，参与者明显更容易违反规定（约 25%对比 1%）。

后来，马丁和因恰尔迪在特拉华州的一个囚犯样本中发现，那些辍学的人比大学毕业生更有可能再犯罪，但是在研究中没有使用非工作释放项目对照组。因此，这项研究并没有判断工作释放项目是否比服满刑期或其他类型的提前释放计划更好。最近的两项研究使用倾向得分匹配来设计合适的比较组。杜维在明尼苏达州的一个被释放囚犯样本中发现，与一组被定期监管释放的刑满释放人员相比，那些在工作中被释放的囚犯更有可能因技术违规而重返监狱，但不太可能再次犯罪。劳斯和汉密尔顿分析了新泽西州释放囚犯的大量样本数据，他们在重新逮捕方面没有发现显著差异，但他们确实发现，与直接释放到社区的一组刑满释放人员（符合条件，但因时间或空间限制而未被释放）相比，那些在中途释放所工作的囚犯被撤销假释或送回监狱的可能性更小。

关于工作释放项目成本效益的研究往往不一致，尽管没有证据表明工作释放项目比在监狱服刑更昂贵。特纳和皮特尔斯连在他们的研究中预估，在华盛顿，工作人员释放和非工作人员释放的惩戒成本是相似的。尽管每天的工作释放成本比监禁成本要低，但由于项目和违反规定而返回监狱的参与者中的相当一部分产生了再处理成本（通过司法程序返回），抵消了工作释放项目节省成本的初衷。另外，杜维考虑到释放节省、参与者偿还、撤销成本和累犯成本，他估计明尼苏达州的监狱工作释放项目产生了1美元的成本节约。

（三）深入探索

工作释放项目参与者通常存在多种风险因素。就业只会抵消其中的一个或几个，因此，重要的是住宅安置而不仅仅是参与者的行为。它们还需要全面的风险或需求评估和其他服务，如认知行为规划和药物治疗。布津等人将工作释放项目视为改造吸毒罪犯的重要阶段。他们建议，对监狱传统上使用的社区治疗模式进行调整，以满足工作释放项目中心参与者的监督和支持需求，并让参与者接受后续治疗。在他们的研究中发现，与工作释放项目中心的一组普通居民相比，那些参加戒毒治疗计划的人再次吸毒的可能性明显降低。此外，相互作用的结果表明，这种治疗对那些有更广泛的犯罪历史的人特别有益（如逮捕人数更多）。

重要的是，方案应当对特定人群（如妇女）的行为和环境情况作出反应。虽然女性只占被监禁人数的一小部分，但在最近几十年，被监禁的女性人数有了相当大的增长。因此，有更多的妇女需要和男性一样得到像工作释放项目这样的过渡性方案，项目设计应根据女性的不同需要而展开，如性虐待和家庭暴力的伤害及其对自尊的影响和应对技能是一个重要的部分，女性的历史经历可能使过渡经验如工作释放项目更加困难。绝望和不知所措的感觉可能成为重新融入社会的障碍。

迪克沃等人介绍了夏威夷的一个妇女工作释放项目。它的模型是基于原始的定量和定量研究以及行为和社会科学理论。该模式确认妇女必须通过谈判才能成功地重新进入社区的五个阶段：从受管制的监狱环境调整到以社区为基础的监狱环境；稳定项目（获得工作或学校教育，制订日常计划）；因经历挑战、挫折和危机而造成不稳定或脱轨；在解决这些问题后重新稳定，能够继续进行，并从项目的结构过渡到融入社区。每个阶段都有不同的挑战，每个人都根据个人和社会资源按照自己的节奏进行适应。该项目针对每一个人和每个阶段制定方法、活动、课程和其他干预措施，而不是针对一个固定的时间段。

另一个问题是工作释放项目对残疾人（如精神、智力或身体）的作用如何。对残疾囚犯来说，出现就业和重新融入社会障碍的情况尤其严重，如歧视、无法执行某些任务和在监禁期间失去福利。马沃发现，在一个以社区为基础的工作释放项目设施中，有一群身心受损的居民，其中大约一半的人在整个居住期间都处于失业状态，那些被雇佣的人不一定是有收入的雇员，除了一人之外，所有人在获释时都拖欠租金。由于这些问题，居民在项目内可能得不到福利，另一种以社区为基础的安置，如日间治疗，可能会更好地满足残疾人的就业和经济需要。

在另一项研究中，罗密欧发现，精神疾病降低了因违反假释规定而入狱的工作释放项目女性囚犯的项目完成率，但精神疾病并不是男性囚犯的预测指标。精神疾病的男性甚至比非精神疾病的男性有更高的成功率，尽管这种差异在统计学上没有太大的意义。作者的结论是，更多的精神疾病的男性应该参加工作释放项目，但经历过假释困难的患有精神疾病的女性应该得到更加强化的服务。显然这就需要更多的研究和项目开发来满足残疾参与者的需求。

工作释放项目文献很少涉及社会不平等。除了刚才讨论的两项残疾研究与人口控制外，本章回顾的研究中没有一项直接考察了不平等。特纳和皮特尔斯连发现，与超过40%的西班牙裔和黑人参与者相比，25%的白人没有通过工作释放项目(重新入狱）测试，但这只是一种双变量关系，可以反映出少数族裔再次入狱的总体风险较高，没有发现种族因素。在他们的样本中，之前的工作经历和高中教育经历与参与的累犯的逻辑回归分析相互作用。劳斯和汉密尔顿发现，与非白人参与者相比，白人参与者不太可能再次被捕，但更有可能以其他原因重返监狱。但是，布津等人在工作释放项目的参与者中发现，非裔美国人的种族并不影响再犯，但是女性不太可能再次入狱。

最后，向工作释放项目参与者收取费用可能存在争议。必须采取补救措施确保这种做法不挪用工人的收入或干扰相关对象。地方机构不能简单地选择向参与者收费；通常州法律允许收费，让罪犯支付在监狱的生活费用，而不是纳税人，这似乎是公平的。一些人可能认为收费有助于遏制犯罪，然而，这种做法引发了一些重要的问题。挑出那些有工作的人是公平和有益的吗？对于那些不参加工作释放项目而只是在狱中服刑的人，他们必须支付一笔公平的监禁费合理吗？收费是否针对从事生产性、亲社会活动的囚犯？他们是否也给工人施加了经济压力，影响他们重新融入社会和避免再次犯罪的能力？

工作释放项目报销费用可按日费率、固定费用或工资的百分比收取。当使用一定比例的工资时，可能会设定一个上限，防止过高收费。然而，在20世纪90年代，纽约州向工作释放项目参与者收取了一笔没有上限的费用，即他们净工资的20%。这意味着，收入较高的参与者会为同样的服务支付更高的费用。此外，在某些情况下，参与者被收取的费用超过了在该项目中停留的实际成本，这可能被视为违反宪法的关于财产权的规定（第五修正案征收条款）。然而，这可能是一个极端、非典型的案例。也许支付生活费用的义务伴随着在社区工作时享有更多自由的特权，而且如果没有资金的支持，可能很难给囚犯提供生活或工作的选择。由于涉及的费用是生活费用的偿还，而不是罚款（官方惩罚），法院没有将其解释为过度罚款或双重危险的案件。因此，只要工作释放项目费用合理且与监禁成本相适应，它可能对所有相关人员（囚犯、公众和司法系统）都有好处。

和日间报告中心一样，工作释放项目能否减少犯罪还有待研究。但至少它给了刑满释放人员一个机会，使其成为一个有生产力的、有贡献的社区成员，缓解了监狱的过度拥挤，并可能降低惩教成本。在这一点上，工作释放项目并没有增加违法行为，这表明它并不是对公共安全的主要威胁。由于没有一种干预是完美的，罪犯有时会在服刑期间犯下严重罪行，但那些在监狱中完成了整个刑期的人，甚至那些从未被监禁过的人也会如此。无论如何，还需要进行更多的工作释放研究和项目开发，包括解决工作释放项目的公平性和满足不同人群需求的问题。

（责任编辑：王天景）

中间制裁*

［美］凯瑟琳·摩根 著
上海政法学院2018级法律硕士（刑事司法方向）研究生 孙燕锋 编译

一、中间制裁概述

从1965年到20世纪70年代中期，美国社会的犯罪率不断攀升，公众和受害者对犯罪的恐惧也与日俱增。同时，人们对更生计划减少再犯和降低犯罪率的承诺的信心也逐渐被消磨殆尽。当罗伯特·马丁森公布对231条恢复性项目的评估结果时，社会的不满情绪愈加强烈。马丁森的结论是：所有人都有相同的标准，对再犯没有明显的影响。因此，他总结道："这些做法无效。"这样的结论足以引发对更生计划的巨大冲击。70年代以来一直主导着惩教政策的更生计划逐渐被一种强调公共安全和惩罚理性犯罪者的意识形态取代，这些犯罪者是因为利益成本太高才选择犯罪的。许多人对更生计划失去了信心、对罪犯的治疗和降低犯罪率的承诺也失去了信心。更生计划的组织者因未能解决犯罪或社会问题而受到批评。因此，更生计划被惩罚的期望取代，阻止了罪犯同时也保护社会免受这些罪犯潜在的犯罪活动的侵害。

犯罪率上升、禁毒战争、公众对罪犯的恐惧加剧、强调惩罚以及保护社区的期望，这些都导致了更严厉的惩罚和更多的人入狱。犯罪人口过多导致监狱人满为患，监禁成本不断上升。在监狱服刑的罪犯丧失犯罪能力也许减少了犯罪，但是监狱的管理成本却逐渐增加。在20世纪70年代末，一些州通过了社区惩教法，通过法律规定为出狱的囚犯建立中途宿舍。在20世纪80年代，当监狱开始出现过度拥挤时，中间制裁逐渐成为节省成本并惩罚罪犯的有效措施。中间制裁是一种多元化的惩罚措施：比传统的缓刑有更多的限制，与监禁方式相比，成本较低，且没有监禁那么严厉。从历史的角度讲，由于以有效减少成本的措施解决监狱过度拥挤问题是选择性社区制裁发展的主要原因，因此，社区成为解决罪犯问题最好的场所。社区为那些需要帮助的罪犯提供了最人性化的环境。科尔与莱西格指出了运用中间制裁措施的其他优点：

1. 在许多情况下，监狱是不必要和无效的。中间制裁提供了监狱之外的另一

* 资料源于：Kathryn Morgan：Probation，Parole，and Community Corrections Work in Theory and Practice. Durham，North Carolina：CarolinaAcadamicPress. 2015. pp. 135-151。

种选择。

2. 中间制裁为那些不能获得常规缓刑的严重罪犯提供了强化监督和一般化项目。

3. 中间制裁提供了更多的量刑选择。

很多罪犯无须昂贵且严厉的监狱管理，然而在管理那些有严重犯罪史并且需要更加严厉的管制与监管的罪犯时，常规的缓刑期是无效的。最常见的例子是待处理的常规缓刑案件数量庞大，不允许缓刑官对这些罪犯实施严厉的监管措施。

与监狱和缓刑相比，中间制裁的重要性体现在：这些项目比缓刑有更多的限制，同时又没有监狱那么严厉且节约成本，并且还有多元化的量刑选择，包括强化监督式缓刑、电子监控、社区服务以及家庭监禁项目。总而言之，这些项目包含了管制监管、社区服务、赔偿、戒严令等。

二、中间制裁措施

在社区中，有许多监督罪犯的方式被作为中间制裁的措施。这些措施包括强化监督式缓刑、家庭监禁、日常报到中心、电子监控、戒毒中心、军训式惩教中心以及社区服务。本章节主要介绍以下几种措施：强化监督式缓刑、家庭监禁、电子监控以及军训式惩教中心或称震慑式监禁。

（一）强化监督式缓刑

1. 强化监督式缓刑的历史。强化监督式缓刑是一种强调对被宣告缓刑的罪犯进行惩戒、加强监督以及管制的中间制裁措施。尽管强化监督式缓刑已经成为惩教中广泛应用的项目之一，但强化监督的理念早已有之。30 多年前，随着特别假释组的成立，这个概念首次在加利福尼亚州出现。1981 年，德克萨斯州的强化缓刑项目首次介绍了缓刑。强化监督是一种在缓刑期，缓刑官对普通缓刑罪犯以及一系列待处理的缓刑罪犯进行监管的条件。1982 年，为了缓解监狱过度拥挤，并且在监狱释放罪犯的同时能惩罚罪犯，格鲁吉亚实施了第一个强化监督式缓刑项目。强化监督式缓刑项目以缓刑、假释的暴力罪犯、非暴力罪犯以及具有长期犯罪史并且普通缓刑监管对其可能无效的罪犯为目标。

强化监督式缓刑项目有两个重要目的：

（1）减少被监禁人数与缓解监狱过度拥挤。强化监督式缓刑项目的第一个目的是减少监狱人数、降低监狱成本。强化监督式缓刑罪犯能够继续工作、维系家庭及社区关系，能够充分利用社区资源。

（2）加强公众安全与保护。强化监督式缓刑项目的第二个目的是加强对公众的保护。因为强化监督式缓刑项目针对的是高风险罪犯，更多地注重管制、监督，以及较高的责任感。在监管之下，强化监督式缓刑罪犯每周可能要签署五份强制性合同、强制性社区服务，以及必要的戒严令。

2. 强化监督式缓刑的三种模式。尽管强化监督式缓刑有多种形式，但目前在惩教中只有三种常用模式。

（1）对监禁型罪犯的前期释放机制。这种模式用于佐治亚州，是为了阻止在监型罪犯重新犯罪。在罪犯被判处监禁后，强化监督式缓刑（Intensive Supervision Probation，ISP）项目负责人便开展资格评审工作。如果这个罪犯适合这个项目，ISP 项目负责人会给法官发送请愿书，请求废除监禁判决，并考虑适用 ISP 项目。这个方法有利于缓解监狱过度拥挤并节省监狱开支，通过对罪犯的严厉看守与监督从而保障了公众安全。

（2）对罪犯的后期提前释放机制。该模式用于新泽西州，目标是降低监狱成本以及缓解监狱拥挤。当监狱里的罪犯可以获得最少时间的监禁，他们可能被考虑提前释放。与前期释放机制相同，该模式降低了关押成本。通过许可罪犯提前释放到社区，他们将受到严密的监督与管理。

（3）普通缓刑中对重罪缓刑犯的强化监管。这种模式用于马萨诸塞州，加强了对在长期缓刑监督下的重罪缓刑犯的管理。为长期缓刑犯设计的 ISP 项目可能取决于对未来犯罪行为的风险评估。降低监狱成本并不是这个项目的主要目标，它的重点是通过严厉的监督管理预防犯罪与保护社区。

3. 强化监督式缓刑项目的特征。尽管州与州之间的项目特征各不相同，但这些 ISP 项目还是存在共同特征的。项目特征主要包括：（1）强化监督与看守；（2）加强接触：更多的项目罪犯与监督官每周进行五次面对面的接触；（3）随机的实地考察；（4）强制社区服务；（5）强制劳动；（6）随机的毒品酒精测验；（7）强制宵禁；（8）负荷量较小（不得超过 40 个罪犯）；（9）对需要特殊服务的罪犯参照社区资源（如戒毒、戒酒治疗）。除了需要罪犯与监视官进行接触，也需要罪犯与家庭成员、社员或者雇主进行接触。

尽管很多 ISP 项目拥有共同特点，但也有两个不同之处：（1）“Intensive”的定义。不同州对“Intensive”的定义不同。有些州将“Intensive”定义为罪犯在单周与缓刑官进行面对面的接触，而在其他州，“Intensive”则指的是强化监管，监禁期限，宵禁视察，与家庭成员及雇主的平行接触，以及给受害者的赔偿。其他项目通过监管层次、待处理案件的规模、判决长度等对“Intensive”进行了定义。（2）目标罪犯。ISP 项目的目标罪犯各不相同。皮特尔斯连在 1990 年指出，一些项目可能排除了吸毒与酗酒的罪犯以及有其他目的的同种罪犯。在蒙马哥利郡、马里兰州，ISP 项目的目标罪犯有吸毒者、酗酒者以及患有精神疾病的。在纽约的萨福克郡，ISP 项目的目标群体是未就业和未充分就业的缓刑犯。在一些州，暴力罪犯排除在 ISP 项目之外，而在其他州他们则是目标罪犯。在一些州中，目标人口包括缓刑犯、假释暴力犯以及其他重复犯罪者。在加利福尼亚，ISP 项目的目标罪犯是吸毒酗酒罪犯、家庭暴力罪犯、性犯罪者以及暴力集团罪犯。新泽西州 ISP 项目的目标罪犯是在监狱至少服刑 3 个月的罪犯，他们从监狱释放到项目社区中。马萨诸塞州的目标罪犯是通过风险需求评估策略确定的高风险缓刑罪犯。缓刑条件十分严格，如对罪犯的高风险问题领域需要强制参照社区机制；对缓刑暴力也有严格的撤销程序。

4. 强化监督式缓刑的评估。很多 ISP 项目的评估着重加强对累犯的监督，对监狱成本以及监狱人口的考量。这些 ISP 项目的评估产生了不同结果。位于德克萨斯州、俄勒冈州以及佐治亚州的 RAND 公司的 ISP 项目研究报告指出，ISP 项目在降低成本、缓解监狱拥挤与累犯等问题上失败了。结果表明，ISP 项目参与者与那些在长期缓刑监管下的罪犯没有显著不同。佐治亚州 ISP 项目的研究表明，来自监狱罪犯的项目参与者多于长期缓刑罪犯，这证明了他们都是已经离开监狱的监禁型罪犯。进一步的结果显示，在 ISP 项目参与者中，新逮捕的罪犯数量远远少于被判处长期缓刑逮捕的罪犯数量。在来自国际范围的 ISP 项目的评估结果中，皮特尔斯连和特纳（1993 年）认为，ISP 项目作为中间制裁措施是最有效、最成功的。这些项目有大量的面对面接触、更多的间接接触、强化监督、法律实施检查、工作监督以及加强毒品与酒精检测。这些特征增加了此项目的惩罚价值。在某些情况下，罪犯可能认为 ISP 项目比监禁更加严厉。

（二）家庭监禁

家庭监禁，也称家庭拘留，该措施允许监禁型罪犯通过判决监禁在家，以家庭监禁代替监狱监禁。家庭监禁允许罪犯继续工作并资助受害者，减轻监狱拥挤以及降低监管成本，通过强化对罪犯的监管最大化来保护公众安全，从而促进罪犯与社会的融合。

三种家庭监禁类型包括：（1）家庭关押（最严厉）要求除了诸如医疗或法律许可的情况，罪犯必须一直待在家中。（2）家庭监禁（很严厉）要求除了工作、咨询、上学、宗教活动或者公众服务工作，罪犯必须一直待在家中。（3）简单宵禁（较严厉）要求罪犯在规定的时间内待在家中。

家庭监禁既有优点也有缺点。优点包括：（1）成本有效性，因为减少了监管罪犯的成本；（2）回应了社区与罪犯需求；（3）容易执行；（4）缓解了监狱过度拥挤。缺点包括：（1）可能拓宽了社会控制网；（2）作为判决可能有些许不足；（3）具有侵入性；（4）在选择罪犯时可能加剧种族与阶级歧视；（5）可能是对公众安全的妥协。

家庭监禁项目的目标是缓刑违反者和假释违反者以及那些有罪恶感且由于严重的犯罪史不适合长期缓刑的无财产罪犯。项目特征包括：（1）每周最少 7 次直接与间接接触；（2）随机尿液检验；（3）每周至少 16 次电话访问以便工作人员确认罪犯待在家中；（4）强制性工作，强制社区服务与赔偿；（5）每 20 名罪犯都由经过专业训练的工作人员进行监管。

1. 早期家庭监禁项目。1983 年的佛罗里达社区控制项目与俄克拉荷马州家庭拘留项目是美国最早实施的家庭监禁项目。佛罗里达项目被视为一种可供选择的监禁方式；而俄克拉荷马州家庭拘留项目被视为一种秘密的提前释放项目。

（1）佛罗里达社区控制项目。家庭监禁始于1983年佛罗里达的社区控制项目。佛罗里达是第一个缓解了监狱拥挤问题的州，并且也是采用可替换监禁方式满足中间制裁需求的州。作为前期结束项目，它对服刑罪犯来说是一种可供选择的监禁方式。除了工作、社区服务以及医疗需求外，都要求罪犯被羁押在自己居住的地方。其他所有的缺席人员都需要得到监视官的提前批准。罪犯由高级惩教官员监督，这些惩教官员每月与罪犯进行28次直接或间接接触。佛罗里达项目的目标有三种类型的罪犯：①非暴力性的罪犯；②犯轻罪的缓刑、假释罪犯；③通过判决视为合理的其他罪犯。

罪犯必须资助家庭，执行社区服务，支付赔偿金，每月支付30-60美元不等的监管费用，以及与周边环境和平相处，尤其是那些受限制的运动。最近，佛罗里达项目的评估表明，50%的项目参与者可能会重返监狱；其他50%的参与者可能会转化为长期缓刑。

（2）俄克拉荷马州家庭拘留项目。与佛罗里达项目不同，俄克拉荷马州家庭拘留项目是一种允许在监的高风险罪犯提前释放的项目。适用该项目的在监罪犯包括：①应将其判决加重15%的在监罪犯；②在27个月内释放的非暴力性罪犯；③在11个月内释放的暴力性罪犯。

在最后6个月内未获得项目考虑资格的性犯罪者与其他犯罪者禁止假释。家庭拘留者由一位惩教工作者和一位社区管理者组成的两人组联合监视。项目参与者需要有工作人员长期家访以及与监察组进行外部接触，接受随机的毒品检测，并且每月支付45美元的监管费用。1984年与1985年两年，俄克拉荷马州项目监管了2400名罪犯。67%的项目实施取得成功，只有5%的新型犯罪不受监管。

2. 联邦层面的家庭监禁。联邦监狱使用中间制裁措施管理由其负责监管的罪犯。社区控制项目（一个拥有电子监控的家庭监禁项目）得到了很大的关注与支持。这个项目有两个重要目标：（1）为了确保项目参与者与释放条件的要求相符合；（2）实施减少未来犯罪行为的风险监管计划，同时实施减轻罪犯问题的惩教计划。

为了获得社区控制项目的资格，罪犯必须符合以下标准：（1）假释委员会已考虑释放；（2）正在参照此项目；（3）计划居住在实施此项目的判决区域；（4）正在接受健康、精神稳定性、吸毒史、先前犯罪记录评估；（5）有居住地并且计划与支持此项目的人住在一起。

项目参与者包括缓刑犯、假释犯、准予以家庭监禁为羁押方式的在监犯，以及准予以家庭监禁为有条件释放的缓刑犯与假释犯。如果罪犯没有居住地、缺乏就业前景，至少还有60天才能假释释放，以及有暴力史和吸毒史的很可能遭到项目的拒绝。

3. 家庭监禁存在的问题。关于家庭监禁的适用也出现了一些问题。

首先，很多人并不认为家庭监禁是一种惩罚措施。尽管那些已判决受到家庭监禁的将其视为惩罚，但大多数人认为监禁在家要比惩罚更为奢侈。作为惩罚措施，法院判决已经确定了在家监禁的时间，但仍然无法和监狱监禁相比。另外，当在家监禁的罪犯未经许可离开家时，虽然他们没有办法逃跑，但是可以在项目条件下进行技术性犯罪。许多人的看法是，被监禁在家不是惩罚而是一种奢侈，并且法院判决支持了这样一个事实，即在家监禁不能等同于在监收押。家庭监禁是比常规缓刑更具惩罚性的可替换性监禁。

其次，当允许罪犯在家服刑而得不到持续性监管时，公众安全就会受到威胁。尽管家庭监禁允许罪犯在社区活动并且避免了监禁的标签，但是如果实施和执行严格的选择标准，它也仅仅保护社区的安全。

最后，问题聚焦于家庭监禁的威慑效果。尽管家庭监禁没有明确声称可以阻止犯罪，但是监视官可以进行严格的监督控制以确保罪犯与项目条件相一致。而且，有关家庭监禁项目的效果的研究结果是混杂的。一些研究者发现，参与家庭监禁项目产生了较低的重新逮捕率。其他研究结果表明，在6个月之后项目的效果逐渐减弱。在6个月之后，家庭监禁成了越来越难以执行的拘留环境。因此，这个项目最适合那些有稳定居住地的低风险罪犯。

（三）电子监控

20世纪80年代，电子监控（EM）成为一种广为人知的监督方式。这种方式依赖电子设备监督及监视罪犯的活动，从而证明他们在特定时间待在特定的区域。电子监控的使用增强了监督监管的能力。在惩教监督中使用电子监控可以追溯到1983年的新墨西哥州，当时法官裁定对缓刑犯实施1个月的电子监控。新墨西哥州使用了电子监禁后，电子监控作为一种解决监狱拥挤问题的效益型措施，其他州（佛罗里达州、加利福尼亚州、肯塔基州）也开始对非暴力型罪犯进行试验。因为电子监控比监狱成本低，随着监禁成本变得越来越高，电子监控的使用也将随之增加。监禁成本比电子监控的成本高了6倍。

1. 家庭监禁与电子监控。在家庭监禁中常常使用电子监控监督留在社区的高风险罪犯。1984年，佛罗里达州成为第一个使用电子监控惩罚在家监禁的罪犯的州。从此以后，因为它减少了受监督罪犯的技术犯罪与潜逃的可能性，所以电子监控对于家庭监禁的成功与否至关重要。

矫正监督中的两种监控系统：

（1）连续信号装置：戴在手腕或者脚踝的发射器手环。这个发射器通过连接罪犯家中的电话的接收器发送信号监控罪犯，中央计算机接收来自这个接收器的电话。一旦罪犯离开了信号范围，接收器会自动地呼叫中央计算机，反映罪犯已离开居住地。

（2）声音识别系统：电话以及计算机声音识别。计算机记录并储存罪犯的声音。经过设置的计算机会随机呼叫罪犯。在呼叫期间，罪犯被要求重复回答某些语句以便计算机将重复的词句与提前记录的进行匹配。

支持使用电子监控的人认为：促进罪犯重新融入社区并避免关押；帮助受监控与监管的罪犯；缓解监狱拥挤以及降低关押成本；允许罪犯继续工作并资助受赡养者；减少累犯的可能性。

反对使用电子监控的人指出：由罪犯支付昂贵的设备费用，会促进潜在的种族与阶级歧视。电子监控具有侵入性；受电子监控的罪犯无法使用电话的额外功能。因此，家庭成员为了罪犯参与项目需要作出一定的牺牲。电子监控可能具有很大的强制性以及增加了罪犯与监控系统脱节的可能性。对公众安全的妥协。从研究层面来说，电子监控的使用增加了公众对隐私保护与安全的担忧。电子监控的使用增加了对关于它是否歧视那些没有固定住宅或电话的罪犯的问题。发现关于电子监控的有效性是自相矛盾的。

2. 电子监控是否有效。经验主义研究得出了关于电子监控成功减少了累犯问题的不同结果。

（1）皮特尔斯连（1987 年）发现，对罪犯进行电子监控时累犯率下降了 5%。（2）与电子监控结合实施的家庭监禁对 DWI/DUI（毒驾/酒驾）罪犯是成功有效的。（3）在贝尔斯·曼与布隆伯格关于佛罗里达州的电子监控罪犯的研究中发现，电子监控使得罪犯的累犯率降低了 31%。（4）电子监控对暴力性罪犯是无效的，而对控制财产犯、性犯罪者以及涉毒罪犯卓有成效。（5）电子监控减少了家庭监禁罪犯重新犯罪与潜逃的可能性。

3. 电子监控是一种具有成本效益的选择。电子监控真的比监狱更具成本效益吗？研究人员一致认为，电子监控具有直接与间接地节省金钱的优势。尽管电子监控的成本可能会更加高昂，但是从长远来说它是节省金钱的。据估计，与每天大约 50 美元的关押成本相比较，电子监控的成本每天在 5–25 美元之间。在佛罗里达州，即使相关费用被免除，受电子监控的罪犯每月仍然需缴纳 64 美元的罚款。电子监控减少了每年的住房成本、罪犯的医疗成本以及建造新监狱的成本。

在对佛罗里达州家庭电子监控的罪犯的采访中，贝尔斯·曼与布隆伯格（2010 年）指出，电子监控还有其他成本。第一，人际关系也有负面成本。与配偶及其他重要的人的关系受到伤害，罪犯感到羞愧与耻辱。孩子们会试图模仿被监控的父母或者一直担心如果监控器发出警报声，缓刑官就会把他们带走。第二，罪犯指出由于信号丢失的监控与警报声是可见的，因此得到并维持一个工作是很困难的。第三，其他人认为正在受监控影响朋友间的人际关系：很难交到新朋友或很难维系现有的朋友关系。

（四）震慑式监禁

震慑式监禁，也被称为军训式惩教中心，是佐治亚州惩教议会于 1983 年建立的以社区为基础的可供选择的监禁方式。与缓刑之前判处罪犯在监狱中关押一段时期的震慑式缓刑不同，震慑式监禁是通过军事风格的训练与纪律判处罪犯进行短时期、高强度、军队式风格特征的监禁。军训式惩教中心的目标是：惩罚罪犯；

节约监狱成本与缓解监狱过度拥挤；为青少年罪犯规范纪律；减少罪犯的未来犯罪与不良行为；为罪犯提供更生服务，如教育与会谈、咨询服务以及戒毒等。

1. 项目参与者。军训式惩教中心的参与者通常是年龄在 17–25 岁的青少年罪犯。他们被认定为非暴力犯罪并且一审判决为监禁。军训式惩教中心的参与者也可能是缓刑犯。参与者一般是由惩教议会或者法官选择的，他们也可能是项目的志愿者。在军训式惩教中心的短暂停留往往伴随着强化式缓刑监督或者电子监控。很多人认为，由于罪犯得到释放之前只在该项目中停留较短的时间，因此震慑式监禁是没有成效的。基于这些项目不太有可能成功且成本太高的事实，很多人认为它们应该被废止。

2. 项目特征。尽管军训式惩教中心可能有相同的特征，但在项目实施过程中这些特征却各不相同。绝大多数项目具有惩罚性，努力阻止未来犯罪行为以及通过纪律环境达到自我控制，通过街角摄像头、电子监控等来规范自己。停留在军训式惩教中心的时间通常很短暂，持续 3–6 个月。其他共同的特征包括练习正步等军事化训练；以及没有看电视、听收音机或者打电话的特权。

因为军训式惩教中心以军事化纪律与制度为基础，罪犯可能会立即受到处罚，因此对其进展产生了担忧。罪犯可能在没有合理保护的情况下受到惩罚。由于对种族、民族、妇女及穷人的歧视，承认中间制裁的选择性进程已经受到批判。然而，这些项目的目标是选择那些有可能成功的罪犯。

（责任编辑：韩建勇）

社区监督官*

——现代事务的概述与讨论

［美］埃里克.J. 沃达　布莱特·格兰德　著
上海政法学院2017级刑法学专业刑法学方向研究生　韩建勇　编译

一、缓刑和假释职业的历史概述

缓刑官和假释官负责在社区接受惩教监管的超过470万的成年人的惩教工作，其主要是通过保障社区安全和促进罪犯更生来实施管理。现代缓刑官和假释官已经持续了150余年，并且他们的作用和职责非常复杂。因此，在讲述本章内容之前，有必要对这一职业的历史发展稍作概述。就像俗语所说："铭记历史，才能勇闯未来。"

通常认为，假释制度的历史可以追溯到亚历山大·马克诺奇作出的努力。1840年，他被任命为诺福克岛上英国殖民地的监督管理人。为使诺福克岛的管理更加人性化，他建立了一种点数制。在这种点数制下，罪犯可以通过分级监禁的方式改善自己的处境，同时也可以通过良好的表现和稳定的劳作来削减刑期。当囚犯取得足够的分数就符合了条件，从而拿到殖民地官方签署的解除监禁的许可证，离开监禁场地。被解除监禁后，罪犯需留在管辖范围内并在警察那里办理登记手续。然而，这种点数制没有规定正式的释放条件。马克诺奇的改革是不长久的，因为他在4年后被解除了职务，更主要的原因在于他对待罪犯的方法不够严厉。

沃尔特·克罗夫顿在1854年被任命为爱尔兰监狱体系的管理者，随后他接受了马克诺奇的观点。人们认为他实际执行的爱尔兰的监狱制度和马克诺奇的点数制十分类似。囚犯们通过一种三阶段的监禁制度来改善自己被监禁时的境遇，被释放之后，在社区服完剩余刑期。与马克诺奇的点数制不同，在爱尔兰监狱制度中，被释放的囚犯受到许多具体条件的限制，这种做法与现代的假释制度很相似。再者，被释放的服刑人员会受到更加正规化的监督。虽然大部分的监督工作由警察负责，但是在1856年，詹姆斯·奥甘被任命为都柏林的获释囚犯监督员，也是第一任假释官，詹姆斯·奥甘负责处理的案件包括140名获释囚犯，他工作中的绝大多数时间都集中在确保罪犯的就业安置上。

---

* 资料源于：Hayden Griffin III and Vanessa H. Woodward：Routledge Handbook of Corrections in the United States. 711 Third Avenue，NY：Routledge. 2018. pp. 179-188。

马克诺奇和克罗夫顿具有开创性的改革对美国的惩教制度产生了重要影响，并直接影响了美国缓刑和假释监督制度的发展。美国第一次适用假释是与1876年纽约的埃尔米拉教养院同时进行的。埃尔米拉在沃登·泽布伦·布兰克韦的领导下，实施了一种不确定的量刑模式，将监督官认为的已经改过自新的罪犯置于某一监护人的监护之下，监护人由公民志愿者担任，负责帮助犯人回归社区。纽约实施了这一模式之后，包括马萨诸塞州、宾夕法尼亚州和明尼苏达州在内的其他州随后都采用了不确定刑罚和假释的做法。到20世纪初，所有的州和联邦政府都采用了假释制度。

与假释不同，缓刑可以看作是美国的创新。然而，一些人认为缓刑起源于早期暂缓处罚的方法，如教会神职人员的特权或司法缓刑，现代缓刑的起源绝大部分归功于1841年约翰·奥古斯塔与波士顿警察厅共同作出的开创性的贡献。作为一位制鞋匠，约翰·奥古斯塔在1841年就开始参观波士顿警察厅。在一次参观中，他认为自己可以帮助一位因经常酗酒而受到处罚的人。奥古斯塔说服法官将该名男子取保候审。法官同意后提出条件，该男子需在3周以后回来接受处罚。当他们回归法庭时，该男子的整个面貌都改变了，以至于包括审查官在内的所有人都不相信他就是之前站在罪犯位置上瑟瑟发抖的那个人。法官对结果非常满意，因此只对该男子罚款1美分外加收取了一些开庭费用。在接下来的18年里，奥古斯塔帮助了大约1100名罪犯，其中只有1名罪犯的保释机会被剥夺。

由于约翰·奥古斯塔在马萨诸塞州作出的开创性努力，1879年该州成为第一个通过法律正式设立缓刑的州。在马萨诸塞州，未成年人适用缓刑的法律规定要比成年人早，后来效仿马萨诸塞州的其他州也是这样。直到1901年，在纽约州，第一部成年人缓刑法规才获得批准。没过多久，其他州也都采取了这样的做法。到1925年，所有州都有法律规定了未成年人可以适用缓刑，到1938年，37个州，包括联邦政府和哥伦比亚区都出台了法律，规定了成年人可以适用缓刑。

志愿者在美国缓刑和假释的产生过程中的作用同样不容小觑。例如，早期的缓刑法规并没有规定缓刑官的工资，这不是一种疏忽或是省钱的措施，相反在很大程度上反映了早期倡导者对社区监督的期望。最初，人们认为监督官的职责是维持友好关系和提供辩护，他们认为，如果缓刑官接受了工资，那么这些职责将不能很好地被履行。20世纪初，随着缓刑和假释制度的发展，惩教制度采用了一种更加专业的模式，志愿者的角色逐渐消失，受过专业培训的缓刑官和假释官应运而生。

二、缓刑监督和假释监督的工作

现代缓刑官和假释官负责完成大量各种各样与罪犯案件相关的管理工作，包括从采集尿液样本到法庭检验等各个环节。在这一节中，我们围绕监督官的工作对一些问题进行了研究。首先讨论了案件数量，随后研究了工作人员承担的共同任务，最后我们研究了工作人员花费在特殊类型任务上的时间。在继续研究之前，必须承认监督官经常被分派一些超出他们负责监督职责以外的任务。例如，缓刑官经常负责完成判决前的调查和监督根据审前释放方案获释的被告人。和缓刑类似，假释官的工作一直持续到罪犯被释放。在此期间，假释官会帮助他们重新融入社会或是为假释委员会或其他批准假释的机构完成罪犯获释前的审查，以便于作出对罪犯是否适用假释的判定。因此，接下来在集中探讨与监督工作相关的活动时，必须承认缓刑官和假释官在刑事审判体系中发挥着十分重要的作用。

监督官的工作通常集中在他们负责的案件数量上，每位罪犯都在他们的控制之下。被监督的罪犯所犯案件的严重程度和组成类型决定了工作人员的工作量和职责的多样性。虽然最近有关监督官的案件量的数据来源有限，然而，从可获取的数据中可以得知，由于管辖权和案件类型的不同，案件量大小也会有很大差异。据2006年对各州假释机构的全国调查显示，虽然假释监督官承担的平均案件量为38件，但各州平均案件量差距很大。例如，田纳西州的平均案件量高达141件，而怀俄明州的平均案件量仅有4件。尽管对于这些数据应当保持谨慎态度，因为一项发现可能会受到经济和政治等因素的影响，但它们确实突出了因管辖权不同而产生的案件量的巨大差异。

案件数量的大小也常常受到罪犯类型的影响。案件通常可分为两种类型：一种是传统型，一种是特殊型。传统型案件由不同的罪犯组成，一般由监督官轮流负责，相比之下，特殊型案件主要体现在罪犯自身的特点上，如他们的风险水平、犯罪类型和矫治需求。特殊型案件主要针对那些对社区有更大风险或对传统形式的监督产生抵抗的罪犯。一类特殊型案件是高强度的监督，其他的特殊型案件还包括性犯罪案件、家庭暴力案件和精神疾病类案件。特殊型案件的数量通常少于传统型案件，因为通常认为，罪犯需要得到更多的关注。除了案件量较少以外，划分特殊型案件的另一个好处是能够将特殊罪犯分派到一个特殊小组中，由经过培训、有能力的监督官来进行管理。

监督官在案件管理中要负责各种各样的任务，包括监视、矫治和行政管理等工作。监视工作主要是指监听和执行与监督有关的法律条款，包括收取法院罚款和费用、毒品检测、调查违法事件、进行家访和其他社区监视工作。矫治工作主要是帮助罪犯重新融入社会，包括进行风险需求评估、制定矫治意见以及为罪犯提供私人和小组咨询。行政管理工作是指工作人员需按要求完成文档记录和与监督工作相关的报告，也就是我们所说的文书工作。工作人员需要按照要求将他们负责的监督活动记录下来。此外，他们经常需要完成一些报告和其他文书工作，如向法院报告罪犯违反监督条款等事宜。

监督官要花费多少时间在自己负责的案件量的相关监督工作上呢？这虽然是一个不错的问题，但同时也是一个很难回答的问题。因为其受到案件的多样性和监督官工作环境的影响，尽管存在这些困难，但仍然有一些研究可以为我们解答这一问题提供线索。由威斯特和赛特进行的一项研究对密苏里州和肯塔基州的缓刑官和假释官进行了调查，了解他们在监视和矫治工作上各占用多少时间。研究发现，监督官花费在矫治活动（54%）上的时间多于监视工作（42%）。由美国缓刑和假释委员会从社区惩教工作人员处收集的信息显示了他们每月花费在各种与监督相关的工作上的时间。虽然报告明确指出，由于非概率式的抽样程序造成了所得结论的有限性，但是从得出的结论中可以看出，监督官每月花费了大部分时间在行政管理工作上（36 小时）。其他占用时间较多的工作包括进行家访（20 小时）、参与目的性访谈（18 小时）和法院中的相关工作（13 小时）。

三、缓刑官和假释官的职责

自从专业缓刑官和假释官产生以来，这一职业就一直在如何定义社区监督的确切职责上存在争议。冒着过于简化问题的风险，争论的焦点主要集中在如何准确把握赋予监督官的职权与其承担的矫治职责之间的平衡点上。拥有权力和执法职能的人员主要执行监听和落实监督条款的相关工作，如毒品检测和进行家访或对社区罪犯的其他监视工作。侧重于矫治或社会工作的监督官主要承担促进罪犯的矫治和重新融入社会的任务，如帮助罪犯寻找稳定的工作和协助罪犯联系矫治方案和其他可获得的资源。

多年来，为进一步获悉监督官在专职权力和矫治作用两者之间的侧重程度，人们进行了大量的研究。经研究发现，监督的作用并不是一成不变的，相反它是随着时间不断变化的，且受到大范围的惩教政策环境的影响。例如，20 世纪 60 年代和 70 年代进行的研究反映了监督官倾向于使用针对性矫治的方法。再如，格兰瑟对美国缓刑官的研究发现美国缓刑官在他们的实际监督工作中侧重于咨询或监视。这种对矫治的侧重反映了美国更生性矫治的盛行，这种矫治方法引导了当时的惩教政策及其实践工作。

到 20 世纪 80 年代，监督官开始由之前的侧重矫治向侧重法律执行方面转变。哈瑞斯和他的同事们在对美国 3 个州的缓刑官的研究中发现，社区监督官对于权力的关注开始上升，并且他们意识到权力是一个比矫治和援助更有意义的概念。事后发现这一转变也是意料之中的，因为这与从强调以罪犯的矫治和重新融入社会为目标到以权威为目标的惩教政策的转变相对应。

现代更多的研究发现表明，对于监督的定位又开始向混合式的方法转变。混合式方法在社区监督中的应用可以追溯到克洛卡斯对一位城市缓刑官进行的具有开创性的人类学研究。他使用“综合办公室”一词来描述一种混合的监督方式，在这种监督方式中，办公室将矫治和监视结合到缓刑官的监督实践中。最近，米勒在对全国社区惩教实践工作者进行调查研究时发现，这种综合性的监督方式在现代的缓刑制度中得到了强有力的支持。通过询问 1700 名缓刑官和假释官的社区惩教工作实践，米勒得出结论：“监督官说，传统的将法律执行者和社会工作者进行对比的缓刑监督形式似乎已经过时了……现在看来，综合性监督占据了主导地位。”进一步的研究表明，综合性监督的方法与传统的单一的矫治或监视模式相比，能取得更好的效果。例如，凯尼利和他的同事们研究发现，综合性的监督方式以坚定、公平和关爱为特征，能够避免罪犯重新犯罪。

综合性监督方式在现代社区惩教制度中的适用反映了不断变化的政策环境。在这种环境中，人们普遍认识到将基于证据的实践纳入到罪犯管理中的重要性。从20世纪90年代开始到21世纪的前20年里，在“什么是有效的”和“基于证据的实践”（包括风险需求评估、认知行为治疗和目的性访谈）的指导下，新的实践改变了惩教制度。这些以矫治为导向的策略是建立在可靠的研究基础上的，它们创造了一种政策环境，在这种环境中矫治和监视的方法可以并存。

四、循证监督时期的监督官

循证实践这一术语在相对较短的时间段内得到了缓刑和假释机构的普遍认可。循证实践，是指通过科学的研究和评估，发现对减少重新犯罪和有效地改善罪犯的方案、实践和矫治方法。循证实践在当代惩教实践中的确立可以追溯到马丁森的结论：在罪犯的矫治和重新融入社会的过程中“什么方法都没用”。尽管人们认为马丁森的观点在很大程度上将惩教的理念和政策带向了一条破坏性的、代价昂贵的道路，并且在他看来传统的矫治方法是没有价值的，但它也激励了人们努力去证实许多惩教学者都承认的结论——有些项目和实践在减少累犯方面是有效的。学者们在证实这一观点时采用了系统分析方法，这使惩教制度的研究者们有能力去探索惩教制度的“黑匣子”，并逐渐形成一套核心的惩教体系，开启了以证据为基础的监督时代。

或许最著名和最具影响力的核心惩教实践是风险—需求—反应模式。这一模式认为，惩教干预如果遵循风险—需求—反应模式的话，会取得很好的效果。风险理论认为，惩教干预的强度应当与罪犯的风险成正比。准确来说，就是高风险罪犯应当给予高强度的矫治和监督，而给予低风险罪犯最低限度的监督和矫治就会取得很好的惩教效果。需求理论则认为惩教干预需要强调罪犯的需求，罪犯需求是指经科学证明的与罪犯重新犯罪相关的需求，如犯罪同伙、反社会态度的观念以及药物滥用。反应理论认为应将惩教的方式与模式和罪犯的学习方式和能力相匹配。

来源于风险—需求—反应模式且在缓刑和假释监督中意义重大的发展之一就是风险需求评估的大规模运用。风险需求评估是经过科学验证的评估工具，是利用统计算法将具有某些共同特征的罪犯汇集到一起建立风险档案。由于风险和需求评估在风险—需求—反应模式中的重要性，故将此类工具运用到监督官制定的合理决策中很有必要。需要注意的是，在罪犯管理的实践中评估工具的使用并不是新奇的，它们已经存在了数十年，可以追溯到1928年的伯吉斯模型，这些早期的评估工具在缓刑和假释运用的过程中，只是在浅层次上得到了整合，并不像今天这样引人注目，直到风险—需求—反应模式出现以后，这些工具才被作为缓刑和假释的必要组成部分出现在人们的视野中。

这种做法遭到了监督官的抵制，这也并不奇怪，因为他们担心会在案件监督时丧失作出决策的能力，同时也怀疑这些工具是否能够准确衡量罪犯的风险。大量研究表明，精算评估工具在很大程度上优于纯粹依靠人们直觉进行的判断，从而平息了社区惩教工作者的担忧。再者，社区监督官对这些评估工具的接受程度也因评估技术的不断进步而提高，早期的评估工具主要集中在一些稳定不变的风险因素上，如犯罪前科或首次被逮捕时的年龄。尽管这些工具在预测风险上是非常有效的，但是在发现和强调犯罪需求时却毫无指导意义。更多最新的评估工具（通常指第三代或第四代评估工具）通过将动态或多变的因素引入到评估过程从而弥补了前几代评估工具的缺陷，使得监督官在制订干预计划时有了更有价值的工具，从而能取得更好的惩教效果。

在许多辖区内，风险—需求—反应模式在缓刑官和假释官的日常工作中甚至引起了更实质性的变化。这些变化的产生在很大程度上是由监督实践与风险—需求—反应模式中的第三个方面——“反应”相结合而引起的。反应是由两种类型组成的，分别是一般型和特殊型。一般型反应是指工作人员要承认罪犯的改变是通过社会学习理论和行为认知方法制定的方案而完成的。特殊型反应认为“一刀切”的矫治方法的价值是有限的，应当根据每个罪犯的自身特点来调整干预措施。

在许多监督机构，对于这些理论的坚持导致监督人员的基本职责从服务经纪人向变更代理转变。在促进罪犯的矫治和改变方面，缓刑官和假释官传统上承担着服务经纪人的职责，也就是说，他们能作出的促进改变的努力仅限于在社区中为罪犯的矫治联系资源，如精神疾病的治疗或滥用药物的治疗。在这个工作框架下，代理人与罪犯之间的互动通常是浅层次的，主要工作是将罪犯送到相关部门接受惩教，并监督他们是否遵从惩教方案。然而在循证监督时代，监督官被要求在惩教过程中发挥积极作用。

缓刑官和假释官在惩教过程中发挥作用的一种方式就是直接提供惩教方案。例如，监督官现在普遍都接受行为认知治疗的培训，如“考虑改变”或“道德认知疗法”。第二种更容易理解的方式是，监督官在惩教过程中会与被监督的罪犯进行一对一的交流。在循证监督时期，传统意义上被认为是监督罪犯是否遵从规定的诸如办公室会议或家庭访问一类的监督官和罪犯之间的交流活动，现在被认为是一个促进罪犯行为改变的好机会。

最后，监督官经常接受目的性访谈的训练、学习访谈技巧，以便运用到他们与罪犯的交流之中来降低罪犯对改变自我行为的抵抗程度。许多地方的监督官被赋予管理制裁（如社区服务的时间、书面任务和短时间的监禁）和奖励（金钱奖励、颁发证书和放宽监督条件等）的权力来促使罪犯寻求改变。另外，一些管辖区域已经采取了更加全面的策略，推行培训方案。例如，社区监督有效实践（EPICS）项目、社区监督中的策略性培训（STICS）以及为避免被再次逮捕而进行的培训（STARR）等，为监督人员提供结构化的培训和指导，使他们在与罪犯一对一的交流中能运用行为认知疗法或其他循证的方法。这些项目的意图，以及其他在循证监督时期得以运用的其他计划，一直在改变着监督官的功能和职责，并最终从根本上改变了监督官的功能和职责，使其完成了从服务经纪人向变更代理人的转变。

五、缓刑官和假释官及其自由裁量权的使用

和其他刑事审判人员一样，缓刑官和假释官在完成日常工作过程中享有高度的自由裁量权，并且这项权力的运用会对案件结果产生很大影响。例如，社区监督官在审前释放、量刑结果和撤销决定等事项上向法官或其他相关的法院人员提供建议时就享有自由裁量权。此外，监督官在个人案件的监督方面也享有很大的自由，如监督的强度（如药检的次数或办公室访问的次数）、转送矫治以及执行监督条件的严格程度。最后也是最重要的，当罪犯违反监督规定时，监督官在如何作出应对方面有很大的自由裁量权。在这一部分，我们对自由裁量权的运用作了探究，并查询了一些试图对此项权力作出限制的最新政策。

对社区监督中的自由裁量权的研究主要集中在监督官对于罪犯违反监督法规时作出的反应上。缓刑官和假释官发现罪犯违反监督条款时通常有两种选择：一种是内部处理这种违规行为，也就是说，监督官不会启动撤销程序，而是用其他方法来对这种行为作出回应。内部处理的方式通常包括：增加监督强度，如增加办公室访问次数或药物检测次数；设定处罚措施，如社区服务时间或增加矫治需求。另一种是通过启动撤销程序进行外部处理。一旦启动撤销程序，案件就会被转回批准释放的机构，通常是法官或假释委员会，如果违规行为被证实，罪犯可能会被重新羁押。毫无疑问，对违规行为作出的内部或外部处理的决定会对罪犯和刑事审判制度产生极大的影响。

研究表明，监督官对违规行为的自由裁量权受到许多因素的影响，包括罪犯自身的因素、与违规相关的因素、机构/案件量因素和监督官的个人性格。研究发现，违规行为的严重程度、罪犯的人身危险程度和不当行为的频率会对监督官决定采用内部处理还是外部处理产生最为深刻的影响。斯坦尼和他的同事在俄亥俄州对假释官作出的决定进行研究发现，有严重违法行为的罪犯以前都有过不良行为记录，且这些有严重违法行为的罪犯适用撤销程序要比适用内部处理的几率要高。

机构和案件量因素，如机构政策、监督者的期望和案件量的大小等同样会对缓刑官和假释官对罪犯违反法规如何作出回应产生影响。例如，科布斯·约翰和卓利对 332 名缓刑官进行调查后发现，有较多案件量的官员有很大可能会选择外部

处理的方式。又如，麦克利里对库克郡的缓刑官进行定性研究；再如，伊利诺里斯发现监督人员的决定在一定程度上会受到他们对待工作的忠诚度的影响或是出于不想让他们的监督官难堪的考虑。最后有证据表明，自由裁量权的使用受到监督官自身特点的影响。科布斯和他的同事们发现，监督官的性别、工作经历和种族对监督官作出怎样的回应产生影响。然而，需要强调的是，监督官自身特点的影响是有限的，并且作用次于前面提到的罪犯自身的因素、与违规相关的因素、机构/案件量因素。

近年来，部分政策通过变化来限制缓刑官和假释官享有的自由裁量权。其中最引人注目的两个例子是风险和需求评估的合并以及缓刑和假释过程中对自由裁量权的政策限制。由于风险需求评估前面已经阐释了，我们将会把注意力集中在监督官对不法行为作出回应时的自由裁量权进行限制的政策上。这些政策的目的通常集中于公平问题和更好地管理惩教资源的愿望。鉴于监督官在对违规行为作出回应时拥有极大的自由裁量权，因此，他们对违规行为作出的反应存在巨大差异也就不足为奇了。这种处置上的差异引起了许多制度上的公平性问题。通常认为，违反缓刑和假释规定的罪犯占据监狱增长人数的主要部分。在许多州，被撤销缓刑和假释的罪犯占监狱工作的一半。为应对这些问题，许多管辖区都制定了策略来构建他们对暴力事件的反应机制，以期达到限制撤销社区惩教频率的目的，并减少由于无法适用社区惩教而带来的额外费用。

一种常见的方法是实施构建监督官决策的响应网格。响应网格与为限制裁判中的自由裁量权而颁发的准则十分相似。响应网格通过向监督官提供一种可接受的响应菜单来指导他们处理罪犯的违规事件，该菜单是根据违规的严重程度、违规者的风险水平以及违规行为发生的频率制定而成的。需要注意的是，这些响应网格并没有消除监督官的自由裁量权，相反他们构建了裁量权以提高一致性，并赋予组织更大的控制权，让他们能够决定哪些罪犯应当被监管和适用撤销程序。部分研究表明，响应网格在减少撤销程序的适用和提高决策的一致性方面是有效的。

六、监督官的压力和倦怠

缓刑官和假释官的工作是刑事司法领域中最困难的工作之一。李维斯指出：“鉴于大多数提供专业帮助的人士在生理和心理都比较安全的环境中为渴望改变自己的罪犯提供帮助，缓刑官和假释官的工作是和那些不积极配合惩教的罪犯紧密联系的，所以必须保持高度和持续的精神戒备，以确保警务人员的安全，并对罪犯的监管和重新融入社会承担相应的责任。”鉴于这项工作的性质，监督官承受巨大的压力和倦怠并不奇怪。这是一个值得思考的重要问题，值得思考的原因主要有以下几点：首先，压力和倦怠水平不断升高会导致工作人员较大的流动率，这对惩教机构来说是代价巨大的，并且导致其他在岗的监督官承担了本不属于他们职责范围内的工作，直到新的工作人员报到并接受培训。高强度的压力和倦怠与精神和身体疾病的发生也有关系，如抑郁症、失眠和药物滥用等。同时，有证据表明，经受高强度压力的监督官工作效率较低，这很有可能会限制社区惩教的有效性并且会将社区置于极其危险的境地。在这一节中，我们通过回顾缓刑官和假释官的压力和职业倦怠的相关研究，更深入地了解了压力和职业倦怠的问题，然后讨论了个人和机构都比较重视的如何缓解压力和倦怠的方法的问题。

研究发现，工作人员的压力和倦怠受到组织环境、工作经验和个人性格特点等多种因素的综合影响。例如，职责冲突一直被认为与压力和倦怠导致的不良后果有关。职责冲突是指当监督官意识到要完成许多不同的工作人员（执法者和社工）的期望时所产生的内部矛盾。导致压力和倦怠的其他组织氛围因素包括职责不明确（对工作目标不太清楚）和职责承担过多（感觉在合理的时间内不能完成工作期望）。

某些工作经历同样会产生压力和职业倦怠。例如，路易斯和加尔比对3个州的成人缓刑官进行研究发现，有消极工作经历的官员（如负责暴力案件或性犯罪或是自杀案件的官员）通常会经受较大的压力和职业倦怠。另外，受到侵犯或被威胁也会影响到压力和职业倦怠程度。这一发现与之前针对机构惩教工作人员的研究一致。研究还发现，在工作中承受的压力与职业倦怠程度因个人的自身特点而有所不同，如种族、性别、年龄、工作时间和健康状况等。最近一项针对洛瓦的社区惩教工作人员的研究发现，女性工作人员、身体状况较差的人员、有多年工作经历的工作人员更容易遭受职业倦怠。

鉴于监督官遭受的高强度压力和职业倦怠及其造成的不良后果，显然制定策略帮助缓刑官和假释官应对工作中的这一局面是很有必要的。监督官采取的一种应对压力的方法是“自我关怀”。怀特和同事们对伊利诺伊州的官员进行了一项关于各种自我关怀策略之重要性的调查。他们认为，最重要的策略包括培养幽默感、拥有健康的家庭亲密关系、拥有令人愉快的兴趣爱好和休闲活动。除了自我关怀的方法之外，一些监督机构还实施了较为正式的项目，帮助工作人员缓解压力。尽管这些项目各不相同，但仍有一些被人认为是较为理想的，其中包括对新来的工作人员进行培训和教育、提供咨询服务，在一些难以处理的事件上为同事提供帮助。

七、结论

尽管缓刑和假释是起源于19世纪中期的比较新的管理罪犯的制度，但它们却是美国惩教监督的主要方式。现代缓刑官和假释官负责大量的案件，承担和发挥着一系列不同的职责和功能，并在如何处理罪犯违规行为上拥有相当大的自由裁量权。近几十年来，缓刑和假释开始从循证实践的文献著作中吸收和运用一些原则和经验，这导致了在日常工作中对风险和需求评估的整合并增加了对认知行为治疗和目的性访谈的运用。许多与机构和工作相关的因素，如职责冲突和继发性创伤，都有可能给缓刑官和假释官带来压力和失望，从而导致工作人员的高流动率、身体和精神上的损害，并降低工作效率。毫无疑问，缓刑和假释在未来的几十年里仍将是监狱系统的重要组成部分。

（责任编辑：王天景）

缓刑程序及监督*

［美］凯瑟琳·摩根　著
上海政法学院2017级刑法学专业刑法学方向研究生　王泽瑜　编译

引言

缓刑是一个基于社区的惩教项目，也是最受欢迎的替代监禁刑。尽管最近被判缓刑的成年人数量有所下降，但在社区监管下的490万名罪犯中，缓刑犯有390万人。本文对缓刑监督程序进行了阐述，包括判处缓刑、缓刑条件、违反缓刑条件以及缓刑撤销程序。

一、缓刑程序

（一）判处缓刑

当部分被告人被认定有罪后，法院会作出关于是否判处缓刑的决定。常设调查小组委员会的报告提供有价值的信息协助法官作出缓刑判决。至于是否接受缓刑官提出的量刑建议，仍由法官决定。研究表明，缓刑官量刑建议与法官缓刑判决之间存在高度的相关性。缓刑是一种监禁刑的替代刑罚，允许罪犯在社区服刑。限制判处缓刑的被告人包括以下几类：（1）多次犯罪的；（2）在缓刑或假释期间犯过罪的；（3）吸毒成瘾的；（4）曾有暴力行为的；（5）致人重伤的；（6）使用武器犯罪的。

减轻情节可适用于个别案件。以罗伯特案为例，罗伯特在聚会上杀死了两个袭击者而被判处谋杀罪，他不太可能被判处缓刑。罗伯特正在参加一个聚会，两个未被邀请的男宾客来参加聚会，袭击了几个女客人，当他意识到在场的女宾客有生命危险，罗伯特未能有效阻止袭击时，他拔出枪，打死了闯入的两名男子。尽管当时他未给自己辩护，但缓刑官提供了减轻其罪行的情节，法庭采纳了他的防卫情节，并决定判处罗伯特缓刑期10年。

在判处缓刑时，法官会采纳缓刑官的建议，但也会采纳警方和检方的指控。法官作出判决时会受到法院地理位置、该地区的社会政治状况以及看守所和监狱是否拥挤等因素的影响。拘留所和监狱关的人越多，认罪协议和缓刑判决的数量就会越多。其他影响法官作出判决的因素有：法官对某一特定犯罪或犯罪人的主

* 资料源于：Kathryn Morgan：Probation，Parole，and Community Corrections Work in Theory and Practice. Durham，North Carolina：CarolinaAcademic Press. 2015. pp. 65–81。

观态度；缓刑部门改造罪犯的效果；违法者是否赔偿被害人；缓刑是否允许服刑罪犯继续照顾其家庭成员。

判处缓刑时法官必须考虑到以下因素：（1）犯罪的严重程度；（2）之前犯罪的严重性，之前的犯罪是否涉及职业犯罪行为或暴力犯罪、性犯罪以及毒品犯罪；（3）量刑指南；（4）被告人的年龄；（5）更生可能性；（6）被告人与其家庭成员的关系；（7）社区公众对犯罪者及其犯罪行为的态度；（8）犯罪人对其罪行的态度；（9）犯罪人是否悔罪。

人们经常问一些关于法外变量对法官裁决有多大影响的问题。种族或民族、阶级和性别是否影响法官判处缓刑或监禁？大量研究表明，判断量刑的最有力指标是犯罪的严重程度以及犯罪人是否有前科，而不是法外变量。其他量刑专家认为，在决定判处缓刑时，法外变量确实会影响法官的决定。彼得西莉亚和特纳（1985年）研究了加利福尼亚州因重罪被判入狱的缓刑判决和监禁判决。他们总结出以下因素：（1）法律变量（确定有罪，前科，与犯罪相关的特征）对判处缓刑或者监禁有显著的影响；（2）人口统计变量（年龄、教育）不会影响缓刑裁决；（3）黑人和西班牙裔对裁决有显著影响，如果重罪犯罪人是黑人或西班牙裔，他们更有可能被判处监禁；（4）律师影响法官是否作出缓刑裁决，那些拥有私人律师而对抗控诉的被告人更有可能获得缓刑判决支持，而不是被判监禁刑。

（二）缓刑的条件

被判处缓刑后，被告人必须签署缓刑令。缓刑令规定了缓刑犯在接受监督时须遵守的特定条件。缓刑犯在缓刑令上的签字表明他同意遵守法院所要求的条件，并且愿意履行被监管的义务。缓刑令包括两类条件：标准条件适用于所有的缓刑犯，特殊条件适用个别缓刑犯。特殊条件包括惩罚条件和矫正条件。惩罚条件与犯罪的严重程度相对应，意在增加对罪犯的惩罚。这些条件包括参与社区服务、监视居住、赔偿和强制性药物检测。矫正条件是为了帮助罪犯克服造成犯罪原因的问题，审前判决调查报告服务于矫正条件的缓刑犯。在全部的缓刑犯中，有大约55%的缓刑犯被施加特殊条件，数量超过附加标准条件的缓刑犯。

标准条件包括：（1）承诺不再犯罪；（2）不能携带武器；（3）按要求向缓刑官报告；（4）允许缓刑官到其家中或其工作单位走访；（5）应赡养其家庭成员；（6）避免与已知的重罪犯交往；（7）未得到缓刑部门允许不能改变自身的状况（如工作、居住或婚姻状况）；（8）未得到书面许可不得离开管辖区；（9）支付所有费用；（10）遵守所有的法律。

惩罚条件是为了惩戒其严重的罪行，其中包括：（1）被关在县监狱3个月；（2）参与社区服务；（3）未经允许，不得购买价值超过200美元的物品；（4）随时接受药物检测。

矫正条件是为了让罪犯对犯罪行为负责而设计的。其中包括：（1）进行心理矫正；（2）学习知识；（3）参加宗教礼拜服务；（4）参与毒品宣传；（5）获得职业培训。

法官可运用审判权，对罪犯施加必要的条件以促进罪犯的更生和保护社会。施加条件的基本原则是：（1）条件是合理的且与缓刑的两个主要目的（罪犯的更生、对社区的保护）相关；（2）该条件不能违反美国宪法。

除非法院裁决，否则法院规定的缓刑条件不能改变，法庭会根据缓刑官的请求修改缓刑条件。缓刑官可以根据缓刑罪犯的请求临时或永久地（允许罪犯因为特定的目的离开管辖地）改变缓刑条件（在监禁期内取消监禁）。萨瑟兰·凯锐斯和卢克·比尔（1992年）在《犯罪学原理》中指出，缓刑条件不应太严格。当条件过于苛刻或死板时，缓刑官倾向于忽视违规行为，因为这会导致缓刑犯失去对缓刑官的尊重。当这种情况发生时，监管过程就变得非常困难。

二、缓刑监督

（一）缓刑监督的类型

近年来，多种类的缓刑监督策略不断得到发展演变。

1. 暂缓起诉

暂缓起诉缓刑不适用缓刑的相关法律规定，而是要求被告人签订一份承担道德责任的协议，此协议不要求被告人承担法律责任。罪犯需要受到缓刑官2年到5年的监督，并且在此期间要遵守监督条款。这种缓刑策略的目的在于促进罪犯矫正的同时给予他们第二次机会。

2. 延期缓刑判决

延期缓刑判决只适用于初犯。被告人同意认罪，但法官在被告人宣告有罪方面持保留或暂缓意见，取代判处被告人缓刑。如果缓刑犯通过了缓刑期的考察，那么他就不会被判有罪。与一般或直接判处缓刑不同的是，延期缓刑判决不被视为定罪处罚。然而，被判决缓期执行的缓刑犯，在考察期违反缓刑条件而被法院撤销缓刑的，不得上诉。

3. 标准缓刑

大多数缓刑犯是在一般或直接判处缓刑的情况下接受监督的。在缓刑官的监督之下根据需要和有无风险对缓刑犯进行评估和分类。他们需要遵守所有缓刑期间的标准条件和特殊条件。与延期缓刑不同的是，判处标准缓刑的罪犯会被确定缓刑服刑的起始时间，以及缓刑截止时间。缓刑期届满后罪犯会有犯罪记录。

4. 震慑式缓刑

震慑式缓刑[①]允许法官在罪犯被释放到社区接受缓刑监督之前，对其实行短期监禁。法官判处罪犯监禁刑，并在特定的时间（30天、60天、90天或120天）后

---

① 震慑式缓刑不同于监禁。震慑式缓刑是一种中间的制裁手段，可以认为是监禁缓冲区的一个替代，这是一个短期的军事化训练营，目的是让罪犯遵守纪律。

对服刑期间的表现进行审查。根据服刑期间的表现，法官决定是否暂停执行监禁判决，并用缓刑替代监禁刑。虽然震慑式缓刑是一种节约资源、减少监狱拥挤并允许社区监督罪犯的策略，但很少有证据表明这种策略是有效的。部分案例表明罪犯在监狱中的短期服刑不利于对罪犯的惩教。

5. 加强监督式缓刑

加强监督式缓刑是一种中级刑罚，1982 年首次在乔治亚州实施。其特点是工作量小，强化监督和监视，参与社区服务，严格执行缓刑条件。

6. 分割式判决

分割式判决要求被定罪的被告人须在监狱服刑一段时间，之后在社区监督下执行缓刑。分割式判决也可以被称为复合判决或混合判决，其中判决一部分是监禁或羁押，另一部分是缓刑。

（二）缓刑监督的期限

缓刑监督期限的长短因州而异。缓刑期限由法院决定，实际期间也许不会采纳各州判例法中规定的期间。在伊利诺伊州，最严重的重罪是 4 年，其他重罪是 30 个月。在德克萨斯州，最长可达 10 年。近年来，刑期越来越短，大多数不超过 5 年。研究表明，经过 5 年以上的缓刑考察期，矫正失败的可能性会增加。有时，缓刑犯可以要求提前解除缓刑，在决定是否提前终止缓刑时，优先考虑以下条件：（1）缓刑犯是否表现出规范的行为；（2）执行至少一半的缓刑判决；（3）支付所有罚款和赔偿；（4）接受药物、酒精检测；（5）遵守所有的缓刑条件。

（三）违反缓刑规定

1. 违反缓刑

当缓刑犯违反了法院规定的监督条件时即违反缓刑。违反缓刑有两类：技术违反和重新逮捕违反。当缓刑犯违反缓刑监管规定之一即技术违反。例如，未按照规定缴纳费用，未按照指示向缓刑官报告，未参加法院指定的矫正项目等均属于缓刑的技术违反。当缓刑犯因新罪被逮捕被起诉时即重新逮捕违反。

2. 撤销程序

撤销程序始于缓刑监督官，他们在决定是否撤销方面扮演准司法官角色。申请撤销缓刑的结果取决于缓刑官对罪犯违反缓刑条件的态度及缓刑期间的表现。如果罪犯违反缓刑情节足够严重，缓刑官会提出撤销缓刑或者向法院提交有罪报告。该报告详细列出涉嫌违反事项、违反缓刑的情节以及该缓刑官的建议。缓刑官可建议恢复缓刑，但须修改缓刑条件，缓刑官也可以拒绝提出建议。

一旦提交报告，缓刑犯就会被逮捕或收到一份违反缓刑规定的副本，副本上附有到庭的日期。在大多数州，会有到庭的原因或进行初步听证的原因。如果未被羁押，缓刑犯可以放弃听证权利。如果缓刑犯被羁押，必须进行初审。初审时，缓刑犯可以认罪，也可以否认违反缓刑规定的指控。缓刑犯认罪的，可以恢复缓刑或者撤销缓刑，如果缓刑犯否认这些指控，但有足够的证据证明他违反了缓刑条件，会确定撤销缓刑听证的日期。

在撤销缓刑的听证会上，缓刑犯有以下诉讼权利：（1）获得涉嫌违反缓刑条件的书面通知；（2）向其披露违反缓刑条件的证据；（3）有权利听取证言和查看相关证据；（4）直接面对证人进行质证，以免证据间产生冲突；（5）一个中立和公平的听证团体；（6）获得撤销缓刑的书面说明。

与刑事审判不同，撤销听证会的证明标准和撤销缓刑过程证明标准是同步的，采用民事审判中较低证明标准。在撤销听证中，允许使用传闻证据等刑事审判中不允许使用的证据。如果缓刑犯因违反缓刑规定并被确定有罪，法官有以下几种选择：（1）惩戒缓刑犯或恢复缓刑。（2）修改缓刑令，将缓刑犯交还缓刑部门接受监督。缓刑犯可能会被判入狱，接受药物、酒精检测，并支付额外费用或其他条件。（3）撤销缓刑，判处有期徒刑。

缓刑被认为是缓刑犯的一种特权或法院的一种宽恕行为。缓刑犯违反缓刑条件的，即违反与法院订立的契约，应当执行原判决。缓刑犯会争辩说，执行原判决是对他们权利的侵犯，执行原判决忽视了他们在缓刑期间所受到的监管，导致最后执行的刑罚总和比最初判决执行更长时间的刑罚。

（四）缓刑监督对象

受监管的人大部分是男性。根据2009年美国司法部统计，男性占成年缓刑犯总人数的76%，女性占成年缓刑犯总人数的24%。在过去十年中，接受缓刑监督的女性人数一直在增加。2000年，女性缓刑人员占人口的22%，但截至2009年，女性的比例已增至24%。这反映出女性因犯罪被逮捕的原因，表明其经济状况或者物质生活的奢靡程度，女性更可能因财产和毒品犯罪而被判缓刑。白人更有可能受到缓刑监督，55%的成年缓刑犯是白人，黑人缓刑犯占30%，西班牙裔缓刑犯的比例自2000年以来一直稳定在13%。统计数字还显示，大多数缓刑犯都是重罪犯（51%），他们（72%）接受积极的监督。成年缓刑犯主要由财产犯（26%）和毒品犯（26%）构成。受监管缓刑犯的特征包括年轻（30岁以下）、单身、无工作技能、未完成高中学业或未取得学位。

研究表明，种族是各级刑事司法系统决策的一个主要因素，这表明刑事司法系统存在种族歧视。当前，统计学的调查表明55%的缓刑犯是白人。有些人不同意，并指出少数民族有更严重的前科，犯下更严重的罪行，因此要受到更严厉的惩罚。

三、有关缓刑监督的其他事项

（一）缓刑犯再犯问题

1. 再犯问题

随着缓刑使用频率的增加，其作为矫正替代方案的效果和有效性引起了学者更多的关注。自马丁森教授对矫正更生计划进行研究以来，再犯问题一直是矫正学科关注的焦点。在对230个更生项目的分析中，马丁森得出的结论是："所有项目的结果是一样的，这些项目对防止再犯没有明显的效果。"20世纪70年代，缓刑受到了社区的密切关注和批评，他们认为缓刑过于仁慈，不能对罪犯进行改造、阻止犯罪或保护社会。研究表明，高失败率的缓刑印证了公众的此种观点。据估计，约有50%的重罪缓刑犯不遵守法院规定的条件，另外50%的人从未因不遵守规定而入狱或被拘禁。琼·比德斯和她的同事发现，65%的缓刑犯在缓刑期间被再次逮捕定罪，并被送进监狱。肯塔基州的一项研究发现，缓刑再犯的比例约为18%，而且不像大多数研究缓刑结果的研究者所报告的那样高。

2. 缓刑再犯评估

当讨论缓刑的结果和失败时，必须意识到定义缓刑失败的困难。在大多数情况下，失败被定义为通过重新逮捕、重新定罪和重新关押或通过刑事司法系统被置于监管之下。如果像兰德公司的研究那样，试图证明重罪缓刑犯在监管下也会继续犯下严重罪行，那么通过重新逮捕与重新关押去评估缓刑失败在一定程度上会产生误导。通常，如果警方怀疑缓刑犯参与某项罪行或有意图实施犯罪，便会重新逮捕他们。在许多案件中，缓刑犯从未被正式指控。缓刑犯有新的犯罪行为时，可能会被重新关押，但缓刑犯多次违反规定，也有可能被重新关押。未缴付费用或未按命令报告可能会导致撤销缓刑或重新关押。重新定罪更准确地表明缓刑失败，因为它表明缓刑罪犯涉嫌犯有新罪，而且证据充分，可以毫无疑问地证明他有罪。然而，当涉及缓刑犯，那么将撤销缓刑作为评估失败的依据就显得至关重要。赋予撤销缓刑犯权利的法院作出声明：罪犯在缓刑监督下被定义为失败，要么是犯有严重的足以剥夺自由的罪行，要么多次违反规定，法院很少因为一个人违反缓刑规定而取消缓刑的特权。最近关于缓刑犯再犯的声明表明，以证据为基础的策略，即实证研究被证明是有效的，可以显著降低再犯率。

（二）缓刑失败的特征

对缓刑调查结果一致表明，缓刑失败具有共同的特点。缓刑失败相关的变量包括：（1）性别：男性更有可能成为缓刑失败的主体；（2）犯罪类型：财产犯罪更有可能失败；（3）就业状况：失业或低收入工作；（4）婚姻状况：单身或离婚；（5）年龄：年轻的更可能失败；（6）缓刑期超过5年；（7）有两项以上重罪前科者；（8）教育程度：未完成高中学业者。

与缓刑失败无关的因素有：监督的种类、种族、缓刑条件。

（三）脱逃（Absconding）

1. 脱逃的定义

脱逃是缓刑部门最关心的问题。当缓刑人员未按要求报到时，即为脱逃。缓刑犯超过6个月没有按规定报到或者没有联系缓刑官，便有可能被贴上脱逃者的标签，会导致缓刑官不能通知和有效监督缓刑犯。据统计，每年约有4%-10%的缓刑罪犯脱逃以及37%技术违规的缓刑犯。

脱逃者削弱了缓刑制度的矫正和威慑作用，使社区处于罪犯逃避法院监督或不遵守法院命令的风险之中。当缓刑犯脱逃时，没有支付法院判处的罚金，受害者也没有因为遭受损害而得到相应的赔偿。

2. 脱逃者的特点

哪类罪犯会成为脱逃者，中断与缓刑部门的联系？在比较脱逃者和认真改造的罪犯时，研究表明他们有不同的特点。脱逃者有以下特点：（1）是重罪犯，平均刑期为 18 个月；（2）有更严重的前科；（3）有撤销缓刑或者假释的前科；（4）比大多数缓刑犯都年轻；（5）通常是少数男性；（6）通常是毒品犯罪的缓刑犯；（7）有酗酒和吸毒史；（8）有失业史；（9）文化程度不高或缺乏一技之长。

相对于积极认罪改造的缓刑犯，脱逃者会有更多的对管理规定的违反和犯罪行为。一项研究表明，最终成为脱逃者的缓刑犯表现出违反行政命令的条件，包括不按时报告、不缴纳费用、不参与社区服务或不遵守法庭禁止吸毒、饮酒的指令。此外，在缓刑期间，缓刑犯因新的犯罪行为而被逮捕的可能性也比那些成功的缓刑犯要大。

虽然脱逃是一个重要的问题，但对脱逃的缓刑犯通常很少采取行动。鉴于缓刑部门资源有限，缓刑监管部门考虑是否使用有限的资源来寻找脱逃者。通常情况下，脱逃者都“藏在光天化日之下”，缓刑部门没有实施任何措施来逮捕他们。这给其他缓刑犯传递了一个信息——你可以停止向缓刑官报告，什么也不用做。研究表明加强实地监管可以减少脱逃，并有助于找到和逮捕脱逃者。找出可能脱逃的罪犯，并采取积极主动的监管方法，也可减少脱逃的缓刑犯人数。

（四）征收缓刑管理费

处于监管之下的缓刑犯需要支付一系列费用，包括罚款、法庭费用以及赔偿金。此外，他们还需要支付缓刑监管费。在大多数州，刑事司法机构同其他社会和教育项目一样都受到财政危机的严重影响。随着越来越多的罪犯受到监管，分配的经费却越来越少，惩教项目被要求“少花钱多办事”。由于要求受监督的缓刑犯进行服务，因此监督费用变得更加必要。经授权的州，可以对所有的缓刑犯收取监管费。在获得授权收取监管费的情况下，普通缓刑犯每月最少须缴付 20 美元，加强监管的罪犯每周支付 15 美元。一些州将收费限制在那些有收入的罪犯，执行复合判决的（监狱或缓刑）罪犯，以及那些在居住地或者户籍地服刑的罪犯。尽管有 11 个州对所收取的费用数额没有限制，但在 26 个州中的大多数州，监管费用在 10 美元至 30 美元之间，对强化监管的缓刑犯和假释犯的费用最高可达 40 美元，这些费用用于社区和监管工作项目的运作。

一些人支持并提倡对缓刑犯收费。支持收取监管费的人认为，所收取的费用对监管机构的运作十分必要，因为收费是一项具有成本效益的收入来源，有助于惩教机构改善及维持监管服务，费用提供并扩大了目前许多缓刑犯无法获得的社会服务。大多数部门需要这样的社会服务，如咨询服务、药物和酒精检测，以及进行职业培训，这些最终都有利于罪犯惩教成功。最后，支持收取监管费的人指出，那些因贫困且无法支付缓刑监管费的人将被免除费用，这样缓刑犯就不会因为无法支付监管费而受到惩罚。

那些反对收取监管费用的人指出，被定罪的罪犯是惩教部门的“非自愿消费者”。因此，那些被判缓刑的罪犯通常不能拒绝缴费，这是不公平的。反对者认为，缓刑监管部门依赖收取监管费，将缓刑部门的使命从监督和惩教转移到收取监管费上。哈尔罗和纳尔逊认为，监管过程中对收费的重视可能会导致“净加宽”(net-widening)。那些可能被转出刑事司法系统的人将得到缓刑，以增加受控制和支付费用的罪犯人数。鉴于刑事司法系统和惩教的资源有限，强调收费可能会影响州立法机构对缓刑部门的资助。最后，反对者认为，缓刑监督费用收取意味经费分配不稳定，因为缓刑犯一般不会拒绝缴费，收取费用将会超过实际收取的金额。

缓刑官认识到了收费对他们的重要性。研究显示，大部分缓刑官支持收取监管费的做法，甚至认为收取监管费对违法者和缓刑机构有一定的积极作用，主要的困难在于收费的过程。缓刑官认为，收费过程占用了他们太多的时间，会占用到本职工作时间（如现场联系、撰写报告、法庭工作），而且他们觉得自己更像是“收费员”，而不是刑事执法专业人员。

随着缓刑案件的增加，缓刑机构应运而生。用更少的资源做更多的事——即使用更少的资源，提供更多的服务，管理更多的缓刑犯。缓刑期监管费的征收使缓刑部门得以良好运转。缓刑机构运作和提供社会服务和其他项目，若不收取监管费，这些项目可能是行不通的，那些提出反对收费的人认为，缓刑犯是惩教服务的“非自愿使用者”。因此，不应要求他们支付费用。

（责任编辑：韩建勇）

审前调查报告*

［美］凯瑟琳·摩根　著
上海政法学院2018级刑法学专业研究生　王天景　编译

一、审前调查报告的功能

审前调查（PSI）报告是缓刑部门准备的，为法官审理重大刑事案件量刑所用的一种文件。审前调查报告揭示了可能提高或降低判决严厉程度的情况。报告是在被告人被认定有罪后准备的，其主要目的是向法庭提供客观、准确的信息，以供判刑和处理与案件有关的其他事宜。无论是通过辩诉交易还是庭审来定罪，审前调查通常是根据法院的指示进行的。报告可在定罪后30-60天内准备。根据法院行政办公室（2006年）规定："审前调查的目的是向法院提供一份及时、准确、客观和全面的报告。该报告应提供足够的资料，以协助法院作出公正的判决，并且协助惩教署及惩教工作人员在其监督下管理违规者。"

审前调查有几个重要的功能。第一，审前调查的职责是协助法官就案件的适当审理作出合理的决定。第二，如果被判缓刑，审前调查会协助缓刑官监督罪犯在这期间的行为。第三，它协助监狱官员进行监狱规划，并协助假释委员会进行监督。

二、审前调查的历史

审前调查是在实证犯罪学派处理罪犯的个性化方法的基础上发展起来的，在量刑过程中发挥了重要作用。审前调查来源于约翰·奥古斯塔的著作，他认为法律应该承担改造罪犯以防止犯罪的责任，而不仅仅是惩罚他们。作为一名自愿的缓刑监督官，奥古斯塔调查了罪犯的背景、社会历史和犯罪历史。基于他的调查和报告，奥古斯塔在量刑听证会上就释放问题提出了建议。如果获准释放，他将提供保释金。不确定的量刑模式的引入提高了审前调查的使用率，使其成为协助法官量刑的一个非常有价值的工具。惩教工作人员和假释委员会利用审前调查来制定针对囚犯的个性化矫治方案，并评估是否将囚犯释放回社区。

20世纪初，社会工作者玛丽·里士满和精神病学家威廉·希利建议对罪犯的背景进行广泛的调查：（1）在出庭前了解罪犯的行为；（2）为罪犯制订个性化的

---

* 资料源于：Kathryn Morgan：Probation，Parole，and Community Corrections Work in Theory and Practice. Durham，North Carolina：Carolina Acadamic Press. 2015. pp. 37-47。

矫治计划。他们建议综合性的调查报告应该包括家族史、环境和道德水平、身心状况、社会数据、心理数据、工作历史、宗教信仰、教育、与他人和社区机构的关系、青少年的守法史和犯罪记录以及总结报告中信息性的案例叙述。1943年，美国法院行政办公室出版了第一本手册，详细说明了审前调查报告的应有的内容。1965年，该办公室又出版了一本手册，详细说明了在州和联邦一级进行调查的内容、格式和程序。

在批评者指出缓刑监督官的这些评估过度受到法外因素的影响后，重点转移到了法律因素上。关于犯罪和罪犯的犯罪历史因素变得比种族、性别和社会阶层因素更重要。随着1984年《联邦量刑改革法》的实施，量刑从不确定的模式转变为确定的模式，对审前调查报告的需求减少，并改变其格式以符合量刑指南。在新的量刑指南中，基于犯罪的审前调查报告被用来实施预先确定的固定刑罚进行惩罚，而不是恢复。随着新的量刑指南的实施，审前调查报告的内容更侧重于犯罪严重性和犯罪历史。

尽管在过去的几十年里发生了一些变化，但在司法程序中审前调查报告仍然是一种重要的文件，它有助于对判刑、惩教计划和囚犯假释准备情况的评估。

三、审前调查报告的形式和内容

多年来，审前调查报告采取了多种不同的形式。由于审前调查受州或司法管辖区的法律约束，因此审前调查的形式、结构和内容因州和司法管辖区而异。无论审前调查的形式或结构如何，其目标都是提供全面的信息，以协助法院确定判决和其他事项。审前调查通常包含以下信息：

（一）介绍性案例信息

1. 姓名、性别、婚姻状况、年龄、出生日期、种族；

2. 犯罪概况；

3. 审判长、法庭案卷号码的名称；

4. 辩护律师、检察官、共同被告人。

（二）被告案件版本和个人历史

1. 官方版本：这些是从警察报告中得出的案件的事实。这一部分总结了犯罪的细节和情况。

2. 被告人版本，指被告人有机会提供他们的犯罪版本，包括回答法庭的几个关键的问题：被告人是否对自己的行为承担责任？被告人对犯罪、受害者和刑事司法程序的态度是什么？

3. 受害者陈述：对受害者进行采访，以提供一些关于犯罪对他们生活影响的见解。由于受害者有机会在量刑听证会上发言，一些司法管辖区已将受害者影响陈述从审前报告中删除。

4. 犯罪史：（1）少年历史：包括被告人青少年时期所犯的罪行和案件的处理

情况。（2）成人历史：列出犯罪者的罪行和处分。法院特别感兴趣的是两件事：暴力和与毒品有关的行为的证据；以前的监禁（可能表明此人无法恢复正常生活）。

（三）社会历史

1. 家族史。父母：调查人员寻求有关犯罪人父母过去或现在的犯罪行为以及父母与罪犯关系的信息。兄弟姐妹：其与罪犯的关系及是否掌握罪犯的犯罪证据。婚姻状况：描述被告人的婚姻状况为已婚、单身（分居或者离婚）、同居或未婚。如果已婚或与某人同住，则调整描述，包括问题。

2. 教育史。受教育程度、确定学校包括停课、开除在内的调整情况。

3. 就业经历。应该描述被告人的就业历史：工作地点、日期、工作性质和离职原因。零碎的就业历史或长期失业给我们提供了对被告人责任感的了解机会。这个报告也应该有一些关于职业技能或者缺乏技能的描述。

4. 身心健康。应当包括对身体健康以及其他任何健康问题的描述。精神健康的描述应当包括情绪障碍或功能障碍、药物滥用、精神疾病治疗、发育迟缓、自杀倾向和其他精神健康问题的迹象。

5. 财务历史。该项提供对被告人财务稳定性的简要介绍，重点是其财产和负债。

（四）陈述

缓刑官的陈述是审前调查报告的一个重要组成部分。它提供了官员对犯罪者案件的总结和评估或者诊断，以及判刑和处理建议。陈述包括三部分：总结评估、量刑建议和处理建议。

总结和评估部分总结了报告中所包含的信息。例如，下面的信息可能包含在对玛丽的总结中："玛丽是一名22岁的白人女性，被判严重伤害罪。她对自己的行为表示懊悔并且愿意对自己的行为承担责任。她的智商高于平均水平，同时她一直保持着稳定的工作。"

（五）建议

1. 量刑建议。除了报告中所包含的信息外，缓刑官员在决定建议缓刑或监禁之前还必须考虑其他事项。需要考虑的因素包括：罪犯的人身危险性，罪犯对犯罪的态度，受害者、被告人参与监督过程的情绪和心理能力，以及这个人对缓刑判决的态度。缓刑官提出判刑建议，并为该建议提供一些理由。

2. 处理建议。缓刑官员建议将成为罪犯在服刑期间的处理计划。建议可以是进行教育或职业培训、参加AA会议、参加咨询项目、宵禁或改变生活安排。

四、审前调查报告的争议问题

（一）信息披露

围绕使用审前调查的一个争议就是涉及信息披露或保密。在1975年之前，审前调查报告是保密的，而且报告的内容仅供法官查阅。准备报告的缓刑官员担心，如果对被告人获取审前调查报告及其内容感到焦虑，那些接受访谈者不太可能公开和诚实。如果向罪犯提供报告，就会存在与受害者、证人和机密线人安全相关的问题。而辩护律师认为，不向被告人和辩护律师披露报告内容侵犯了被告人的正当程序权利。由于报告中包含的信息是传闻，可能存在不准确之处，被告人应有权查阅内容，以纠正错误信息，并拒绝或解释审前调查中的信息。不准确的信息可能会影响对被告人的判决。在两个具有里程碑意义的案件［威廉姆斯诉纽约案（1949 年）和威廉姆斯诉俄克拉荷马案（1959 年）］中，最高法院裁定未能披露审前调查的内容并不违反被告人正当的程序权利。1949 年的威廉姆斯诉纽约案解决了州一级的信息披露和正当程序问题。威廉姆斯在纽约刑事法院被陪审团判谋杀罪并且建议将其终身监禁。在审前调查报告被提交给法院后，法官判处其死刑。法官的决定是基于公开法庭上讨论的审前调查报告的内容作出的。威廉姆斯与谋杀案发生地点附近大约 30 起盗窃案有关。此外，缓刑官指控威廉姆斯有“性精神病态”，是“对社会的威胁”。威廉姆斯和他的律师对判决提出上诉，并对审前调查报告的使用提出质疑，因为报告中包含来自证人的信息，而被告人没有机会面对和盘问。威廉姆斯及其律师声称，使用审前调查报告的内容作为判决的依据违反了宪法修正案（十四）的正当程序条款。纽约上诉法院肯定了下级法院的决定，指出审前调查是一个宝贵的工具，它使法官能够利用现有的最佳资料而不是凭借猜测来执行判决。更甚者，法院裁定缓刑官不起诉罪犯，是帮助他；审前调查报告的目的不是伤害被告人，而是为了在判刑阶段为法官提供事实信息。上诉法院维持下级法院的判决，威廉姆斯被执行死刑。同样，美国最高法院在另一个具有里程碑意义的案件（威廉姆斯诉俄克拉荷马案）中裁定，当法庭在不披露审前调查报告内容的情况下使用该报告时，被告人不会被剥夺其法定的诉讼权利。

在 1977 年的加德纳诉佛罗里达案中，最高法院推翻了 1949 年威廉姆斯案的判决。加德纳在被定为一级谋杀罪后被判处死刑。与威廉姆斯案类似，审前调查报告的内容在量刑判决中发挥重要作用。加德纳和他的辩护律师辩称，法院在判决他死刑时犯了一个错误，没有允许他审查审前调查的内容。最高法院驳回了该州的观点，即如果调查人员不能保证保密性，那么披露审前调查将会：（1）使他们更难获得关于被告人的性格和背景的机密信息；（2）披露审前调查将推迟程序并扰乱恢复过程。相反，最高法院裁定，根据审前调查所载信息被判刑的被告人，在没有机会解释或否认这些信息的情况下，将被剥夺法定的诉讼程序。

《联邦刑事诉讼规则》第 32 条要求在宣判前至少 35 天内向检察官和辩护律师提供陈述报告，以便纠正或者辩论不准确的信息。如果对审前调查报告中的任何信息有异议，相关方必须在收到报告后 14 天内以书面形式提交这些异议。缓刑官员必须与所有相关人员会面以解决这些异议，并在对审前调查报告内容提出任何尚未解决的异议之前 14 天向法院报告。美国上诉法院第六巡回法院就美国诉哈马德一案维持了联邦规则，该规则规定应向联邦罪犯披露审前调查的内容。

（二）私人审前调查报告

一些被告人选择聘请私人机构进行“基于辩护的审前调查”，以解决可能降低判刑严重程度的减轻问题。托马斯·吉特乔夫博士首先提出了私人审前调查报告的想法，他认为私人委托的审前调查报告会在量刑听证会上提高辩护陈述的质量。私人审前调查展开了一个对罪犯背景和动机的更全面的调查，这将有助于以缓刑部门编写的审前调查报告所没有的方式来解释罪犯的行为。到20世纪80年代，能够负担得起与报告有关的费用的被告人越来越多地使用私人审前调查报告。

虽然私人审前调查报告的使用可能会继续，但是许多人反对使用它。查尔斯·库里斯（1983年）认为造成私人审前调查报告泛滥的原因有：刑事司法系统存在偏见，监狱过度拥挤，法院开展公共审前调查资源有限，等等。然而，他反对这种替代形式，是因为它降低了审前职能的可信度，使私人调查员在没有司法豁免权保护的情况下面临责任问题，并向法院揭示那些有钱的人与没有钱的人。私人审前调查对于那些有钱雇得起私人侦探的人而言是一个优势；对于那些有能力减轻罪行的人来说，指出减轻罪行情节的能力可以减轻他们的刑罚。

（三）辩护人的权利

在警察的合法监护下，犯罪嫌疑人在审讯前必须被告知其权利，包括获得律师的权利、保持沉默的权利以及免于自证其罪的权利。如果被告人承认犯罪，必须证明米兰达警告是在供认之前发出的。根据最高法院的意见，在审讯之前必须告知犯罪嫌疑人他们的权利（米兰达诉亚利桑那州案）。最近，有一个问题是关于审前调查访谈是否包含在米兰达规则中。法庭裁决明确规定缓刑官在审前访谈时不需要提供米兰达警告（明尼苏达州诉墨菲案）。

另一个问题集中在审前访谈期间获得律师的权利。根据最近的法院裁决，被告人在审前访谈期间没有获得律师的权利，因为访谈不是诉讼的关键环节，也不符合宪法修正案（六）的保护要求，而且宪法修正案（六）只适用于起诉。

（责任编辑：韩建勇）

征稿启事

《社区刑罚执行评论》旨在进一步贯彻党的十八届四中全会关于“完善刑罚执行制度”的要求，它既是对社区刑罚执行制度研究探讨的园地，也是对该项工作学习交流的平台，同时也是宣传该制度的阵地。希望有更多的教学科研人员和实务工作者关注和支持《社区刑罚执行评论》，欢迎投稿，欢迎对评论的改进提出宝贵意见。

本评论征集对社区刑罚执行制度完善方面的稿件，包括社区刑罚执行的基本理论探究、立法问题探究、机构和队伍建设、规范化和制度化建设、惩罚机制研究、教育矫正项目的扩展和深化、帮扶工作的开展、社会力量的参与、社会工作的方法和理念、社区服刑人员的权利保障等；征集理论和实践紧密结合的文章、通过实证研究来说明观点的文章、对国外社区刑罚执行经验介绍和研究的文章；征集公安、检察、法院、监狱等相关部门及来自社区刑罚执行一线和基层工作者的研究探索。本评论在封二、封三可刊登为社区刑罚执行工作作出贡献的先进人物、集体，欢迎寄送相关的照片和简介。

第十卷的截稿日期是 2020 年 3 月底，稿件请寄：sqjzpl@ 163. com

征稿启事可查看上海政法学院网站：

http://www. shupl. edu. cn→学术科研→科研机构→社区矫正研究中心→社区刑罚执行评论

联系地址：上海市外青松公路 7989 号　上海政法学院社区矫正研究中心

联 系 人：童茹琰　18301700631；武玉红　13061703617

邮　　编：201701

上海政法学院《社区刑罚执行评论》编辑部

2019. 6. 30